満鉄経済調査会と南郷龍音

満洲国通貨金融政策史料

小林英夫・加藤聖文・南郷みどり【編】
Kobayashi Hideo　Kato Kiyofumi　Nango Midori

社会評論社

南郷龍音
（1901～1970）

満鉄経済調査会と南郷龍音●目次

第1部——解説と解題

［解説］**南郷龍音と満鉄経済調査会**——小林英夫——13

はじめに——13

第一節　「幣制統一」と中央銀行設立——14

第二節　日満幣制統一工作——19

第三節　満洲産業開発五箇年計画の金融部門の立案——21

［解題］**南郷龍音文書の特徴**——加藤聖文——25

満鉄関係者の個人史料について——25

満鉄経済調査会の組織——26

南郷龍音文書について——28

今後の課題——32

南郷龍音文書一覧——35

第2部――南郷龍音文書

日記の部

日記の部――43
【日誌第1冊】（昭和九年一月二七日～九月三〇日）――43
【日誌第2冊】（昭和一〇年四月一〇日～八月一六日）――87
【日誌第3冊】（昭和一一年九月一日～昭和一二年二月四日）――109

書類の部

書類の部――129
【史料1】経済調査会委員会記録――129
【史料2】満洲中央銀行設立手続並通貨整理統一法綱領――131
【史料3】旧紙幣回収期ニ関スル請願ノ件（秘）――133
【史料4】哈市各機関ノ幣制統一請願ニ関スル件――133
【史料5】中央銀行創立準備委員会委員任命（W）（秘）――134
【史料6】中央銀行開弁ニ関スル件――135
【史料7】満洲国中央銀行設立委員会準備状況ニ関スル件　報告（警察情報）――136
【史料8】長春金融取引状況――137

【史料9】在満中国交通両行ノ為替事業独占（秘）――139
【史料10】新貨幣（国幣）ノ普及状態ニ就テ――140
【史料11】貨幣及金融制度改革案――141
【史料12】奉天省幣制改革弁法――156
【史料13】関東軍統治部幣制及金融諮問委員会議事速記録――161
【史料14】満洲中央銀行が承継すべき発行紙幣高及補助貨等に関する件――288
【史料15】満洲中央銀行創業日誌――289
【史料16】特務部聯合研究会の件（極秘）――298
【史料17】対満金融審議委員会審議事項に対する提案――300
【史料18】「日満幣制統一の実現に関する要項案」に対する鈴木顧問の説明要領並批判――307
【史料19】日満幣制統一問題に就て――311
【史料20】鎮平銀整理要綱に関する特務部聯合研究会の件――313
【史料21】関東州内に於ける国幣取扱に関する件――315

東北の通貨――319

東北の通貨（一）――319
東北の通貨（二）――343

第3部——思い出・著作目録・略歴

父の思い出——南郷みどり——381
はじめに——381
唐詩選と父——382
父の趣味——384
昭和初期——386
満洲産業開発五ヵ年計画——390
敗戦の年——392
戦後——397
おわりに——400
南郷龍音著作一覧——406
南郷龍音略歴——409

第1部——解説と解題

#［解説］南郷龍音と満鉄経済調査会

小林英夫

はじめに

本稿の課題は、南郷龍音《なんごうたつね》の活動を通じて「満洲国」建国後の満鉄調査部の活動を見ることにある。南郷龍音は一九〇一年七月鹿児島県に生まれている。一九二一年六月に上海東亜同文書院を卒業。同年八月南満洲鉄道株式会社（以下満鉄と省略）入社、社長室調査課に勤務している。三二年七月満洲事変後関東軍の手で作られた経済調査会第四部金融班主任として満洲中央銀行の設立と「満洲国」（以下満洲国と省略）の幣制統一事業の実質的な責任者となる。その後三六年一〇月からは産業部商工課金融係主任として満洲産業開発五ヵ年計画の金融部門の立案に携わった。

ところで南郷は一九三四年一月から三七年一一月まで克明に日記をつけていた（現在はなんらかの事情で一部しか残っていないが）。この時期は、南郷が満鉄経済調査会第四部金融班主任として、さらには経済調査会を継承した産業部の商工課金融係主任として活動した時期に当り、彼が満洲国の国策の中枢にあって最も華々しい活躍をした時であった。

本稿では、南郷の活動を通じて満洲国建国から日中戦争にいたる時期の中国東北の金融状況、具体的には満洲国建国から幣制統一、中央銀行設立、五箇年計画立案過程の動きを追ってみることとしよう。(1)

(1) 関東軍による幣制統一事業と満州中央銀行の設立に関しては拙稿「満州金融構造の再編成過程」(満州史研究会編『日本帝国主義下の満州』御茶の水書房、一九七一年)、満州中央銀行史研究会編『満州中央銀行史』東洋経済新報社、一九八八年、安富歩『「満州国」の金融』創文社、一九九七年、および柴田善雅『占領地通貨金融政策の展開』日本経済評論社、一九九九年を参照されたい。本稿のベースは旧稿にあるが、日記との関連で、南郷に焦点をあてて改稿を試みた。なお第2部に収録されている南郷龍音文書は、すべて南郷が直接手がけた史料に限定されているため本稿で言及した史料がすべて収録されているわけではないことをお断りしておく。

第一節 「幣制統一」と中央銀行設立

一 奉天軍閥系銀行の接収

満洲事変勃発直後関東軍はすばやく奉天軍閥の基幹銀行であった奉天省の東三省官銀号、辺業銀行、中国銀行、交通銀行、遼寧省城四行号連合発行準備庫を接収、続いて吉林省の吉林永衡官銀銭号についても同様の処置を実施した。黒龍江省の黒龍江省官銀号に関しては接収が遅れたこともあり混乱をみたが、他はいずれも短期間のうちに接収を完了した。接収がすばやかったため銀号の資産や帳簿の散逸を防ぐことができたという(『満洲中央銀行十年史』一九四二年、六四～六五頁)。

その後関東軍はこれら官銀号をどのように日本統治に活用するかについて研究活動を開始、奉天において一九三一年一〇月一〇日袁金凱を委員長に金融研究会を開催し奉天の日中銀行、満鉄、商務会の代表者、地方維持委員会、市政当局の代表を召集、東三省官銀号の管理諸規定を定めて早くも一〇月一五日には東三省官銀号、辺業銀行の業務を再開させ、吉林永衡官銀銭号も九月二五日営業を再開した。黒龍江省官銀号は接収時の混乱が響いて満洲中央銀行が設立されるまで再開されなかった。(満鉄経済調査会『満洲通貨金融方策』立案調査書類第二五編第一巻第一号、一九三六年、一一頁)。

二　幣制統一と中央銀行設立問題

金融面で関東軍が手がけた最初の作業は幣制統一であった。それまで奉天軍閥の各官銀号が各種紙幣を乱発・発行していたため主要四官銀号が発行する紙幣だけでも「幣種十五、券種百三十六」（前掲『満洲中央銀行十年史』八七頁）に及んでいた。そこで新たに満洲中央銀行を設立し満銀券で幣制を統一する作業が占領当初から開始された。三一年一二月一五日関東軍のもとで新たに設立された統治部がこの任に当る事となった。統治部長は駒井徳三、次長は武部治衛門、財務課長は五十嵐保司であった。統治部は三二年一月一五日から二〇日まで奉天ヤマトホテルで幣制及金融諮問委員会を開催し、本位制、紙幣の統一問題、中央銀行設立問題、特殊銀行問題、銀行条令問題、日本側金融機関の処理問題など満洲の全般的な金融問題を討議した。南郷は、この会議に金融専門家の一人として出席し幣制問題に積極的に発言をしている。

この会議での最大の論点は、満洲の幣制は金系通貨にすべきか銀系通貨にすべきか、という問題だった。究極の目標を金本位制にする点では大半の委員の意見は一致していたが、いかにしてそこに向かって進んでいくかという点では各委員はその見解を異にしていた。松崎寿、色部貢といった朝鮮銀行系の面々は金本位制即時実施を主張し、首藤正寿、南郷など満鉄調査部グループは銀本位制による幣制の統一を経て金本位制移行することを主張した。松崎、色部の主張は、日本からの対満投資という視角から金本位制を主張したのに対し、首籐らは究極的には金本位制を採用するのが望ましいにしろ、満洲の置かれた政治・経済状況を考慮すれば銀塊本位制がもっとも無理なく安全であり、金本位制即時採用は危険があまりに大きいというものであった（**史料13参照**）。

南郷は六日間の全日程に参加し、首籐を支え要所要所で実務的観点から銀塊本位制を支持する発言を展開していた。すでに満鉄調査課は三一年一二月に「奉天省幣制改革弁法」を作成し、首籐正寿も三二年一月に「満洲の幣制並金融に関する意見書」を作成し銀塊本位制による幣制統一を主張していたが、「奉天省幣制改革弁法」の作成に南郷が関わったことは間違いない（**史料12参照**）。

統治部は三二年二月に特務部に改組されるが、二月五日統治部が作成した「貨幣及金融制度方針案」は、首籐が提出した「満洲の幣制並金融に関する意見書」をベースにそれまでの論議を総括したものであった。そこでは満洲国家の新幣制は金本位制を究極目標とするも、いっきょにそれを実施するのではなく現大洋票を法貨に旧紙幣の整理統一を実施すること、国内では制限兌換を国外に対しては上海向け為替を以って兌換に応じること、満洲建国の日を目標に旧官銀号を統合して満洲中央銀行を設立し中央銀行業務を行なわせること、満銀券が銀券であるため、同じ銀系紙幣である正金砂票は発行停止、回収が実施されるが朝鮮銀行券は金系通貨であるため引き続き流通が認められること、などが謳われていた。

この統治部案は、二月に統治部が特務部に改組されたことで再検討に附され、三月末に新たに選出された満洲中央銀行創立委員および創立準備員たちの手で練りなおされ修正を加えられて具体化されていくこととなる。

創立委員としては、委員長に五十嵐保司（関東軍統治部財務課長）が、日本人委員には東三省官銀号・辺業銀行の顧問だった竹内徳三郎、川上市松、酒井輝馬、吉林永衡官銀銭号の顧問だった久富治、黒龍江省官銀号顧問だった日岡恵二がそれぞれ就任した。中国人では呉恩培（東三省官銀号総弁）、劉世忠（黒龍江省官銀号総弁）、劉燏棻（吉林永衡官銀銭号総弁）、郭尚文（辺業銀行経理）がその任に就いた。創立準備員には日本側から一六名、のち二名追加されて一八名、中国側から二二名、のち一名追加されて二三名が就任した。内訳は日本側が朝鮮銀行から富田規矩治ら七人、満鉄から川上喜三ら六名、そのほか正金から比嘉良行、正隆銀行から奉天支配人の中川芳三郎、久原商事から渡辺侔、鞍山満鉄銑鉄代理販売店から久原克彌、百七銀行から石川洋爾が選出された（前掲『満洲中央銀行十年史』六七～六八頁）。このメンバーが同年七月に開行に踏み切る満州中央銀行の実質的なワーキング・グループとなっていった。

満鉄からは追加というかたちで南郷もこの創立準備員に加わっている。当時南郷は満鉄経済調査会の金融担当者だった。満鉄経済調査会が作られたのは三二年一月二六日。経済調査会は、経済一般を扱う第一部、産業、植民、労働を扱う第二部、交通を扱う第三部、金融を扱う第四部、法政・文化を扱う第五部から構成されていた。金融関係は第四部の分担領域であったが、経調発足当初の三二年一月には「商業及金融ニ関スル調査及立案」となっており、三三年四月の「分掌内規」によれば第四部は三班に分かれ、第一班（貿易ニ関スル調査及立案）、第二班（国内商業ニ関スル調査及立案）、第三班（金融ニ関スル調査立案）から構成されていた。南郷は第四部第三班に所属していた。

創立委員会は、まず遼寧四行号連合発行準備庫を解散させその発行紙幣を東三省官銀号に承継させた。また辺業銀行は主要株主が張学良らであったためこれを満州政府に移管させ、東三省官銀号、辺業銀行、黒龍江省官銀号、吉林永衡官銀銭号の四行を合併して新たに満洲中央銀行を設立することとした。また統治部の当初案では、国内は制限兌換を国外に対しては上海向け為替を以って兌換に応じることとなっていたが、五月九日から一五日にかけて開催された創立委員と財務部の打ち合わせ会で修正が加えられた。一五日横浜正金銀行大連支店長の西一雄、朝鮮銀行大連支店長武安福男、満鉄理事首籐正寿と満洲国財務部、中央銀行創立委員、創立準備員との銀為替兌換制度に関する意見交換により、銀為替による上海向無制限兌換実施は、満洲の実状に適せずとの結論に達し、当初の銀塊本位制は破棄され、新たに銀為替管理通貨制度を採用し、兌換規定もなく、中央銀行準備金中の金、銀比率も明記されず、単に積立金規定を明記したにとどまる脆弱な準備制度を盛り込んだ貨幣法が制定された。この一連の会議に南郷は創立準備員という資格で参加していた（**史料15参照**）。南郷の名が残る幣制・中央銀行関連の立案書類はいくつか現存しているが、彼自身のこの時期の日記は現在発見されておらず、残念ながら彼の日常生活からみた満洲幣制の推移は明らかにすることはできない。

三　幣制統一事業と付属事業整理

満洲中央銀行は一九三二年六月一五日に成立し、七月一日に開業した。最初に手掛けた事業は、満洲中央銀行券をもって旧官銀号券を整理統合することであった。三二年六月に公布された「旧貨幣整理弁法」に基づき二年以内に旧官銀号紙幣を一定の交換比率で回収し、満洲中央銀行券で統一するというものであった。

「創立と同時に継承せし四行号（東三省官銀号、辺業銀行、吉林永衡官銀銭号、黒龍江省官銀号——引用者）の各種旧紙幣の国幣（満洲中央銀行券——引用者）換算総額一億四千二百二十三万四千八百八十一円は、財政部令による公定相場換算率適用期限である昭和九年六月三十日までにはその九十三％の回収を見るを得た。更に未回収分に対しても政府は所持者の利益を保護する為尚ほ一箇年間引換期限を延長するの布告を発したる結果、昭和十年六月末の旧紙幣回収額累計は一億三千八百十三万八千百二十三円五十銭に達した」（前掲『満洲通貨金融方策』立案調査書類第二五編第一巻第一号・続、一六九頁）

かくして「九割七分一厘の回収率を示すに至つたが、右引換期間満了日迄に辺陬の地域の政府各機関に於て受入れたる税金等にて引換未了のものありたるに鑑み、特に此等に対し二箇月間の引換に応ずることにし、茲に旧紙幣の整理事務は康徳二年八月末日を以て回収率九割七分二厘と云ふ世界通貨史上嘗て見ざる好成績を以て完了するに至ったのである」（前掲『満洲中央銀行十年史』九五～九六頁）

幣制統一事業が進行する一方で、旧官銀号が所有する付属機関の整理方針も立案されてきていた。旧官銀号は、三省の中央銀行的機能に加えて一般銀行としての業務を併せ持ち、その傘下に多くの付属事業を擁していた。特にその付属事業の中枢を占めていたのが大豆の売買を業務とする糧桟で、特産大豆の買占めを通じて膨大な利潤を官銀号に提供していた。三井物産といえども彼等の強力なネットワークには対抗できず、大豆買い付けでは彼等の後塵を拝しつづけたのである。

そこで官銀号の解体・再編とともに付属事業の解体も急速に進行する。関東軍参謀部の基本方針（「東三省官銀号閉鎖及再開顛末」一九三二年一〇月）は、改組を前提に一定期間存続させるというものであった。即時閉鎖は農民の経済活動に影響するところ大であったからである。したがって満洲中央銀行も一年に限りこの糧桟機構の存続を認め、その活動を保証していた。その間付属事業の解体・再編に関する基本方針も満洲中央銀行実業局を中心に立案された。同局作成の「新公司設立に関する説明書」によれば、付属事業を質業、糧業、酒造業、代理業、雑貨業の五つに分割し、質業をする興業金融股紛有限公司を中心に他に四公司を設立しようというものであった。この原案をもとに一九三三年五月一一日に関東軍、中央銀行を中心に特務部連合研究会が開催された。その際糧桟の存続をめぐり小磯国昭関東軍参謀長と山成中央銀行副総裁の間で意見の対立を生み出した。小磯は五つの会社を設立するには及ばず、興業金融公司のもとに質屋業を経営せしめ他は全廃すべしと主張したのに対し、山成は社会政策的観点からいっきょに全廃するは危険との見解を披露した（「満洲中央銀行付業整理案」前掲『立案調査書類第二五編第一巻・続』四八九～四九〇頁）。結局、この特務部連合研究会での小磯参謀長の見解が通り、糧桟機構の全廃が決定され、質屋業を中心に三三年六月に大興股紛有限公司が旧官銀号付属事業を統合して、再出発することとなる。

第二節　日満幣制統一工作

一　日満幣制統一案

満洲国の幣制の究極目標が金本位制にあり、そこに向かう第一歩として銀為替本位制が採用されたことは前述した。ところが一九三三年頃から金本位制に向かう日満幣制統一の動きが現れた。三三年四月三日に特務部第一委員会は「日満幣制統一の実現に関する要綱案」を提出した。それは「貨幣法」第二条「純銀ノ量目二三・九一瓦ヲ以テ単位トシ之ヲ円ト称ス」を「貨幣ノ単位ヲ円ト称シ一円ハ日本金貨幣一円ト同価格トス」と改め新たに「紙幣ハ其ノ表面価格ヲ以テ日本通貨ト交換ス」とし「右実施期間を発令後三個月トス」としていた（前掲『満洲通貨金融方策』立案調査書類第二五巻第一号・続五〇五～五〇六頁）。この時期にこうした見解が出てくるのはそれなりに理由があった。同委員会の「日満幣制統一実現要綱案説明書」によれば、「満蒙富源開発ノ急務」を遂行するためには「資本誘致」が不可欠であるが、金銀貨幣制度の変動のため企業家が予測せぬ損害をこうむる。これを避けるため「満洲国の過渡的幣制を改め貨幣本位を日本と同一にして日満間の貨幣相場の変動を根絶し、以て日満経済連繋上の最大障害を除去するの英断に出ずるを要す」るからである（同上書、五〇九～五一四頁）。「日満幣制統一の実現に関する要綱案」は四月八日の特務部連合研究会で検討俎上に乗せられた。出席者は元朝鮮銀行副総裁で関東軍特務部顧問だった鈴木穆を議長に特務部委員、満鉄経調、満洲国当事者の面々だった。要綱案は満洲国の星野直樹らの激しい反対を受け「時期尚早」を理由にこの案は棚上げとなったのである（史料18参照）。この会議には経済調査会から田所耕耘、中島宗一、南郷龍音の三名が出席していた。この三名は、同じ経済調査会のなかにあって共に仕事をしていた関係から家族づきあいをしていたことが南郷の日記からわかる。

日満幣制統一問題が再度論議されたのは三三年六月二九日再開された特務部連合研究会であった。小磯参謀長の命でこの会議には前回猛反対した満洲国関係者は参加していない。反対者不参加のなかで「多少の修正又は条件を附したるも趣旨に於て大体原案通決定」された（同上書、五一六頁）。収まらないのは満洲国関係者や彼らの出身母体である日本銀行や大蔵省で、そこから反対意見が噴出した（史料19参照）。結局大蔵省を代表して青木一男が、日本銀行を代表して新木栄吉が渡満し、八月三一日幣制問題に関する最後の会議の開催を要請、小磯参謀長出席のもとで「日満幣制統一の実現に関する要綱案」の破棄が決定された。

主な理由は、円が不換紙幣となっている状況下では為替相場の安定が第一だが、「日満幣制統一の実現に関する要綱案」にはそれに関する研究がないこと、満洲国幣が銀に対して安定的であるのにわざわざ円建てにする必要がないこと、中国民衆が金になじんでいないこと、日本資本の対満進出の最大の障害は事変後の混乱であって貨幣制度そのものではないこと、日満の連繋同様中満の連繋も重要であることなどを掲げて「現在は日満幣制統一を行ふ可き時期に非ず」と結論付けたのである（同上書、五八九～五九四頁）。

しかし「会議の結果特務部原案は放棄すること、なりて軍の体面は毀傷さるゝこと少なからざる上に、本問題の経緯が満人方面に漏洩するに於ては満洲国統治上面白からざる結果を招来する恐れあり。よつて本問題は最初より存在せざりしものとし新聞には絶対に発表せず有耶無耶の裡に解消せしめて双方の体面を繕ふことに申合せ茲に紛糾せし本問題も一応は落着せる次第なり」（同上書、五九〇頁）として、この問題の幕引きをおこなった。

二　円元パーへの道

一九三四年から新しい事態が出現する。アメリカ政府による銀買占めと銀価の高騰である。この結果銀建ての満洲国幣は急騰し、国幣の対日本向け為替相場は三三年八月以降上昇し三四年八月には一一一円五七銭、一〇月には一一五円三八銭を記録し、金系通貨である金票（朝鮮銀行券）との間の乖離が激しくなった。また三四年に入ると日本資本の対満投資の増加と時を同じくして金系通貨である金票の流通量が増加を開始した。満洲中央銀行設立時の一九三二年七月時点での「国幣発行高一億三千九百万円に対し、鮮銀券の発行高は僅かに七千百万円にすぎなかったが、翌年九月には国幣の一億八千万円に対し一億一千六百万円となり逆に国幣発行高を凌駕するに至った」（「満洲日報」一九三四年一一月七日）。

南郷も一九三四年二月の日記の中で「鮮銀券の流通額調査を開始」（二月一三日）しているし「満洲事変後に於ける本邦

対満投資額を三億三千万円と算定」（二月二一日）するなどというのはそれをさしているのだろう。

また彼のこの時期の日記にはしばしば過爐銀、鎭平銀に関する記述が見られ、南郷が、過爐銀、鎭平銀の流通禁止措置に就いても研究していることがわかる。

一九三五年時点で国幣の対日本円相場は一〇二円前後であったが、同年七月に通貨価値を銀から切り離すことに決定し八月末には等価に達し九月には完全パーを実現した。この年の五、六月頃の南郷の日記には「午後伊藤武雄氏に通貨問題の真相を話し軍部との連絡方を依頼す」（五月二三日）だとか「午前中国際収支の係数算定に苦心す」（五月二六日）「国際収支の資料蒐集に赴く」（五月二八日）、「午前八時半より経調会議室に於て国際収支打合わせ会議開催」（六月一日）「新京より森脇君来連。国際収支発表計画文書を持参す。第四部主査と相談して文字を多少修正し、新京財政部と打合わせて本日午後之を発表」（七月五日）「午前一〇時頃主査会議に国際収支の結果を簡単に報告す」（七月一〇日）「午前八時一〇分頃出勤す。主査より予て依頼を受け居たる為替平衡資金を日本に設置する理由書を提出す」（八月一五日）といった記述が頻繁にみられる。銀からの切り離しに南郷が実質的に関わったことが窺い知れる。

こうして一九三五年一一月四日に日満両国政府より「日満通貨の等価維持に関する声明」がだされ、これに基づき同年一一月八日満洲中央銀行と朝鮮銀行の間で業務協定交渉が開始され、一二月六日協定の成立をみ、懸案だった満洲国幣と日本円のリンクが完成したのである。

第三節　満洲産業開発五箇年計画の金融部門の立案

一　永年計画の立案

幣制問題が一段落するとつぎに問題となったのは産業育成でその出発点のひとつとなったのが永年計画であった。これは満鉄経済調査会が中心となって立案したもので、一九三六年四月中旬から立案を開始した。数度の関東軍と経調の懇談会、主査会議を経て六月五日に満洲産業開発永年計画立案のための小委員会が発足している。委員長は押川一郎、各分科会の連絡総合をなす連絡委員には平貞蔵、大上末広、酒家彦太郎、南郷龍音、平井鎮夫、本多重雄が就任した。そして企業政策を担当する第一分科会には酒家彦太郎が、農業政策を担当する第二分科会には大上末広が、移民政策を担当する第三分科会には平井鎮夫が、そして資金計画を担当する第四分科会には南郷龍音が、それぞれ委員兼幹事として責任者のポストに就いた。五月には経調案として「満洲産業開発永年計画案（大綱）」が作成されている。これを受けて六月から七月にかけて各分科会ごとの打合会と連絡委員会の打合会が開かれ急ピッチで各分科会の作業、分科会相互、関東軍、満洲国との案のすり合わせが行なわれ、八月には作業を完成した。南郷が担当した「満洲産業開発永年計画資金計画表」は九月に完成し印刷に附している（満鉄調査部『満洲永年計画資料』満洲五ヵ年計画立案書類　第一編第二巻、一九三七年、概説、決定案参照）。

南郷も九月九日の日記の中で「午後一時すぎ永年計画資金計画表出来せるを以て中島主査宛提出す」とあり、九月二一日の日記には「満洲産業開発永年計画資金計画表印刷出来」とある。

二　湯崗子温泉

経済調査会の永年計画案以外にも満洲産業開発案は存在した。主な動きは宮崎正義率いる日満財政経済研究会の活動である。宮崎の活動に就いては別途著作を参照いただきここでは簡単な経緯のみ記述したい（この間の経過および関連文献について、詳しくは拙著『「日本株式会社」を創った男』小学館　一九九五年参照）。

経済調査会の主要メンバーだった宮崎正義は、一九三三年秋に経済調査会を離れて東京に転勤し満鉄経済調査会東京駐在員となり、新たに日満ブロックのもとでの統制経済方策立案のため日満財政経済研究会を組織する。同研究会は三六年八月に「昭和一二年度以降五年間帝国歳入及歳出計画（付、緊急実施国策大綱）」を作成した。その一ヶ月後の九月には、そのうち満洲部分のみを分離した「満洲における軍需産業建設拡充計画」を立案、陸軍省と参謀本部の要員に説明をおこない、満洲にわたり関東軍参謀長と満鉄総裁にその内容説明をおこなっている。その二ヶ月後の一一月には、その日本部分に当る計画を立案、「帝国軍需工業拡充計画」を発表している。

この日満財政経済研究会の案と永年計画案とのすり合わせが一九三六年一〇月六日から七日にかけて湯崗子温泉で行なわれた。

南郷の日記には次ぎのように記されている。

「一〇月六日午前五時四〇分湯崗子着。対翠閣に落ち着く。直ちに入浴し午前九時迄就寝し、朝食をすませ午前一〇時より軍及満洲国との座談会に出席す。会議は午後七時頃迄続行。畢って酒をのみ午後九時頃就寝す。本日は酒家君の一人舞台なりき。

北尾君　本日より請暇　帰国す

一〇月七日　午前六時頃起床、入浴し、昨夜酒家君が秋永参謀より借用せる陸軍省五年計画案を通読す。朝食をすませ、酒家君と温泉地一帯を散策す。午後一時より会議開催。本日も只黙々として聴手役にまわる。午後五時頃終了。古山鉄道課長と囲碁をなし午後七時頃より宴会に（軍招待）出席し、星野財政部次長に盃をさされて酩酊す。午後零時八分湯崗子発の汽車にて南郷、中島、酒家、押町の五名南下、帰途に就く」

湯崗子会議については、満洲国総務長官で南郷の日記のなかにも登場する星野直樹もその自叙伝『見果てぬ夢』（ダイヤモンド社、一九六三年）のなかで触れている。

『見果てぬ夢』によれば、参加者は満洲国、満鉄、関東軍の面々で、一堂に会して総合五箇年計画を樹立するのが目的だった。参謀本部が作成した鋼、石炭、アルミニュームの五年後の生産目標を書いた一枚の紙をベースに、湯崗子温泉に集まった面々が議論しながら三日間かけて五箇計画計画基礎案を作り上げたというのである（『見果てぬ夢』一〇七～一〇八頁）。

参加したメンバーや開催日数などで南郷日記と『見果てぬ夢』は微妙に異なるが、なににも増して違うのは、この会議の雰囲気と位置付けだろう。南郷日記が、満鉄経調の酒家の活躍を強調し永年計画の重要性をほのめかしているのに対して、星野は参謀本部案を起点として満洲国、満鉄、関東軍三者の合議による五ヵ年計画案の作成を強調している点であろう。南郷は永年計画立案のメンバーで、その計画の資金部門の責任者であった。他方星野は満洲国官僚機構の中枢に位置して満鉄の永年計画のみならず関東軍や陸軍省の動きもある程度視野に入れてみる事が出来る立場にいた。その違いが湯崗子温泉の会議の位置付けの相違となって現われてくるのであろう。南郷が星野直樹の『見果てぬ夢』を読んで「あれは違う」と言ったと南郷みどりは回想しているが（本書、三九〇頁）けだし当然かもしれない。しかし湯崗子温泉での会議については、これまで星野の『見果てぬ夢』しか依るべき文献がなかったために、参謀本部案の流れが過度に強調されて、永年計画案が後景に退きすぎた感がしないでもない。南郷日記はその像の修正の一助となろう。

そのほか九月二九日の日記には「午前九時より満州館に於ける支那駐屯軍との座談会に出席。伊藤武雄氏より天津行きをすすめられる」とある。おりから関東軍の華北進出が積極化しこれと連動して満鉄調査部も調査対象を次第に華北に移転させ始めていた。伊藤は『満鉄に生きて』（勁草書房、一九六四年）のなかでは「天津での経済調査会幹事、天津軍顧問、天津事務所長としての一ヵ年半は日中戦争勃発前の風雲急な時期にあたるが、私は冀東農村実態調査のほかは、仕事らしい仕事はしていません」（二〇六頁）と書いているが、事実はこれと違って、軍の意向を汲んで満鉄調査部の調査活動を華北にシフトさせるために積極的に動いていたのである。伊藤はその中心的推進者であったが、日記によれば南郷にも伊藤ルートで話がきていたことがわかる。そして一一月になると満州興行銀行の設立問題が浮かび上がり始めていた（南郷日記一一月二二日）。

このように南郷の記述は、伊藤のような派手さやハッタリはなく、客観的に事実をきちんと記述していたと思われる。彼が「満洲中央銀行創業日誌」（**史料15**）など重要会議の議事録の纏めをしばしば任されたのも彼のそうした性格に拠るのだろう。ただ惜しむらくは、一九三四年一〇月から三五年三月、三五年九月から三六年八月までの日記が貸し出されたまま未返却で手元にないことである（南郷みどり「あとがき」）。もしこの時期の日記が存在すれば三五年一一月前後の国民党の幣制改革と満州国側の対応がこれまで以上に鮮明に浮き出たのではないだろうか。残念だがいまはなす術はない。

＊本書は文部科学省科学研究費補助金基盤研究A（2）「日本統治下の旧植民地・占領地社会・経済・文化の変容」による成果の一部である。

［解題］

南郷龍音文書の特徴

加藤聖文

満鉄関係者の個人史料について

南郷龍音文書に触れる前に満鉄関係者の個人史料について概観してみよう。満鉄の個人史料については、総裁・副総裁・理事といった重役クラスの文書はいくつか残されている。総裁では、水沢市立後藤新平記念館が所蔵する後藤新平文書が有名であるし、小田原市立図書館など複数の機関が所蔵する山崎元幹文書は満鉄関係者のなかでも質量共に第一級のものである。[1]また、松岡洋右文書に関しては理事時代の文書が『現代史資料　満鉄』（全三冊）において翻刻され、総裁であった大村卓一の史料は敗戦時の日記などが『大村卓一』（大村卓一追悼録編纂会編・発行、一九七四年）に収録されている。さらに、満洲事変直後の副総裁であった八田嘉明文書は早稲田大学現代政治経済研究所が、八田と同時期に理事であった村上義一文書は慶應義塾大学法学部が所蔵し、両者とも雄松堂よりマイクロフィルムで販売されている。この他にも満洲事変直前期の理事であった木村鋭市文書はスタンフォード大学フーバー研究所が所蔵している。また、文書史料ではないが、蔵書類では総裁であった林博太郎文庫は学習院大学図書館に、理事の十河信二の寄贈図書は東京大学社会科学研究所にあり、総裁の山本条太郎の遺品類は福井市立郷土歴史博物館が所蔵している。

しかし、重役クラスの文書がいくつか残されているのに対して、所長または部課長クラスでは撫順炭鉱兼鞍山製鉄所長であった井上匡四郎文書が國學院大學図書館に所蔵されている程度であり、一般の社員となると全く見あたらなくなる。これは、有名無名を問わず多くの満鉄関係者によって回想録や追悼録が戦後に出版されていることとは正反対の現象である。南郷が所属していた経済調査会や調査部に所属していた人物についても、多くの回想録と聞き取り集があるにもかかわらず一次史料となる個人文書に関しては、南郷と同じ経済調査会調査員であった宮崎正義の日記[2]と満鉄調査部員の石堂清倫の個人文書（ただし敗戦後の引揚関係史料）[3]が部分的に紹介され、満鉄上海事務所調査部員であった刈屋久太郎の書簡を編纂した『刈屋久太郎書簡集』（伊藤英男編、五月書房、一九七四年）が公になっているくらいであってその他は全く不明である。

なお、満鉄関係の史料については、満鉄社員であった有馬勝良が戦後に関係者からの所在情報と現物史料の収集を行い、その成果は『満鉄資料を求めて——有馬勝良遺稿集——』（満鉄会編・発行、一九八六年）において窺うことができる。収集された史料の多くは満鉄会所蔵となったと思われるが、現在満鉄会自体が所蔵している史料の全容は不明である。

以上のような現状を考えるならば、南郷龍音文書が現在まで残され、それが公にされることは極めて稀なケースであり、現場の第一線に立って活躍した社員の記録として重要な意味を持っているといえよう。

満鉄経済調査会の組織

満洲事変勃発後、満鉄は関東軍を全面的に支援していったが、特に事変前から緊密な関係にあった満鉄調査課は、関東軍の要請もあって満洲国建国の屋台骨作りに深く関与することになる。こうした積極的な関わりを制度的なものとして一層確実なものとしたのは、一九三一年一一月の占領地における行政経済の処置を目的とした統治部（翌年一月に特務部と改称）が関東軍司令部内に設置され、多くの調査課員が参画していってからである。

その後、満洲国建国の機運が増すにつれ、関東軍では軍に協力して調査から計画の立案までを行う総合的な調査研究立案機関の必要性を認識するようになり、他方で満鉄もこうした流れに呼応して従来の調査課を拡充するべきとの動きが表面化していった。満鉄内部で積極的な動きを見せたグループの中心にいたのが調査課員の宮崎正義であり、その他には奥村慎次（外事課長）、岡田卓雄（奉天事務所地方課長）、石原重高（洮昂斉克鉄路局満鉄代表）、松木侠（元調査課法政係主任現関東軍法律顧問）が加わっていた。

そして、一九三二年一月八日に関東軍参謀の石原莞爾・片倉衷と松木・宮崎・石原が奉天ヤマトホテルで会合した結果、満鉄内部に大調査立案機関を設置することで意見の一致を見た。これを受けて宮崎・奥村らが満鉄首脳部の諒解を取り付け、同月一七日に宮崎が高級参謀板垣征四郎と石原との間で最終打ち合わせを行い、関東軍の最高意志決定として翌一八日に三宅光治関東軍参謀長から江口定條満鉄副総裁宛に経済調査機関の設立が依頼され、これを受けて二一日に満鉄は重役会議を開き全員一致で経済調査会（総裁直属）の設立が決定された。こうして二六日付で経済調査会規程が公表され、ここに経済調査会が誕生したのである。(4)

経調の活動は主に第四期に分けられる。第一期（一九三二年一月～六月）は、満洲経済開発の重要かつ緊急の懸案問題への対応といった草創期、第二期（一九三二年七月～三三年三月）は、満洲国の「満洲経済建設要綱」の基となった確立期、「満洲経済建設第一期綜合計画案」が策定され、あわせて基礎産業部門・金融・移民などに関わる諸立案が行われた確立期、第三期（一九三三年四月～三四年七月）は、三二年一二月に満鉄内に経調が行った各種産業関連の立案の事業化を担当する計画部が新設されたことで、吉林・熱河・興安・黒龍江各省の資源調査と第二期綜合計画案の立案、華北調査が開始された転換期、第四期（一九三四年後半以降）はこれまで実施されてきた満洲国経済開発の再検討が行われ、華北調査が本格化していった展開期である。最後の第四期は反省期ともいわれたが、満洲国内が活動の中心であった経調が華北へ本格的に進出していく点で経調自体が本来の性格を変えて拡大していく重要な時期にあたる。また、経調だけでなく満鉄にとっても華北進出がいよいよ本格化していく時期でもあった。(5)

そして、一九三六年一〇月一日の満鉄職制改正によって満洲および華北の経済産業開発の総合調査立案機関として産業部が新設された。それに伴って経済調査会・計画部・地方部農務課及び商工課・総務部資料課の一部・農事試験場・満洲

資源館・地質調査所・獣疫研究所などの各機関が吸収された。(6)

経調として活動していた時期に刊行された調査立案は八二九件、編纂資料は一〇五三件にものぼった（編集途中で産業部へ引き継がれたものを除く）。南郷もまた産業部へと所属が替わるが、この産業部は日中戦争勃発後の一九三八年四月に縮小再編成されて調査部となった。(7)

経済調査会には、最高意志決定機関として各部調査立案の大綱決定およびその結果の審議、関東軍への提議を行う委員会（正副委員長と満鉄各部局長または次長と経調各部主査または幹事などの委員から構成）の下に幹事室と第一・第二・第三・第四・第五部が置かれ、第一部は「経済一般ノ調査立案ニ関スル事項」と「他部ニ属セサル調査ニ関スル事項」、第二部は「農林、畜産、水産及工鉱業ノ調査立案ニ関スル事項」、第三部は「交通ノ調査立案ニ関スル事項」、第四部は「交通ノ調査立案ニ関スル事項」、第五部は「法政一般労働及植民ノ調査立案ニ関スル事項」を管掌し、各部の下には複数の班が置かれた。なお、華北進出が進んだ一九三五年三月には「亜細亜北部地方経済一般ノ調査」を目的とする第六部が新設されたが、一〇月には天津事務所が拡充に伴って廃止された。(8)

また、規程には経調本部は新京に置かれるとされたが、事務所と住宅の確保が困難であったため、新京には出張所が置かれただけで大連の満鉄本社が事実上の本部となった。したがって、南郷が執務を行っていたのは大連本社内であった。なお、経調第四部は、事務分掌内規において貿易班（貿易に関する調査立案・関税に関する調査立案・特殊関税資料の翻訳を担当）・商業班（内国商業に関する調査立案を担当）・特産班（特産取引に関する調査立案を担当）・金融班（金融に関する調査立案を担当）の四班（本来は翻訳班を加えた五班）から構成されるとされた。

南郷龍音文書について

経済調査会創設からのメンバーであり金融班主任であった南郷龍音は、満洲事変前からの満洲における金融制度の調査を手がけ、満洲国建国後は、満洲中央銀行の創設と当時様々な通貨が乱流していた満洲において満洲中央銀行券（国幣）による統一に手腕を発揮した中心的人物であり、本書に収録した史料は満洲国の通貨金融政策が確立される時期を窺い知ることができる数少ないものである。

南郷龍音文書については、南郷自身が敗戦時に新京にいたために多くが喪われたと考えられる。現存する史料は、戦時中鹿児島の郷里に残されていたものと考えられ、南郷の死後、長女のみどり氏の元に保管され、クリアファイルにて整理されていた。一九九九年の調査時点では残存していた戦前期のものは写真類を除いて三六点であり、日記と書類から構成される（本文末の南郷龍音文書一覧参照）。

南郷自身は日記をつける習慣があったが、現存する戦前の満鉄経済調査会および産業部時代の日記は全部で六冊（昭和九年一月二七日～九月三〇日・同一〇年四月一〇日～八月一六日・同一一年九月一日～一二年二月五日・同一二年三月二五日～八月四日・同一二年八月五日～九月三〇日・同一二年一〇月一日～一一月一九日）であり、そのうち昭和一二年三月二五日から一一月一九日までの三冊（本書未収録）は南郷がヨーロッパに視察旅行に行った際の日記である。また、昭和九年一月二七日から一二年二月五日までの三冊の日記は連続したものとなっていない。昭和九年一月二六日以前、昭和九年一〇月一日～一〇年三月三一日、昭和一〇年八月一七日～一一年八月三一日、昭和一二年一一月二〇日以降の期間の日記は現存していないが、これは元々日記がなかったのか何らかの事情で喪われたのか不明である。なお、戦前期の日記以外では、戦後の日記（一九五二年一月一日～一九七〇年九月一九日）が残されている。

本書の日記の部では、南郷が満洲において実際に金融政策に携わった時期に記された三冊の日記（昭和九年一月二七日～九月三〇日・同一〇年四月一〇日～八月一六日・同一一年九月一日～一二年二月五日）を翻刻した。日記は満鉄の手帳（B六版一〇〇枚綴：縦一八・三センチ、横一一・八センチ）にカナ書き・横書きで記されたものである。

翻刻された日記の歴史的重要性については、湯崗子温泉での満洲国五カ年計画に関する会議のくだりをはじめとするいくつかの部分に触れた本書収録の小林論文を参照されるとして、金融政策立案に関わる部分の他にもなかなか興味深い箇所がいくつかある。それは、満洲国建国以後の在満日本人の一つの生活スタイルを記録している点である。

当時の満洲国にいた日本人（兵士を除く）は開拓民と地方駐在の官公吏を除けば都市住民であり、警官や教師を含めた役人や満鉄などの会社員、あるいは商工業者から構成され、内地以上の生活と文化を享受していた。それは南郷の日記を読むなかでも随所に窺うことができよう。

日常生活というものは当事者にとっては当たり前すぎる事実であることから記録として残されず、たまたま当事者が日記に記し、それが後世まで伝えられていたという偶然性がなければ史料としてわれわれの目に触れることは極めて少ない。さらに、満洲などの植民地で生活していた日本人が日常を記録したものは、敗戦の混乱と国内へ引揚げる過程のなかで多くが喪われたために、植民地で日本人はどのような日常を送っていたのかを知る手立ては極めて少ないのである。そうした点から在満日本人の一つの典型である満鉄社員南郷龍音がどのような日常生活を送っていたのかを知ることができると同時に、勤務時間や給料はどのくらいだったのかといったレベルを含めて満鉄経済調査会の調査員の日々の業務についても窺える点で南郷の日記は貴重な史料といえよう。

書類の部では、南郷の手許に残されていた史料のうち、1「経済調査会委員会記録」・2「満洲中央銀行設立手続並通貨整理統一法綱要」・3「旧紙幣回収期ニ関スル請願ノ件（秘）」・4「哈市各機関ノ幣制統一請願ニ関スル件」・5「中央銀行創立籌備委員会委員任命（W）（秘）」・6「中央銀行開弁ニ関スル件」・7「満洲国中央銀行設立委員会準備状況ニ関スル件　報告（警察情報）」・8「長春金融取引状況」・9「在満中国交通両行ノ為替事業独占（秘）」・10「新貨幣（国幣）の普及状態に就て」の一〇点を収録した。

史料1は、一九三二年一月二六日に設立された経済調査会で、根本目標と立案計画すべき綱目を決めるため二九日から翌月九日まで委員会が数度開かれ、最も重要な根本目標が決定された二月八日の委員会記録である。根本目標の抜粋は「経済調査会沿革史」と『南満洲鉄道株式会社第三次十年史』に一部引用されているが、決定された内容のすべてがわかる点で非常に重要であり、経済調査会設立の立て役者でもある宮崎正義がここでも主導的な役割を果たしていたことが窺えよう。

史料2は、南満洲鉄道株式会社経済調査会が編纂した『昭和十一年四月　立案調査書類第二五編第一巻第一号（続）

満洲通貨金融方策』において収録されている「満洲中央銀行設立手続並通貨整理統一法綱要」（南郷執筆）の原稿である。内容は史料2では表が欠落していることと、平仮名書きか片仮名書きか程度の違いしかないが、活字化される以前の原稿としての貴重性から本書に収録した。

史料3から10までは、満洲中央銀行設立期の満洲における通貨金融状況を窺うことのできるものである。断片的な情報であるが、史料としての稀少性から収録した。

この他、南郷の経調調査員としての活動のなかでも重要な時期にあたる昭和七年から八年の間の日記が欠落していることから、これを補う史料として満鉄経済調査会が編纂した立案調査書類の一部である『満洲通貨金融方策』から南郷が執筆または関わった史料を選択して収録した。『満洲通貨金融方策』は正・続の二冊であり、その他『満洲通貨金融方策関係資料』正・続、『満洲国際収支調査書』を合わせると経調第四部金融班が担当した通貨金融政策に関連する立案調査書類は全五冊である。この五冊の編纂責任者は南郷であり、南郷の部下であった吉田金雄が実際の編纂にあたっていた。大きな倉庫二ついっぱいもあるほどの膨大な編纂資料を基にして作成されたものであり、今では失われた史料をふんだんに引用している点で貴重な史料でもある。(9)

具体的には、南満洲鉄道株式会社経済調査会『昭和十一年二月　立案調査書類第二五編第一巻第一号　満洲通貨金融方策』から11「貨幣及金融制度改革案」・12「奉天省幣制改革弁法」・13「関東軍統治部幣制及金融諮問委員会議事速記録」を収録し、同『昭和十一年四月　立案調査書類第二五編第一巻第一号（続）　満洲通貨金融方策』から14「満洲中央銀行が承継すべき発行紙幣高及補助貨等に関する件」・15「満洲中央銀行創業日誌」・16「特務部聯合研究会の件（極秘）」・17「対満金融審議委員会審議事項に対する提案」・18「『日満幣制統一の実現に関する要項案』に対する鈴木顧問の説明要領並批判」・19「日満幣制統一問題に就て」・20「鎮平銀整理要綱に関する特務部聯合研究会の件」・21「関東州内に於ける国幣取扱に関する件」の一一件を収録した。

これらは目次に南郷が執筆者として明記されているもののなかで、特に南郷日記の欠落部分を補うとの視点から南郷が記録した日誌や書簡、会議録を中心として収録したものであり、意見書や立案書などは選別した。なお、11「貨幣及金融制度改革案」に関しては安盛松之助、17「対満金融審議委員会審議事項に対する提案」は中島宗一と村山直治、21「関東州内に於ける国幣取扱に関する件」は中島宗一との共同執筆である。また、13「関東軍統治部幣制及金融諮問委員会議事速記録」は南郷の執筆ではなく関東軍統治部によるものであるが、通貨金融政策が立てられる時期の重要な記録であることと南郷も参加していたことから収録した。

最後に南郷が戦後に執筆した「東北の通貨」を収録した。これは、南郷みどり氏が本書で触れている通り、南郷が戦後久留米大学時代『産業経済研究』に発表し、最終的には本としてまとめたいと考えていたものである。満洲国の幣制統一の過程に関しては、戦後の研究のなかでほぼ明らかとされてきたが、幣制統一に直接携わっていた人物が本人なりに総括したものとして歴史的な視点から見るとまた違った重要性が伝わってこよう。なお、「東北の通貨」は南郷の手許にあった史料のいくつかが参考とされ、引用もされている。例えば、「鈔票ノ本質」は内容を要約して引用されているが、「第二部銀融の困難な事情とその対策」として引用されている箇所は前半部分のみ現存し、それ以外は現存していない。このように、戦後まで現存していたが現在では所在不明となった史料も少なからずあると考えられる。

今後の課題

満洲国の通貨金融政策は満洲中央銀行設立、幣制統一、金本位制と銀本位制をめぐる議論、日満通貨の等価リンク（円元パー）問題、満洲産業開発五カ年計画と資金調達といったいくつかの山場があるが、それらに対して、南郷を中心とする満鉄経済調査会が果たした役割を本書で収録した史料だけで明らかにすることは不可能である。当然南郷以外の第四部および経調、さらには当該期の満鉄関係者の個人史料が重要であり、それらの積み重ねによって満鉄側の動きを明らかにする必要がある。しかし、それとは別に星野直樹ら大蔵省系で占められていた満洲国財政部や満洲中央銀行関係者の史料の発掘も必要となろう。

実際のところ、星野ら満洲国関係者や中銀関係者による戦後の回顧録のようなものは多く残されている。しかし、彼らが意図的に満鉄（特に経済調査会）の役割を評価しなかったのか本当に知らなかったのか定かではないが、満洲国通貨金融政策は満洲国財政部と中銀が中心となって遂行されたとするそれらからは、満鉄の重要性を窺うことはほとんどできない。[10]さらに、彼らの個人史料となると極めて少ないのが現状である。したがって、現状では大きな流れは明らかになったとしても、細かな政策立案過程で満鉄や満洲国財政部、中銀がそれぞれどのような役割を持って計画を立案し、実行にあたってどのような調整が行われたのかを知ることができず、それぞれの組織の歴史的位置づけも曖昧なままである。

最終決定に大きな影響を与えた関東軍に関する一次史料が絶対的に不足している以上、満鉄・満洲国財政部・中銀関係者の個人史料を発掘し、満洲国通貨金融政策がいかにして遂行されていったのかをより多角的かつ立体的に検証することが必要であり、これが今後の研究課題ともいえよう。

（1）山崎文書に関しては、拙稿「満鉄史研究と山崎元幹文書——戦後における散逸の経緯と復元への試論——」（『近代中国研究彙報』第二四号、二〇〇二年三月）参照。また、重役以上の個人史料についても触れているのであわせて参照していただきたい。

（2）小林英夫『「日本株式会社」を創った男——宮崎正義の生涯——』（小学館、一九九五年）。

（3）木村英亮「ソ連軍政下大連の日本人社会改革と引揚の記録」（『横浜国立大学人文紀要　第一類　哲学・社会科学』第四二輯、一九九六年一〇月）。また、石堂も自身の史料などを基に『大連の日本人引揚の記録』（青木書店、一九九七年）を執筆している。

（4）経済調査会の設立と初期の活動に関しては、「昭和八年九月十五日起　満鉄経済調査会沿革史」（遼寧省档案館・小林英夫編『満鉄経済調査会史料』第一巻、柏書房、一九九八年）参照。なお、従来の満鉄調査課は人的な調査機能を含めて経済調査会へほとんどが移され、資料課へと改組された。

（5）松本豊三編『南満洲鉄道株式会社第三次十年史』中巻（南満洲鉄道株式会社、一九三八年・龍溪書舎復刻版、一三八八～一三九〇頁）。

（6）同右、一二三九五頁。
（7）同右、一二三九二頁、および満鉄会編『南満洲鉄道株式会社第四次十年史』（龍溪書舎、一九八六年、四八九頁）。
（8）同右、一二三八三～一二三八八頁。
（9）『満洲通貨金融方策』の編纂については、吉田金雄のインタビューを掲載した「資料　旧植民地通貨金融工作史聴き書」（『金融経済』一六四号、一九七七年六月）参照。なお、ここでは満洲国通貨政策立案に果たした南郷の役割が吉田によって詳しく語られている。
（10）戦後に編纂された代表的な回想集としては、満洲国財政部（経済部）関係者による『満洲回想録』（経友会編・発行、一九六二年）や中銀関係者による『中銀外史――回想の記録――』第一～三集（東京中銀会編・発行、一九七五～八三年）などが挙げられる。なお、『中銀外史』第二章に収録されている、元満鉄殖産部商工課長・中銀創立委員長五十嵐保司「銀行の創業」には満鉄との関わりが若干触れられている。また、そこでは中銀設立時に南郷に中銀入行を勧めたが、本人の都合で辞退されたと述べている。

＊南郷みどり氏が所蔵する南郷龍音文書は、本書刊行後に愛知大学東亜同文書院大学記念センターへ寄贈される予定である。

南郷龍音文書一覧

	史料名	作成者	宛先	年代	形態	備考
1	昭和六年十月　満洲ノ主要地ニ於ケル通貨流通状況調			昭和6年10月	仮綴1。青焼。	後半部欠。
2	吉公資第六三七号　吉林永衡官銀号損計算書及各種勘定帳送付ノ件	吉林公所長	総務部調査課長	昭和6年11月26日	仮綴1。タイプ。	計算書及び内訳帳付。
3	〔満洲内流通貨幣に関する調査報告〕	南郷龍音		昭和6年12月7日	状15。タイプ。	前半部欠。
4	〔大洋兌換券に関する布告案〕			昭和6年	状4。タイプ。	
5	経済調査会委員会記録			昭和7ヵ年2月8日	状4。タイプ。	
6	奉天商工会議所報（奉商情報第五七三四号）旧紙幣回収期ニ関スル請願ノ件（秘）		調査課長	昭和7年3月19日	状1。タイプ。	
7	長地資第一二七号　哈市各機関ノ幣制統一請願ニ関スル件	長春地方事務所長	調査課長	昭和7年3月22日	状1。タイプ。	
8	奉天事務所長報（奉事時第一六七号ノ二）　中央銀行創立準備委員会委		調査課長	昭和7年3月22日	状1。タイプ。	

	員任命（W）（秘）					
9	昭和七年三月　満洲中央銀行設立手続並通貨整理統一法綱要	経済調査会		昭和7年3月	状13。ペン書。	満鉄調査課用紙。
10	東三省官銀号ノ上海ニ有スル預ヶ金内訳表			昭和7年4月3日	状1。ペン書。	満洲中央銀行罫紙。
11	奉天事務所長報（奉事情七第三二号）中央銀行開弁ニ関スル件		調査課長	昭和7年4月8日	状2。タイプ。	
12	長地資第四号　満洲国中央銀行設立委員会準備状況ニ関スル件　報告（警察情報）	長春地方事務所長	総務部調査課長	昭和7年4月11日	状1。タイプ。	
13	桃公情第四二号　東三省官銀分号ノ開業	桃南公所長	総務部調査課長	昭和7年4月18日	状1。ガリ版。	
14	〔東亜経済調査局々員水野政直紹介〕	東亜経済調査局常務理事　佐藤貞次郎	満鉄経済調査会　南郷龍音	昭和7年4月	状1。タイプ。	
15	長春駅長報（長駅庶情第二九号）長春金融取引状況		調査課長	昭和7年5月10日	状6。タイプ。	
16	奉天商工会議所報（奉商情報第六五一四号）　在満中国交通両行ノ為替事業独占（秘）		調査課長	昭和7年10月12日	状1。タイプ。	

17	長地資三一四号　新貨幣（国幣）ノ普及状態ニ就テ	長春地方事務所長	調査課長	昭和7年10月31日	状2。タイプ。	
18	辺業銀行処分案ニ付テ撤廃ハ不可、宜敷積極的ニ活動セシムヘシ			昭和?年5月10日	状13。タイプ。	
19	中国銀行ノ事情	哈爾浜中国銀行		大同?年	仮綴1。ペン書。	満洲中央銀行罫紙。
20	東北航空局並ニ東北聯合航務局ニ就テ			昭和?年	状26。ペン書。	南満洲鉄道株式会社用紙。
21	満洲通貨金融制度改革案			昭和?年	状22。ペン書。	満鉄調査課用紙。後半部欠。
22	支那側発行機関現洋兌換額			昭和?年	状3。タイプ。	2部。
23	小洋銀問題ニ関スル福昌華工会社ノ意見			昭和?年	状5。タイプ。	
24	東三省金融整理委員会報告書（幣制改革実行ノ第一歩ニ関スル翻訳）			昭和?年	状12。タイプ。	
25	〔満鉄経済調査会各部調査立案項目案〕			昭和?年	状32。タイプ。	

26	〔紙幣発行高に一般預金並政府当座預金を加へた合計の内訳〕			昭和?年	状1。ペン書。	満鉄調査課用紙。
27	〔通貨発行に関する意見〕			昭和?年	状3。タイプ。	
28	〔中国側通貨発行額〕			昭和?年	状1。タイプ。	前後欠。7部。
29	鈔票ノ本質	〔大連三井物産〕		昭和?年	状10。タイプ。	
30	〔各国通貨との為替表〕				状2。タイプ。	南満洲鉄道株式会社用紙。
31	日記	南郷龍音		昭和9年1月27日〜9月30日	1冊。	
32	日記	南郷龍音		昭和10年4月10日〜8月16日	1冊。	
33	日記	南郷龍音		昭和11年9月1日〜12年2月5日	1冊。	
34	日記	南郷龍音		昭和12年3月25日〜8月4日	1冊。	
35	日記	南郷龍音		昭和12年8月5日〜9月30日	1冊。	

36	日記	南郷龍音		昭和12年10月1日～11月19日	1冊。	

第2部——南郷龍音文書

凡例

一、日記の原文は横書きであるが、本書では縦書きとした。

一、日記の原文はひらがな、カタカナ、変体仮名が混用されているが、外来語などを除いてひらがなに統一した。ただし、漢字で表記されるべき字句がカタカナで表記されている場合は、その漢字を〔　〕で注記した。また、句読点や濁点などを適宜補った。

一、翻刻にあたり、仮名遣い、傍線、ルビなどは原文のままとし、漢字は原則として新字体とした。ただし、固有名詞などの一部には旧字体を用いたものもある。

一、明らかな誤字は訂正したが、誤用や脱字および人名など固有名詞の誤りについては〔　〕で注記し、疑義のあるものはママと傍注した。

一、主要な人名については、初出の際に名前や役職などを〔　〕で注記した。

一、その他、校訂者による注記は〔　〕で示した。

一、原文中、破損や汚損などによって判読不明の箇所は字数分を□□で示した。

一、原文中の欄外記入は〔欄外〕、貼付や綴込史料がある場合は〔貼付史料〕〔綴込史料〕と注記した。

一、本文中には現在使用されることのない不適切な表記もあるが、歴史資料としての性格を考慮し原文のままとした。

一、本書収録史料の翻刻は加藤聖文が担当した。なお、本書収録史料全体の翻刻にあたっては、ご遺族の南郷みどり氏・南郷耕造氏・萩原明道氏のご協力を得た。また、日記の翻刻にあたっては、真辺将之（早稲田大学大学院博士後期課程）・長見崇亮（早稲田大学大学院博士後期課程）、書類の翻刻にあたっては、竹内桂（明治大学大学院博士後期課程）・谷ヶ城秀吉（早稲田大学大学院博士後期課程）・川島淳（駒澤大学大学院博士後期過程）諸君の協力を得た。

日記の部

【日誌第1冊】

（昭和九年一月二七日〜九月三〇日）

昭和九（一九三四）年

1月27日

1 中島主査〔宗一・経調委員兼第四部主査〕より第四部と庶務との連絡役を申し渡さる。

〝今明日中に具体案を作成する必要ありと考ふ〟

2 中島主査午後2時頃より早引（体熱の関係）。

3 埠頭第五班池田君不祥事件を惹起せる由。

4 午後3時半より社員倶楽部第二集会室に於て経調創立第二週年懇談会開催。午後6時閉会。閉会の辞を述ふ。

1月28日

日曜日。

1月29日

満洲中央銀行調査課長竹本節蔵氏より銀《ママ》平銀制度廃止に関する信書を落掌す。

1月30日

国幣証券の本邦取引所上場問題に関する調書脱校。主査宛提出す。

1月31日

中島主査病気のため欠席（甘粕〔四郎・経調調査員〕氏亦欠席）。奉天省公署より〝奉天省公署要覧〟及〝奉天省各県県況要覧〟の贈呈を受く。

〝国幣証券ノ本邦取引所上場案要綱〟タイプ出来。

2月1日

信託事情調査に着手す。

中島主査及甘粕氏病気のため欠席。

2月2日

（1）事変功績調査に必要なる戸籍謄本を幹事に提出す。

（2）三井銀行木村氏より〝倫敦金塊市場ノ話〟なる資料を自宅宛、送達貸与を受く。

（3）同期生勝部君来連。午後六時よりいろはに於て同期生にて歓迎会を開催す。出席者、下野、星、森、南郷、則俊。

（4）上海標金市場に於ては本日午場よりpaper Barの建値を弗建より磅建に変更。但し英米クロスを$4986として換算。寄付716元。支費1/4 1/8。

∴標金1條＝米貨240弗

＝英貨11.552pence

11,552÷16.125＝716　11,552.34d

2月3日

阿部氏送別将棋会を南華園にて開催。

〝国幣証券ノ本邦取引所上場案〟粘土版出来。

阿部氏送別将棋会出席者名下記の通り。

奥村〔慎次・経調委員兼第二部主査〕、岡田卓、岡田三〔三郎・経調調査員〕、内海〔治一・経調委員兼幹事〕、北條〔秀一・経調調査員〕、酒家〔彦太郎・経調第二部第四班主任〕、小谷、山田博士〔彦一・経調調査員嘱託〕、伊藤太〔太郎・経調委員兼第三部主査〕、伊藤香〔香象・経調調査員〕、高森〔芳・経調第四部第三班主任〕、甘粕、大西〔健吉・経調事務助手〕、南郷、14人。

2月4日

日曜日。夕食後中島氏宅を訪問せるも病臥中にて面會会せず帰途伏見台の有馬兄夫婦を訪ぬ。

2月5日

中島主査欠席。

斎藤徳松〔経調技術員〕氏帰任。明6日新京に赴く予定。

午後2時半より大倉ビルに於て経済研究会例会の件につき協議す。夷石〔隆寿・経調第一部第三班主任〕君出張中につき前島〔秀博・経調第四部第一班主任〕君を同道せり。

本日昼食は幾久屋に於て大西氏に負担して貰ふ。

会食者、大西、甘粕、三輪〔武・経調調査員〕、南郷。

2月6日

三輪君本日内地へ出張。

中島主査早引。

特産中央会に関する会議、昨日より第四部主催の下に続開。

2月7日

中央銀行より金融経済概況十一月号を贈呈し来る。

耕造咽喉をいため発熱。ホスビンにて夜シップ〔湿布〕す。

高橋嘉市君北平事務所着任通知及平野博君より転宅通知ありたり。

2月8日

斎藤徳松氏帰任。

午後1時半より会議室に於て事業計画協議案を審議す（原案は幹事室会務班にて作成）。

出席者、内海幹事、中島主査、伊藤主査〔武雄・経調委員兼第五部主査〕、阿部委員〔経調委員〕、北條、南郷、酒家、石井、藤原、平井〔庄壹・経調調査員〕、渡辺〔雄二・経調調査員〕、岡田三、石田〔七郎・経調調査員〕。

会務班兼務者の職務

幹事室と各部との連絡。

各部員全体の意見を徴するは困難なるを以て兼務者に一応意見を徴す。

調査会共通の事務。

責任を負はさる程度の資格。

2月9日

甘粕氏本日より奉天、新京に出張。

国際収支調査員用の机子椅子、四脚宛、配給を受く。

昭和九年度事業計画案を二月末迄に提出されたき旨主査名を以て回付ありたり。

2月10日

中島主査とM.S.C.の件につき意見を交換す。

田所副委員長〔耕耘・経調副委員長〕より委員長依頼の本邦対満投資其の他につき調査方を命せらる。

台湾銀行発行制度改善案をタイプに出す。

2月11日

日曜日。

2月12日

睦男より鹿児島高商の受験差支へ無きやとの照会ありたり。

大毎仲氏来訪。

午後四時過より五品取引所楼上に於て経済研究会の例会を開く。

講演者計画部村岡氏、江省梧桐河採金調査の話を聴く。

2月13日

旧暦大晦日。

本日より千胡清次氏に託して満洲内に於ける鮮銀券の流通額調査を開始す。

社債の内容を会計課田北氏に聴く。

昭和九年度事業計画を主査宛に提出す。

立案事項

現大洋及小洋銭の引上方法立案。

満洲為替管理に関する調査立案。

調査事項
（1）信託（2）保険（3）満洲に於ける有価証券事情（4）阪神地方に於ける金銀取引事情（5）簡単なる通貨統計作成
社員会幹事長の選挙の結果判明全票を獲得して中島氏当選。
甘粕氏出張より帰任。

2月14日
柏原公芳氏来連〔明15日令閨着連の予定〕。
満洲事件費に関し森主計正に照会状起案。
大西君哈爾浜方面に出張。

2月15日
午後一時柏原氏令閨ホンコン丸にて到着。正午より埠頭に出迎ふ。
大連商工会議所坂本善三郎氏より小洋銭調査書類を借用す。
主計課山田氏より満鉄関係投資に関する資料を入手す〔田所副委員長を煩す〕。
中央銀行より経済金融概況を（16号）を送付し来る。

2月16日
柏原君午前九時発汽車にて出発。大連駅に見送る。
会社よりの帰途経調第五部松本〔敬次郎・経調調査員〕君の宅に呼ばれ旧正を利用して出連せる岸谷君及他一名と四人にて囲碁をなす。

2月17日
竹本氏の紹介にて中央銀行員木内近信君来訪。
台安県参事官杢田種彦君来訪。

2月18日
日曜。

2月19日
大西君帰任。
千胡君鮮銀券在満流通推定額に関する計算を了り、提出。
中島主査満鉄株売買仕切り差額中より¥30^{00}を第四部に寄贈。処分方を一任さる。

2月20日
本日24日十河〔信二〕理事北平地方へ出張予定に付満洲国建設に関する調査資料集蒐《ママ》方を幹事に下命。午前十時より経調会議室に於て会務班員一同集合し打合せをなし本月二十三日午前中迄に分担事項提出方を申し合す。
出席者、内海、北條、岡田、藤原、中川〔寿・経調調査員〕、酒家、石井、夷石、石田、南郷。

2月21日
満洲事変後に於ける本邦対満投資額を3億3千万円と算定。関係書類をタイプす。

村山〔直治・経調調査員〕、千胡両氏の助力により調書作成進捗す。

2月22日

（1）第四班員一同の援助を得て書類を作成す（北尾〔房一〕君、橋本〔弘・経調事務助手〕君、松浦〔満・経調事務助手〕君、千胡君及村山氏）。

（2）第四部関係提出要請書類提出者（中浜〔義久・経調第四部第二班主任〕君、伊藤君、甘粕、――高森氏未提出）。

（3）満洲に於ける通貨流通総額を3億3千万円と見積る。

2月23日

本月10日副委員長より下命を受けたる調査事項取揃へ本日副委員長に提出せり。

本日も村山、北尾両君を煩す。

会務班へ提出の為め取揃へたる書類目次

通貨及金融（南郷）

1．新国家建国前に於ける満洲の通貨

2．満洲中央銀行の創立と幣制の整理

3．為替取引の普及並に金利の引下

貿易及商業

1．数字に現はれたる貿易の発展（夷石）

2．事変後の日満貿易振興施設に就て（伊藤）

（1）輸出組合の設立

（2）貿易駐在員の派遣

（3）見本市の開催

（4）満洲大博覧会の開催

（5）商標法の制定発布

3．関税及倉庫関係（中浜）

4．特産（高森氏）23日午後4時提出

5．度量衡

6．市場（甘粕）

事変後に於ける日本の対満投資

1．本邦対満投資額

2．本邦対満投資の齎せる影響

耕造発熱。

2月24日

中銀竹本氏より鈔票及国幣流通事情に関する回答を落掌。

俸給日受領額¥99.15。

中島主査社員会幹事長当選祝を登エイ〔瀛〕閣にて午後5時より行ふ。

2月25日

日曜。午後1時より一家市中を散歩す。大連館にて昼食。

2月26日

小洋銭事情の粘土版出来。

鎮平銀制度廃止に関する一件書類を取揃へタイプに提出す。

森主計正より過日依頼せる満洲事件費に関する回答を受く。

2月27日

小洋銭事情調査書を商議阪本氏に返済す。

伊藤香象氏より過日ヘンシュウ〔編集〕せる金融商事関係調書に対する無責任を追及さる。

2月28日

鎮平銀制度廃止に関する書類出来。

資料課和田君より営口北支南支向送金為替に対する情報の書替を依頼さる。

3月1日

満洲国帝制実施につき休日。

高森氏宅に請せらる。是枝〔熊吉・経調調査員〕君、甘粕氏、前島氏合計5人にて将棋をなす。

中島主査よりイノシシの肉を寄贈さる。

3月2日

昨夜より初音風邪気味にて発熱す。

森主計正、並竹本節蔵氏に礼状を認む。

昭和9年度事業計画中島主査より会務班北條君に提出。

石原正太郎氏来訪、令息の鉄道教習所入りにつき運動を依頼さる。

3月3日

石原氏令息の件につき伊ヶ崎氏に依頼す。

古賀君は来る10日頃帰任の予定なる由。

3月4日

日曜日。終日蟄居す。

3月5日

午後3時より大蔵ビルに於て経済研究会の計画打合せをなす。
川島氏の会計内容説明により深見氏の野心バクロ〔暴露〕し余一個《ママ》としては熱意を喪ふに至れり。
〔欄外〕
石原氏の件未解決

3月6日

鮮銀倉田氏支那銀行法の用務にて来訪。
関東州内国幣流通問題につき議論す。
〔欄外〕
昼食時間大西氏と将棋をなす。3連勝。
帰途、伊藤氏と将棋をなす。2連勝。

3月7日

新株12を¥8^{40}のプレミヤムにて処分。

中島主査本日より愈々新京大連往復の第一回出張のトップを切る。夜、船塚にて洋服タンスを買ふ。

〔欄外〕

初音依然病勢はかばかしからす。

酒家君より会費1^{95}をを貰受く。

中村ホウ芳氏新天地原稿に関して来訪。

昼食時間社員クラブにて戸根君と将棋を手合す。3連勝。

将棋、伊藤、大西、西氏との戦に夫々一敗す（2敗）。

3月8日
是枝、甘粕、大西の三君と大連百貨店に於て昼食をなす。
微積の大意を昨近おぼろげ乍ら諒解す。
是枝君の件千胡君と入換へをなしては如何。

3月9日
古賀君明朝内地より帰任の予定なる由伊ヶ崎氏より電話あり。
満洲国殖産銀行問題に関し資料課員来訪。
午後1時半より経調会議室に於て明年度事業計画に関する打合せをなす。

3月10日
石原氏の件を伊ヶ崎氏に依頼す。
陸軍記念日に付会社は10時半迄。
中島主査新京より帰任。
12時に消費組合に赴き春服の仮縫に立会ふ。昼食は一家揃ふて大連百貨店にてなす。
睦男より来信、卒業成績は23/76なりし由、大分高商受験予定なる文言あり。
漢口黒田五一君より来信。

3月11日
日曜。昼すぎより大雪、風強し。2時半より5時前迄昼寝す。

3月12日
岳父より弟子丸君病気善後策を指図せる書面来る。
夜、弟子丸君に書面を認む。10円贈呈。
〔欄外〕
将棋対大西君一勝。

3月13日
10時より経調会議室に於て九年度事業計画に関する打合せをなす。
伊ヶ崎君の許に赴き同期生新田、蔭山両兄の俸給現在額調へをなす。前者120、後者105。
〔欄外〕
将棋対大西君一勝一敗。

3月14日

（1）鉄道部経理課長伊藤政章氏と平価切下問題にて意見交換。第四班に於て本邦平価切下が満鉄に及ほす影響並に其の対策につき研究のことに落着。

（2）保険業法制度に関する特務部会議来る17日土曜日開催の予定。中島主査と余と両名出席する旨新京に打電。

（3）中島主査、本日より特務部と連絡のため新京に出張。

（4）帰途、高森氏と社員クラブにて将棋をなす。

〔欄外〕

将棋対杉本氏一勝。

対高森氏一勝一敗。

3月15日

（1）伊藤香象氏本日より沿線視察に出張。

（2）満鉄の計画せる生命保険会社の研究に着手す。

〔欄外〕

将棋対是枝君2連勝。

3月16日

（1）田所副委員長に平価切下けに関する座談会開催の件につき相談す。

（2）伊藤経理課長来訪。座談会は来週開催のこと。中央銀行とも相談し適当なる行員を派遣されたき旨交渉し来ること。

右座談会は第四部主催にて計画すること。

電々会社に乙株主の配当及払込方法等につき照会す。

午後4時20分の汽車にて新京へ。車中、新井重己〔経調調査員〕君と新京迄同車

〔欄外〕

対大西氏将棋二勝一敗。

3月17日

午前7時新京着。酒家君と新京ヤマトホテルに中島主査を訪ぬ。弟小丸君に電話をかけたるところ（富士寮）、同人は3月2日より既に出勤せる由。

本日は支那側孔子祭のため休日。よって山成氏に電話をかけ、平価切下けに関する座談会の件に関し諒解を求む。

10時15分より特務部会議室に於て保険に関する会議開催。同12時すぎに漸く散会。

国東ホテルに於て中島氏と会食す。

午後4時半新京発の汽車にて帰途に就く。

水谷国一君及永渕君と落会へり。

3月18日

日曜日。午前7時半大連着。水谷国一〔経調調査員〕君と自動車にて帰途に就く。午前消費組合にスプリング〔スプリングコート〕洋服の注文に赴き春服を受取り帰る。

午後2時より2時間程ひるねす。夕食前散髪に行く。

3月19日

月曜。午前9時丁度に出社。

午前10時すぎより午後1時半迄、明年度事業計画に関する委員会に出席す。

新天地より校正提出。

昼食は中島主査と共に田所氏にフン〔奮〕発して貰ふ。

審査役より銀相場に関する質問を受け通貨統計Bを貸与す。

3月20日

東亜に新天地の原稿を手交す。

宮本清司君鈔票と現大洋事情につき説明を聴取。

電々会社筧氏より乙種株式に関する一件書類の贈呈を受く。

3月21日

春季皇レイ〔霊〕祭につき本日は休み。

午前十一時半よりイワキ〔磐城〕町に赴きカケヂク〔掛軸〕の作製を2フク〔幅〕依頼す。代価8円。昼食は大連百貨店にてキッ〔喫〕す。夜、是枝君一家四名来訪、夕食を共にす。

〔欄外〕

中島主査本日新京出張。

則俊君より同君おひ〔甥〕の世話を依頼さる。

三輪武氏本日内地より帰任。

3月22日

保険に関する特務部会ギ〔議〕の報告を脱稿す。

昼、三井銀行の木村氏を訪ね、鈔票国幣州内流通事情につき論議す。国幣は鈔票と異なり真正の通貨なるを以て鈔票の如く上海向為替の取極めか一ヶ月と云ふ如きものては困ると木村氏意見を述ふ。

〔欄外〕

人事課古賀主任に面会。石原氏の件を訊す。

鉄道教習所は不合格なりしも他に世話する筈とのこと。

3月23日

国幣の州内流通に関する書類をタイプに提出す。

本邦平価切下けに関する座談会のプランをたて中島主査に提出す。

佐藤貞次郎氏に日満通貨流制に関する資料の件につき意見を認め投カン〔函〕す。

中島主査本朝新京より帰任。

〔欄外〕

石原氏に電話をかく。令息の鉄道教習所入学は不首尾なりし旨を告ぐ。

3月24日

浦川君の荘河転勤に付菊水にて送別会を開催。出席者、星、下野、小野、藤山、則俊、南郷、平松、浦川。

俸給日。昼食は中島主査と遼東ホテルの地下室にて会食す。俸

給額102$^{\underline{70}}$

3月25日

日曜。出掛くる予定のところ降雪。

初音とみどりのみ組合に行き、ネクタイを贈らる。

3月26日

平価切下問題に関し主査、副委員長と打合せ。伊藤課長へは決済ずみの書類を回符《ママ》。

日取りは4月7日午後2時より開催の予定。

10時半より銭鈔取引所に井上唯七〔経調事務助手〕君と統計をとりにゆく。

〔欄外〕

夜、法子遊びに来る（金一円也贈与す）。

みづのより発信地京都として来信。

新天地より六円の小為替券同封送達あり。

大正13年以来かけて居た簡易保険を解約。¥30$^{\underline{75}}$の払戻を受く。

3月27日

村山氏、新京、奉天、チチハル、安東、営口方面に出張申請。期間3月30日―4月12日迄2週間用務。国際収支及江省通覧統計をとるため。

銭鈔取引所木元等氏に銭鈔取引所乗換に関する不分明のところを聴く。

3月28日

為替管理規則と大連銭鈔取引関係手数料とに付起案して銭鈔取引所木元等氏に回送。批評を乞ふ。

中浜君本日より内地に出張す。

中島主査並高森氏本日新京へ出張。

3月29日

木元氏より昨日依頼し置きたる原稿を修正回送し来る。

田所氏より座談会開催の件を4月5日に変更し度き旨申渡され、日時変更に関する通知を関係ヶ所に発す。

初音、夜みどりと共に外出。

耕造と留守番す。

〔欄外〕

石原正太郎氏令閨来訪されたる由。

夜、ソビエット信用制度を誦《ママ》む。

3月30日

建設局に石原文男君大連在勤尽力方につき鈴木君を連れ同道。

直塚芳夫を訪ぬ。

夷石氏と哈爾賓取引所の資料蒐集の件につき監理課に清水三郎に面会す。

村山氏本日より出張。

〔欄外〕

夜、則俊君来訪。

3月31日

中島主査本日新京より帰任。明日再び新京に出張の予定。

大連銭鈔市場関係資料を取纏めタイプに出す。

漢口丹羽君来満。星、森、丹羽の三君と山県通りのレストラントにて昼食をなす。

渡辺満作庶務課長に黒田君の件にて電話す。

黒田五一君に宛て書信を認む。

〔欄外〕

夜、兄夫妻来訪。奉天在勤を命せられたる由。

4月1日

昨夜来今朝5時頃迄睡眠不能。

午後1時頃よりみどりをつれて中央公園に散歩にゆく。

夜、兄の宅を訪問す。

〔欄外〕

四月一日斎藤氏帰任。

4月2日

兄転勤の件に関し資料課長に相談に赴く。

外交部駐大連弁事処員糸賀篤氏銭鈔事情聴取のため来訪。

大連朝日小学校より過般平価切下講演に対する謝礼として10円を贈らる。

岸水君四平街テン〔転〕勤。藤田寛氏大石橋転勤本日発表。

資料課保管に係る通貨見本引継の件に関し資料課高野氏に相談す。

4月3日

神ム〔武〕天皇祭。ひるすぎよりみどりと町に散歩にゆく。

4月4日

午前10時頃田所副委員長に随行して正金に西氏を、銭鈔信託に古沢氏を訪ね明日の会合に出席方を依頼す。

資料課長室に於て山上和三氏に面会す（一等主計）。

中央銀行清水文書課長より長距離電話にて副総裁明日の会議に出席出来さる旨を申し来る。

〔欄外〕

午後1時より経調資料整理索引の打合せ会議を開く。

4月5日

昼食は副委員長とおきなに於て会食す。

調査局より瀧野、和田の両氏来訪。

午後一時四十分にヤマトホテルに赴く。

座談会出席者、副委員長、伊藤経理課長、南郷、西正金支配長、古沢大作氏5名（外速記二名）。午後5時前に畢る。

帰途副委員長より自動車にて文化街まで送り届けて貰ふ。初音留守につき伏見台兄宅を音《ママ》づれ夕食の御チ〔馳〕走になる。

〔欄外〕

ハルピン事ム〔務〕所貴島氏より来信並に電報落掌。

座談会諸経費7円見当。

篠田君着任。

4月6日

山上主計に請求書類を取揃へ雲水ホテルに送り届ける。
貴島氏に電報並に返信を認め発送。
中銀文書課長に書面を認め発送。
中島主査本日新京より帰任。
退社後、近江町倶楽部にて岸水君並宮本清司君の送別囲碁会を開く。
出席者、岸水、宮本、南郷、甘粕、川井、林、高森、則俊、福原、2勝3敗。
〔欄外〕
是枝君出張先より本日帰任。
中銀より江省官銀号の通貨統計を持ち帰る。

4月7日

9時半出社。3月15日より3月末迄の第四部関係出張日誌を作成し会務班に提出す。

田中君病気のため早引。

帰途、甘粕氏と同道徒歩にて帰宅す。

（会社の机上の整理をなす）。

4月8日

日曜。八時に起床。みどりをつれて9時に出発、10時に黒石礁に到着。

一行、中島主査、伊藤、高森、甘粕、斎藤、南郷計6名、凌水寺に向ふ、正午すぎ10分頃凌水寺到着、スキヤキをなし午後3時凌水寺出発、午後5時黒石礁に到着。帰途は時々みどりを背負ふこととなり辛苦せり。

半曇にて風つよかりしも概して暖く一日の行楽を畢るを得たり。

まめを5つ足に出来。

4月9日

三上君来訪。

ひるめしは是枝、斎藤の二君とみつはに行く。

是枝君と千胡君との入替に関する起案を中島主査に提出す。

4月10日

田所副委員長過般の通貨問題座談会速記録中の英字につき注意するところあり。
主査より是枝君と千胡君との入替に関する件は副委員長、内海幹事、黒瀬〔勝美・経調幹事附庶務班主任〕君と打合せ諒解をとけたるを以て正式に決定せりとの挨拶ありたり。ひるめしは甘粕、南郷、大西、是枝の四名とみつはにて大西より負担にてすます。
〔欄外〕
黒川孝一

（技術家）
夜、兄宅に行く。

4月11日
新天地編纂に関する会合を社員クラブに於て開催。夕食を共にして7時半すぎ散会。
過般の通貨問題速記録出来。
貴島氏に対する説明材料の作成を中止して速記録を訂正す。
夜、是枝君夫妻家庭を来訪。
中島主査、本日副委員長と共に新京に出張。

4月12日
午後、貴島氏哈爾浜より来連。通貨問題に関し一時間半に亘り論ギ〔議〕す。
鉄道部電気課の落合氏より馴馬氏依頼の就職の件につき懇談致し度きに就き出頭され度き旨の電話あり、四時頃面会に赴く。
伊藤経理課長に通貨問題速記録を提出し訂正方を依頼す。
是枝君本日昇給せる由（¥4.00）。
夜、伏見台兄宅を訪ひ午後9時大連発の汽車に兄の奉天転勤を見送る。

4月13日
村山氏より書面を落掌。出張を2日程延期され度き依頼あり。
中島主査本日新京より帰連。
（本日昇給通知ありたり）。

4月14日
昨13日新京中銀清水文書課長より書信ありたる旨を副委員長に言上す。
本日、前大連商議書記長篠崎氏を中心として特産問題とインフレに関する座談会あるに付き中島主査のために諸材料を準備提供す。篠田君を煩す。

4月15日
日曜。正午よりバスにて傅家荘に一家打連れて散策。帰途は徒歩にて午後4時すぎ帰宅す。
傅家荘にて中島主査一家と遇然落ち合へり。
耕造喜ぶこと夥し。近来稀れにみる好天気。

4月16日
一日を欠勤して畳替へを手伝ふ。昨年の本日は兄の次男の命日につき姉宅にミナト屋より生菓子を届けさす。夕方、みち子すしを持参す。
9時頃馴馬氏の知人にて大谷と称する者訪づれ金一円也をふんだくらる。
〔欄外〕
高森氏本日新京、営口出張。
村山氏本日より出勤せる由。

4月17日

大汽在勤中の者の仕事を円滑に遂行せしむるよう大汽側招待の件につき黒瀬氏の意見を徴す。

是枝君と千胡君との入替の件につき夷石、村山の両氏と懇談す。

鎮平銀問題に関する特務部会議出席のため本日午後4時20分の汽車にて出発。

3時に帰宅、家内留居、三等寝台にて北行。

4月18日

午前7時新京着。車中に於ては割合に熟睡す。

午前10時より中央銀行を訪ぬ。柏原氏、長谷川為替課長、弟子丸、中川芳三郎氏、竹本氏、山成氏を訪ふ。山成氏の話は11時40分より午後零時30分に及び鎮平銀問題及インフレ問題を説明。ついで五十嵐氏の招待にに〔て〕すみれにて御馳走になる。1時20分にすみれを出て特務部に1時半に到着。

出席者は小池、山際、菱沼、東福、山中、都甲、石原、吉田氏。

午後四時半の汽車にて帰途に就く。

〔欄外〕

千胡君本日より第1部へクラ〔鞍〕替へ。

4月19日

午前7時半大連着。車中にて伊藤興次君に会ふ。

黒田五一君並奉天の兄の信書を落掌。

一旦帰宅し10時に出社。中央試験所吉野君来訪、縁談（玉名君の）につき依頼あり。

山縣君、鈴木清君、渡部幸綱氏に書名を提出。

玉名君の身下調べ。石原文男君の大連在勤方運動。

黒田五一君並時末廉君の件を依頼す。

経理課長、速記録を返済し来る。

是枝君本日より第四部に住みかへ。

〔欄外〕

夜、夷石並是枝の両君来訪。

4月20日

8時10分に出社。

新京より長距離にて（阿部氏代理井上君）鎮平銀に関する整理の発令は本日行ふ旨通知あり。

鎮平銀特務部会議に関する報告をとりまとむ。

23日新京にて投資方針に関する会議ある由。

午後4時より支那駐屯軍司令部付陸軍少佐落合鼎五氏を中心とする座談会に出席、午後6時30分終了。

4月21日

起床と前後して支那人の植木屋来りダリヤとカンナを一円程買ふて庭に植ふ。

鎮平銀の会議録を作成。タイプに提出。

副委員長と座談会速記録を3時間に亘りて訂正す。

家内をして寝台を申込ましめたるも既に座席無し。

社退け後、伊藤香象氏と社員クラブにて午後9時迄将棋をなしおきなにて夕食を会食す。
渡辺幸綱氏より黒田五一君決定せる旨電話て返事ありたり。
〔欄外〕
浜田正直氏より就職の件を書面にて依頼し来る。

4月22日
耕造を伴れて甘粕氏を見舞ひ、同伴し帰宅して右有仁〔于右任〕の字をカン〔鑑〕賞して貰ふ。
正午土屋写真館にて一家打つれて写真をうつす。
連鎖街吾妻にて昼食をなし電気遊園に赴き帰宅す。
午後4時20分三等寝台にて北行。二等車は満員にて空席なし。

4月23日
午前10時より高森氏と同道財政部に赴き高谷、都甲、田中の諸氏を訪ふ。
午後2時半より特務部外国対満投資案の会議に出席。〔午〕後4時30分新京発の汽車にて帰途に就く。
〔欄外〕
橋口勇次郎君子女逝去の件阿部氏を通し香典二円をおくる。

4月24日
午前7時40分大連着。高森氏と共に自動車にて帰宅。午前10時出社。前日の座談会速記録を訂正す。家内昨日苺を植えたる由。
耕造発熱。小生も旅の疲にて夕食同時に就寝。鼻及咽喉に微痛を覚え風邪気味なり。（中浜義久君帰任）。
〔欄外〕
高森氏、本日午後10時の汽車にて営口出張。

4月25日
8時20分出社、外国の対満投資対策案に関する会議の報告を書く。
風邪気味にて鼻水出て気分悪し。
〔欄外〕
坂本有米彦君会社に出頭9^{00}円をとらる。
夜、自宅を訪問1円を手交打切る。無心申込は20円。俸給日（104^{00}）。

4月26日
外国の対満投資に関する会議録報告を書上げタイプに出す。
本日も微熱あり。昼食時に是枝君と南山麓の鏡池にボートをうかぶ。
3時半に退社。支那人三人を監督して窓ガラスをふかせ庭の掃除をなさしむ。

4月27日
招魂祭にて休み。
耕造の誕生日（みどりの誕生を兼ね）につき姉宅の子供五人姉

まで計6人を請じ心ばかりの祝をなす。姉宅より鯛一尾、人形一個及鯉のぼりの御古をいただく。

午後、耕造をつれて後の岡に散策す。

中央試験所吉野栄吉君義姉の縁談につき来宅。

吉田の義父と浜田正直氏に書面を出す。

4月28日

五十嵐氏に書類を寄贈す。ついでに甘粕氏と小生とに書をかいて貰ひ度い旨栄原氏に取つぎ依頼方を書面にて交渉。

日満通貨問題座談会速記録を田所氏に提出。

小県君より玉名君の行跡調べを送付し来る。

桜と鶯との掛軸表装出来。4円を支払ひて受取る。

夜、是枝君宅を訪問。12時前に帰宅す。

〔欄外〕

高森氏、営口より本日帰任。

4月29日

風強く黄塵天を掩ふの観あり。正午より一家4人つれ立ちて南華園に散策。昼食をすませ電車にて伏見台の兄宅を訪問、兄は本朝奉天より帰宅、明30日は奉天は休みの由。

4月30日

昨日出歩きたるため風邪悪化。はな水と微熱に多少気分芳しからず。

日満通貨問題座談会速記録をタイプに出す。資料課より兄の給料を受取り兄宅に赴き直接兄に手交し（130）夕食の御馳走になり帰宅す（行雄より来信あり）。
〔欄外〕
満日和気氏、インフレ問題にて来訪。

5月1日

風邪の経過思はしからず、微熱あり。

奉天新聞の記者インフレ問題にて来訪。

風邪のため一時半にて早引。

5月2日

風邪のため一日欠キン〔勤〕。ねつ高きためキナヘン丸及吸入器を買ふ。

5月3日

午前10時頃会社より電話（則俊君宅宛）あり。山中省次郎氏来連用務にて面会したしとのことなり。よって10時半に出社。

午後4時ヤマトホテルにて面会。

鎮平銀問題及財政部転出の件につき突然相談を受く。

5月4日

8時20分出社。午後12時半より自動車庫の二階にて新天地六月号の編シュウ〔集〕会議を開く。時潮批判と通貨問題の件を引うく。

5月5日

招魂祭につき10時迄にて自由退社。

中島主査より自動車にて旅順行きをさそわれたるも耕造昨夜発熱せるを理由として帰宅す。夕方姉来訪。一日家に蟄居す。

5月6日

同期生会を星ヶ浦に於て開催する予定のところ耕造微熱の関係と其他の理由により日中蟄居。みどりのみ則俊君の令閨に託して星ヶ浦に赴かしむ。

正午頃より降雨。

午後5時連鎖街ふくやにて第二次同期生会を開く。奉天よりの出席者、上杉、浅井、山根拓、勝部、東、大連側、南郷、則俊、下野、加藤、森、星。

〔欄外〕

姉、本日入院手術。

5月7日

降雨、レインコートを着て出社。

中銀竹本氏より旧幣回収状況に関する報告書を贈呈。

午後4時より大クラ〔倉〕ビルにて満蒙経済研究会の打合せをなす。来る23—25日頃中銀山成氏インフレ不可論批判会をなすことに申合す。

散宿料37.50を貰ふ。

5月8日

日満通貨問題座談会速記速録タイプ製本出来伊藤経理課長並に副委員長に提出。西氏並古沢氏に対する謝礼は小生自身携帯交付のことに諒解成立す。

昇給額13.30を貰ふ。

帰途伏見台に子供を見舞ふ。法子に1円をやる。

5月9日

財政部山中氏より鎮平銀復命書を寄贈し来る。

昼食は中島主査、大西、是枝、甘粕、南郷五人、遼東ホテルルーフに赴く。

特産問題に対する通貨政策の対策結果に到達せる感あり。

明日旅順に戦蹟見学の予定にてパスを貰ふ。

5月10日

耕造昨夜来発熱せるため旅順行きを見合せ10時半頃家を出て中央公園にて電車より馬車に乗換へ伏見台に赴きミチ子、イツ子をつれて星ヶ浦に赴く。観桜中、是枝君一家と落合へり。

午後2時頃電車にて帰途に就き帰宅後昼寝す。

夜は通貨政策に関する原稿に着手す。

〔欄外〕

本日、大連神社祭にて休み。

5月11日

通貨問題の原稿を十枚程書く。

伊藤政章氏より西、古沢両氏への贈物は品物にせる旨通知ありたり（Cut Glass　@¥50　計 ¥100）

　会計課石橋氏インフレ問題不審の点を質問旁々資料提供方を依頼に来る。

夕食後一家三人（初音、みどり、余）散髪に行く。

平原の父より来信。大島紬を代金引換にて送りたる旨通知あり。

甘粕氏宅、昨日男児出生せる由。

〔欄外〕

初音及みどり、ムシ歯の治療を開始（大連病院）。

5月12日

竹本節蔵氏に座談会速記録を送る。

満鉄社員会評議員会開催。協和会館に中島主査の議長振りを見学に行く。

午後1時すぎ西一雄氏及古沢氏宅に速記録並に鉄道部経理課長の発議のCut Glassを携へて自動車に篠田君と同道送届け最後の責任を果せり。

帰途星田君と将棋をたゝかわし4勝一敗。

夜は連鎖街扶桑仙館に於ける加藤勇君の婚礼式に出席す。

5月13日

日曜日。本日、経調の家族会星ヶ浦星之家にて開催さる。8時半家を出て9時すぎ星ヶ浦に到着、晴天風無く近来稀なる好天気。

是枝君一家と合同にて昼食をなし帰途是枝君宅に到り休憩、夕食をいたゞき豆タク〔小型タクシー〕にて帰る。賃金0.60。

〔欄外〕

行雄及黒川与一郎氏より書面到着。

耕造容体面白からず。

5月14日

石橋君（会計課）特産問題にて来訪。

是枝君本日より明日迄2日間旅順に出張す。

帰途、三輪、大西の両兄と喫茶店に立寄る。

帰宅して直ちに父並に行雄宛書面を認む。

照姉宅父の書面を初音持参し来れり。

父容態悪きものの如し。

〔欄外〕

△

5月15日

村山氏、本日より8日間の予定にて北満出張。

東京東亜経済調査局の北川勝夫氏来訪。

帰途遼東ホテルの地下室にて同氏とコーヒ《ママ》を呑み連鎖街をブラついて自宅に請じせわしい夕食のゴチソウ〔御馳走〕をなす。

是枝君夫婦来訪、大島紬を同君に引渡す。

5月16日

昼食は主査、大西、三輪、是枝の諸兄と五車堂にてなす。帰途常盤橋まで中島主査の自動車に同乗す。

中浜君本日より新京出張。

則俊君会社に来訪、先般の花見に関する会費10円を同君に渡す。同君草花の苗を貰ひに来る。夜、同君宅に遊びに赴き囲碁をなす。

5月17日

昨夜来耕造復発熱。朝来降雨。

8時45分に出社。馴馬兄、行雄、父に夫々書状を出す。夜、伏見台の子供を見舞ふ。

5月18日

本日、初音歯科病院帰りに姉を訪問せる由。

イツ子独り遊びに来る。夕食を共にし早目に帰宅せしむ。耕造容態面白からず。

〔欄外〕

18×7° 9'° 13週目。

5月19日

耕造経過面白からず。初音をして大連病院に診《シン》サツ〔察〕に赴かしむ。入院に決定せる旨初音より電話あり。是枝昼病院に赴く。甘粕氏の見舞を受く。

午後5時半頃みどりをつれて市場にて卵一個とサカナ〔魚〕のヒモノ〔干物〕を、みなと屋にて生菓子を買つて帰宅す。みどりのさびしがりにつりこまれて暮方一入淋し。本日、特産対策案を書上げ主査宛提出す。

5月20日

日曜。午前10時にみどりをつれて病院に行き、ひるめしはみどりと社員倶楽部にてなす。

是枝君夫妻の見舞を受く。4時半頃帰宅。伏見台の立士とミチ子とは帰宅と同時に上り込む。

姉は本日退院しつゝありし由、初音は組合に行ける序にイワヲ病院に立寄り耕造の入院せる旨を伝へたるところ困惑せる態度を示せりと。

則俊君来訪、今夕本郷君の天津転勤に関し送別会を錦水にて開く筈とのことなりしを以て事情を話し同君のあっせん〔斡旋〕にて黒松にてウナギを蒸器につめ同君より合計12円借受けてみどりをつれ再び病院に引返す。病院にて空ビンを貰ひ再び鰻をつめかへて約1時間10分に亘りて蒸したれどアブラ出さるため午後8時頃後事を託してみどりをつれて帰り夕食をたき風呂を沸して休む。

本日、病室を3等一人部屋より一等の部屋に替る。

5月21日

みどりと二人にて朝食をすませ8時40分頃病院に着く。耕造は幾分熱退く。朝の中に是枝大西両君見舞に来りし由、ひる、昼食時病院に行きしところ再び発熱せる模様なり。中島主査令閨の見舞を受けたる由、伊作田小学校より雑誌を寄贈し来れり。

5月22日

昨夜来耕造熟睡、概して低熱。

病院を午後5時頃引きあげ、みどりと共に帰宅す。お湯を沸して這入る。

石原正太郎氏来訪、九時頃まで話込む。

5月23日

昨夜来耕造発熱甚しく本日は38.6°平均の熱を持続、小言多く眼色顔色共に物憂き状なり。

木原氏令閨、中島主査令閨の見舞（品）を受けたる由。

本日吉田に50円送金され度き旨打電。

耕造の出生当時傭ひたる藤田と云ふ添附《ママ》婦を傭ひ入る、ことに決定。明日より自宅に来る予定、みどりの朝夕の病院往来も本日限りとなる。夷石氏に共済保証を依頼したるも多額の保証をなし居る由にて回避、夷石氏の窮状に想到せさりしは当方の手落ち、同氏に対し相済まさる次第。

〔欄外〕

睦男より初音宛書面来る。

新京財政部山中岩次郎氏宛転勤拒否の旨を認め発信す。

5月24日

初音朝9時半頃帰宅、附添婦来宅するため諸準備をなす。10時頃病院に単独にて赴きたるところ耕造割合に元気恢復、熱37.6°。背中に水たまりたること判明、今後の手当確定。石原正太郎氏令閨見舞に来院されたる由。奉天の兄に宛て共済保証依頼の書面を差出す。吉田より為替到着。

中島主査親セキ〔戚〕1人入院危篤の由、午後1時死亡、三時頃見舞にシカバネ〔屍〕室に赴く。午後5時半より満蒙経済研究会に出席のため五品取引所に行く（山成氏インフレ問題を中心にロンギ〔論議〕す）。

〔欄外〕

本日より附添婦来宅。

伏見台の姉病院に見舞ひに来訪。

5月25日

8時に病院に赴き耕造を見舞ふ、今朝2時頃より38.6°位発熱せる由。

9時半頃より菖蒲町に中島氏知人安原氏宅に行き死霊をとむらう。

特産物価格維持策としての通貨政策をタイプに出す。本日給料日99.00入手。

4時半頃第4部一同安原氏の葬儀に参列（大正寺高野山）。

前月（4月）22日土田にてうつしたる写真を受取りに赴く。バナ、を3百50匁買ひて帰る。

帰宅後則俊君宅に赴き令閨に借用金12円を手交す。

5月26日

耕造の容態好転。36度台に熱低下せる由。

奉天の兄より早速共済の保証書に捺印の上本日会社宛返送し来れるを以て礼状を列車便にて差出す。監理課山田直之助氏より為替管理法につき説明ありたき旨交渉を受けたるを以て関東庁理財課石原次郎氏に交渉せるも病気を理由に拒否さる。黒田五一君は来る三十日入港の鶴丸にて来連の由。渡辺氏代理より電話あり。

借家周セン〔旋〕をたのみ来る。

5月27日

日曜日。海軍紀念日。
附添婦と交替し初音朝7時半頃帰宅す。一家三名取急き入浴をすませ午前10時25分頃病院に着く。
本日に到り病勢再ひ逆転、午前38°1′　午後38°3′
みどりを伴ふて社員倶楽部に赴き昼食を済せ病院に引返し2時半頃病院を辞しみどりを伴ひて中央公園に赴き水兵の運動会を参観す。午前中に父親よりの書面を落掌す。就寝前みどりのためにイソップを読みきかせる。
〔欄外〕
本日午後、則俊氏令閨病院に見舞に参上されたる由。

5月28日

正8時に病院に耕造を見舞ふ。容体悪し38°9′迄昇る。2、3日後、今一度レントゲンを撮してみようと医師申渡したる由。

2時半頃、カラシシツプをなしたる結果熱幾分下る。

甘粕氏退社後来院見舞を受く。

財政部山中氏より来信。今一度転出につき考慮ありたき旨記裁さる。斎藤徳松氏、本日進退方を主査迄申出たる由。高森氏欠勤。

主査ひるより早引。病院より自宅迄徒歩にて甘粕氏と同道帰宅す。

5月29日

7時50分に病院に赴く、耕造幾分元気を恢復す。

昼食時、是枝、山内〔五鈴・経調調査員〕両氏と病院に赴く。

山内氏香港弗の翻訳を提出。主査より校閲を依頼さる。

篠田君にグラフの作成を依頼す。

夕方附添附《ママ》を病院にやり初音2時間程帰宅。正午後9時にマメタクにて病院に帰る。みどりの手をひいてサツマ温泉まで月光をふんて見送る。中浜君新京出張。

5月30日

耕造朝平熱。午前11時20分迄ホンコンカレンシーの翻訳に目をとおして後埠頭に黒田五一君を見迎《ママ》ひに赴く。則俊、下野両兄も出迎に見ゆ。外満化の青年一名来る。1時半頃則俊と共に児玉町三番地に赴きたるところ多少手違ひありたるため午後3時頃黒田君を同所に落付かし4時頃引きあぐ。夕方病院より添附《ママ》婦に対する料金を持参するよう通知ありたる旨初音より則俊君宅に電話にて通告し来る。

中島主査本日病気のため欠席。

大西氏出張。

5月31日

耕造、本朝午前2時頃より再ひ発熱、午前5時の検温に38°3′ありし由。

篠田君大連病院に赴きたるところロクマク〔肋膜〕とシンダン〔診断〕されたる由。午前中に経調の自動車に乗せて水明寮に帰寮せしむ。数字を取扱はしめたるため過労に陥りたるやもはかり難し。

定員調査の基礎となる労務計画第四部関係の分の審議を依頼さる。

退社後病院に赴く。是枝君と照姉来院。姉は近日中に奉天に赴く由。パスの交付方を依頼さる。

夜、吉田の岳父と睦男とに宛て、端書を認む。

本日、病院の附添婦に対して17円強を支払ふ。

6月1日

午前7時に起床。正8時に大連病院着。

耕造昨夜またまた発熱せる由、昨夜37°2′、本朝38°3′、夜（午後）36°。

経理部主計課山田隆吉氏、銀問題に関する座談会を社員倶楽部に於て開催するにより出席せられたしとの申出ありたるを以て午後5時より午後6時半頃まで出席す。帰途降雨甚し。一旦洋車〔ヤンチョウー・人力車〕にて病院に赴き7時半頃再び洋車に乗り帰宅す（45銭を支払ふ）。

夜に入り降雨益々甚し（本日昼食は五車堂にてすま〔し〕て本局に赴き電報為替50円を受取る。

〔欄外〕

照姉のために人事課に赴きパスを貰ふ。

落合氏に国分君の履歴書を依頼す。

黒田五一君より電話ありたり。

篠田君欠席。

耕造の容態に関し医長より説明ありたる由、差程心配するに及はさるものの如し。

6月2日

午前7時50分に出社。昼食は北川勝夫氏にさそわれて是枝君と共に共和楼に赴く。而る後馬車にて消費組合に赴き同氏のために買物の便宜を図る。

山内氏訳の香港通貨の校閲をすます。

耕造本朝37°8′。

篠田君欠席。星ヶ浦水明寮に電話にて問合せたるところ熱は低下せる由。

6月3日

附添婦5時半に病院に赴き、初音7時半頃帰宅。

みどり多少発熱風邪気味、みどりタバタに卵買に行く。初音9時半頃病院に赴く。

黒田五一兄―午前11時半頃来訪、保証人となつてくれと依頼さる。

みどりをつれて共に則俊君宅に赴き同君宅にて昼食をごちそうになる。則俊君も保証人となる。午後2時半頃より星ヶ浦水明寮に篠田君を見舞ふ。帰途海浜にて中島氏令閨に行き会へり。

6月4日

7時半に病院着、耕造平熱。

永井利夫氏、貴島克己氏、憲真氏に時末君の就職の件を《ママ》依頼状を差出す。

香港通貨を庶務に提出。印刷を依頼す。

通貨統計の粘土版を庶務に出す。

本日斎藤君伝家荘霞の茶屋に四部一同を招待す。

出席者、中島氏、高森氏、伊藤香氏、是枝氏、甘粕氏、三輪氏、中浜氏、南郷。

午後9時半帰宅す。篠田君本日出勤。

6月5日

昨夜来の豪雨強風は朝に至るもなほ止まず。

本日は東郷元帥の国葬日につき会社は休み。

昼食後病院に赴く。耕造本朝来発熱38°4'、午後2時半頃、熱低下せるも概して不機嫌。

3時すぎ病院を辞しみなと屋にてシュークリームを買求めて文化台まで徒歩にて帰宅す。

留守中に山内五鈴氏来訪されたる由。ひるより天気上りたるを以て4時頃より東郷元帥のため弔旗を出す。9時就寝。

6月6日

ちちぶの宮〔秩父宮〕御着連。国旗を掲く。午前7時45分病院着、耕造割合に機嫌良好。

午前中、庶務のために定員調べの基礎材料につき各主務者の意見を求めフセン〔付箋〕を添付し中島主査に提出す。

6月7日

北尾、松浦、橋本三君の傭員申請を呈出す。
耕造比較的好調。
〔欄外〕
女中の□□方を吉田に依頼す。
本日より腹を下す。

6月8日

耕造の容態一進一退、本日悪化。会社ひけたる後、平和台に家見に行く。

6月9日

昨夜来40°近く耕造発熱せる由、朝依然38°内外の高熱を持続、耕造の恢復につき全く自信を失ふ。運は天に任す可し。

特産委員会各委員の調書を回付し来る。

吉田の父より帰省を勧誘し来る。

〔欄外〕

はらくだし。

6月10日

日曜。みどりのみ余自らつれて本日迄に帰国するやも測られざる旨の端書を吉田に出す。

午前9時に病院着、初音と入替る。11時に初音、みどりをつれて来院。みどりと幾久屋にて昼食をすませて後、日本橋薬局に赴き下し止めの薬を買求め伏見台に姉を見舞ふ。

夜は特産委員会の調書を読む。

斎藤征生〔経調調査員〕及照代の夫君より耕造の見舞状来る。

〔欄外〕

はら下し。

6月11日

みづのより贈物をせる旨の書状を落掌す。

午後3時半頃、病院より電話ありて医師面談を求め居る旨を告け来る。大場先生と面談せるところ耕造容態悪化の模様につき明日レントゲンをとりたき旨諒解を求めらる。

6月12日

吉田の母名を以てボンタン飴とカステラを会社宛に送付し来る。

本日、耕造のレントゲンをとる。耕造風邪気味、午後より発熱。親としては辛きこと甚し。

奥田新三郎君の葬式に行き更に病院に赴く。

伏見台の姉来院、是枝君来院。

夕食後、みどりを伴ひて同人のみ散髪《パツ》せしむ。

夜、Kingを読む。子女病みて親心まさる。

本日、新京中央銀行清水氏に特産救済策につき照会を差出す。

6月13日

耕造容態前日よりも不良。昼食後、幾久屋にて巻寿司を買求めて初音の許にもってゆく。

6月14日

耕造本日少し容態持直す。親として微なる希望をつなぐ。夕方、伏見台の姉来訪、国分清隆君就職に関する依頼なり。昨今の余は耕造以外のことは考ふる余裕無し。睦男より来信2円無心し来る。継母の臨終の心境の程しのばる。

6月15日

本日、耕造概して良好、更生に希望をつなぐ。

9時すぎより重役会議室に於て特産委員会対策開催。山崎〔元幹〕理事より長山氏―八木氏―南郷の順序にて意見を求めらる。

12時すぎに散会。

昼食は遼東ホテルの地下室に於て主査、是枝君と一緒にすます。

本日賞与わたる4$\underline{18}$。

帰途、是枝君宅に赴き風呂に入り連鎖街ふくやにて斎藤徳松君の送別に出席し10時すぎ帰宅す。

6月16日
耕造容態不良、38°4位、発熱―39°3。

10時10分より重役会議室に於て第3回特産対策委員会開催。本日は山口委員及諸富委員より遠距離テイゲン〔逓減〕法につき説明。

昼食時病院に赴く。耕造容態思はしからず。

福満看ゴ〔護〕婦〔南郷夫人の同郷知人〕来室。本日賞与の中300円を社員貯金す。

6月17日
日曜。午前8時15分頃病院着、本日耕造小康。

午前11時半頃みどりをつれて幾久屋にて昼食をなし、電気遊園に赴き満洲牧場にてアイスクリーム2個を求めて帰宅す。みどり風邪気味微熱あり。

午前中、初音と入替り余耕造を看病す。

奉天の兄より耕造病気見舞状来る。

6月18日
耕造昨夜10時以降発熱、本朝容態逆転。吉田の母より見舞状到着。
本日、篠田君の安東出張を申請す。6月19日より7月3日まで15日間。平原の岳父より来信、弟子丸君の姉を女中に世話し度き旨申し来る。
〔欄外〕
石原正太郎氏来院見舞を受けたる由。

6月19日
耕造昨日血清注射をなせる結果、本日発しん〔疹〕（はいえん〔肺炎〕のきん〔菌〕きくわん〔気管〕に這入りたるため）せき止み熱下る。午前10時頃初音より電話あり、乳児室にはしか出たるため輸血の必要を生し、余の左腕の血をとりて耕造に輸血す。

中島主査令閨並是枝夫人の見舞を受く。

本日吉田に向け弟子丸の妹を25日鹿児島発の千歳丸にて出発せしめられたき旨打電す。

本朝9時頃、初音黒松にうなぎ買に行き、鑵をひる頃余車に乗つて返しに行く。本日より防空演習。

6月20日
耕造本朝よりひる迄容態良好。ひる、是枝君に中食をおごつて貰ふ。協和に満洲中央銀行の通貨発行高に関する考察と云ふ記事を起稿《ママ》す。中央銀行より〃満洲中央銀行〃なる冊子の寄贈を受く。

本日引続き防空演習。

6月21日
耕造本日の容態良好、幾分シュウ〔愁〕眉を開く。
本日再度弟子丸の妹の件につき吉田に打電す。
フヲッシャー平価切下の次に来るものを多少よむ。
今夜、是枝君ハルピン、新京、奉天に出張。
みどり夜に入り発熱、熟睡せず。終夜起きたりねたり。睡眠不足にて夜を明す。

6月22日
昨日、中銀清水氏より特産救済策依頼状に対する回答、文化台宛来信。

午前7時前にみどりをつれて自動車にて大連病院にしんさつ〔診察〕に赴く。中耳炎とのシンダン〔診断〕、終日ケツキン〔欠勤〕す。高森令閨の来院を受く。

夜、高森氏夫妻文化台に来訪。

みどり発熱38°8'、病院より受領せる粉薬をのませたるところ熱下る。経過概して良好。本日耕造亦発熱38°8'—。

6月23日
午前8時、みどりをつれて病院に治療に赴く。10時頃出社。
午後1時半には会社をひきあけて帰る。
前島氏夫人の見舞をうけたる由。

6月24日
日曜日。昨夜来みどり容体不良。
7時半頃、病院に赴き治療を受く。初音は9時頃よりみどりをつれて文化台に帰り、余耕造の看護をなす。12時すぎ帰宅せるところ吉田より羊羹と海苔とお茶との小包届く。
夜、則俊君来訪。
〔欄外〕
吉田の父と奉天の兄とに書状を出す。

6月25日
みどり夜来発熱甚しく睡眠困難、絶へず水を要求す。余また看護に心身共につかる。附添婦と共に早朝病院に赴かしむ。付添婦のみ11時頃帰宅。みどりは耕造の部屋に入院。ひるすぎ出社。

本日の俸給は僅かに13円支給を受く。耕造容体良好。

微弱なる降雨。デシマル〔弟子丸〕フヂ千歳丸に乗船せる旨の電報届く。午後6時頃帰宅し附添婦に1円30銭余計に支給して本日ひまをやる。

独居のわびしきままにみどりのピアノをひけば自ら涙湧く。本日、高橋嘉市君顔を出す。

6月26日
昨夜10時すぎより本朝は5時頃まで熟睡、概して仕事をなすに物憂し。8時10分頃病院に赴く。みどり依然高熱、耕造良好。耕造37°8'。病院に午後8時すぎまで居る。みどり依然高熱38°8'。

高橋嘉市君来院。

みづの及岳父より書状到着。

6月27日
午前6時頃、則俊夫人来訪、卵9個をいたゞく。

8時に病院に赴きしところ耕造発熱40°1'ありし由、みどりも比較的不良、絶───《ママ》

中昼時、いびしに赴き高橋嘉市君のために20期生を中心として集合、うなぎを食ふ。

出席者、宮本、中山、甘粕、小沢、加藤、新井、南郷、村田。

昨日、正金銀行より鈔票の見本を贈呈し来る。

みどり肺炎併発、本日血清注射をなす。

中島令閫、夷石令閫の見舞を受けたる由。

伏見台の姉も来院。会社ひけ頃大雨、病院より人力にて雨中をついて帰宅す。

夜半に入りて大暴風雨、千歳丸は動揺甚しかりしなるへし。みどりの入院保証を甘粕氏にたのむ。

〔欄外〕

みどり血清注射。

奉天の兄より見舞状到着。或は意見書やも測りかたし。

6月28日
空くもり。みどり幾分好転、耕造37°9'。福満君来室（病院へ）。

余も亦下痢気味。

午後二時より病院に行く。初音は午後3時頃より埠頭に弟子丸を出迎ひに行き、午後8時半頃帰院。千歳丸は午後4時半港外着。

9時頃帰宅し風呂に入るところに弟子丸熊男より航空郵便到着、360円融通方依頼し来る。余亦ボウゼン〔呆然〕となる。

6月29日
身心共につかれたるため一日休養す。12時頃フヂをつれて病院に赴く。耕造背部にハリ〔針〕を入れたるところ膿30瓦程出たる由。

埠頭にフヂの柳行李をとりに赴き2時頃帰宅す。

午後2時より4時迄ひるねす。夕方、則俊君宅に赴けるところ同君おひ〔甥〕は奉天輸入組合には入ることに決定せる由。初音に電話をかけたるところ両名共38°6'位の熱なる由。

吉田の岳父に書面をかき午後9時頃投カン〔函〕す。弟子丸に対する融資に対してはもえ〔もやい：無尽講〕を担保にして金策されたき旨書き送る。

夷石氏及姉見舞に来たる由、法子も来院。

6月30日
午前7時半頃、病院にフヂをつれて行く。耕造みどり共に経過面白からず。朝のケンオン〔検温〕、みどり39°1'、耕造37°8'。

本日、身元保証金1千500円の特別払戻方請求書を主査の印鑑を貰ひ庶務に提出す。

昼、夷石さんにつれられてヤカタリジンを買に敷島広場品川洋行隣に行き12時半頃病院に赴き、みどりにのませる。1時の検温には37°3'に下る。発熱後10日目にして始めて熱退く。午後帰宅時分にはみどりは36台に低下。

7月1日

日曜日。午後に病院に行く約束をなせるも午前9時に病院に赴き初音と入替り看護。初音は文化台に帰り、午後1時半すぎに病院に帰る。伏見台の姉見舞に来る。みどり36°7'。耕造36°9'に下る。
午後3時半頃に帰宅し、フヂと共に庭の草をとる。多少気分晴々とす。吉田の岳父に書面を出す。
〔欄外〕
黒田五一君の見舞を受けたる由（カルピス2本）。

7月2日

みどり、耕造共に平熱、耕造は本日更に背部より膿を一瓦位とる。

篠田君の母上より書面到着、篠田君は肋膜の外に腹膜を併発せる由、本日更に十日間の出張延期を申請す。

第一銀行大阪支店富田富二氏来訪、一中に於て小生より2年先輩なる由。退社後、伊藤氏と将棋をた、かわし6時半頃帰宅す。降雨甚しきため45銭をフンパツ〔奮発〕して洋車にて会社より直接文化台迄乗付ける。

〔欄外〕

是枝夫人来訪（ばな、〔バナナ〕を貰ふ）。

7月3日

フヂと共に病院に赴く。昨日膿をとりたるためか耕造38°6'位、みどりは平熱、耕造は本日更に太陽燈をかける。

十時頃初音より会社に電話あり。病院内にはしか出でたるため輸血することに決定せるため来院方要請、10時半輸血を了す。初め右腕をとりたるも血出でず多少苦痛を感ず。左腕より所定量をとりてみどりに輸血す。

富田富二氏9時より10時頃迄来訪。

午後零時半より1時半まで文化台に初音と帰宅し牛込の祖母より送り来りし御守りを焼く。

なほ、正午半帰宅。前窓より傘取りに這入りしところ守衛より発見され御目玉を頂戴す。

〔欄外〕

7月3日午前11時頃。

大賀担当医師より誤診し居りて相済まさる旨且つ膿胸より抽取せる膿に含まる、菌は悉く肺炎のキン〔菌〕なりし旨且つ耕造の容体は差程重大なものに非さる可く多分生命に別條なかるべしとの説明ありたり。即ち第一回のレントゲンの結果並手当に於て試験せる（肺系統の病気と仮定して）反応は皆陽性なりしも第二回のレントゲンより多少疑問あらわれたり。普通の膿胸は而く簡単なものに非ざれど耕造の場合は極めて一少部分が化膿しそれがフクロ〔袋〕様のものにつゝまれて爾来発展せざりしものなるべく、針が甘くこのフクロ〔袋〕に到達せるは幸なり。その外の場所には針をさしても膿出ざるを以てこの外には膿なきものと思はる云々。

7月3日隣家立岩夫人六時頃自宅に来訪。ドリコノ〔緑色の飲料水〕2本を病気見舞として贈呈さる。

7月4日

昨日太陽燈をかけたるためか本日午前6時、耕造38°4'。

みどり平熱、午前9時の検温耕造38°みどり37°、午後1時37°2'、37°6'。

本日も雨とくもり。

中島令聞来院、照姉来院、福満氏来室。

夕方、満洲牧場にパン買ひに行く。

会社よりの帰途、市場により野菜を買求む。

7月5日

耕造、37°、37°2'、37°6'、36°8'。

早朝、則俊君来宅。次いで初音より、しき〔敷〕布を持参せよとの電話をとりつぎ報告方来宅。

是枝君出張より本日出社、出張報告満足。ひるめし是枝君よりおきなをおごらる。ついで馬車にて是枝君と同道病院に行く。

本日耕造太陽灯をかける。

みづの宛書信投函す。

みどり本日より起き上り、ベッドに坐りて遊ぶ。

初音と入替り看護、其の間に初音は（午後3.5'　5 1/2）。文化台に帰宅し湯あみす。

7月6日

耕造36°7'　9時38°3'　37°1'。

みどりは腰かけに於て遊ぶ。耕造も午前中機嫌良く、7週間振りにベッドに自ら坐す。

昼食時、耕造再び発熱。みどりは2、3日中に退院の予定なるに付初音、帰省方を極力主張す。

中食時（12時半）、経調会議室に於て新天地の編輯会議開催。

7月7日

耕造38°4'。

本日、耕造背部刺穿、膿5gramme程出づ。

太陽灯をかく。39°2'まで上る。

7月8日

日曜日。午前10時病院に赴く。耕造38°9'。

午後1時頃帰宅。2時頃より連鎖街大阪屋に講談クラブを買ひに行く。

むし暑きこと甚し、風呂を沸して這入る。

7月9日

耕造、38°2'。

つき、昨日より下痢。本日より2日間程休養方を申し出づ。

初音も亦下痢。昼食時、病院に赴く。

本日午前9時より正午まで特産対策委員会開催。耕造熱高けれど顔色比較的良好。

吉田の岳父と篠田君とに書面を出す。

吉田の母より書面到着、睦男並に行雄よりも見舞状来る。

7月10日

耕造、38°2'—37°8'。

耕造も熱が下り次第つれて帰り度いと思ふ。

附添婦本日も来らず。初音亦元気無し。

本日9時より正午まで特産委員会開催。

耕造多少風邪気味、看護にも精神的にも全然つかれ果てたる心地す。

みどり中耳炎全快、治療に通ふ必要無きに至る。

みづのより来信、みどり宛の御守りを送り来る。弟子丸熊男よりも来信。夜、風呂をたてて這入る。

夜八時頃、甘粕氏方女中せんたく物を持参序でに甘粕夫人気分悪き由を伝へたるため則俊君宅に赴き、西園亭に宴会出席中の甘粕氏に電話せしも既に散会の返答ありたり。

〔欄外〕

2604萩原氏寝台。

北尾君に通貨統計に関する験《ママ》算を依頼す。

7月11日

耕造、37°2'—37°4'、36°7'、割合に機嫌良し。本日も附添婦来らず。

正12時に社員倶楽部第2集会室に於て十河委員長辞任のあいさつをなす。

耕造、第3回刺穿25gramme出る。

則俊君宅子供三人下痢嘔吐をなす。夜、星君来宅。

太陽トウ〔灯〕をかう。吉田の父より病院宛来信。

7月12日

耕造37°1'。昨日来むし暑し。

耕造多少不機嫌、昨夜より附添婦帰来。

余自身からだ全般的にだるし。

十河委員長の辞任に伴ひ会務班に於て9年度予算第4部関係の分を本日中に（現状進行状態）作成、中島主査に提出す。

4時に帰宅し、静ヶ浦レイクワン〔嶺甲湾〕に水泳に行く。夜、則俊君宅に赴き病院に電話をかけたるところ、耕造39°4'ありし由、初音すっかりしょげ可成早く帰国し度しと述ぶ。

7月13日

書類のセイリ〔整理〕をなす。38°8'、耕造容態悪しきため12時に早引、病院に赴き医長にみどりの退院並に耕造の将来恢復可能性の如何に関し見込を徴す。みどりは20日迄に退院し得る言質をとる。昼頃、耕造割合に好転す。
4時頃帰宅し、レイクワンに水泳に独りて赴く。
特休日数を取調へたるところ58日あり。
20日にみどりをつれて帰るや否やに関し考慮しそろそろ準備をなす。
〔欄外〕
本日、背部刺穿をなしたれど膿出でざりし由。

7月14日
午前9時すぎより猛雨沛然として来る。
篠田君の請暇手続をなす。奉天中国交通両行に対し是枝君名を以て紙幣発行高の報告依頼状を認む。
耕造、容態割合に良し。本日より自身にて寝台の椽《ママ》に手を支へて立上る。

7月15日
日曜日。耕造、昨夜来再び発熱。
午前9時頃病院に赴く。伏見台の姉来院。
午後1時すぎ帰宅し昼寝し、夕方たばたに米買に行く。

7月16日
篠田君の請暇手続を了し庶務に書類を提出し、篠田君の母堂に書面を差出す。
2時に病院に赴き午後4時自動車にてみどりをつれて退院す。
夜バスハップ〔温泉入浴剤〕の風呂をわかす。
〔欄外〕
みどり退院。高橋君より来信。

7月17日
朝9時頃、みどりを伴ふて10分間程散策す。
午前10時半出社。夕食後10分間程みどりと散策し後バスハップの風呂に這入る。
〔欄外〕
吉田の岳父より来信。姉来院、耕造の背部に薬をさす。

7月18日
午前9時半出社。昼食は幾久屋に於て是枝君と倶にす。午後に入り天気多少はれ上る。
是枝君、井上唯七君、北尾君病院に見舞を受けたる由。
〔欄外〕
北平の高橋君に礼状を出す。吉田の岳父に7月末に帰省する旨の書面を出す。

7月19日
耕造、本日背部刺穿、一度薬を入れて膿をとり再度薬を入れて洗滌し汚液をテキ〔摘〕出す。
帰宅後、みどりを伴ふて静ヶ浦に赴く。

〔欄外〕
バスハップの風呂を沸して這入る。

7月20日

本日は朝よりはれ。国分栄之助氏より来信。
午後に入り耕造発熱、翌21日午前2時に入り下る。
帰宅後みどりを伴ふて静ヶ浦に赴く。
則俊君令閨、午後5時頃来宅。
〔欄外〕
バスハップの風呂を沸して這入る。

7月21日

土曜日。兎に角、初音にみどり、耕造、女中を伴はせて帰国せしめ小生のみ踏留ることにしては如何と考ふ。みどりとフヂ子をつれて静ヶ浦に赴く。

7月22日

日曜日。みどり、余の病院に赴くを肯せさるため則俊君宅に赴き耕造の病状を問合せたるところ良き方なりとのこと。

午後3時頃、奉天の兄来訪、病院に赴きたる由。午後6時頃みどりを伴ふて兄宅に赴き夕食の御馳走にあづかり午後8時に帰宅す。

7月23日

耕造、昨夜来再ひ発熱。吉田の岳父より2通来信、来7月30日に帰省することに最後の決心をなす。

午後1時より病院に赴き、3時頃の回診を俟ちて医長に帰省の件につき交渉せるところ芳しからさる回答に接したり。夜、みどりを伴ふて散歩す。

7月24日

昨夜来精神的に面白からず。最善の方法はやはり初音をして耕造を伴ひ帰国せしむるにある結論に達せるも初音は当分当地に踏み留りて治療に尽すを妥当とする旨主張す。故に已むなくみどりとフヂ子とを伴ひて余一人帰国することに変更す。昼食時、耕造40°1′ありし由、恐らく駄目なる可し。

午後4時頃背部穿刺、膿こゆし。

本日、レントゲンをとる。

〔欄外〕

国分栄之助氏に書面を出す。

7月25日

膿をとりたるため熱下る。37°4′位。

吉田の岳父に来る7月30日、みどりとふぢ子を伴ひ帰省する旨の書面を出す。

午後4時10分のバスにてみどりを伴ひ傅家荘に水泳に赴く。甘粕、宮本清司の両君と共に游泳す。

午後6時半、初音帰宅し9時半迄帰省の準備をなし、9時40分に自動車にて病院に帰る。みどり泣く。レントゲンの結果良好なりし由。

7月26日
出勤時刻前より大雨、9時半に出勤す。
本日、耕造割合にキゲン〔機嫌〕よし。

7月27日
出勤時刻になりみどり眼痛を訴へ出勤不可能。ペンキ屋両人来り家を塗る。
夜、みどり、ふぢを伴ひて病院に赴きみどりと耕造との面会をなさしむ。暫時の別離か（みどりと耕造にとりては）永遠の別離か測り難けれど親としては一掬の涙を禁じ得ず。病院を辞してみどりを背負ひ浪速町を散策す。帰途アイスクリームを満洲牧場に於て求めふぢ子と食ふ。十六夜の月、連日の雨上りに青空に涼しく浮き出づ。

7月28日
金を２００円引出し7月30日より8月18日迄請暇を申請す。伊藤香象氏を煩し郵船に船室をレザーブす。
行雄と睦男とに宛て書信を投函す。

7月29日
昨日１１００円の身元保証金払戻関係書類を落掌す。初音帰宅し、みどりの着物の整理をなし帰省の準備をととのふ。
本日日曜日。初音帰院後、みどり淋しがる。

7月30日
午前8時頃、馬車にみどり、フヂ子、余三名乗車して埠頭に急ぐ。姉はつや子を伴ふて10時前に千歳丸に乗船。
立岩氏、是枝君夫妻、村山氏　北尾君、松浦君、橋本君及初音に見送られて午前11時出帆。
波おだやかなり。

7月31日
多島海に入り濃霧のため船脚多少にぶりたるも波おだやかにして動揺なし。気分爽快、のども快ユ〔癒〕せるが如き心地す。

8月1日
正午長崎着。みど里を伴ひ一女性と3名自動車に乗り天主教寺、宗福寺、スワ〔諏訪〕神社を1時間程見物、みつ豆をたべ3時頃帰船。暑気のため蒸暑く発汗甚し。
船は無風の海上を一路南下す。

8月2日
午前4時半頃目ざむ。眼前に開聞嶽直立す。海水亦南国特有の色を漾す。
午前9時頃、鹿児島着。岳父ハシケ〔艀〕により千歳丸来る。

浅橋には吉田の母出迎ふ。

通関並に手荷物の受取りにひまどり、午前10時半頃、名山堀の蒲生茶屋に落付きふぢ子は11時発の乗合自動車にて吉田に帰し、親子4人山形屋に赴きひるめしにうなぎめしを食ふ。みどりのみはチッキ《ママ》ライスを食ふ。

みどりのために水筒を買ひ蒲生茶屋に引返し荷物を自動車に乗せて上荒田町の家に落付く。みづのも来鹿児。カズ〔一〕徳元気恢復。風呂屋に赴き夕方、カズ徳、みどりと共に西鹿児島駅に赴き安着の電報を初音にうつ。

8月3日

午前8時頃より母、テツ子、みどり、みづの、カズノリ〔一徳〕及余6名鴨池動物園見物に出掛け、母及哲子のみ帰宅し残余は山形屋に赴きひるめしを食ふ。

午後3時10分西鹿児島駅発の列車にて市来に帰る。東市来駅にてヒサ子に遇ふ。馬車にのり県道を大ウ〔迂〕廻し、ミノミダを経て帰宅。先づ行雄宅に落付き次に父宅を訪ふ、不愉快。

睦男、流石を伴ひセガシ及阪の上の墓詣りをなす。夜、武夫宅を訪ひ、カネノリ〔包徳〕、エイイチ〔叡一〕、シヅ叔母等に面会し12時頃帰宅す。

8月4日

午前8時39分東市来発の汽車にて出発予定のところ、シヅ叔母、武夫氏、臼井氏、オカノさん等続々詰めかけたるため午前10時9分発の汽車に予定を変更、親父の老後に関する件を大体解決す。

武夫氏を除き行雄、睦男、流石、久夫さん、シヅ叔母、アキちゃん（豊文の遺児）に見送られ駅前の茶屋にてユキと西瓜の御馳走になる（行雄勘定）。

午前11時鹿児島着。12時発の乗合自動車にて吉田に午後1時頃到着す。照代の夫君田代氏を折よく来宅、牛込氏所有のドロ沼をほしてフナとウナギとを捕る工作を見物す。

夜は巌氏、平瀬氏とバンサン〔晩餐〕を伴にす。

田代氏より耕造に金1円を贈らる。巌氏の焼酒につきあひたるため12時半に就寝す。

8月5日

弟子丸、ワイ氏及峰氏、みどりのために粗品持参。

午前9時岳父、はるかと共に出鹿児。みどりはみづのに背負はれて裏の学校につれて行き其のひまに自動車に乗る。蒲生自動車屋の前にてかつをぶしを買ふ。ナヤ〔納屋〕にてひるのオサイにさかなを買ひ上荒田に赴きひるめしをすませて午後12時40分頃自動車に乗り築港に急ぐ。はるか、かずのり、父三名に見送らる。父よりは伏見台の姉にかつをぶしを、初音にうり一籠を、西瓜3個をおくらる。

午後2時鹿児島出帆、むしあつく海上とても涼風なし。

8月6日

午前7時長崎着。前回のあつさにこりて見物を見合せ、みどり、柏原氏、五十嵐氏、鷲尾氏、森主計正、後藤君、斎藤征生君に暑中見舞並に子供病状を認め投函す。11時頃上陸、雑誌富士を買ふ。甘粕氏並附添婦に対する土産としてウン〔雲〕仙アメを買ふ。午後2時長崎出帆。夜に入り琉球列島附近にタイ〔台〕風起りたる旨のラヂオをきく。

8月7日

海上は小波あれども船の動揺些かも無し。午後に入り迫嘉平次氏と商船学校の先生との囲碁を見学す。昨夜、窓をあけ放してねむりたるため多少のどを痛めたる心地す。

8月8日

4日間の復航、風波無く無事に航海を終る。午前11時半大連港外着。

本朝下船の準備中こし〔腰〕掛けに置きたる西瓜一個腐敗しこし掛けをよごし居るを発見せるため海中に投棄す。

検疫にひまどり大連上陸は午後1時前となる。

初音に出迎へられ午後2時前に馬車にて文化台に帰る。すしを取寄せて初音と食ふ。持ち帰れる西瓜2個の中、鹿児島にてハシケ〔艀〕より本船に積換への際すり換へられたる方は腐敗し居たるため最後の一個の一半を2人にて食べ、一半は初音自ら病院にケイタイ〔携帯〕し行けり。立岩氏と則俊君宅にかつをぶしを贈る。

午後6時すぎ、病院に赴けるところ耕造予想外に健康を恢復し居れるを発見し愉快に堪へず。

〔欄外〕

満洲中央銀行より創立第三年目を迎へ紀念品としてタバコ入れのセットを贈らる。自動車にて三柴氏の代理持参。

約1400円の通帳を初音より受取る。

8月9日

午前7時半、病院に耕造を見舞ひて出勤す。

満日川島氏より明日登エイ〔瀛〕閣にて高橋亀吉氏を中心に座談会を開く旨の通知ありたり。

ひる、是枝君と五車堂にて昼食を倶にす。

午後は7月29日より本9日迄の日記をしたたむ。

退社後、黒田君と社員倶楽部に於て将棋を戦はし6敗1勝。畢って耕造を見舞ひて不二亭に於ける経調の高橋亀吉を中心とする座談会に出席し、午後《ママ》12時頃帰宅す。

8月10日

午前9時頃病院に赴きしに耕造はレントゲン治療に赴き留居なりしを以て其の侭面会せず出勤す。

富田富二氏来訪。

夷石氏と経調改組問題に関し意見を交換す。

大毎仲氏、中銀の中谷貢氏を伴ひ来訪。

ホテルに於て仲氏、中谷氏、伊藤香象氏と昼食を伴にす。

帰途、是枝君と病院に立寄る。姉来院せる由。

午後1時半より社員倶楽部第2集会室に於て河本〔大作〕理事の新任挨拶ありたり。

夜は登エイ〔瀛〕閣に於て高橋亀吉氏を中心として満蒙経済研究会の座談会を催し午後9時すぎ帰宅す。

〔欄外〕

伊藤氏に約¥200程借越し。

8月11日

午前7時20分に起床、9時前出社。

夜来の降雨に涼味を覚ふ。秋近かるべし。

神戸の河野繁君より電話にてひるまえ来訪する旨を告げ来る。酒家彦太郎君、河野君と共に遼東ホテル七階に於て昼食を共にす。夜、是枝君宅に於て夕食の饗応にあづかる。

8月12日　（日曜日）

8時すぎ起床、10時頃朝食をすませ正午すぎ病院に赴く。岳父より初音宛来信みどり元気なるを伝ふ。初音と共に幾久屋に赴き明治にてアイスクリームを食ふ。組合に赴き買物をなし夕食は自ら炊き、夜7時頃伏見台に兄を訪ひて帰宅し10時頃就寝す。

8月13日

経調会議室に於て経調の使命、将来の活動方法等につき会務班にて協議す。

経理班に於て篠田君出張関係を整理し度しと申し出づ。

退社後、堀田君と社員倶楽部に於て将棋をなし夕食を倶楽部食堂にてすませ病院を見舞ひて9時前に帰宅す。みづの及斎藤征生君より見舞状を落掌す。

8月14日

中銀山成氏宛中銀創立第三週年紀念品に関し礼状を出す。初音より電話あり、近日中に退院し度き旨を申述ふ。夕食は幾久屋に於てなす。大朝畑中氏よりまるたきに於て果物をおごらる。

8月15日

満電立岩氏、赤峰、臨江交通事情取調のため来社。黒田君不在のため藤原氏に紹介す。

監理課員新京取引所銭鈔取引に関し事情取調べ〔の〕ため来訪。

正午帰宅す。家内とおきなに於て昼食をすませ午後2時帰社す。

幾久屋に於て夕食として赤飯を買求め帰途、高森氏と西広場に於てソウグウ〔遭遇〕しマメタクにて帰宅す。

8月16日

東福主計、陸軍本省転勤に決定、別離の挨拶をなす。昼食時、是枝君、田中君と共に明治に於てアイスクリームを食ふ。午後4時より社員倶楽部に於て十河信二氏の送別座談会（経調主催）に出席、午後9時半散会、10時すぎ帰宅す。

8月17日

睡眠不足の頭にて午前9時出勤。

正午より午後2時半迄、不二亭に於て東福主計並に鈴木氏を中心にして送歓の座談会兼昼食を伴にす。午後3時半頃、是枝君と共に病院に赴き、4時半頃自動車にて耕造、初音を伴ひ退院帰宅す。

去る5月19日に入院してより丁度91日目なり。

則俊君退院見舞に来訪。夕食は東ずしよりにび《ママ》り2人前を取寄せ簡単にすます。久し振りに入浴し心地良かりしも耕造の泣声に妨されて終夜円かなる夢を結ぶを得さりき。吉田の岳父に退院の通知を差出す。

〔欄外〕

東福主計送別会は経調会務班主催。

8月18日

土曜日。夜明前後は空曇り居たるも正午頃より晴れ、むしあつし。午前11時前秘書係より中外商業記者菱山、立石氏より面〔会〕希望を電話にて通知し来る。

村山氏、8月20日より同26日迄1週間安東、営口両地に出張申請。帰途一ショク〔一燭・光度の単位〕の電灯と市場に於て牛肉とを買求めて帰宅す。

〔欄外〕

村山氏出張申請自8・20至8・26。営口23迄。安東24日より。

8月19日

日曜日。終日くもり、むし暑し。耕造の相手をつとめたるため発汗甚し。正午前、初音は組合に耕造用の食料品買入れに赴く。耕造のひるね時間を利用し後庭の雑草をとる。夜に入り大雨沛然として襲来す。

8月20日

東福主計千歳丸にて帰鹿児。20番バースに経調会務班の諸君と共に見送る。

是枝、甘粕、伊藤、高森の四君と共に天平にて50銭の定食をなす。

本日より初音は耕造を伴ひ大連医院に通ふ。

千歳丸船長郵送の素人写真を落掌す。

午後1時半より経調会議室に於て会ム〔務〕班の定例会議を開催列席す。帰途、協和会館喫茶室に於て是枝、三輪の両君と意見を交換す。

〔欄外〕

耕造のためゲンノショウコ20円を買求む。

8月21日

昨夜来、耕造発汗とみに減少、元気特に増進せる観あり。各方面に退院あいさつ状を差出すも差支へなかるべし。

昼食時、甘粕、是枝、内海、伊藤の4君といびしに鰻食ひに行く。

午後3時半より社員倶楽部に於て河本理事を中心とする座談会に出席す。

銀行論叢社吉田氏より同誌を寄贈し来る。村山氏昨日より安東営口に出張。

8月22日

午前10時頃より午後2時頃にわたり降雨。

会務班岡田君より各部欠員調査の依頼をうけ主査に相談す。

村山氏起案の満洲特産対策を読む。

耕造、元気とみに恢復し腕白無茶振りに夫婦とも持て余し気味なり。偏頭痛気味なるため7時半頃就寝す。

8月23日

夜明けに雨ふり注ぐ。耕造のため5時半頃起さる。就寝中をブーブーとしきりに請求され寝乍ら尺八を吹かさる。

村山氏、出張先の営口より書状をよこせり。

8月24日

書院の学生来訪。午前10時過より会議室に於て経調改組に関する座談会を開催す。

午前《ママ》2時より同じく会議室に於て第4部関係主任座談会を開催す。

昨今の余の気分はユーウツ〔憂鬱〕を免れす。

8月25日

土曜日。久し振りに空稍はる。

三輪君と第4部の改組に関し意見を交換し、大体伊藤香象君の主張の組込まれたる改組案を認容す。中浜君に対し田所氏より満洲国転出に関し意向を訊されたる由。

8月26日

日曜日。午後1時頃より組合に赴き耕造全快の内祝の品物を買求め、一家三人馬車に乗り　伏見台の姉宅、中島主査宅、是枝君、木原氏宅（留居）、井上唯七君、夷石氏及石原正太郎氏宅を歴訪して午後6時前に帰宅し、風呂に這入り午後11時半頃就寝す。

8月27日

午前10時半より経調会議室に於て経調改組に関する会務班の会議を開催す。

大西君、本日安東より帰連す。ひる、是枝、甘粕、伊藤、三輪、高森、南郷、大西の諸兄と共和楼に於て支那料理を食ふ。

退社後、社員倶楽部に於て姓名不詳の者と午前《ママ》7時すぎまで将棋をなす。

〔欄外〕

29日午後3時すぎより満蒙経済研究会の座談会を開催。

8月28日

耕造の容体日を逐ふて好転。2—3歩歩行をなす。5時半頃より目をさまし独りではしゃぎまわる。本日遼東ホテルに於て山田岳陽先生歓迎会ありしも欠席。退社後、社員倶楽部に於て加藤勇君と将棋をなす。

〔欄外〕

夜、立岩氏来宅。北平高橋君に耕造内祝品を社内便にて郵送す。則俊君令閨タチ《ママ》魚を持参寄贈を受けたるも気味悪きため夜まわりにマタ呉れをなす。

8月29日

田草川君、本朝長逝。姉宅逸子エキリ〔疫痢〕にて入院せる由を高森氏より聞き及びたるを以て昼食前、大連医院に赴きたるも入院せる模様なかりしを以て帰宅し初音にこの旨を通知す。

本日、満蒙経済研究会役員の会合に赴き6時頃帰宅す。初音9時半迄姉宅に見舞に赴く。

午後10時より田草川君の御通夜に赴く。

〔欄外〕

夷石氏は令嬢病気につき両3日欠勤中。本日、村山氏帰任、本日より出社。

8月30日

午前6時前、御通夜より帰宅し10時頃までねむり12時すぎに出社す。大連新聞購入に関する外交員来る。購読することに取極めたるも後口悪し。

帰途、姉宅に赴きたるところ兄も奉天より帰宅。

奉天社宅係に電話にて社宅の交渉をなす様依頼をうく。

〔欄外〕

初音、本日立石氏令閨帰省さるゝに付千歳丸に見送りに行く。

但し令閨は帰省せす弟君帰国せる由。

8月31日

8時半出社。昼食時、経調庶務より奉天渉外係に電話をかけ兄依頼の社宅の件を交渉す。昼食時降雨甚し。

退社後、伏見台兄宅より赤十字病院にイツ子を見舞ひ序に社宅の交渉経緯を兄に報告す。

国分栄之助氏より小包郵便に関する書面を落掌す。

夜、前島君宅並高森氏宅に耕造入院中の御礼言上（御返し）に赴く。

9月1日

市政紀念日に付本日休み。午後1時より一家三人町に出掛け〃おきな〃に於て昼食をなし、市場にて牛肉を買求め馬車にて午後3時頃帰宅す。後藤英男君より今夜7時半の汽車にて大連着の旨の電報を落掌せるを以て出迎ひに行き午後9時すぎ帰宅す。

同君令閨は目下ニンシン〔妊娠〕中に付同君のみ出連。

9月2日

午前9時頃、後藤君と共に新井君宅に赴き余のみ10時頃帰宅す。

本日、武夫氏より親父の湯治の件に関する書信を落掌す。

夕食は後藤君と共に家にてすませ午後7時半頃、赤十字病院に逸子を見舞ふ。午後12時頃、夷石氏令嬢死去のメッセンヂャー来る。

9月3日

8時20分出社。9時頃、中島、北條の三君と共に夷石氏宅に弔慰に赴き直ちに帰社。

後藤君は本日午前9時のハトにて帰奉。

午前11時帰宅し午後1時頃紋付羽織にて夷石君宅に出掛け葬儀に参列し、火葬場より再び夷石君宅に引返し夕食をすませ帰途、是枝君宅に立寄り9時頃帰宅。

9月4日

昨夜来多少気色すぐれざりしも9時半頃出社。終日雨降り注ぐ。

中央銀行より金融経済概況を送付し来る。

耕造は共済加入の手続をなし居らさりしこと本日判明、入院料として貰ふ可く予期し居たりし約200円這入り来らさることとなれり。

口腔内発熱、気分悪しきため7時半頃就寝。

9月5日

9時半出勤。本日、関係書類を4冊程製本に提出す。共済の件に関し伊藤香象氏共済係主任に交渉をなし呉れたる由。

昼食時には共和楼に支那料理を食ひに赴く。会食者中島主査、甘粕、是枝、南郷4名。

退社後、満蒙経済研究会の打合せ会に出席す。

〔欄外〕

本日、大連医院より通院治療明細書を送付し来る。

9月6日

昼食時、五車堂に赴く。主査、甘粕、是枝、南郷四名。

耕造入院料金を大連医院に問合せたるところ437円41かゝりたる由、斯くの如く手取早く判明するものを何時迄も放抛して省みさる庶務の不誠意に今更乍ら驚く。会社ひけ後、社員倶楽部に於て伊藤香象氏と午後7時半頃迄将棋をなす。

〔欄外〕

大連医院の事務会計に照会す。

北平高橋嘉市君よりお返に対する礼状を落掌す。

9月7日

明がたに大雷雨。出勤時刻には天気となる。
〔欄外〕
昼休みは主査、甘粕、高森、南郷四名此花に赴き会食す。明後9日日曜日には傅家荘に於て第四部関係釣魚会を開く予定を樹て、回覧せるを以て手釣道具として金75銭を投す。大阪屋に赴きキングを買ひ、更に日本橋薬局に赴き虫下を買求めて帰る。

9月8日

宮本知行君とひる将棋をなせるところ2敗。

3時頃、初音より静叔母来連し姉宅に顔を出せる旨を電報にて通知し来りたるを以て不取敢来連事変史ヘンサン〔編纂〕室に通勤中の兄にこの旨を伝ふ。帰途、是枝君とゴカイを買求め市場に於て鯛を買ひ兄宅に持参し、静叔母と会食し9時過に帰宅す。

9月9日

午前6時頃起床。6時40分頃家を出て傅家荘に向ふ。本日第4部釣魚清遊会。出席者は中島主査、高森氏、甘粕氏、南郷、是枝、岸川、山内、中島主査令息を加へて一行八名。荒天にて波荒きため傅家荘海岸寄りの海上にて釣魚す。小船三隻に分乗す。午後一時に傅家荘より小半里程の東に位する海岸に上りて釣りたる魚をさしみにし更に之を煮付け外に牛肉をスキヤキにして食ひ午後6時すぎ帰宅す。静叔母、赤痢のケンギ〔嫌疑〕にて療病院に入院することになれりと姉来りて告けたる由なりしを以て午後8時頃姉宅に赴く。途中ゲンノショウコを買求め午後10時前に帰宅し、それより夕食をすませて寝に就く。

9月10日

午前8時頃、駟馬氏来宅。静叔母は下痢も止み小康を呈し居れるを以て久しからすして退院出来得へしとのことなりしも9時頃、療病院に赴きたるところ面会するを得さりき。昨日一日の清遊度を過き肩及腰のふしぶし痛み総して物憂し。

昼、宮本知行君と将棋をなし3勝す。

午前10時より経調会議室に於て会務班の定例会議開催。

（1）北支経済調査員会の実行機関として幹事会を組織することに関連して各部より幹事一名をあけること。

（2）庶務関係担当者を各部に置くこと。

の2件を決議す。

午後2時半頃より気分悪しきため早引す。

9月11日

昨日午後3時すぎ帰宅と同時に就寝、頭痛と伴に胃腸の具合面白からず。一日欠勤し終日就寝。夕方多少元気を恢復せるを以て一家三人裏の野原を30分程散策し帰宅して夕食をすます。但し終夜寝苦はし。

本日、弘文堂より富士を買求めてよむ。

初音、午前中耕造の昼寝時を利用し療病院に静叔母を見舞ふ。

9月12日

出勤時刻に甘粕氏の見舞を受く。

9時10分頃、家を出て馬車にて一家三人常磐橋迄行く。初音のみ途中下馬し静叔母に金20円を附添婦を通して交付す。午前10時会社に到着す。

正金銀行西村晃文氏より同行調へに係る満洲貿易外国際収支に関する資料を貰ひ受く。本日、経済研究会座談会には欠席す。

〔欄外〕

耕造の入院料金明細書来る。

9月13日

小味ブチ氏より電話あり。在Londonの大山寿氏よりよろしくとの伝言ありたる由。

池田喜悦氏来訪。聯合艦隊の大連入港を俟つて一中出身将校の歓迎会開催に関し相談を受く。

本日、社員貯金より560円を引出し。

耕造分487.41（50円支払ずみ）みどり分73.66合計511.07を病院に持参支払をなす。午前11時半、初音と病院に落合ひ三越に赴き余のみ昼食をしたゝむ。浪速洋行にて耕造金1.00円也の帽子を買ふてやる。夜8時頃森親雄君宅に赴く。同君の親父本日午前3時頃逝去されたるにより御通夜をなす。

〔欄外〕

平田五郎氏、国際収支問題に関し来訪。哈爾浜交易所銭鈔上場案に関し哈事産業課の所見を質せる内容を有する文章を起案す。

9月14日

午前6時に帰宅し8時半頃までねむる。10時過家を出て療病院に静叔母の病状を訪ね10時半頃出勤す。

駟馬氏、本日の夜行にて帰奉するために第四部の部屋に挨拶に来る。午後5時頃帰宅し夕食後8時迄ねむる。

午後8時すぎ和田喜一郎君来宅、一身上のことに関し相談を受く。豪雨物凄し。

〔欄外〕

本日、製本に差出せる関係書類出来。

9月15日

夜来の大雨止む。午前8時半出社。

国際収支の計算に関し研究を進む。

午後、長浜哲三郎氏来訪、〝為替と金銀問題〟を貸与す。昼食時、是枝君とB・Cに赴く。

大西君より篠田君の病状を報告し来る。

午後4時より満蒙経済研究会の件に関し会合す。

〔欄外〕

静叔母、本日退院。

9月16日

日曜日。午後2時より町に赴く。耕造に靴を新調してやる。初音は組合より姉宅に赴く。余は一人満倶グラウンドにて野球を見物し帰宅す。午後6時頃北尾君来宅す。

9月17日

満洲国通貨政策に関する立案をなす。帰途、伊藤香象氏と退社、将棋をなす。

夕方帰宅せるところ姉並静叔母来宅。

本日より静叔母小生宅に引うつる。

9月18日

事変紀念日につき会社は午前10時迄。11時頃帰宅し、午後2時より静叔母を伴ひ南山麓帝国生命岡本氏宅を訪ぬ。

聯合艦隊入港。みどり並吉田の母より来信。

9月19日

三井銀行木村氏より龍口銀行否決に伴ふ正隆銀行の関係預金に関し照会し来りしを以て各方面に電話にて真相取調べ方を依頼す。国際収支聯合研究会に関する案を作成しタイプに出す。夕方、姉来訪。

〔欄外〕

篠田君の請暇延期手続をなす。

9月20日

午前中、満洲通貨政策に関する調べをなす。

午後2時より税関平田五郎氏の許に赴き国際収支調査連合研究会に関し打合せをなす。

午後6時半頃、静叔母と共に家を出て岡本氏宅に赴き午後9時すぎ迄北バタケ〔畠〕家のことに関し相談をなす。姉来宅。

〔欄外〕

第一部市川君に金融関係書類を貸与す。

9月21日

午前中、上海住友銀行川口氏並渡辺氏来訪。午後2時より三井銀行に木村氏をたづねついで税関に平田氏を訪ふ。本日より静叔母姉宅に引きうつる。夕方より初音のみ常盤座に姉、静叔母と共に活動見物に赴く。余は耕造と留守番す。午後8時すぎ是枝君来訪、11時半頃迄将棋をなす。

9月22日

午前9時に出勤。1日無為に送る。

本日、新京より電話、国際収支の件に関しては来る29日頃新京特務部に於て会合を催す予定なる旨阿部を通し小池勇氏の言を取つぎ来る。ひるすぎ初音より電話あり。大連病院に於て耕造の容態を診サツ〔察〕して貰ひたるところコートウ〔喉頭〕炎とのこと。余も亦シンサツ〔診察〕を内科にて受け粉ぐすりを貰ふ。

9月23日

昨夜来耕造の容態悪しきため初音は早朝7時すぎ出宅、大連病院に赴きヂフテリヤなりや否やを問ひ合す。

夜5時すぎ静叔母来宅。6時半頃より南山麓岡本氏宅に赴き北畠敏静氏と面会せるところ静叔母の遼陽行きすら拒否せらる。10時すぎ帰宅就寝す。

9月24日

静叔母は午前11時頃伏見台に赴く。午後1時頃、伏見台ラヂューム温泉に赴く可く準備せるところ耕造の発熱甚しきため吉田医師を自宅に聘して診察して貰ふ。コートウエン〔喉頭炎〕とのシンサツ〔診察〕なり。

午後3時すぎ出宅。4時頃、ラヂューム温泉一中出身海軍将校の歓迎会に出席し1時間程顔を出し5時すぎ姉宅に至り兄に面会す。帰途、吉田医院にて薬を受取り帰宅す。留守中兄来宅せる由。午後7時頃、静叔母来宅。母チカの命日なりし由にていなりずしを持参。

9月25日

午前中、耕造割合に元気良かりしため出社。初音を来る30日の千歳丸にて帰国せしむることに決意す。満洲評論に日満幣制統一問題に関する原稿を書く。午後2時頃初音より電話、耕造の容態面白からざる旨報告ありたるため午後3時すぎ帰宅す。

本日、新京より国際収支調査打合せ会は来る29日新京にて開催することに決定せる旨通知し来る。大阪の武蔵氏より千早月謝として50円借款方申込みの書面を落掌す。

9月26日

耕造本朝より稍々常態に恢復す。
午前9時出勤。三井銀行木村氏に〔満鉄の会計〕を購入して送り届ける。
戸籍謄本を庶務に送り届け耕造を共済に加入せしむ。
貯金50円引き出して武蔵氏宛電報為替にて送金す。
昼食時梅園に赴く（是枝、高森両氏同道）。
是枝君の上海銀元対日本円裁定相場出来。
〔欄外〕
解決をはかること。
住友銀行駐在員渡辺氏より書籍寄贈方に関する書面取次ぎ仲介を依頼さる。
9月28日30日迄3日間新京出張を申請す。
睡眠不足のため午後より眠気を催す。

9月27日

初音、転宅を主張してやまざるため昼食時、是枝君と両人電車にて赤十字病院前にて下車し新築中のアパート独立家屋等を見学したるも格好のものなかりき。

午後4時すぎ帰宅せるところ姉及静叔母来宅。静叔母は其の侭逗留す。夕方、野菜売をたのみてガラス窓をふかせ大掃除をなす。

〔欄外〕

銭鈔取引所問題に関し10月1日新京にて特務部会議開催予定。

是枝君の〔上海銀元対日本円裁定相場〕を庶ム〔務〕に提出、印刷に附す。

9月28日

本日、耕造キゲン〔機嫌〕よし。初音、来る30日帰国の予定につき金を１００円出し並に郵船並商船の割引証を貰ふ。11時病院に赴き耕造の診サツ〔察〕に立会せたるところ大賀先生より帰国するも差支へ無き旨の回答を得たり。正午前、親子3人自動車にて帰宅し静叔母を加へ一家4人うどんにてひるめしをすます。午後より雨。午後4時20分大連発の汽車にて北上新京へ。

9月29日

午前7時新京着、駅にて朝食をすませ経調出張所に於て阿部氏と面談す。

午前9時よりヤマトホテル会議室にて満洲国際収支問題に関する会議に出席。来会者17名。正午前終了。田中理財司長の招請に応じて財政部に赴き満洲国為替管理、国幣州内流通問題並に嘱託問題につき交渉を受く。寝台は経調より奉天に電話をかけて貰ひ同地ビューローのものを譲受く。午後4時30分の汽車にて帰任の途に就く。

9月30日

午前7時40分大連着、自動車にて帰宅。最中に則俊君令閨来訪、土産物を持参さる。午前9時、馬車2台をつらね雨中を埠頭に急ぐ。静叔母並に姉は旅順見物に赴きたるものの如し。午前10時頃漸く千歳丸に乗込む。是枝、夷石両君雨中を見送りに来る。11時半埠頭待合室に於て両君と支那料理を供にす。それより是枝君宅に赴き3人にて交互将棋をなし、午後4時頃同君宅を辞し幾久屋にてベン〔弁〕当を買求め帰宅し午後7時頃就寝す。

【日誌第2冊】

（昭和一〇年四月一〇日～八月一六日）

昭和一〇（一九三五）年

4月10日

水曜日。

午前中、関東州小洋銀流通禁止対策要旨を書上け副委員長の決裁を経て午後之をタイプに出す。満洲通貨金融制度統一略史を田所氏に提出せるところ印刷にしてはとのことなりき。満洲経済時報社伊藤氏来訪。

〔欄外〕

滙申買高 昭和9年中

中国銀行 18,615,000（$払）

営口、ハルピン、奉天支店よりの買付依頼。

4月11日

新天地秋山氏来訪。新京野田君来訪。伊ヶ崎氏の許に賞ヨ〔与〕及退職手当の件につき照会す。山田隆禧氏を訪ね昭和10年度満鉄銀平通貨所要予算の件を訊ね数字を貰ふ。

中島主査本日新京より帰連す。

中央銀行若林氏より小洋銭流通高に関する資料を貰ふ。

4月12日

社宅係岡野氏に白雲台新設社宅の件を照会せるところ本年九月頃竣工の由。

昼食時、中島主査、是枝、市川、和田、甘粕、南郷一同共和楼に赴く。

帰途、和田、是枝の両君と中央公園を散策す。

夜、是枝君来訪。

睦男、岳父、馴馬氏より来信。

中島主査より留守中、書類取扱の件を依頼さる。

小洋銭預金、貸出高調べに関する照会状を起案す。

4月13日

関東局大連出張所棉村氏来訪。財政部森脇氏及武藤氏来訪。午前10時大連港出帆の吉林丸に中島主査を見送る。武藤、森脇、和田の4名にて明治にて昼食を倶にす。中銀五十嵐氏、有馬、馴馬氏及武部商事部長に満洲国通貨金融制度統一略史を贈呈す。
山口勇男氏のリレキ〔履歴〕に関する回答本日漢口より到着せる由、夜是枝君宅にて御馳走に預る。
〔欄外〕
本日山口勇男氏より木浦病院の診断書来る。

4月14日

日曜日。

薄曇り。多少ウス〔薄〕寒き天候なりしも一家揃って午前9時25分大連発の汽車にて旅順に赴き大正公園及後楽園を見学し午後2時10分旅順発の汽車にて帰連す。

甚だしく疲れを覚ふ。風呂に入り、南郷武夫氏、柏原公芳氏、伊沢君及山口君に手紙を書く。

4月15日

月曜日。

午前中、会ム〔務〕班会議開催。ひる南山麓上の池に是枝君と散策に赴く。是枝君及日方君に対し昇給の通知あり（前者65、後90）。財政部武藤氏及森肱氏来訪。中銀より銭荘調べを送付し来る。

〔欄外〕

退社後、監理課に於て銀委員会幹事集まり討議す。

ムツヲ〔睦男〕より来信。

4月16日

多少身体の調子悪かりしため一日会社を欠勤して銀委員会の満鉄銀資調節案を起案す。ひる簡単なるベン〔弁〕当を携へて裏の野原に赴きピクニックをなす。午後2時頃より清潔検査近附きたるを以て大掃除をなす。夕方ノリ〔法〕子来訪。夜十一時迄原稿を書く。

4月17日

身体の調子午前中良好なりしを以て出勤し、満鉄用銀資手当対策を執筆。

伊沢君は250にて採用決定。偶本日同君青島より来連す。前島正道君は200にて採用決定。夜、就寝せるところ腰痛甚しく終夜苦しむ。

初音をして睦男に30送らしむ（電報為替にて）。

4月18日

昨夜睡眠充分ならざりしため頭重し。

深見、神宮司、栗下及池田君の昇給通知ありたり。

社用銀資手当対策をタイプに出す。

ひる、和田君と弥生ヶ池に花見に赴く。

奉天の兄より来信。沿革史に筆を入れ送り返し来る。

夜、7時頃より就寝。耕造大いに元気を恢復しワルサ手に負へす。

4月19日

前島正道君、5月1日に着任すとの電報を落掌す。

昼食時、金融班一同弥生ヶ池に赴き手持弁当にて花見をなす。

第四部と大連病院外科とスポンヂの試合を取行ふこととなりたるため、和田君と見学に赴く。

4月20日

昨夜来睡眠不足につき気分悪し。

関東州内流通小洋銀純分鑑定の件を起案。副委員長の決裁を得。

大連商工会議所並大連市商会等に小洋銀の通力用問題に関し照会状を発す。

〃社用銀等通貨並預金借入金等ノ基準通貨ニ関スル対策〃タイプ出来。一部田所氏に提出。田所副委員長は明日より支那方面へ出張の予定。

4月21日

日曜日。

一家3人桃源台の組合にベン〔弁〕当のサイ〔菜〕を買ひに赴きたるも休業中。正午前南華園に花見に赴き、それよりみなと屋にて菓子を買求めて午後2時帰宅。

夕方桃リン荘の奥深く散策す。桃花、桜花共に盛りにて景色よし。夜、吉田の岳父に手紙を書く。

4月22日

本日畳替への予定につき6時20分頃起床し、7時前に朝食をすます。

鮮銀倉田氏の紹介にて満洲銀行吉谷吉蔵氏に面会し、小洋銭のことを聴取せるも不得要領。よって民政署内の大連会屯金融組合に赴き、斎藤仁吉氏に面会し種々の事情を聴取す。

4月23日

正午前、庶ム〔務〕係石橋君より山口勇男氏260にて人事課決裁となりたる旨の通知を受く。よって黒田五一君並鎌田弥助氏にこの旨を通知し、山口氏宛に書信を発送すると共に夕方帰宅後、同氏宛に祝電を発す。午後7時就寝せるところ山口氏より返信来る。

小洋銭分析費の件に関し大阪造幣局に依頼状を発す。満洲中央銀行人事課より満洲事変功績調査に関し、昭和7年6月15日現在の本俸額を照会し来る。

4月24日

午前9時出勤。野中氏に山口氏採用の件につき礼を言上す。山口氏より4月30日出発差支へ無きやとの電文照会ありたるを以て差支へ無き旨返信す。

小洋銭調査計画書をタイプに出す。

中央銀行に満洲人事功績調査に関する件照会に対し回答を発送す。

川合正勝氏保険業会社設立計画に対し意見を添付自ら来訪手交を受く。市川正義君より来信。

4月25日

午前9時より副委員長室に於て主査会議開催。

出席者、河本理事、奥村、伊藤（太郎）、野中各主査、伊藤幹事、三浦主査、南郷、岡田
1、奥村主査、宮崎正義氏の外遊を河本理事に推挙す。
2、伊藤太郎氏副委員長代理決定（河本理事）。
3、伊藤太郎氏、北鉄路局調査機関を経調統制下に編入することに付、籌備委員を命せらる。
4、軍部は総務部に反感を持ち居る由。
5、昨24日、特産中央会正式決定。川合正勝氏中央会の専務に決定の由。
6、経調昭和10年度業務計画審議畢る。
午後1時半頃、中銀五十嵐理事及清水文書課長来訪。小洋銀計画書を配布す（是枝、和田、村山）。

社宅係岡野氏に依頼し山口勇男氏の住宅を手配して貰ひ、帰宅後初音と下検分に赴く。差程気に入らざりしもやむを得す。

夜山口君友人山崎氏来訪。山口氏より預りたりと云ふ35円を又預りす。

4月26日

財政部清島氏及松田氏来訪。理財週報の材料蒐集のためなり。

市川正義君より来信、国際収支調査英文照会状550部至急送付ありたしとのことなりしも見合はす。

帰途、中央公園に於て野球の見学をなす。

4月27日

招コン〔魂〕祭につき休み。

初音は大連病院外科にシンサツ〔診察〕に赴きたるところみどりの御産直後患ひし膀腔《ママ》炎の原因は盲腸なりし由、即ち極度の盲腸を患ひたることあり且つ傷悪きを以てレントゲンをとるため2―3日間入院をすすめられたる由。

夜、余一人日活に未完成交響楽を見物に赴く。

4月28日
日曜日。

風無く好天気なりしを以て午前十一時頃より町に散歩に赴き、浪速洋行にて買物をなし、幾久屋にて昼食をすませ、みどりのため童話書を購入帰宅す。

夜、初音独り日活に交響楽を見物に赴く。

山口氏友人山崎君来訪。先夜預り居たる山口君の預托金35円を再び山崎君に手交す。

中島主査宛手紙を書く。

4月29日
月曜日。

天長節につき休み。天晴れ居るも風強く黄塵万丈の概あり。経調の家族会、星之屋に於て開催さるゝにつき午前10時50分頃家を出て常盤橋にて自動車に乗り、星ヶ浦に赴き、ベン〔弁〕当、ビール、菓子類等を貰ひ、午後1時頃自動車にて帰宅。ひるねす。

みづの君より来信。

多少風邪気味。

4月30日
風邪気味なりしも9時すぎ出勤。会務班会議開催。前島正道君着任。第六部帰属とす。
大朝山崎氏来訪。三上君来訪。
初音、本日より外科第四病棟第7号室に入院せるを以て昼食時一寸顔を出す。
気分勝れざりしを以て6時頃より床に這入る。
本日、中島主査宛東京支社庶務課に発信。

5月1日
昨夜午後6時頃寝に就きたるためか午前四時頃眼ざむ。実効散の効果テキ面、気色大いに恢復す。午前9時半頃出勤。

是枝、松浦両君は本日より金州及ヒシカ〔貔子窩〕方面へ出張す。

大朝野村氏来訪、国幣事情を一席聴取。

帰途、大連医院に立寄り、夕食をすませ帰宅し午後10時頃迄ケインズ貨幣論をよむ。山口氏より来信。

5月2日
本日も午前4時に眼ざむ。午前8時半頃出勤す。和田、北尾両君は本日より向ふ三日間旅順方面へ小洋銭流通状態調査のため出張。
水谷君来訪。ひる前、大連医院に後払証及入院証を持参す。山田隆禧氏より臨口総商金円及国幣収支額総括表の手交を受く。
終日気分悪し。

5月3日
久し振りに降雨あり。初音退院する旨通知ありたるを以て昼食時大連医院に赴き、それより3人つれ立ちて馬車にて大連駅に山口勇男氏を出迎に赴きたるに何等かの手違ひありたるためか来連者の中に発見するを得ざりき。それより3人明治にてコーヒを呑む。伊沢君より来信。

5月4日
昼食時、市川君と幾久屋に赴く。
午後、中銀五十嵐及森調査課長来訪。
協和会館にて紅茶を呑む。
夜8時頃、山口勇男氏来訪。本日着連されたる由。

5月5日
日曜日。
午前8時起床。好天気に付午前11時頃より家を出て連鎖街にて昼食をソバにてすませバスにて大連運動場に赴き満鉄運動会を見る。午後3時頃帰宅し満洲評論のため（国幣対金票相場略安定す）原稿を書く。
夜9時頃就寝す。睦男より初音宛来信。

5月6日
午前8時半出勤す。午前中山口氏来訪せられたるに付黒瀬氏に紹介せるところ大連医院の身体験《ママ》査証を必要とする旨説明せられたるを以て山口氏は大連医院に赴く。ひる甘粕、高森氏等とおでん食ひに赴く。和田君の令閨病勢悪化し脈ハク〔拍〕弱くなりたる由。本日、関東局より銀行調査に関する回答を入手す。
大連取引所木下氏来訪。

5月7日
和田君の令閨病勢面白からさるため同君は午前中暫時出勤。
夜、国線十ヶ年計画の〝国幣の将来〟に関する見透しを執筆中のところ、夜半12時10分頃北尾君、和田君の令閨逝去の旨通知し来りたるを以て大西健吉氏と北尾、和田の諸兄及附添婦両合計6名にて療病院の患者病《ママ》にておつや〔御通夜〕す。

5月8日
午前9時頃、和田君令閨の納棺を了り、村山、甘粕、市川の諸兄を加へ火葬場に赴き、午前10時すぎ出勤す。ひるより帰りて就寝す。
夜、是枝君来りたるも気分悪しきため御通夜に赴かす。

5月9日
気分悪しきため午前10時頃初音と共に大連病院に赴き薬を貰ひ正午頃出勤す。
薬をのみたるところ多少気分持ち直す。

5月10日
大連神社祭につき休み。一家3人たづさえて午前十一時頃お詣りをなし、それより社員倶楽部にて揃ふて昼食をすませ、浪速町に赴き講談倶楽部を買求めて帰宅す。夜、是枝君宅に赴き、序に姉宅を久し振りに訪問して午後十一時帰宅す。

5月11日

土曜日。

新京財政部より国際収支の件に関し照会ありたるを以て、急き書類を作製し発送す。

旅順塩業会社の某氏来訪。

本日、新入社員に満洲通貨問題の講義をなす。

5月12日

日曜日。

正午前、家を出て園芸館に活動写真を見物に赴きたるも、つまらざりしため早目に切り上げておで〔ん〕を食ひ帰宅せるところ満化黒田、山口両夫妻来訪し則俊君宅に落付き居たるを以て家によびビールをのむ。

それより黒田、南郷、山口、則像の4名にて若菜にて夕食をすませ、ひさごに赴き十一時すぎ帰宅す。

5月13日

村山、橋本両君は本日より瓦房店方面に出張す。本日会ム〔務〕班会議開催さる。

フヨウ〔芙蓉〕町方面社宅を申込む。

静叔母並岳父より来信。岳父並斎藤征生君に手紙を書く。

ひるすぎ、和田君宅に大西氏と15日開催予定の追トウ〔悼〕会の件を打合せに赴く。

5月14日

人事課坂田氏、小洋銭問題に関し来訪。

静叔母より初音宛白絹地を小包にて送り来る。岳父と斎藤征生君とに書面を発送す。新京森肱君に中銀との会合の件に関し打合せをなす。風強し。

5月15日

和田君令閨の追悼会につきモーニング着用出社す。

会計課石橋氏来訪。

国線計画に伴ふ〝国幣の将来〟の印刷出来たるを以て星田君に提出す。

午前3時半より西本願寺に於て追悼会に参加し挨拶をなす。

5月16日

本日会ム〔務〕班会議あり。押川幹事初めて顔を出す。

午前十一時半初音と常盤橋に於て会合し芙蓉町に社宅を下検分に赴く。帰途連鎖街明治にて親子三人昼食をすます。

市川君の給費留学に関し推薦書をかく。

本日、ひるすぎ黒瀬氏より小生も洋行の候補に加はりたる旨通知ありたり。春香秀及睦男より来信。

夜、留学依頼書式に関する起案をなす。森肱君より電話あり。

中銀との新京座談会は18日午後5時より開催の予定なりと。

〔欄外〕

海外留学の候補に加へられたる旨の通知を受く。

5月17日

大朝野村氏、及大毎仲氏来訪。

ひる、星田君、是枝君と幾久屋にひるめし食に行く。

午後3時頃和田君出勤す。

午後8時の汽車にて是枝君と新京行きの予定。

洋行に関する一件書類を黒瀬氏に提出す。

睦男に端書を出す。

本日、午後8時の汽車にて是枝君と新京に赴く。

5月18日

午前8時50分新京着。第一部小泉君と同道。

新京経調に顔を出す。午前中に高田精作氏に面会し損害保険（5月17日ヤマトホテルにて行はれたる）会議の結論を聴く。それより富士屋に落付く。

午後3時半頃迄武定〔龍音の従弟〕の宅を訪ね雑談す。

午後5時よりヤマトホテルにて中銀側を招待し通貨問題に関する意見を交換、午後10時半頃散会す。

出席者、森調査課長、竹本発行課長、長谷川為替課長、星調査課員。

満鉄側、伊藤武雄、伊藤太郎、南郷、野間、井之上輝丸、森肱君、是枝

5月19日

日曜日。

午前中を無為に送る。是枝君は午前12時発のはとにて奉天に赴く。午後一室にこもりて岳父、覚一、及山口篤代司（勇男兄令兄）に手紙を書き、更に保険案に対する意見書を書き上ぐ。夜7時半頃武定夫妻来訪。風強、荒塵天を蔽ふの概あり。

5月20日

正午前、森肱君の案内にて財政部に横山龍一氏を訪ね国際収支の打合せをなす。来る5月31日中央倶楽部に集合（午前9時半）することを申し合す。

午前《ママ》一時半頃より、中銀に竹本氏を訪ね、それより竹本氏の案内にて午後3時頃より山成氏に面会し国幣問題の将来に関する高見を聴き午後4時発の汽車にて南下す。

竹本氏に種々配慮を煩はす。

車中にて伊ヶ崎卓三君に出会ふ。

5月21日

午前8時大連着。一旦帰宅し朝食をすませて後出勤す。大朝野村氏及新京大朝氏来訪。

国際収支の件を係員に談し、数字提出方を要求す。

帰途、経調の野球を見学す。村山氏及橋本君は昨日出張先より

帰任せる由。中銀若林氏来訪。

5月22日

本日も中銀若林氏来訪。中昼時是枝、市川の両君と満日に展覧会を見物に赴く。

ひるより人事課坂田君及鉄道部の一氏と同道。大連商工会議所内、大連工業会小洋銭対策委員会に出席す。則俊君も出席す。

本日、吾等夫妻の結婚記念日なりしも、両人共忘却。夜親子三名にて久し振りにぶらぶら町を散策し、幾久屋にてのどをうるほし、帰宅す。

はればれせる神心を二ヶ年目に得たる心地す。

本日、和田君は新京姉君病気の由を告げ出張す。

5月23日

午前中、正金西村氏来訪。小洋銭問題を論議す。商工会議所に小洋銭建物価指数を送る。

午後、伊藤武雄氏に通貨問題の真相を話し軍部との連絡方を依頼す。

国際収支学ヒ、20、留学生消費額の集計をなす。

午後4時頃会計課長より呼ばれ国幣に関する数字の提出を求めらる。本日も輸入組合前に於ける経調と鉄道部庶務課との対抗野球試合を見学す。

5月24日

午前8時半出勤す。国際収支払ヒ、20の集計をなす。

朝鮮山崎氏に資料を寄贈す。大連出張所橋村氏へも小洋銭関係資料を寄贈す。午後、銭鈔取引所木下氏来訪。会計課長大蔵省事務官との面会の経緯を説明に来訪さる。

人事課坂田君より小洋銭廃止にプッシュし度きに付今後の経緯を注意あり度き旨野間君を経由、伝言ありたり。

〔欄外〕

5月18日より5月24日迄計7日間の日記を書く。

5月25日

昼食後、学務課に赴き、在満本邦子弟内地消費学費の調査をなす。経調クラブの件に関し中浜、高森の両氏と打合す。

午後5時半より登エイ〔瀛〕閣に於て開催さる、商大教授猪ノ谷善一氏外衆議院議員の招待宴に出席す（経済研究会）。

久し振りに待望の降雨を見る。

5月26日

日曜日。

昨日来の雨の後をうけて風強し。午前中、国際収支の係数の算定に苦心す。午後4時頃迄頑張る。午後6時半頃、一家相率ひて大連運動場前に山口勇男氏を訪問す。

5月27日

月曜日。

海軍紀念日に付会社は午前10時半迄。

大連神社に於て初音と落合ひ、中央公園に赴き式場に臨み、それより遊覧道路に於て御茶を呑み午後2時すぎ帰宅し、国際収支の調査をなす。

5月28日

午前9時より会務班会議あり。午前十一時より重役室に於て貴族院議員に対し通貨の説明をなす。和田君久し振りに出席す。金融班員一同和田君より共和楼の招宴に（昼食を）与る。

午後3時半頃より副委員長室に於てハルピン経調出張所の件につき相談を受く。

夜9時前、石原正太郎氏来訪。就職の依頼を受く。

市川、村山、北尾の三君本日より新京へ国際収支の資料蒐集に赴く。

5月29日

午前中、経調会議室に於て主査会議開催。

出席者、押川、伊藤太郎、三浦、南郷、黒瀬、岡田、酒家。

議事、大阪経調出張所員の報告。ハルピン経調出張所の件。

経済年報審議。本日中島主査帰任。

5月30日

午前中、鉄道部旅客課並大連ツーリストビューローに赴き旅客消費額（払）の調査をなす。


ひる、中島主査に留守中の報告をなす（昇給、前島君の件）。

村山並北尾君帰任。出張成績先づ良好。

午後6時迄会社に頑張り国際収支の調査をなす。

北尾、松浦の両君報告ずみ。村山、及是枝両君は報告を提出するに至らず。夜早目に就寝す。

春香より来信。

5月31日

午前9時半より経調会議室に於て国際収支の打合会議を開催す。
出席者、財政部、横山科長、
中銀、森課長、呉調査科長
関東庁《ママ》、一ノ瀬氏、棉村氏
経調　森肱、南郷、是枝、市川、北尾、松浦
午後1時半、昼食をなし（森脇君a/c、スイコー）、2時半より続行、午後4時半打切り。払に3迄。
夕方、散策の序に高森氏を訪ひしも留守。
睦男より来信。

6月1日

午前8時半より経調会議室に於て国際収支打合せ会議開催。
出席者　財政部、横山、武藤　中銀、森、呉
関東局財務課大連出張所、一之瀬、棉村
経調、南郷、是枝
午後零時大体一巡す。社員倶楽部に於て定食。1円のひるめし

をおごる。森脇君に昨日分5円を返済す。

午後4時半頃会議を了り解散す。

〔欄外〕

本日、中島主査に和田君の日本出張の件を申請す（6月20日より7月10日迄3週間）。

本日、洋行の件を人事課の都合にて取消さる。

6月2日

日曜日。

和田君本日幼児二名を伴ふて帰国するに付、初音と共に埠頭に見送る。森脇、市川、是枝の諸兄と落合ひ、ボートレースを見物し、初音と三越に赴きそれより天平にて昼食をすませ幾久屋に赴き午後2時頃帰宅し、ひるねす。

6月3日

和田君洋行一件の関係書類を作成し主査宛提出す。本日熊埜御堂君来訪。ひる、主査よりフランス料理をおごらる。

州庁財務課長石原氏より小洋銭廃止問題に関し意見聴取したしとの電話ありたるを以て午後4時頃大広場に出掛け午後6時頃帰宅す。

6月4日

小洋銭問題の調査に取掛る。

調査はかどらず。


ひる、市川君と消費組合に赴き昼食を伴にす。

午後5時半より新浜に於て熊埜御堂君の歓迎会を開催す。出席者、中島、野中、伊藤武雄、南郷、御堂

6月5日

多少小洋銭問題の調査をなす。ひる、石橋東洋雄氏より浜作をおごって貰う。

6月6日

〔記載無し〕

6月7日

気分落付かさりしも小洋銭の原稿を書く。

棉村正憲氏より台湾銀行二十年史拝借し度しとの申込みをうく。

又中銀城氏よりも満経調へ銀の発布状態の調査資料寄贈申込みをうく。

6月8日

旅順納骨祭につき本日休み。

午前9時10分大連発のキ〔汽〕車にて一家三人熊岳城に赴き温泉に這入り、食をすませ午後7時50分熊岳城発のはとにて帰連す。土曜日の関係上、二等車満員のため止むなく三等乗車を余儀なくされ身心大いに疲れをおほゆ。

6月9日

昨日の汽車にて大ひに疲れたるも午前9時頃より小洋銭の原稿を書く。夕方七時より社員倶楽部にて高橋亀吉氏の座談会開催の予定に付出席せるに高橋亀吉氏姿を現はさりしため午後9時すぎ帰宅し、大体小洋銭の原稿を書上げ就寝す。うがひせるところ、せき続発しのど痛む。

6月10日　月曜日

終日原稿の整理をつとめたるも書き上ぐるを得ず。本日、黒瀬氏より海外出張候補にまわされたる旨の通知を受く。中島主査より昨日の関東軍との打合せ事項に関し通知を受く。

夜原稿の整理に忙し。

〔欄外〕

海外出張候補として推されたる旨の通知を受く。

6月11日

ひる前、田所氏より銀委員会の模様をきかる。小洋銭の件は明日迄に仕上げ得る旨を回答す。

中島主査より呼ばる。軍の用事にて天津に二週間程行って貰ひ度しとの談《ママ》しなりき。

夜、原稿を整理し十時頃漸く書き上ぐ。先月以来の重荷を下せり。

春香より来信。国際収支の印刷出来上る。

6月12日

午前中に小洋銭の目次等を書き上げ午後副委員長に面会し訂正をうく。首尾をとりたるわけなり。ひる是枝君とB.C.にめし食ひに行く。

夕方、早目に食事をすませ、一家散策に出掛け幾久屋にて初音よりサンゴのカウスボタンを買って貰ひ9時頃帰宅す。

6月13日

電々会社筧氏より中島主査を通して来月10日日満中継ラヂオ放送を依頼さる。

午前中、昭和10年度業務計画の打合せをなす（会ム〔務〕班会ギ〔議〕）。

それより会務班員一同大連亭にて昼食を倶にす。

午後、棉村氏来訪。当局一同州内小洋銭廃止を決定せる由。よって午後4時前副委員長に面会しこの旨を伝ふ。

6月14日

小洋銭対策回議セン〔箋〕を書く。

江口氏より住宅問題に関し説明を受けたるを以て中浜を煩はし、社宅係柏原君に交渉を依頼す。

ひる、組合にて初音と落合ひ、45円のradioを買ふ。それより連鎖街にてそばを食ひ、満洲に夷石氏を訪ふ。

午後4時前に小洋銭のタイプ出来。村山氏の令息を帰途大連病院に見舞う。

6月15日

小洋銭回議セン〔箋〕を書き、田所氏の決サイ〔裁〕をとり第四部主査、押川幹事、文書課長、人事課長（代伊ヶ崎）監理課長、八木監査役、監理部長代橋本課長、総ム〔務〕部長の捺印をとり、12時10分頃山崎理事の許に提出す。

午後4時より満倶グラウンドに実満戦を見物に赴く。

6月16日

日曜日。

朝より降雨。終日radio放送の原稿を書く。

則俊君宅より奉天浅井君来連せるに付会合し度しと申し来りたるも原稿の関係上出席を見合はす。

6月17日

本日、賞与を渡さる。５０７を貰ふ。午前中、会議室に於て会ム〔務〕班会議開催。

午後1時半より会議室に於て副委員長、第四部主査、南郷、谷川監理長外二名及大連火災村井出席の下に満洲火保の現状をきく。相手は国際に日満合弁火保の株3―4千株持って貰ひ度しとのことなりき。

6月18日

初音をして吉田に１５０（みどり分30、借金返済１００、20残置）睦男に28、行雄に5、父に5を送らしむ。初音20やる。

本日より村山氏分担海運関係不成績につき金融班を総動員して数字の集計に取掛る。

新京財政部に国際収支の資料を送る。

主査、幹事、副委員長に国際収支の資料一部宛送る。夜radio放送原稿を書く。

6月19日

海運関係収支計算に一日を無為に送る。

新京森脇氏より来電話。国際収支関係資料に関し財政部の申出を取次ぐ。財政部よりも資料を提出され度き旨を申送る。

帰途、白雲台に家見に赴く。60点位は気に入る。夜、radio放送原稿を整理す。

6月20日

radio放送の原稿を書き上げ、タイプ30部を西川君に依頼す。

6月21日

連日来の奮闘につかれたるため午後《ママ》9時半頃を家を出て、初音と組合に赴き、パンマ《ママ》帽の割安なるものを買って貰ふ。定価¥3.50。和田君に出張申請をなせるや否やを電報にて照会す。
ひる、是枝君の薦めにより長春台に家見に赴き、帰途組合にてめしを食ふ。
〔欄外〕
夜、則俊君来訪。

6月22日

土曜日。

国際収支の集計一段落を告げたるを以て、一部再調査計画書を主査宛提出し決裁を経たり。本日、和田君より飛行郵便にて出張を申請し来りたるを以て主査の決裁をとる。夕方早目に初音と大日活に活動見に赴きたるところ満員にて入場を阻まれたるを以て幾久屋を散策しアイスクリームを食へて帰宅す。

〔欄外〕

副委員長より武部司政部長宛書類送付の件を依頼さる（小洋銭問題）。

6月23日

日曜日。

午前十一時頃より午後3時頃迄、新天地のために州内小洋銭問題を9頁程まとめ上ぐ。

午後3時すぎより芝生町に家の下検分に赴き序でに兄宅を訪問せるところ奉天より兄帰連中なりき。

6月24日

来訪者、第四部主査、秋山氏、石橋貞治氏、渡辺精吉郎、伊藤太郎氏、等々。

小洋銭問題に関する司政部長宛文書の案を回覧に供す。物産対策問題の調査に取掛る。

和田君の出張申請許可されたるを以て其の旨和田君宛に架電す。

市川、村山両氏10日間程出張を申請す。

組合の払戻12円ありたり、ネクタイを¥1.70にて買ふ。

夜、初音と大日活に丹下左膳を見に赴く。

〔6月25日～30日　記載なし〕

7月1日

新京幹事名を以て　明2日午前九時より国際収支打合会議ある旨架電し来る。

別に中島主査宛、財政部理財司長名を以て、関係者を出張せしめられたき旨架電あり。よって松浦、山内五鈴の両名を伴ひ赴京することとなる。出発前主査と共に副委員長に面会し経調名を以て（財政部との連名）発表さし支え無きや否やを訊す。午後8時の汽車にて北行す。

7月2日

午後8《ママ》時50分新京着。森肱、武藤、市川の三君に出迎へらる。直ちに第三課に赴き横山理財課長に面会し、鈴木主計に経調側一件書類を手交す。

横山氏より朝食の御馳走に預り、10時すぎ財政部到着。正午より正式会議開催、午後3時半終了。午後4時の汽車にて山内氏と共に南下す。

7月3日

午前8時大連到着。自動車にて帰宅し午後《ママ》10時頃出勤す。芝生町の社宅は昨日配給決済《ママ》裁となりたる由に付、社宅係酒井氏に懇談し礼を述ふ。ひる前、病院に赴き新社宅のカギを初音に渡す。東京斎藤征生君来連せるを以て、ひる、共和楼に赴き支那料理を倶にす。

本夜サイトウ〔斎藤〕君は是枝君宅に止宿す。

帰宅せるところ伊沢公幸君夫妻来訪、住宅の件に関し山本武次氏宅と交渉し大体の諒解を得。

〔欄外〕

支那料理出席者

是枝、南郷、高森、甘粕、大西、中浜、山内、三輪、天野

7月4日

午前5時すぎ起床。7時には引越し自動車来る。8時頃耕造一人を伴ひて、第一回分の荷物に先たち芝生町に赴く。是枝、橋本の両君並国分幸雄君手伝に来る。午前中に大体の片付けを終る。

ひるより出勤し各方面に電話し、電燈、ガスの止め及とり付けを依頼す。帰途、降雨甚しきため是枝、斎藤の両君と常盤橋迄馬車にて、それより自動車にて帰宅す。

姉とイツ子雨中を冒して晩めしを持参す。

〔欄外〕

斎藤君本夜迄、是枝君宅に止宿す。

好意に狎れすぎて、薄給なる是枝君の財政を顧みざるは単なる一例。以て将来の大成は期しく及へからさるへし。

7月5日

昨夜新住宅に引越せるためか十分にスイミン〔睡眠〕をとることを得ざりき。

新京より森脇君来連。国際収支発表計画文書を持参す。第四部主査と相談して文字を多少修正し、新京財政部と打合せて本日午後之を公表。明6日の朝刊に掲載することに申合す。よって午後1時半経調会議室に記者クラブ員約15人を招集して発表せるところ、満日のみは本日の夕刊に之を掲載発表せり。

夕方4時頃より、ゆ〔輪〕入組合前運動場に於て第四部対第一部の野球試合を行ひしも敗北。帰途、中島、南郷、是枝、斎藤の四名連サガイ〔連鎖街〕のデワー〔酒場〕にてビールをのむ。主査a/cにてすます。斎藤本日より当方に止宿す。

7月6日

村山氏令息本朝10時逝去。病院より同氏自宅迄2―3人手伝ひて移す。

村山氏、出張を無断にて4日間程延期せるため所在判明せず。営口、安東各方面に電信及電話にてソウサ〔捜査〕す。夜8時頃、是枝君と共におつやに赴き午後10時頃には引揚ぐ。村山氏、本日午後1時頃帰宅せる由。ミチ子及イツ子、夕方来訪。

7月7日

日曜日。
正午中、是枝君夫妻来訪。午後5時頃ラヂヲアンテナをはる。
午後2時半頃、村山氏宅に赴き葬式に参列し、是枝、大西、北尾の3名と火葬場に赴く。

7月8日
午前8時、大西是枝の両君と火葬場に於て骨あげをすませて8時半頃出勤す。
午後十一時大連埠頭発の奉天丸に中銀若林氏を見送る。

7月9日
終日仕事手に着かす。
午後3時前、副委員長より電話来り。国際収支の説明を求めらる。

7月10日
是枝君に幹事より依頼を受けたる太平洋会議関係者要求の為替相場を採録して貰う。
午前10時頃、主査会議に国際収支の結果を簡単に報告す。
本日大雨。財政部横山氏宛、経調側の作成せる国際収支関係資料を送付す。

7月11日
斎藤征生君、7月5日以来の長逗留を切上けて本夜8時の汽車にて新京へ向け出発す。本日終日無為。わづかに満洲国財政部の日満幣制関係立案書類鈔録移送方を新京幹事に依頼せる文書を起案す。
夕方、是枝君宅に遊びに赴き9時半頃帰宅す。
睦男より来電。市来に帰りたる由。

7月12日
東京支社庶務課長名を以て国際収支関係書類発送ありたき旨架電し来れるを以て簡単なる書類は一両日中に送付する旨を返電す。
上海駐在塩谷氏来訪。満洲評論より原稿料9円を貰ひたるを以て、ヘンピレイスと電車のパスとを買ひ、更に耕造のために砂340を注文し、初音には二円くれてやる。

7月13日
大雨。日本塩業長田氏の来訪を受けたるため遂に塩谷氏を見送るを得さりき。押川幹事に太平洋会員依頼の一件書類を取揃へ提出す。東京支社に国際収支関係書類送付の手配をすます。
夜初音、古木氏方に岳父の依頼の春山氏の就職依頼に赴く。是枝君来訪。
尚伊藤香象氏より郵船使用給仕に欠員生したるを以て松浦商一君の弟君を採用する意思ある旨、郵船より通知ありたるを以て松浦君宅と連絡をとられ度しとの交渉を受く。

7月14日

日曜日。

午前10時頃、浜砂送り届け来りたるを以て金3|46を支払ふ。昨日の雨に道路悪しきため、前記砂を庭にばらまく。午前十一時20分頃放送局より迎ひの自動車来りたるを以て之に乗車して午前11時30分頃に放送局に到着。同47分頃放送室に導かれて声の試験をすませ、同50分より愈々放送開始。29分を以て了る。receiverの言によれば只今（放送完了直後）東京より明瞭には入りたる旨の通知ありたりとの挨拶を受く。初回にしては甚だ好成績なりと自ら思料す。帰宅せるところ、家内並是枝君夫妻も上首尾なりしを告けたり。午後4時半頃兄夫妻来訪。尚午後2時頃いつ子鯛を持参。放送内祝と考へ居たるに睦男のためのさかむけ〔酒迎〕なりきと云ふ。是枝君夫婦並法子と夕食を共にす。午後8時頃より連サ〔鎖〕街に一家三名、散歩に赴く。

本日の朝刊に生を享けてより始めて満日紙上に余の写真掲載さる。ラヂオ放送に関するものなり。夕方より一天くま無くはれ渡る。上弦の月美はしくも美はし。肩の重荷下りたる心地す。

〔欄外〕

兄夫妻は放送を聴かさりし由。

7月15日

中浜一行、本日より東京行き。主査より対北支密輸出の調査は一応中止する方可なる可しとの話あり。終日不快なりき。

〔欄外〕

伊藤氏より伝言ありたる松浦君の件につき同氏と折衝の結果を松浦氏夫人に報告せるところ、郵船に直ちに出頭せるに明日より出社することとなりたる由。

7月16日

終日無為に送る。

退社後急遽帰宅し、初音及耕造を伴ひて星ヶ浦に水泳に赴く。

本日より松浦、橋本両君出勤することとなりたり。

7月17日

本日、和田君東京より帰任す。大いに元気を恢復せる顔色を示せり。

武定より来信。ラヂオ放送の記事をよみたる由。

夜、北尾君来訪。

7月18日

昨夜より降雨。うつとをしき限りなり。

満洲通貨対策に関する調査立案計画書をとりまとめる。

渡辺精吉郎氏のために終日をつぶさる。

赤瀬川安彦氏より来信。ラヂオ放送の件なり。

7月19日

本日も終日降雨。昨日起案せる調査立案計画書を主査に提出す。

本日、大阪の大林組岩田氏よりRadio放送の件につき来信。

主査より8月1日より天津出張をすることとなるへしとの通知ありたり。新京森脇君より国際収支資料至急送付せられ度しとの依頼を受く。当方としては7月10日に手配ずみなるに多分、大西君及庶務の間の手違ひなる可し。
本日、6月末の特産恐慌問題につき、正金西村氏、中銀城氏を訪ひて資料を借る。商工課境氏、高森氏等の意見をきく。

7月20日
土曜日。
本日も終日降雨。新京森脇君に国際関係資料五通を送る。去る10日送付せる分は紛失せる見込み。大西君と庶務発送係とに於て紛失せることを確めたり。
満日和気氏来訪。経済満日の原稿をたのまる。
満化朝倉氏来訪。海軍中尉の結納の件を依頼さる。夕方雨上りたるを以て是枝君宅に赴き、9時頃帰宅し直ちに就寝す。

7月21日
日曜日。
午前中曇り、午後に入り晴れ。久し振りに天日を仰ぐ。午前十一時頃より満洲評論のために大連特産恐慌の原稿を書き、午後4時頃迄に辛して下書きを仕上く。初音は耕造を伴ひて組合に赴きたるまま昼食時に帰宅せす。昼食を省略することを余儀なくさる。夜一家レンサ〔連鎖〕街に散歩に赴く。午後十一時頃迄に原稿を書き上ぐ。田中徳義氏及岳父より来信。

7月22日
月曜日。
終日を無為に送る。もと見習の三浦肇君来訪。
朝鮮鎮南浦府府尹官舎朝倉昇氏及イバラキ〔茨城〕県東電営業所原田慶二氏より来信。
大毎仲氏及大朝野村氏来訪。
夕方山口勇男氏宅に遊びにゆく。
経済満日に原稿を送る。

7月23日
過炉境銀問題に関し、弁護士唯有戒心氏、橋樸氏の紹介にて来訪。
東京商大生一行来訪。千早、武蔵、武定より来信。
新京駐在幹事に中銀正貨準備の内容取調方照会す。気分悪しきため夜9時頃より就寝す。

7月24日
関東局司政部長宛に大連に於ける為替売買商に関する件を照会す。新京財政部より新京幹事を経て国際収支資料を送付し来る。
原田慶二氏、赤瀬川氏、朝倉昇氏、岩田昌也宛に書翰を書く。
〔欄外〕
石井俊之氏より暑中見舞来る。
天津行きの件に関し、第四部並第六部主査と打合はす。第四部主査の措置片手落ちなりと思料す。

7月25日

第四部主査に対し天津行き取消しの旨を申出つ。よって第四部主査、並第六部主査副委員長を加へて本件を協議す。

新京森脇君より来信。国際収支統計資料の送付方を依頼し来る。

斎藤正身氏来訪。拓大生来訪。

愛媛県新居郡鬼之山十亀薬王園より〃鼻脳クスリ〃を送付し来る。山内五鈴氏を煩せるものなり。

7月26日

是枝君に3週間の出張を誘説せるも中止する旨申し出つ。昼食時田所氏の誘ひを受けて共和楼に支那料理を食ひに赴く。

夜、後藤芳子夫人来訪止宿。

是枝君夫妻並山口勇男氏夫妻来訪。

三井亀本氏会社に来訪。

〔欄外〕

主席者

田所、高森、南郷、市川、茂倉、宮崎　¥7.25

7月27日

土曜日。

本日太だむしあつし。

鮮銀倉田氏及河合氏来訪。

奉天税ムカントク〔務監督〕署より功労賞下附の件につき照会来る。

午後5時より星ヶ浦に赴き水泳をなす。7時頃より金融班、和田、村山、市川、是枝、北尾、松浦、余の外に中島主査を加へて金融班のコンシン〔懇親〕会を観月にて開催。26円を余キフ〔寄付〕す。

午後11時前散会す。(すきやきを食ふ)

本日、大西君より来信。行方不明となり居たる国際収支関係書類本日新京経調より送り返し来る。

7月28日

土曜日。

午後2時頃、後藤君営口より来連止宿。

法子、午後3時頃遊びに来る。夜、でんきゅう〔電球〕2個をかえに赴く。夜、大西建吉、奉天税務監督署、山内五鈴氏及森脇幸二氏に書信を認む。

7月29日

午前9時頃出勤す。宅社係岡野氏来訪。

三輪君を第四部会務班員に推薦。井上輝丸〔照丸〕氏及第4部主査に相談す。本日、中島氏令閨及母堂並野間清君母堂来社。主査より紹介さる。

夜、朝日山崎氏及野村氏より一芳亭にて星田及市川両君と招待にあづかる。

ひる前、河本日出男君来訪。税関の平田氏に紹介す。

一芳亭よりいろはにて開催中の同期生会に出席。それより更にひさごに赴き10時すぎ帰宅し午後12時前迄後藤君と話し合ふ。

7月30日

昨夜来降雨。初音腹痛を起せるを以て出勤前日本橋薬局に赴きヒマシ油二本を注文し、10時前出勤す。本日天津行き正式に決定。一行は南郷、和田、前島、大平、某氏、野中の諸氏に決定す。

和田君起案の幣制問題照会事項につき主査に相談す。ひる、伊ヶ崎君に面会す。第一銀行富田氏来訪。後藤一家は本日出発。夜姉宅に赴く。

〔欄外〕

姉宅に赴きたる留守に和田君来訪。

7月31日

午前9時頃出勤せるところ新京駐在幹事より暗号電報来り幣制問題急迫せるを以て相談し度しとの意味なりき、よって天津行きを見合す。

伊藤香象氏、野中氏、第四部主査、野間君、鹿野君、会計課石橋氏来訪。

北支通貨金融制度調査立案要綱を起案し、第6部主査に提出す。ひる、三越にうなぎ丼を食ひに赴く。午後伊藤香象氏を訪ね種々相談す。

夜、是枝君宅に遊びに赴く。

〔欄外〕

出席者

田所、中島、南郷、市川、高森

8月1日

むしあつきこと甚し。

森脇君来連せるを以て午前8時40分頃に経調会議室に第4部主査、幹事相集り、幣制問題に関する打合せをなす。

ひる、田所氏の提唱により共和楼に支那料理食ひに赴く。森脇君をして中銀正貨準備に関する照会を参謀長宛に起案せしむ。

午後8時半頃より耕造吐嘔《ママ》を催せるため、初音大連医院に急行入院す。午後十一時20分頃messenger来りたるを以て12時頃大連医院に自動車にて赴きたるところ耕造小康なりを以て午前1時頃帰宅就寝す。

〔欄外〕

岸水喜三郎君より暑中見舞来る。

8月2日

8時35分出勤。病院に赴きたるに耕造良好。朝ひるに飲みたる牛乳にあてられ下痢す。正午前、野間、三輪、森脇三君相会合して幣制問題対策を講す。

幣制問題緊急調査事項を立案す。帰途是枝君と共に病院に立寄より4時頃帰宅。5時より7時半頃迄ひるねす。

夜8時半頃おかゆを炊いて食ふ。

8月3日
満洲幣制問題緊急調査立案事項をタイプし伺案として主査宛提出す。
黒田氏来訪。鮮銀河合氏来訪。若葉に赴き同氏勘定にて昼食を倶にして、帰途鮮銀支店に立寄り、同行の北支対策を見せて貰ふ。病院に耕造を見舞ひ、午後5時頃星ヶ浦に水泳に赴く。
満化朝倉氏より電話来り。結納を8月末にすることに大体承諾をあたふ。

8月4日
日曜日。

午前8時頃起床。

朝食前に満洲通貨改革要綱案を書き午前11時頃朝食をすませ、午前中に前記要綱案を書き上げ午後1時より病院に耕造を見舞ひ、社員倶楽部に於てユサ君と将棋を闘はし、夕食をすませて帰宅す。

10時頃迄かゝりて要綱案を書き上げ、床に這入りたるも寝苦しく辛して午前1時頃就寝。

8月5日
8時10分頃出勤し会社にて朝食をすます。

中銀城氏、伊ヶ崎氏等来訪。

午前中に昨日起案せる通貨問題要綱案に関し、主査、森脇、余の三名会議室にて協議す。午後3時前再び余と主査のみにて通貨要綱案の審議をなす。

本日耕造退院、午後4時半頃帰宅す。

久し振りに風呂に這入る。本日明6日より向ふ4日間出張申請をなす。牛込一徳、斎藤征生、岩田昌也氏より来信。

〔欄外〕

主査、本日より新京に出張。

8月6日
伊ヶ崎卓三君赴任あいさつに来訪。
鮮銀河合氏来訪。
午後8時大連発の汽車にて通貨問題事情取調べのため出張。

8月7日
午前8時50分新京着。構内食堂に於て朝食をすませ、経調に出勤し中島主査に電話をかけ、甘粕氏の熱河行き差支へ無きや否やを訊し、大連経調に電話をかく。午前10時半頃より同11時50分頃迄関東軍荒川顧問に面会し、通貨問題の話をきく。大したる収穫無し。昼食は野間氏a/cにて消費組合に於ておごって貰う。午後8時新京発の列車にて主査と共に帰任の途に就く。駅頭に於て貴島氏に遇ふ。

8月8日
午前8時50分大連着。寝台車に於て不思議にも熟睡す。一旦帰宅し10時半頃出勤す。是枝、市川の両君とうなぎ食ひに赴く。

昨、今日頃を以て入社以来満13ヶ年となる。

夜、一人町に出て、講談倶楽部を買って来る。

本日、満日和気氏より原稿を依頼さる。

8月9日
荒川関東軍顧問の説明要旨を摘録、中島主査に提出。添削を求めたる後、タイプに提出す。
昼食時、星田並鍋島君と将棋をなす。
終日無為。久し振りに天日を仰ぐ。

8月10日
かねて内海治一氏より依頼を受け居たる〃支那通貨制度の前途に就て〃を執筆し内海氏に提出す。

午後一時すぎ、押川幹事と約30分程金融問題に関し打合せをなす。

2時頃より会議室に於て、岡田、井上、南郷、佐藤、星田、大塚の諸氏会合し北支経済調査問題に関する打合せをなす。

帰宅後一家打連れて星ヶ浦に赴き、余のみ水泳をなし、夕食をすませ帰宅す。

終日快晴。新月すずしく西天に仰ぐ。

佐多前調査課長より著書の寄贈を受く。

8月11日
日曜日。
午前中、経済満日より依頼を受けたる満洲国際収支の原稿に手をつけたるも気乗りせず。
午後3時半頃より家族を伴ふて星ヶ浦に赴き、是枝君と落合ひ夕食を海辺にて伴にし、8時半頃帰宅。12時頃迄かゝりて国際収支原稿下書を完了す。

8月12日
月曜日。
午前午後に亘り国際収支の下書清書す。平野君、星君の紹介せる学生及新入生、山崎、朝日氏等来訪。仕事を妨害さる。
夕食後、是枝君宅に赴き西瓜の御チ〔馳〕走にあづかる。8時すぎ帰宅し、1昨日中島主査より依頼を受けたる満洲通貨に関する原稿を書く。

8月13日
本日天津に向け出発する予定のところ、主査並に押川幹事の意見に随ひ野中主査の帰任を待ち意思をきゝ出張することとせり。
為替管理部より（野村氏経由、張義人氏より）一応来局相成度しとの意見なりしを以て張義人氏に面会し、先般書面を以て関東局に照会せる真相をはなし、了解を求めたり。主査、資料課長と共になにわずしに赴きうなぎを主査より御馳走なる。

8月14日
ひる、清岡と将棋を手合せをなす。

押川幹事より使来り、荒木光太郎氏に面会す。

夜ナニワ〔浪速〕町に散歩に赴き、明治にてアイスクリームを食ふ。

本日、東京の中浜より主査宛国際収支関係資料を送付あり度き旨架電ありたり。

8月15日

午前8時10分頃出勤す。主査より予て依頼を受け居たる為替平衡資金を日本に設置する理由書を提出す。

天津和田君より20日頃帰任する旨架電し来りたるも返信するを得さりき。

午前10時頃会議室に於て荒木光太郎氏を中心に主査、押川幹事、伊藤太郎氏、副委員長、八木開一氏、石橋東洋雄氏を加へ座談会を開催す。ひる、ヤマトホテルにて会食す。正午10分頃関東局、為替管理資料を携へて来訪さる。

8月16日

正午、中島主査と浪速ずしに行く。

中島主査に為替資金に関する意見書を提出す。

午後2時頃より会議室に開催中の主査会議に出席す。野中主査、本日上海より帰任されたるを以て種々打合せをなす。吉田の岳父より来信。

夜、有馬の姉来訪。

【日誌第3冊】

（昭和一一年九月一日〜昭和一二年二月四日）

昭和一一（一九三六）年

9月1日

関東局施政紀念日につき休み。午前6時に起床す。

頭と腹の工合悪し、四回程下痢す、ためにからだだるく午前中うた、ねす。初音はみどりを伴ひて吉田金雄君宅に赴く。ひるより永年計画資金調査に着手せるも、畜産部門の内容不良不明なるため中途にて投出す。

夕食前みどりと共に庭前の小丘に赴き野花を採取す。

初音、耕造を伴ひて姉宅に午後3時頃赴く。耕造のために浜砂を買ふ。代金¥2.50なり。午後9時半就寝。L5。

9月2日

午前中、永年計画表を些細に検討す。正午前、税関前田君来訪せるを以て社員倶楽部に赴き囲碁をなし2連勝す。午前中、大朝山崎君来訪。

午後に入り永年計画を係数的に吟味し稍曙光をみとめ得たる心地す。

午後4時半に帰宅し、一家総動員にて庭の中央に砂場をこさゆ。近隣の児童の加勢を得て工事とみに進捗し、午後7時前に完了す。夕食をすませ午後8時半頃就シン〔寝〕す。

9月3日

午前6時起床。耕造と共に昨日構築せる砂場にて遊ひたる後朝食をなす。午前中、第3部清水君来訪。去る二月提示を受けたる満鉄改組案に基く収支予想表に関し相談を受く。高後氏の登格に関して、一応同君の帰国静養、健康恢復を俟って申請することに中島主査と押川幹事との間に相談まとまる。北尾　松浦君を動員して永年計画資金輸入表を作成せしむ。会社ひけ後、ピンポンをなし、午後6時頃帰宅す。夕食をすませ、芙蓉町倶楽部に散髪に赴く。みどり及耕造もついでに散髪す。午後8時頃小量の降雨を見る。

〔欄外〕

貿易班、岸川君の申出により、倶楽部委員長としてマーチャン部に金10円を寄付す。

9月4日

北尾君をして満洲国側資金計画表を作成せしむ。

昼食時社員倶楽部に於て星田君と将棋をなす。

会時ひけ後居残りてピンポンをなす。

午後6時半帰宅し、夕食をすませ午後9時半頃就寝。

是枝君の関東軍資料整理のための新京出張は十月中旬より来年三、四月頃迄と決定案として回覧来る。

午前10時頃池田喜悦氏来訪。妹君の縁談につき相談を受く。

9月5日

大西君来訪せるを以て共和楼に於て第4部関係者と昼食を共にす。食後、主査、是枝、吉田の諸氏と釣道具家に赴き、金5.10銭を投じて釣道具一式を求めて明日の営城行きにそなゆ。同道行者、副委員長、主査、是枝、吉田の四氏の予定なり。会社ひけ後是枝君とつり道具屋に赴きゴカイを受取り、自動車にて帰宅す。それより一家揃ふて社宅前の小丘に上り、おにぎりを食ふ。午後8時頃是枝君来訪。明日のつりの支度をなす。午後9時半頃辞去す。紅茶をのみたる勢か寝付かれず。L6。夜来風強し。

〔欄外〕

支那料理出席者

中島主査、南郷、是枝、吉田、村山、中浜、山内、大西

¥7.30　1.05

9月6日

日曜日。

午前2時半起床。諸準備を整へて午前3時半頃是枝君宅に赴きたるところ、午前4時頃に至り大雨沛然として襲来。雷鳴、イナヅマ、しきりに至る。中島主査宅よりの自動車遂に来らず。午前6時頃馬車にて帰宅し午前9時頃迄ねむる。おひるにはつりのために準備せるおにぎりを一家にてたべて昼食に充つ。午後1時半頃より家を出て幾久屋に赴き、オリムピック写真展を見学し明治てコーヒーを飲み、午後4時頃帰宅し、9時には就寝す。終日曇り。冷気頓みに加はる。

9月7日

高後夫妻病気静養のため本日出帆のうするり丸にて離連帰国の途に就く。初音、耕造と共に大連埠頭に両人を見送る。10時半頃副委員長より電話あり。安田信託亀井、鳥居の両氏に紹介さる。ひるより鳥居氏のみ来訪。午後4時迄時間を占領さる。中島主査を介し天津野中時雄氏に紹介して貰ふ。夜鹿児島県総務部長並睦男に手紙を書く。午後12時頃就寝。L7。田中国彦君の育成卒業祝に¥300寄附す。

〔紙片貼付：南満洲鉄道株式会社用紙に縦書〕

十五日迄に研究項目を書いて出す。

農村協同組合に関する委員会

　分科会

志村　一　流通機構と協同組合（糧秣）

大上　一　生産機構と〃〃〃（生産費、生計費、階級構成）

野間　一　行政機構と〃〃〃

南郷　一　金融機構と協同組合

中島　一　協同組合組織方針

9月8日

出勤間際に降雨を見る。洋傘をさし乍ら耕造をだいて、Bus乗場まで歩行す。8時半に会社に着く。

ひる、社員倶楽部に於て吉田君と囲碁をなす。

午後1時半頃是枝君を伴ひ社宅係の酒井君の許に赴き、代用社宅の配給方を交渉す。

ひるすぎ、安田信託鳥居氏より資料寄贈方電話にて交渉を受く。

資金計画表を略ぼ仕上ぐ。

つかれ気味なるを以て午後9時就寝。睦男に34円送金す。

9月9日

午前6時起床、曇天にてすごし、耕造と庭に出て砂場の周囲に煉瓦へいを築く。午前8時半出勤。依然初音、耕造は病院及しあつ〔指圧〕通ふ。常盤橋迄の同行は常例となる。

午前中、山県彦三郎君を訪ね山根権君の就職問題につき相談す。昼食時、奥村主査と囲碁をなす。午後1時すぎ永年計画資金計画表出来せるを以て中島主査宛提出す。本日、満洲国無給嘱託の件正式文書として回覧し来る。会社ひけ後、清原君と囲碁をなす。本日、斎藤征夫君夫人来訪せる由。午後9時頃就寝。

〔欄外〕

財政部嘱託　予定　南郷龍音

　　　　　　　　　野間清

実業部嘱託　　　　三輪武

　　　　　　　　　志村悦郎

　　　　　　　　　酒家彦太郎

　　　　　　　　　大上末広

本日石炭（煉炭）　1／4噸注文す。

9月10日

午前中を休み東洋経済新報を読む。腹下しをなせるためか元気無し。午後2時半頃義姉来訪。来る土曜日、法子及通子の旅順行きパス発行方交渉を依頼され、人事課庶務係に赴く。会社時間完了後、居残りてピンポンをなす。午後6時頃帰宅し、夕食をすませ午後10時頃就寝す。L8。

夜に入り冷気とみに加はり秋色深し。

〔欄外〕

中島主査を委員長とする協同組合小委員会委員を委嘱されたる由。

金融機構と金融組合　15日頃迄に研究内容を書いて出す。

〃　組織方針　斎藤君にはなすこと。

9月11日

多少おそくなりたるため、初音、耕造と自動車に同乗、大連医院まで赴き、それより徒歩にて会社に出勤す。昼食時、第一銀行富田富二氏とヤマトホテルに於て落合ひ、昼食をともにす。ひるすぎ、人事課庶務係に赴き、法子及ミチ子のパスを貰ひそれより東亜課伊藤氏の許に赴き暫時雑談す。午後8時半より社員倶楽部に赴き将棋をなし、十一時頃帰宅就寝す。

9月12日

本日も自動車にて大連病院まで乗つける。

松浦君の社宅の件につき相談を受けたるを以て酒居君に相談に赴く。ひる、奥村主査と囲碁をなす。ひるすぎ、自動車車庫の二階に赴き会社の定期身体検査を受く。夜8時就寝。

〔欄外〕

本日、押川幹事より興業銀行のあつめ得る資金額調査方依頼を受く。

9月13日

午前1時半に目ざむ。午前4時頃支度をすませ是枝君宅に向ひたるところ、自動車と行き違ひとなり、聖徳街三丁目にて落合ひ、星ヶ浦田所副委員長宅に赴き、中島主査、是枝、吉田、南郷、田所の一行5名となる。午前4時半頃星ヶ浦発、同5時20分頃営城子、塩田につき、それより一里位歩行6時50分頃海岸に到着し、朝食をなし、午前7時半頃よりつり始む。副委員長はつり竿を折りたるため、午前9時頃帰宅。余等4名は午後3時頃迄頑張り、つりを続く。結局、チヌは（海鮒）中島主査4ひき、余3尾、吉田君2尾、是枝君零。午後3時頃つりを切り上げ、塩田の手前にて迎ひの自動車に落合ひ、午後4時40分頃芝生町迄運転手間宮氏の好意にて届けて貰ひ、ビールを飲み、午後8時に就寝。秋の日光にやけ、血色多少良好となる。

9月14日

月曜日。

午前5時半に目ざめ、耕造と二人にて庭掃除をなし倶楽部に赴き、桔梗屋に食パン2斤持参方依頼の電話をかく。

ひる、是枝、吉田の両君と幾久屋に赴き30銭の親子丼を食ふ。

ひるすぎ、東洋経済新報記者根津知好氏来訪。昨日の魚釣た、りたるためかしきりにねむけを催す。午後6時より電気油〔遊〕園登エイ〔瀛〕閣に於ける斎藤良衛氏の支那料理招待宴に出席す。宴終つて黒瀬氏と共に徒歩にて帰宅す。L9。午後10時半就寝。

〔欄外〕

中島主査より依頼。

2、3日中に支那駐屯軍来連。懇談会を開催の予定につき、下記事項につき考慮せられたし。君が主催者となりて〔た〕る心算にて立案されたし。

1、質問事項

2、今後北支或は支那に対して金融通貨に関し如何なる立案或は調査を為すへきか等一応考へ置き願ひ度し。

9月15日

午前8時半出勤。東京支社出入記者団に対し、午前10時より約一時間に亘り、藤原、志村、南郷の三名にて説明をなす。永年計画資金計画案を60部、タイプにしてくれるよう、手続をなす。ひる、やぶそばに赴き、是枝、吉田の両君と将棋をなす。支那駐屯軍将校に対する北支金融関係説明項目を取纏め、中島主査に提出す。吉田の岳父より来信。

早目に風呂に這入り午後8時半就寝。本日よりアイ〔合〕服を着用出勤す。

9月16日

久しぶりに熟睡す。午前5時半起床。同8時半出勤。

秋晴れの空澄み渡り、清風しきりに至る。感激も感傷も伴はざれど慌しき秋と云うへし。午前中無為。ひる、吉田、是枝の両君と藪そばに赴き、将棋をなす。

午後2時頃審査役室より電話あり。午後5時半よりヤマトホテルに於て（日産重役相川？）氏を中心に座談会開催せらる、につき出席相成度しとの通知をうけたるを以て、午後6時頃ホテルに赴く。8時半頃終了。それより石原人事課長の案内にて伊藤香象氏と美濃町に赴き、ゲイシャ〔芸者〕ぬきにて石原氏のとばく〔賭博〕による財政収入確保策を聴く。12時頃に帰宅す。

〔欄外〕

石原人事課長の賭博経営による治安維持費捻出方策要綱

1、日本人には絶対に経営に関与せしめさること（理由）。

2、満洲全土に亘り、実施すること。

3、Club組織とし、自由企業とす。

4、退役軍人を各倶楽部に派遣し、監督の衝に当らしむ。

5、総アゲ高に対して課税す。本課税収入年額として1億円を見込む。

6、本収入は主として治安維持費及福利施設に利用す。

備考、広西及露西亜の国営賭博場の制度を調査し、財政収入中に占むる地位及人口との関係を調査す。Hai Alai〔Jai Alai：ハイアライ〕及富くじに就ても研究すること。

9月17日

昨夜よふかしして就寝せるため、寝付き悪く起床するに物うし。東洋経済新報根津氏来訪。大連通信員事務を依頼されたるもことわる。ひる、是枝、吉田両君とおでん食ひに赴く。奥村第2部主査と一回囲碁をなす。帰途清原君と囲碁をなす。夜、松浦夫妻来訪。午後10時頃就寝。睦男より来信。

9月18日

満洲事変紀念日につき会社は午前10時迄。11時頃帰宅し、炊事の加勢をなす。午後2時頃家を出てバスにてラヂューム温泉に於ける経調将棋会に出席す。5戦5敗。全敗したるは生れて始めてのことなり。午後7時ごろ帰宅し、四次方程式の解法を研究し、午後10時頃就寝す。夜に入り風つよし。

9月19日

空晴れたれど、風やや強し。午前中、満洲新設興業銀行の調達乃至同行統制下に中入せらる、資金額の調査をなす。ひる、是枝、吉田の両君とつり屋に赴きゴカイを買ふ。会社よりの帰途、信濃町の松浦釣屋に赴き、船釣の竿及釣針を買ひ午後6時半頃帰宅す。所持金5円の中、4円を消ヒ〔費〕せるため、夕方初音を姉宅に赴かしめ5円借用し明日の旅順行きにそなふ。L10。夜よく寝付かれず。

9月20日

午前2時半に起きて支度をなしたるも、3時頃より強風に交りて、激雨硝子までをうち、雷鳴稲妻しきりに至る。午前4時半まで待ちたるも自動車来らず。やむなく就寝、7時半頃目ざむ。それより一人にて2階のガラスまどの掃除をなし、網戸を外して2重ガラスに入換ふ。午後より階下6畳のガラス窓を掃除す。昼食には釣行きのために用意せるべんとうを食す。

午後4時頃、是枝君男児をつれて来訪。早苗小学校のあたりまで同君を見送り旁々、耕造及みどりと共に散策す。

風強く空の雲の去来慌し。午後8時頃入浴就寝。

〔紙片綴込：南満洲鉄道株式会社用紙に縦書〕

1、質問事項

2、今後北支或は支那に対して金融通貨に関し如何なる立案或は調査を為すべきか等一応考へ置き願ひ度し。

一—両日中

〔領収書〕

南郷龍音殿

領収書

壱円也

但シ九月十八日将棋大会会費

右領収候也

将棋部幹事　印（斎藤）

9月21日

午前6時40分起床。耕造と共にクラブに赴き、食パンの注文をなす。午前8時45分出勤。耕造は一昨日より病院通ひを止め、田中氏の宅のみに治療に赴くこととなりたるため、余の出勤より多少おくれて出ることとなり、同道も中止となる。満洲産業開発永年計画資金計画表印刷出来。北満経済調査所長佐藤ヨシタネ〔義胤〕君を中心とし、ひる共和楼に赴き食事を共にす。出席者は左記の通りなり。会ム班山中君より北支金融資金計画表の提出方依頼を受く。午後3時頃、中島主査より業務引つぎのため班所属人員名簿並担当事務一覧表提出方依頼あり。午後4時半ごろ帰宅し、階下8畳間の窓硝子の掃除をなし、午後8時頃就寝。

〔欄外〕
支那料理出席者名
田所副委員長、中島主査、工藤武夫君、門間商工課長、南郷竜音、（佐トウヨシタネ君）
¥5.11

9月22日
午前8時35分出勤。午前十一時より副委員長室に於てタチバナ〔橘〕樸氏を中心として北支共同組合問題に関する座談会に出席す。午後1時10分頃終了。それより是枝、吉田の両君と鈴木にえさ買いに赴く。北支投資形式につき山中君より相談を受く。終日無為。午後5時過帰宅し、明23日金州大コ〔狐〕山行きの準備をなし、午後8時半就寝。

9月23日
彼岸の中日（休み）。
午前2時起床。つり支度をすませて2時40分頃家を後にし聖徳街にて空車を拾い、露西亜町に向う。中島、是枝、吉田、石井成泰の諸氏とロシヤ町にて落合ひ、3時半すぎ小蒸汽に便乗、大コ〔狐〕山に向ふ。同5時頃大コ山着。直ちに小舟をやとひ是枝君と同乗。午後5時頃迄つる。余はチヌ11尾、是枝君は30尾つる。其間若干降雨あり、空もくもりて、終日日光を仰くを得す。大コ〔狐〕山を引上ぐる頃より、雨激し〔さ〕を加へ、ロシヤ町につく頃は全身ぬれねずみとなる。空車をひろひ午後7時すぎ帰宅し、チヌはちりにして食ふ。本日、家内及子供は中島氏留守宅に赴きたる由。午後10時半就寝。

〔欄外〕
自動車　往0.40
　　　　復0.30
小蒸汽往復　1.10
シヤン板〔舢板〕代0.75（1.50÷2）
total　2.55

9月24日
午前中無為。正午、社員倶楽部に赴き、宮本知行君と将棋をなす。午後2時頃より副委員長室に於て、満洲国財政見透委員会開催さる。
午後5時頃より社員倶楽部第一集会室に於て大蔵公望男を中心

として新天地同人の座談会開催さる。6時半頃終了。談会頗るキョウミ〔興味〕多し。それより第2食堂に於て食事をなし帰宅す。本日、中島主査より和田喜一郎君は新京業務課長高田君よりコン〔懇〕望ありたるを以て承知したる旨返答し置きたる通知あり。夜、和田君（帰郷中）にこの旨書面を認む。

9月25日

昨日認めたる書面（和田君宛）を初音をして飛行便にて発送せしむ。午前8時半出勤。午前中、昨夜来考案せる日本の公債政策と低金利政策との相関々係式を算定す。本日、吉田金雄君の職員採用（本俸90円）決裁、9月26日附を以て正式採用の旨通知あり。ひる、吉田君のa/cにて是枝君と共にオリエンタルの定食を共にす。午後全然無為。

夜8時頃就寝。

9月26日

土曜日。

本日の社報に吉田君の職員採用発表さる。

ひる、吉田、是枝及中島主査とスイチャヲツ〔水餃子〕を食ひに赴く。

午後2時半頃会社を切り上げ途中松浦つり店に赴き、つり竿を買ひ帰宅し、4時頃西園亭に赴き経調第4部の解散囲碁会をなす。残存者、南郷、吉田、清原及斎藤、松浦、栗下の諸君、第4部解散会は午後9時半頃終了。囲碁中金10円ぬすまる。それより斎藤征生君のa/cにてcafeに赴き、10時すぎ帰宅。

午後12時就寝。

9月27日

日曜日。

午前3時起床。つり行きの支度をなす。午後4《ママ》時迎ひの自動車来る。吉田、是枝、中島の3氏と同乗4時すぎ黒石礁着。経調関係一行24名6台の自動車に分乗、旅順郊外羊頭《ヤントウ》ワ〔窪〕に向け出発、5時半頃同地着。つり舟をやとひ是枝君と同乗。午後4時までかゝりてチヌ9尾をつる。本日午後2時頃迄風波荒く、釣日和に適せず。午後6時すぎ帰宅。

初音と2人にてチヌをちりにして食ひ午後9時すぎ就寝。

9月28日

午前8時40分頃出勤。昨日のつかれにて多少ねむけを催す。午前9時20分より満洲館に於て支那駐屯軍池田中佐及井戸桓主計生を中心とする懇談会に出席。午後2時頃終了。会社ひけ後、亜鉛化オレイブ〔オリーブ〕油を日本橋薬局にて買求め、更に常盤橋にて栗を買ひ、連鎖街の向側の植木屋にて、栗下君より分譲を受けたるラン用のはちとすなを買ひ帰宅す。午後6時半より星の家に於ける天津軍の歓迎会に出席、午後9時40分帰宅。

10時40分就寝。

9月29日

午前9時より満洲館に於ける支那駐屯軍との座談会に出席。伊藤武雄氏より天津行きをすすめらる。正午頃奥村主査と満洲館に於て囲碁をなす。

午後2時頃、門間商工課長より課長室迄出頭を求められ、中浜、酒家の両君と同道出頭、商工課所属を申し渡さる。和田喜一郎君の新京業務課行き正式決定。

夕食後、芙蓉町倶楽部に赴き散髪をすませ将棋を指しつ、あるところに是枝君来訪、相伴ふて帰宅。同君は12時頃辞去す。

〔欄外〕

京都帝大助教助《ママ》松岡氏来訪。

9月30日

午前10時半頃満洲館に赴き井戸桓主計生に随行、志村、水野、和田（会務班）の諸君と共に満化を見学す。

午後1時頃帰連しヤマトホテルにて水野薫氏を囲み昼食をともにす。午後2時頃より2階の会議室に於て京都帝大助教助《ママ》松岡孝児氏を中心とするフラン切下に関する座談会に出席す。午後4時すぎより協和会館前に於て経調一同紀念サツエイ〔撮影〕をなし、畢って社員倶楽部食堂に於て旧経調の解散式開催され、正副委員長及奥村主査のあいさつあり。黒瀬氏の指示により、余も一席弁ずるを余儀なくされたり。

夜8時すぎより芙蓉町倶楽部に将棋指しに赴く。X_1。

〔欄外〕

本日は仲秋。

10月1日

本日は関東局施政30年紀念日につき会社は休み。

午前中ガラス窓の掃除をなし、正午頃より一家つれだちてオキナに赴き昼食をなし、馬車にて大連神社に至り秋まつりに拝詣す。午後2時半頃帰宅しひるねす。それより庭掃除をなし、秋の清潔検査にそなゆ。

市来の親父より初音宛耕造の見舞状をよこす。

午後10時頃就寝。

10月2日

本日より午前9時出勤となる。午前中無為。

午後1時半より副委員長室に於て北支産業開発5ヶ年計画に関し、奥村次長を中心として打合せ会あり、午後4時終了。直ちに帰宅、午後10時頃就寝。

本日、第5部野間君と新京出張、財政部出頭の予定のところ先方より7日か8日とせられ度き旨申込みありたるを以て6日夜出張のことに申合はす。

10月3日

ひる前、商工課境氏より呼ばれ部屋の割当を示さる。午前中、昨日中島主査より依頼を受けたる業務引つぎ事項を書く。第3部清水君及第2部酒家氏等より昨日の申合せによる資金計画表を提出し来る。

ひるすぎ、境米市氏より午前中の部屋割変更ありたる旨通知に接したるを以て、不服なる旨を申述ぶ。
夜、芙蓉町倶楽部に赴き将棋をなす。

10月4日

日曜日。
午前中徒然なるままに2階の窓硝子の掃除をなす。午前中、みどり及耕造を伴ひて対山寮まつりに赴く。ひる頃、対山寮飯田君来訪。みどりのみはひるより対山寮に遊ひに赴く。余と耕造とのみ留守番をなし、初音はみどりの後を追ふて芙蓉町倶楽部に於ける対山寮の余興見物に赴く。午後4時頃和田喜一郎君夫妻来訪。

10月5日

明6日より湯崗子に於て軍及満洲国との会議あるため出張申請をなす。午前中、旧経調関係課長及主任相集りて明日の会議の下打合せをなす。ひる、中島主事とホテルに昼食に赴く。
帰途、吉田、是枝の両君と明治に於てコーヒを飲み下虫《ママ》しを買求め、午後5時頃帰宅。6時より星ヶ浦星の家に於ける田所氏の招待宴に出席。9時すぎ同所を切り上げ自動車にて再び浪速町明治経由午後9時の汽車に座乗、北行す。

10月6日

午前5時40分湯崗子着。対翠閣に落着く。直ちに入浴し午前9時頃迄就寝し、朝食をすませ、午前10時より軍及満洲国との座談会に出席す。会議は午後7時頃迄続行。畢って酒をのみ、午後9時頃就寝す。本日は酒家君の一人ブ〔舞〕台なりき。
〔欄外〕
北尾君本日より請暇、帰国す。

10月7日

午前6時頃起床、入浴し、昨夜酒家君が秋永参謀より借用せる陸軍省五年計画案を通読す。朝食をすませ、酒家君と温泉地一帯を散策す。午後1時より会議開催。本日も只黙々として聴手役にまわる。午後5時頃終了。古山鉄道課長と囲碁をなし、午後7時より宴会に（軍招待）出席し、星野財政部次長に盃をさされてメイテイ〔酩酊〕す。午前レイ〔零〕時8分湯崗子発の汽車にて南郷、中島、山中、酒家、押川の5名南下、帰途に就く。

10月8日

午前7時大連着。中島主査と同一自動車に乗車、8時前に帰宅。朝食をすませ、午前9時40分頃家内と共に家を後にし出勤す。大朝山崎君、安盛氏等来訪。ひる、松浦、吉田、村山の諸君とmasisに赴く。
本日より10日迄3日間新京へ出張申請をなす。
午後4時すぎ伊勢町ビューローに赴き、午後8時発ハルピン行き列車の寝台券を買ふ。5時半頃帰宅、入浴し午後7時10分頃家を出て自動車にて大連駅に赴く。

10月9日
午前7時10分新京着。駅待合にて雑誌をよみ、8時すぎ朝食をすませ新京事務局に赴く。午前十一時頃財務部に出頭。星野財政部次長より一応嘱託事務につき説明を受け、併せて辞令を交付さる。中銀クラブにて昼食のキョウオウ〔饗応〕にあづかる。午後2時すぎ同所を辞し、国務院主計処、企画処等を経て統計処に向井氏を訪ぬ。次いで関東軍に赴き更に置きわすれたる帽子とりに財政部に赴き、午後3時40分新京発の汽車にて南下す。寝台は上段をとる（新京にてみどりと耕造のためにchocolateを買ふ）

10月10日
午前8時大連着。空車にて帰宅。朝食をすませ午前10時20分頃出勤せるところ産業部結成式挙行中の由なりしを以て協和会館に赴き、ついで紀念さつえいに列席す。阪谷部長に（畢って）一応あいさつをなす。中島主事に財政部の意嚮を説明す。大朝山崎君並満日子来訪。財政部嘱託の件につき説明してやる。夜9時頃就寝。X_2。

10月11日
日曜日。
小生等5名満洲国嘱託の件本日の満日に掲載さる。午前10時頃一家そろって電気遊園を散策し、なにわずしにてすしの昼食をすませ、ついで中央公園を散策す。耕造久し振りに元気を恢復し、歩行す。午後1時半帰宅。本日は暑からず寒からず恂に格好の散歩日和なりき。午後2時頃芙蓉町倶楽部に赴き、碁を見学。片山書店に電話をかけ、11月号富士を持ってきて貰ふ。午後9時すぎ就寝。

10月12日
午前8時10分頃家を出て大連神社に詣で牛込一徳君の就職の件を奉願す。予て田所氏より依頼を受け居たる宮脇氏就職手続きの件を産業係境米市氏に依頼す。

午前中、朝鮮経済建設提案に関する打合せ会議に出席す。

午後1時半より本館会議室に於て中島主査を中心とする協同組合第一回打合せ会に出席す。

夜、牛込一徳君の就職の件に関し、牡丹江向野元生氏宛手紙を書く。

10月13日
昨夜歯痛のため充分スイミン〔睡眠〕をとる能はず。

みどりも昨日来頭痛発熱のため本日登校を見合はす。

金50銭を支出し菊2鉢買ふ。吉見医院に赴き歯の治療を受け9時すぎ出勤す。

午後2時すぎ次長室に於ける朝鮮産業経済調査会諮問事項に関する件会議に出席し、日鮮満金融統制（金利）問題につき一席ベン〔弁〕ず。昼食時、安盛君、宮本知行君とヤマトホテルグリルに赴きすきやきを食ふ。午後6時より不二亭に於ける会務班員の和田喜一郎君送別会出席す。

10月14日

出社前吉見医院に赴き歯の治療を受く。

ひる、石橋東洋雄氏とヤマトホテルグリルに於て昼食をともにす。

午前10時、埠頭に赴き離連の山崎理事を見送る。

ひる、山中君を中心として業務係に於て、共同組合の立案進行方法につき協議す。

午後6時よりヤマトホテルに於ける貴島克己氏の送別会に出席す。但しa/cは貴島氏負担。

10月15日

午前9時10分出勤。退職離連の貴島克己氏を大連出帆吉林丸に見送る。社宅係酒井君の許に赴き、松浦君の件を相談せしも不調。ひる、第一銀行富田氏を訪ねOrientalに於て昼食をともにす。浪速町散策中伊ヶ崎卓二君と出会ひ、富田君a/cにて水月に赴きcoffeeをのむ。本日、石橋東洋雄君来訪。本日、協和編輯員板屋猛氏来訪、11月1日発行の協和に阪谷希一氏のくわん〔歓〕迎の辞投稿方依頼を受く。X^{3}。

10月16日

ひる、中島主査、是枝、吉田の諸兄と鈴木に赴き釣のえさを買ひ簡単に支那料理にて昼食をすます。本日より中島主査市会議員選キョ〔挙〕事務開始。会社ひけ後村山氏は社員会に於ける同氏スイセン〔推薦〕状書きに手伝ひに赴く。

帰途、社員倶楽部に於て吉田君と一回囲碁をなす。

午後8時頃就寝。歯の治療に赴く。

10月17日

神ナメ〔嘗〕祭にて休み。

午後《ママ》2時起床。釣行きの準備をなし置きたるも風強く、ために自動車来らずやむなく再び寝床に這入る。

午前7時頃起床。耕造歯痛を訴つたふるため吉見医院に伴い赴きたるところ後より初音来り、是枝、甘粕両氏釣行きの旨報告に来たるを以て其の場にて支度をなし、前記両名と共に自動車にて小平島に赴き3人一緒に小舟に乗り、メバル、アイナメを釣り、午後4時半頃帰宅す。甘粕夫人及是枝夫人来訪。夜9時すぎ就寝。

10月18日

日曜日。

午前8時起床。快晴。耕造と共に庭に出てダリヤに水をやる。

午前9時頃より協和のために原稿を書く。耕造は歯痛のため初音に伴はれて吉見医院に赴く。

午後2時頃より耕造、みどりを伴ひて秀月台に赴き、和田喜一郎君宅を訪ねたるも留守。よって中央公園花園を親子3人にて散策し、午後4時すぎ帰宅す。本日は絶好の散歩日和なりき。

午後6時半頃より再び2階に上り協和の原稿を書き、9時半頃就寝す。

10月19日
出勤前、吉見歯科医院に赴く。午前中無為。
ひる、高森、是枝、吉田の3君と三越に赴き中島前主査に対する旧第四部一同の紀念品をセンタク〔選択〕す。
満日記者来訪。午後5時頃帰宅す。吉田君来訪。午後7時半頃までかゝり、阪谷新理事の紹介文を書く。入浴後、社員倶楽部に赴き吉田君と囲碁をなす、3勝。12時就寝。X。[4]

10月20日
午前8時頃、吉見歯科医に赴き金6円を出して金にてつめる。それより自動車にて大連駅に赴き新京赴任の佐々木君をあじあに見送る。
ひる、吉田君すしつねに赴く。帰途、社員会館に於ける中島主査の選挙事ム〔務〕所を見学す。
本日、阪谷新理事紹介に関する原稿を社員会報誌に出す。夜、志村氏起案の共同組合のタイプを読む。

10月21日
ひる、是枝、吉田両君と社員会館に赴き、親子丼を食ふ。熊埜御堂夫人より電話あり、三室町に転宅し来りたる旨通知を受く。
大蔵省為替管理課長来訪の旨通知ありたるを以て準備し置きたるも訪れなく徒労に了る。
退社後、みどり及耕造と共に芙蓉町倶楽部に赴き散髪をなす。
夜7時半頃吉田君来訪。囲碁をなす。2勝2敗。
〔欄外〕
一徳君より来信。

10月22日
昨夜囲碁をなせるためかねむり深からず、午前2時頃辛じて就寝す。午前中、第一銀行富田氏来訪。
午後3時頃、第32期生小野崎君来訪。商工課転勤方希望ありたるを以て経理係山縣君の許に赴き相談す。午後2時頃、税関平田五郎氏来訪。
午後2時より業務係室に於て吉田、南郷、山中及古沢の4氏と会同、協同組合の件につき相談す。
退社後、社員会館に赴き、中島氏の選挙事ム〔務〕所を見学す。
午後8時頃耕造と共に就寝。

10月23日
昼食前、是枝君と共に中島主事の立候補紹介に関する経理部関係演説会場に赴き、畢って安盛氏を加へ、3人にて東拓ビル下に於て昼食をともにす。
午前中、酒家君を中心とし、満洲産業開発5ヶ年計画に関する資金計画表の作成に着手す。
午後4時より商工課長室に於て商工課親和会に関する打合せあ

り。吉田君と共に金融班を代表出席す。6時頃終了せるを以て、中島主事選挙事ム〔務〕所を見学の上帰宅す。

10月24日
土曜。

10月25日
日曜。
中島、吉田、是枝の三氏とヤントウ〔羊頭〕湾にチヌつりに赴き、余のみ舟にのり、船頭のつりたるものを合せ、チヌ15尾、カレイ6尾ほどつる。

10月26日
月曜日。
午後6時より中央公園南華園に於て商工課主任及牧島氏、商工課長を加へて懇親会をなし、余のみ午後8時の汽車にて北行、新京に赴く。

10月27日
午前7時新京着。野間君と共に財政部に赴く。
午後4時半より新京ヤマトホテル7号室に宿をとり、岩水君と2回囲碁をなす。夜、武定君来訪。

10月28日
本日、中銀クラブに於て軍と満鉄及満洲国との5ヶ年計画に関する打合せ会あり。満鉄より酒家、南郷、中島、押川、野間、大上等出席。午後7時半頃終了。中島、押川両氏は8時半の夜行にて帰連。

10月29日
午後9時より関東軍司令部会議室に於ける五ヶ年計画打合会に酒家君と共に出席。畜産部門終了後、ヤマトホテルに帰り、酒家、山中の両君と夜半の2時すぎまでかゝり資金計画表を作成す。

10月30日
午後1時半より関東軍第三課に於て財政部星野次長を加へ、南郷、酒家、山中、富田四名と軍側小泉〇〇、秋永、国分氏等の間に於て資金計画の検討を行ふ。
酒家、山中君は本日の汽車にて帰連す。

10月31日
午前中、財政部に赴き、横山理財科長より満洲興業銀行の内容をきゝ、旅客統計に関する打合せをなし、田村文書科長、舒蘭の石炭液化に関する野口の計算書を貰ひ、ひる、和田喜一郎君とホテルグリルにてすきやきを食い、それより立木君とホテルに於て囲碁をなす。和田喜一郎君をして、田村文書科長に五ヶ年計画資金計画を届けて貰ふ。武定君の見送りをうけ、午後8

時40分の汽車にて南下す。熊埜御堂君と落合ふ。

11月1日
午前8時すぎ大連着。是枝、吉田の両君来訪。
午後2時頃より是枝君と共に大連中学校に赴き、中島主事のために市会議員の投票をなし、畢って午後6時より不二亭に於ける工藤氏の送別会に出席す。

11月2日
本日、中島主査301票にて市議に当セン〔選〕。
ひる、吉田君とオリエンタルに赴き会食す。
〔欄外〕
本日、ラヂオ放送の交渉を受く。

11月3日
明治節にて休み。中島、是枝、吉田の三君と午前3時より自動車にて北海に赴きたるも極めて不漁。辛じて船頭が一尾つりたるのみ。午後3時すぎ北海をひきあぐ。本日はつかれたるためか釣乍ら始終居ねむりす。

11月4日
水。

11月5日
木。

11月6日
夜、吉田君と芙蓉町倶楽部にて碁をなす。

11月7日
土曜日。
本日、人事課に赴きabr.決定し居るや否やを問合せたるところ未決定なる旨判明す。
夜、山内五鈴氏来訪、十一時頃辞去。

11月8日
日曜日。
午前9時起床。二階に上りラヂオ放送原稿を書く。ち、〔遅々〕としてすすまず。午後2時迄かかり辛じて五頁をすます。初音、子供をつれて共和会館に於けるみどりの舞踊発表会に赴く。
午後2時頃家を出て、徒歩にて中央公園を横切り大連神社に詣り、協和会館に赴き、午後4時半頃帰宅し、芙蓉町倶楽部にて夕食をすませ、午後12時迄かゝり5頁程原稿を書く。

11月9日
月曜日。
午前9時頃出勤。午前中、放送原稿を書き上ぐ。
ひる、吉田、是枝、松浦の3君となにわずしに赴き、余のa/cにてにぎりを食ふ。

11月10日

本日一日、放送原稿の清書をなす。ひる前、商工課長より呼ばる、共同組合及保証会社の話をきく。夜10時頃過迄かゝり原稿の整理を了る。

11月11日

大塚及末安両君の上海転勤を大連埠頭に見送る。夜、吉田君来訪、十一時すぎ迄両名にて囲碁をなす。

〔欄外〕

本日の汽車にて是枝君、新京、ハルピン、奉天へ出張。ひる、なにわずしに於て是枝君におごって貰ふ。

11月12日

奥村次長に対し、興業銀行の説明をなす。併せて吉田君の作成せる資金計画につき奥村次長及押川幹事に説明し、畢って主計課山田君の許に赴き、満鉄の収益性と資金計画との関係を訊ぬ。夜7時頃床に這入りたるも容易にねむり付けず、11時頃辛じて寝につく。

ひる、資料課永野、松井、酒家の3君となにわずしに赴き昼食を供にし乍ら江南会のことを打合す。

11月13日

本日の社報に是枝君の資料課転勤発表さる。

ひるすぎ、係員充実の件につき人事係に赴きたるところの1―両名の話進捗し居る模様なりき。

午後3時より商工課長室に於て、課業務計画に関する係主任の打合せをなす。午後11時半すぎ就寝。

〔欄外〕

松浦君の旅行者費消金額調査案につき商工課長の諒解を求む。

11月14日

国線賭博場経営案作成に着手す。

ひる、吉田君となにわずしに赴く。

中島主査にラヂオ放送の原稿を見て貰ふ。

11月15日

日曜日。

日曜日につき子供たちは姉宅に遊びに赴く。

余は一人2階にて一徳、高後及横山の諸氏に手紙を書く。ひるより芙蓉町倶楽部に赴き、一時間程囲碁を見学す。

11月16日

月曜日。

夜、第一銀行富田及住友大連駐在員の両氏にタマクラに招かれ、午後9時頃迄会談す。

午後3時頃より商工課業務計画につき打合せをなす。

11月17日
火曜日。
本日、是枝君出張より帰任す。ひる、なにわずしに赴き是枝君のa/cにておごって貰ふ。
午後より商工課長室に於て金融係員にて国際収支改善策の一策たる娯楽場案をシンギ〔審議〕す。
夜、吉田君と芙蓉町倶楽部において囲碁をなす。
〔欄外〕
カズノリ、飛行便にて書類発送方を依頼し来る。

11月18日
水曜日。

本日の満日朝刊に〔文字抹消〕に関する記事発表、9月以来の期待解消。午前10時中島主事室に赴き香港駐在の件を切り出したるところ、多分出張の方決定せんとて一応押川課長に照会の労をとらる。

夜、32期イイダ君、外2名並に吉田君来訪。

是枝君本日より資料室に転勤す。

11月19日
出勤前是枝君来訪。昨夜、中島主事の当選祝ありたるところ中山人事主任より産業部の本年度海外出張者として前島君と余と決定せる旨発表せる経緯を報告す。ひる、是枝、村山、吉田の3名となにわずしに赴く。
ひるすぎ、第一生命保険来訪。午後3時より午後5時頃迄総局附業案に関し、鉄道課を中心とする打合せ会ギ〔議〕に出席す。
夜、是枝君夫妻来訪、すきやきを食ふ。

11月20日
午前11時大連埠頭に松浦夫人の帰省を千歳丸に見送る。それより次長室に招かれ、資金計画増資案の作成及小委員会の組織方依頼を受く。阪谷部長たまたま這入り来る。余の出張出発期日に関し、ヤユ〔揶揄〕的質問をさる。午後1時半より部内会ギ〔議〕室に於て小委員会開催、分担部門を決定。午後4時半より社員倶楽部に於ける商工課のコンシン〔懇親〕囲碁会に出席、2勝1持碁。9時半頃帰宅す。

11月21日
午前8時起床。

奥村次長に対し、主計課と交渉テンマツ〔顛末〕を説明す。業務係和田君より昨日タイプに出したる改組研究小委員の説明を求めらる。

ひる、陸軍一等主計高田柳太氏と酒家君と共に共和楼に赴き、却って先方より御馳走を受く。

帰途、是枝君のために社宅係に赴き酒井君に代用社宅の交渉をなす。午後7時よりいろはに於ける同期生阿南君の来連歓迎会に出席す。

11月22日

日曜日。

午前9時起床。耕造を伴ひ大連埠頭に北尾君の結婚のための帰省を見送り、消費組合に赴き外套を107円投じて作る。耕造にひるめしを組合にておごる。午後より芙蓉町倶楽部に赴き囲碁をなす。夜、是枝君来訪、チヌは一尾つりたる由。それより石神、吉田に宛て手紙をかき、ラヂオ放送の原稿をよむ。

11月23日

新ナメ〔嘗〕祭にて休み。午前中、第一生命保険来訪、5000円申込む。吉田君正午前来訪、耕造、みどりと共に30分間位吉田宅に赴く。

午後4時頃駟馬兄来訪、洋行の話をなす。

午後7時半頃、耕造と共に中島主事宅を訪問せるも留守。午後8時よりラヂオ原稿を訂正す。

11月24日

火曜日。

午前8時起床。高橋主計来訪。ひる前、是枝君と社宅に赴き同君の代用社宅を決定す。正午、是枝君より夷石氏来訪せる旨の通知ありたるを以て、斎藤、安盛及天野元之助を加へてイビシに赴く。

ひるより部内会ギ〔議〕室に於て中小商工業者金融対策に関する打合せ会ギ〔議〕あり。

本日より、資金計画作成に着手、持株開放計画をなす。

〔欄外〕

出席者　是枝、南郷、斎藤征生、天野、安盛、夷石。

11月25日

本日より産業会議開催されたるも呼はれさりしを以て出席せす。

昨夜より本日正午にかけ殆んど奥村次長より依頼を受けたる資金計画表の調製を完了す。

大毎仲君及大朝山崎君来訪。ひる、是枝、吉田の両君とorientalに赴き食事をなす。本日、一徳のリレキ〔履歴〕書を境氏に提出す。

11月26日

午前9時半出勤。直ちに社員会館における産業会議に出席す。ひる、志村氏と共に会社食堂に赴き後、南山麓池畔を散策し色々と話をなす。

午後4時前、余の洋行後の処置に関し商工課長より相談を受く。

11月27日

金曜日。

本日、ラヂオ放送局来訪。訂正のケ〔箇〕所につき相談を受く。

昨夜来大吹雪、庭前は夜来の凬に積雪尺余に及ぶ。みどりを大通りまで見送り登校せしむ。ひる、やぶにて天ぷらを食ひ、暖をとる。

本日、松浦君に依頼して作成せる満鉄財政対策資料のコンニャクバン〔蒟蒻版〕原稿すり上る。夜、ラヂオの原稿を読む。夜、早目に就寝。

11月28日

土曜日。

午前9時半出勤。奥村次長に財政対策資料の説明をなし、次いで押川課長にも説明す。

午後、甘粕、是枝の両君と落合ひ吉田君を加へて天平にててんぷらを食ふ。午後4時すぎ社員倶楽部に是枝君と共に赴き、橋本氏の絵を見物す。

午後5時半頃ふくやにおける江南会に出席し一席ベン〔弁〕ず、夜9時頃引き上ぐ。ふくやに放送局員来り、明日の対日放送は先日の吹雪のため不能となりたる旨通知するところありたり。

夜、是枝君夫妻来訪。

〔欄外〕

本日、海外出張に関する正式書類を受理す。

11月29日　日曜日

午前9時すぎ起床。東市来の親父に海外出張決定せる旨通知する外、睦男に手紙を書き、更に東市来村役場に戸籍謄本取寄せに関する手紙を書く。午後3時頃、熊野〔埜〕御堂君夫妻来訪。

夜、橋本君来訪。みづの君より洋行に関する祝辞の端書到来す。X[1]。

11月30日

午前中、資金計画表の修正に忙殺さる。和田七郎君を案内し、吉田君と共にホテルに赴き昼食をなす。午後、奥村次長に呼ばれ、資金計画に関し質問を受く。夕方、押川庶ム〔務〕課長及奥村次長と明日の資金計画表の説明に関し打合せをなす。夜、日方秀太郎君来訪。

〔12月1日～2月3日までの記載無し〕

昭和一二（一九三七）年

2月4日

ひる、ヤマトホテルに於て第一銀行富田氏と落合ひ、ラヂオ放送原稿を訂正して貰ふ。

中央銀行よりも昨日依頼し置きたるタイプをとどけ来る。ひるより原稿に若干訂正を加ふ。退社後、吉田、酒家の両君とヨシナガに赴き後、逢阪町相生に赴き、八時頃帰宅す。若干愉快ならず。午後12時頃就寝す。

2月5日

本日、満日朝刊に余の出張発表さる。

社報は2月4日附なり。武定及是枝夫人より来信。藤田寛氏より洋行を祝する旨架電し来る。

〔日記後半部のメモ〕

五ヶ年計画満鉄資金計画に関する国分中佐との会談要旨

1 奥村
2 押川
3 経理部長
4 宇佐美理事
5 総裁
6 郡山理事
7 佐々木理事
8 阪谷理事
9 中西理事
10 武部理事
11 南郷
12 文書課長
13 南郷
14 業務係和田精作
15 庶務係斎藤ツトム
16 1 文書課へ（庶務、斎藤君を通じて）
17 2
18
19
20 3
21
22 4
23
24
25 5
26 6
27 12

昭和11年7月末社債現在高	644,000,000
8月末〃	652,400,000
社債発行余力	516,000,000

満洲国対独貿易に於ける横浜正金銀行特別勘定尻に関する件

独乙向輸出　9月分特別a/c繰入額	1,671,086マルク
8月末よりの繰越額	3,515,871
total	5,186,958
独逸品輸入による9月分特別L/C利用額	507,243.62
8月よりの繰越額	1,312,385.26
total	1,819,628.88

書類の部

【史料1】

経済調査会委員会記録

時　日　二月八日午前十時半ヨリ
場　所　副委員長室
出席者　委員長　副委員長　宮崎、奥村、佐藤各部主査委員　伊藤調査課長（幹事）

開会後十河委員長ヨリ大要左ノ如キ一般方針ノ説明アリタリ

一、本会ハ経済調査機関ノ行フ所謂調査ヲ行ハントスルモノニ非スシテ直チニ実行シ得ル経済計画ヲ立案スルコトヲ以テ任務トス、而シテ各調査員ハ立案ニ当ルト同時ニ自ラ之カ実行ノ局ニ当ル覚悟ト責任感ヲ有スルヲ要ス

二、在奉各種機関ノ統一、簡単化ヲ行ヒ本会ノ権限ヲ明瞭ニ定ムルコトハ今日直ニ之ヲ行フコト困難ナリ、本会ハ其内容ヲ充実シ其機能ヲ充分ニ発揮シ実質的ニ此等機関ヲ統一スルコトヲ目指シテ努力スヘキモノトス

三、調査立案上ニ於テ各機関ト充分協力スルト共ニ、案ソノモノノ完成ヲ目的トシ職制、権限等ニ必スシモ拘泥セサルコト

四、本会ハ満鉄ノ機関ナルカ本機関ノ立案カ満鉄ノ利益中心主義ニ堕スルコトハ不可ナリ、国家的利益ヲ主眼ニ計画ヲ立案スヘキモノトス

五、軍部ハ満蒙ニ於ケル中心機関ナルヲ以テ軍部方針ヲ重視スルコト
但シコハ軍部ニ盲従スルコトヲ決シテ意味セス確信アル処軍部ヲリードスルコトモ必要ナリ、又同時ニ各種機関、人物等ノ意見モ充分ニ徴シ参考トスルコト

六、軍ハ本会ニ対シ軍事以外ノ一切ノ事項ニ関スル企画機関トシテノ機能ヲ発揮センコトヲ要望シ居レリ、各位此点ヲ考慮シ充分努力セラレンコトヲ望ム

決定事項

一、軍部ト満鉄トノ間ニ意見一致セル左ノ根本方針ニ基キ計画立案スルコト（宮崎説明、決定）

計画立案の根本方針

経済調査会ハ満蒙ソレ自体ノ経済的開発ヲ計ルト共ニ日満経済関係ノ合理化ト日本経済勢力ノ扶植ヲ目的トシ満蒙全域ト其経済各部門ニ亘ル綜合的第一期経済建設計画ヲ立案ス立案ノ基礎トナルヘキ根本方針左ノ如シ

1．満蒙トノ関係ニ於ケル日本国民経済ノ自給自足政策ノ確立

2．満蒙トノ関係ニ於ケル日本国防経済ノ自給自足政策ノ確立

3．満蒙ニ対スル大規模邦人移植政策（農業及工業植民政策）ノ確立

4．本邦経済トノ関係ニ於ケル満蒙経済ノ合理化ト其統制政策ノ確立

（日本国民全体ノ利益ヲ基調トス）

二、本会ト支那側諸機関トノ間ニ計画立案上ノ連絡ヲ計ル為ニ左記ノ者ヲ本会ノ嘱託トナスヘク交渉スルコト

（宮崎説明、可決）

イ、新国家中央政府及各省政府機関派遣邦人顧問（又ハ官吏、嘱託等）

ロ、各県其他地方機関派遣邦人指導員（又ハ顧問、嘱託等）

三、調査立案ノ完全ヲ期スル為ニ左記ノ者ヲ本会顧問トシテ必要ニ応シ其意見ヲ徴スルコト（宮崎説明可決）

イ、軍参謀部員

ロ、軍経理部員

ハ、軍特務部員

ニ、関東庁官吏

ホ、学界権威者

ヘ、民間有力者（東拓、鮮銀、正金、三井、三菱其他ヨリ）

四、各部主査ニ於テ担当部門ノ調査立案項目ヲ至急作成シ次回（明日）委員会ニ於テ之ヲ査定スルコト（決定）

〔タイプ謄写版、昭和七年カ〕

【史料2】

昭和七年三月

満洲中央銀行設立手続並通貨整理統一法綱領

経済調査会

目次

A. 満洲中央銀行設立手続
B. 満洲中央銀行創立当初ノ発行勘定概算
C. 旧紙幣整理方法
D. 貨幣制度綱要
E. 通貨ノ安定ト新国家ノ歳出入

A. 満洲中央銀行設立手続

㈠ 満洲中央銀行法ヲ公布シ、コレト共ニ政府ヨリ数名ノ中央銀行創立委員ヲ任命シ中央銀行創立ノ事務ヲ掌ラシム。中央銀行創立委員会ハ長春ニ於テ開催シ、中央銀行定款草案ヲ支那側委員ニ示シ、財政部総長ノ許可ヲ得ルヲ要ス。

㈡ 中央銀行資本三千万元ノ内政府ハ一千五百万元ヲ引受ケ其半額七百五十万元ヲ約束手形ヲ以テ払込ムモノトス。

(註) 新国家第一年度ノ歳入成績ノ不良ナルハ容易ニ想見シ得ラル、トコロニシテ当面ノ歳出ノ如キモ紙幣ノ発行ニ俟タザルヲ得ザル状態ニアリ、況ンヤ政府ニ中央銀行引受株払込ノ余裕ノ存スル理由無シ。中央銀行ノ創立ヲ急ギツ、アル現状ニ於テハ約束手形ヲ以テ払込ミヲナシ、営業ヲ開始スルノ外良策無シ。

㈢ 東三省官銀号、吉林永衡官銀銭号、黒龍江省官銀号ハ中央銀行創立ト同時ニコレニ合併スル外辺業銀行中国銀行及交通銀行ノ従来享有セル紙幣発行権ハコレヲ剥奪シ、中央銀行ヲシテ紙幣ノ発行ヲ統一セシム。

(註) 旧発券銀行ヲ合同シテ中央銀行ニ改組セズ、殊更新規設立ノ方法ヲ採リタル所以ハ、将来日本側ヲシテ中央銀行株主トシテ割込マシムルノ余地ヲ残スト共ニ従来ノ純官立ヲ改メテ半官半民トシ、幾分民間ノ利益ヲ確保スルニ努メ、以テ近世ノ風潮ニ添ハシメントスルモノナリ。

B. 満洲中央銀行創立当初ノ発行勘定概算

㈠ 東三省官銀号、永衡官銀銭号、黒龍江省官銀号、遼寧四行号聯合発行準備庫、辺業銀行中国銀行及交通銀行ノ発行紙幣ハ実質上中央銀行ニ於テ継承シ、新銀行券ヲ以テ回収スル計画ニシテ最近ニ於ケル各種紙幣発行額ハ現大洋ニ換算シテ約一億五千万元ナリ。其内訳次ノ如シ。〔内訳未記載〕

㈡ 前項ニ列挙セル各種発行紙幣ニ対シ各発行銀行ノ有スル準備

金ト見做ス可キ庫存現大洋及外国銀行ニ有スル預ケ金ハ約四千五百万元ニ達ス。其内訳ハ次ノ如シ。〔内訳未記載〕

㈢紙幣総発行額一億五千五百万元ニ対シ準備金ハ四千四百六十万ニ達スルガ故ニ準備率ハ約三割トナリ、中央銀行ノ新紙幣ノ信用ハ優ニ確保セラル。

(註)昭和七年三月現在ニ於ケル日本銀行紙幣発行額ハ十三億七千万円コレニ対スル正貨準備ハ四億三千万円ニシテ兌換準備率ハ三割一分トナル。

C．旧紙幣整理法

㈠満洲中央銀行ハ新紙幣ノ印刷ヲ日本印刷局ニ注文シ新紙幣ニヨリ旧紙幣ヲ回収シテ通貨ヲ統一ス。

(註)貿易上ノ障碍ヲ除キ産業ノ興隆ヲ図ルタメニハ一日モ速ニ通貨ヲ統一スルヲ要ス。

㈡各種旧弊ハコレヲ整理スル為メ時価ニ照シテ新通貨トノ換算率ヲ定メ、コノ公定率ニヨリ一定期間内ニ回収ス。

D．貨幣制度綱要

㈠新国家ノ貨幣ハ銀ヲ本トシ銀為替本位ヲ採用ス。

㈡純銀ノ量目二三・九一瓦ヲ以テ価格ノ単位トシ之ヲ元ト称ス。

㈢貨幣ハ紙幣白銅貨青銅貨ノ三種トス。紙幣ハ其額ニ制限無ク法貨トシテ通用セシメ、鋳貨ハ其額面ノ百倍迄法貨トシテ通用セシム。

㈣兌換請求ニ対シテハ銀塊又ハ銀払外国手形ヲ以テ応ズ。

(註)新国家ノ本位貨ハ実質上紙幣ニシテ、満洲中央銀行本支店ニテ紙幣百元ヲ受入レ、上海ニ於テ上海両七十一両ヲ支払フコトヲ約束セル一種ノ為替券ナリ。

E．通貨ノ安定ト新国家ノ歳出入

㈠一国ノ貨幣制度維持ニ最モ必要ナル対外貿易ノ均衡ニ関シテハ従来満洲ハ出超ヲ持続シ来レルヲ以テコノ方面ヨリ通貨ノ安定ヲ脅威サル、懼レ無シ。

㈡従ツテ貨幣相場ノ安定ハ一ツニ新国家ノ予算ガ均衡ヲ得ルヤ否ヤニ懸ルモノト考ヘラル。

㈢通貨ガ経済的理由ニヨリ膨脹スル場合、例ヘバ発券銀行ノ大豆買占メヨリ招致サル、通貨膨脹ハ手持大豆ノ売却ニヨツテ容易ニ回収セラル。

㈣然ルニ新国家ノ歳入不足ヲ中央銀行ヨリノ借入金ニ求ムルコト〔二〕依ツテ招致サル、通貨膨脹ハ政府ヨリノ返金ナキ限リ、容易ニ収縮セズ膨脹は《ママ》慢性トナリ物価ハ騰貴シ財界ヲ動揺セシム。

㈤新国家ハ予算ノ均衡ヲ得シムルコトニ努メ、歳入不足ヲ紙幣ノ発行ニ俟ツコトヲ厳ニ慎ムヲ要ス。

〔満鉄調査課用原稿用紙にペン書き〕

【史料3】

通報先　地方」　外事　監理　経理　鉄道　商事　支社　上事
経調

調査課長（七、三、二三）

奉天商工会議所報

昭和七年三月十九日（奉商情報第五七三四号）

旧紙幣回収期ニ関スル請願ノ件（秘）

（十八日調査）新国家成立以来執政府ニ於テハ中央銀行ヲ設立シ国家ノ幣制ヲ統一スヘク計画中テ、既ニソノ案ハ大体決定セル模様テアルカ、之カタメ官銀号及辺業、中国、交通等各銀行ノ紙幣発行ハ禁止シ、従来発行セル旧紙幣ハ全部回収ヲ命セラレルヘク伝ヘラルルニ至ツタノテ、奉天ニ於ケル支那側銀行団ハ大恐慌ヲ来シ、十七日臨時会議ヲ開イタ結果、旧紙幣ノ回収ハ少クトモ五ヶ年以上ヲ要スルコトニ意見ノ一致ヲミタノテ、右協議案ヲ可決シ省政府ヲ通シ執政府ニ請願スルコトニナツタトイハレテイル

〔欄外「秘」・「経済調査会」の印。タイプ謄写版〕

【史料4】

写　地方部長　哈事長　吉公長

長地資第一二七号

昭和七年三月二十二日　　長春地方事務所長

調査課長殿

哈市各機関ノ幣制統一請願ニ関スル件

満洲国ニ於テハ幣制ノ統一ヲ期スル為中央銀行ヲ設立シ之ヲ断行セントスルニ際シ三月十八日哈爾濱各機関商農工会ノ名ヲ以テ財務院執政府財政部宛左記電（一）ノ如キ請願ヲ為シタルカ十九日国務院ヨリ事実無根ナル旨左記返電（二）セリ

一、目下哈市ニ伝ハル処ニ依レハ新国家ハ中央銀行ヲ設立シ新紙幣ヲ発行シ固有ノ各種紙幣ニ対シ定価シテ之ヲ回収以テ紙幣ノ統一ヲ期セントストスト

特ニ哈大洋イ対シ百三十五円ヲ以テ新紙幣百元ト交換スル由ニテ為ニ哈大洋対現大洋ノ相場ハ百円毎ニ十七元ヨリ二十六元ニ低下シ市民ノ不安ハ相当昂シタリ

査スルニ新国家ノ成立主旨ハ弊害ト民ノ苦痛ヲ除去スルニアル故万民ハ熱烈ニ新国家ノ成立ヲ歓迎シタリ然ルニ其ノ熱未タ冷サルニ低価ヲ以テ哈大洋ヲ回収スル説アリ果シテ

事実ナリトセハ商民ノ村外莫大ニシテ旧来ノ弊害ヲ除去シ人民ノ苦痛ヲ除カントスル新国家ノ成立主旨ニ反スルモノナリ
未タ正式ノ発令ナキニ漠然タル風説ヲ信シ請願スルハ不合理ナルモ哈市盛衰ニ関スルヲ以テ黙過スル事能ハサル次第ナリ
故ニ若之ヲ実行スル時ハ何卒本年最低相場即チ現大洋百元ニ対シ哈大洋百拾円ヲ以テ回収シ商民ノ不安ヲ除去サレ度シ
御返電ヲ乞フ
二、三月十八日ノ電報接受ス幣制ノ件ハ将来当然市面ノ情況ニ依リ決定ヲ見ルヘキモノニシテ目下ノ処定価シテ回収セントスル説ナシ故ニ各機関団体公会等ニ通達シ各業ニ安ンスヘシ
〔タイプ謄写版〕

【史料5】

通報先　勧業　奉地」外事　監理　経理　鉄道　地方　文社
　　　　上事　経調

奉天事務所長報

調査課長（七、三、二四）

昭和七年三月二十二日（奉事時第一六七号ノ二）

中央銀行創立準備委員会委員任命（W）（秘）

中央銀行創立準備委員会委員任命ニ関シ国務総理鄭孝胥ヨリ昨十七日附ヲ以テ奉天省長ニ対シ左記訳文ノ如キ命令アリタリ

記

奉天省臧省長鑑中央銀行創立準備委員会ハ已ニ成立シタレハ茲ニ東三省官銀号総弁呉恩培辺業銀行経理郭尚文ヲ委員ニ指命シタルヲ以テ遵証シテ其ノ職権ヲ行使セシメラレ度シ

国務総理鄭　総務長官　駒井　十七日

「以上」

〔欄外に「秘」・「経済調査会」の印。「回覧済ミノ上南郷宛送達被下度」との附箋。タイプ謄写版〕

ノ官銀号奉天票回収ニ関スル件ハ未タ回収ニ著手セル事実無
キニ付為念書添マス
〔欄外に「経済調査会」の印。タイプ謄写版〕

【史料6】

通報先　総務　外事　監理　鉄道　商事　地方　支社　上事
　　　　経調
　　　　　　調査課長（七、四、一一）

奉天事務所長報
　昭和七年四月八日（奉事情七第三二号）

中央銀行開弁ニ関スル件

首題ニ関シテハ嚮ニ四月十一日ヨリ開弁ノ旨報告セルカ其後ノ準備整ハス更ニ本月末ニ延期サルルニ至ツタ。聞ク處ニ依レハ其内部組織ハ総務、発行、会計、商工、資産ノ五分ニ分レ部長ハ全部現在ノ日本人顧問ヲ理事トシテ之ニ充テ理事定員九名中ノ残四名ハ各官銀号及辺業銀苦ノ総弁若クハ其他ノ代表者ヲ以テスト。而テ長春総行対現在ノ各官銀号支店ノ関係ハ一ヶ年間ハ其侭即間接的ニ之ヲ支配シ凡テ現在ノ各総号ヲ経由スル筈ニテ完全ナル統制ハ一年後始メテ実現スルコトトナル

各附属営業モ亦一年間ハ従来ノ侭商工部ニ属シテ営業スルモ一年後ハ之ヲ分離シテ別ニ各官銀附属営業ニ適当ナル整理廃合ヲ加ヘタル上、打ツテ一丸トセル会社ヲ設立スル由ニテ其資本金ハ各営業ニ対スル貸付金合計ヲ以テスル筈ト。

尚奉天商工会議所昭和七年四月五日附奉商情第五七九八号扱

【史料7】

写　地方部長　商工課長　経済調査会委員長　奉天事務所長
長地資第四号
昭和七年四月十一日　長春地方事務所長
総務部　調査課長殿

満洲国中央銀行設立委員会準備状況ニ関スル件　報告（警察情報）

満洲国中央銀行設立委員会五十嵐委員長ノ洩ス所ニ依レハ中央銀行設立委員会ニ於テハ中央銀行設立具体案作成ノタメ各省官銀号ノ資産及発行紙幣額ヲ調査中ナリシカ大体ニ於テ昨六日迄ニ確実ナル調査ヲ終了セリ而シテ新紙幣ニ対スル準備銀ハ比例準備ニ拠ルコトトシ中国、交通両銀行ノ発行額ヲ除ク他ノ各省官銀号既発行紙幣ニ対シテハ三割五分ノ現銀ヲ準備シ漸次右紙幣ヲ回収スル予定ナリ新紙幣ノ印刷完了迄ニハ約六箇月ノ日数ヲ要スルヲ以テ夫迄ハ現在ノ現大洋票ヲ使用ス尚既発行紙幣ハ現銀兌換比率ヲ定メテ相場ノ変動ヲ防止シ当分補助紙幣トシテ流通セシム中国交通両銀行ノ既発行紙幣ニ対シテハ新国家トシテ何等責任ナシト雖モ財界ニ及ホス影響ヲ考慮シ何等カ　善後処置ヲ講スルコトニ決定セリ云々

以　上

〔欄外に「経済調査会　7・4・13」・「幹事」・「第四部主査」・「中島、7・4・14」の印。タイプ謄写版〕

【史料8】

通報先　鉄道　奉公　哈事　吉公　長地」　外事　監理　経調

長春駅長報　調査課長（七、五、一三）

昭和七年五月十日（長駅庶情第二九号）

長春金融取引状況

A、金融

四月下旬ヨリ吉林官帖ハ恐怖的相場ヲ演シ一時ハ対金円九五〇台ヲ往来スルニ至レリ。即チ之ヲ各日ニ見ルニ左ノ如シ。

	対金円	対鈔票
四月廿一日	七四〇	五二三
廿二日	七四八	五一八
廿三日	七五〇	五三一
廿四日	七三二	五二〇
廿五日	七四四	五二五
廿六日	七五二	五三四
廿七日	七七〇	五五〇
廿八日	七八二	五五六
廿九日	八二二	五七七
三十日	八三二	五八四
五月　一日	八四二	五八九
二日	九〇五	六二二
三日	九五八	六三六
四日	九六六	六三五
五日	九〇五	五八九
六日	八七六	五八〇
七日	八五五	五七八

右ハ銀市軟弱ニヨル落調モソノ一因ナルカ封鈔票相場カ封金円相場ト正比的浮動ヲ為シ居ル点ヨリ観レハ寧ロ官帖ノミノ落勢ト謂ハネハナラナイ。斯ル深刻ナル暴落演出ノ主因トモ見做スヘキハ大体左記各項ニ在ルト観察サレテ居ル。

㈠特産出廻期多大ノ需要ニヨリ増発シタル官帖カ出廻期ノ終末ト共ニ需要極度ニ減退シタルト新中央銀行設立ニヨル幣制改革ヲ見越サレテ官帖ノ前途不安ヲ懸念シ極力官帖手放ノ気運ニ向ヒタル等彼此ノ原因錯綜シテ目下ノ処官帖市場ニ横溢スル状態ニ至レルコト。

㈡各年出廻期終了ト共ニ官銀号ハ市場ヨリ可及的官帖ノ回収ヲ図リ以テ官帖ノ相場維持ニ腐心スルモノナルモ今年ハ新中央銀行設立幣制改革等ノタメカ此種維持策ヲ殆ト実施セス放擲ノ形ニ在ルコト。又一部テハ新中央銀行ノ出現ニヨリ幣制カ改革サレ新紙幣ノ発兌ヲ見ルヘク、然ラハ当然新旧貨幣ノ切換ヲ必要トスルニ至ル。斯ル際新銀行ニトリテハ官帖カ下落スレハスル程切換有利トナルヲ以テ殊更官帖下落ヲ放任シ居ルモノテアルト信シ居ルコト。

B、商品

一、輸出界

特産物ハ殆ト出廻一段落ヲ告ケ滞貨モ減少シタルヲ以テ金融界動揺ニヨル刺戟極少、唯財界相変ラス好転ヲ見サルタメ相場益々軟弱。

二、輸入界

新国家創立ニヨリ購買力増大スルモノトノ予想ハ必然ニ輸入商品ノ輸入ヲ旺盛ナラシメタ。然レトモ官帖ノ暴落ト深刻ナル農村ノ疲弊困憊ハ此等ノ予測ニ叛キ極度ノ購買力減退ヲ誘致シ加フルニ兵匪ノ横行ハ商品ノ奥地流入ヲ阻ミ茲許当地輸入界ハ滞貨充満シ之カ処分ニ困却ノ状態テアル。

特ニ最近ノ特種的現象タル脱税品ノ流入横行ハ更ニ市況ヲシテ渾沌ナラシメテ居ル。

脱税品ノ主ナルモノハ砂糖、綿絲、綿布ニシテ他ニ麻袋アレトモ、運搬其他脱税方法相当困難ナルヲ以テサシタル数量ニ出ナイ。上記三品ノ脱税物ト推測サルル数量（安東又ハ瓦房店発）ハ大約左ノ如クテアル。〔右表〕

	砂糖（単位瓩）			綿絲			綿布		
	到着総量	脱税数量	比率％	到着総量	脱税数量	比率％	到着総量	脱税数量	比率％
二月	一、九三五	四二三	二二	五二二、八	五	一、〇	七九六、〇	二五二	三二
三月	二、二八四	一、二四二	五四	五八七、六	三七	六	一、三三六、八	三一〇	二三
四月	五三六、八	四二八、二	八〇	二五〇	四四	一、七	九三〇	三九一	四二

㊟然ルニ当地三井物産ノ調査ニ依レハ四月中ノ輸入品ハ殆ト脱税物ナリトイフ。

元来右商品ハ新国家創立ニ依リ景気恢復、農村ノ購買力増大、時局安定ニ依リ奥地流入ヲ見越シ傍時局ノ為税関ノ密輸取締緩慢ニ乗シテ密輸セラレタルモノテアル。

従ツテ正税完納ノ輸入貨物ハ非常ナル脅威ヲ受ケ此等商品ハソノ相場日々下落シ所謂脱税相場ヲ現出シタルヲ以テ一般商工界ノ問題トナリ、又四月中旬満洲国ノ之カ取締ニ対スル声明トナツタ。然ルニコノ声明ハ単ナル声明ノミニテ積極的ニ実行ニ至ル模様カナイ。茲ニ於テ相場ハ益々下落シ、砂糖（俵）三月中一六、五〇円カ四月初メニハ一三、七〇—八〇トナリ今月ニ至リテ一二、五〇ト惨落シタ斯クノ如キ状態ニテ輸入界ハ四苦八苦ノ態ニテ華商ニシテ倒産ニ頻シツツアルモノアリト維《ママ》ハレテ居ル。

（貨）

〔欄外に「中島7．5．26」の印。付箋「南郷　第四部」。タイプ謄写版〕

【史料9】

調査課長（七、一〇、一五）

奉天商工会議所報
昭和七年十月十二日（奉商情報第六五一四号）

在満中国交通両行ノ為替事業独占（秘）

奉天金融界ノ消息ニヨルト支那対満洲国間ノ郵政事務ハ依然トシテ不通テアル為、為替事務ヲ開始スルコトカ出来ナイ所カラ中国、交通両銀行ニ於テハ此ノ機ヲ利用シテ手数料ヲ軽減シ、顧客ノ便利ヲ図テ居ル為、支那対満洲国間ノ為替事業ハ右両行ノ独占スル所トナリ漸次盛況ヲ呈シツツアルカ、最早今日テハ郵政局ノ為替事務ノ回復ハ容易テナイト見ラレテ居ル。
〔欄外に「秘」・「写」の印、「4．南郷氏」との鉛筆書。タイプ謄写版〕

【史料10】

写　地方部長　吉公長　奉事長　経調委員長
長地資三一四号
昭和七年十月三十一日　長春地方事務所長
幹事〔「貴島7．11．1」の印〕
調査課長殿
第五部主査
第四部主査〔「中島7．11．1」の印〕
南郷〔「南郷7．11．1」の印〕

新貨幣（国幣）ノ普及状態ニ就テ

本年七月一日満洲中央銀行成立ト共ニ紙幣整理弁法ニ依リ法律上満洲国内ニ於ケル貨幣ハ完全統一サレ中央銀行券即チ新国幣ノ流通ヲ見タルモ今尚日浅キ為普及範囲小区域ニ限ラレ容易ノ《ママ》紙幣ノ勢力範囲ヲ侵略スルニ至ラス現在国幣ノ流通範囲ハ都邑ニ限ラレ治安維持不完全ナル田舎方面ニハ未タ利用サルルニ至ラス其ノ勢力実ニ微々タルモノナリ

試ニ当長春ニ於ケル新国幣ノ勢力ニ就テ見ルニ新国家ノ官吏ノ俸給カ新国幣ナル関係上市中ニ稍々流通スルヲ見ルモ其利用範囲ハ頗ル狭ク只商店ニ於ケル物品売買ニ利用サルル程度ニテ商人間ノ大量ノ商取引及田舎人トノ取引（農産物ノ如キ）ハ従来流通ノ官帖、哈大洋票、鈔票等ニテ行ハレ容易ニ商習慣ヲ打破スル事不可能ナル状態ニ在リ

然ルニ新国家ニ於テ十月一日吉長吉敦線ノ鉄道運賃ニ新国幣ヲ以テ受入レ一方鉄道従業員ノ給料等モ国幣ニテ支給スル等国幣ノ勢力伸張ニツキ鋭意方途ヲ建テツツアル為将来ニ於テハ総テノ旧紙幣ヲ経済社会ヨリ駆逐スル事必然ナルモ地方治安維持サレ商習慣打破ニ至ルニハ今尚相当ノ年月ヲ要スルナラント

〔欄外に「経済調査会7．11．1」の印。箋「要□　南郷7．11．1（印）」との付箋。タイプ謄写版〕

【史料11】

貨幣及金融制度改革案

昭和七年一月十四日
統治部財務課

第一　貨幣制度

一、本位制度

満洲の貨幣は銀を本とし銀本位制を採用す。其の要点を示せば次の如し

一、重量庫平〇・七二両、品位九〇〇、含有純銀〇・六四八両の純分重量を有する名目貨幣（単位を円と称す）を基礎とし、（中央銀行に於て）兌換券を発行せしむ

註　右銀一円は民国三年の国幣条例により鋳造せる中華民国国幣と同位の純分を有するものとす。之を英衡にて示せば純銀三七三・一三一三六トロイグレインである

二、兌換券の種類は一円、五円、十円、五十円、百円の五種とす。此の外当分一角（一円の十分の一）及二角（一円の十分の二）五角（一円の十分の五）の小額兌換券を発行す。尚一分（一円の百分の一）銅貨（十進銅元と通称す）其他の所要補助貨を鋳造す

三、兌換券は満洲内に於て其の額に制限なく法貨として通用す。補助鋳貨は其額面の百倍迄法貨として通用す

二、兌換制度

四、兌換は奉天の兌換所に於て現大洋を以て之を行ふ（但し実際は小口兌換に限る）

註　国幣条例により鋳造せる一円国幣及同種銀即ち袁世凱弗（三四六乃至三一四グレイン）、孫逸仙弗（不詳）、大龍元（庫平〇・六五四両）、墨銀（平均三七四グレイン）、北洋銀（不詳）、香港弗（三七四・四四グレイン）、日本旧円銀（三七四・四グレイン）等を総称して現大洋、大洋銭又は大銀元と称す。市場に於ては之等は殆んど等価を以て取扱はる

五、兌換券の大口兌換は対外兌換により之を行ふ。為替兌換に応ずべき場所は奉天、吉林、哈爾浜の三箇所に設置する兌換所とす

六、前項に掲げたる為替兌換は普通各地兌換所に於て受入る、兌換券百円に対し上海に於て九八規銀七二両の割合を以て支払ふものとす

註　満洲銀一円の純銀分は三七三・一三一三六グレイン、上海九八規銀一両の含有純銀分は五一八・五五五トロイグレインなるを以て満洲円と上海両との法定平価は百円につき七一・九五六両となるも、満洲銀一円を便宜代表すべき前記の如き各種現大洋の純分が標準純分量に超過又は不足するものあるに鑑み便宜為替兌換比率を七二両として計算す

七、現大洋を持参して兌換券を請求する者に対しては奉天の兌換所に於て無手数料にて無制限引換に応ず

八、銀塊、銀錠（馬蹄銀）を上海の兌換所に持参して奉天にて兌換券の交付を請求する者に対しては、輸送費、鑑定料、鋳造

費等の諸費用を加へ兌換券百円に付九八規銀七四両の割合にて無制限引換に応ず

九、満洲に於ける銀塊、銀錠、現大洋の輸出入は自由とす

三、準備制度

一〇、兌換券発行高の四割を下らざる現大洋、銀塊、銀錠、鈔票、地金、金貨、金票を引換準備として保有すること

一一、引換準備金の一部分は他国銀行に対する九八規銀、鈔票預金及預金を以てすることを得

一二、前二項に掲げたる引換準備額を控除せる残余の発行高に対しては公債証書、其他確実なる証券又は商業手形を保証準備とす

貨幣制度に関する説明書

一、本位を銀に置く理由

満洲の貨幣制度を何に依て定むべきやに就ては其の「実際に即し実行容易にして直に財界を安定せしめ得べきもの」を選ばざるべからず。世界の金偏在の現状に照らし満洲を純然たる金貨制度に改めむとするが如きは今日問題とならず。又日本の通貨を満洲に延長、拡張せむとする如き急激なる変化は他日諸般の政治、経済状態が安固なる状態に進みて後始めて考慮せらるべきものにして、事変後非常なる財界混乱の状態の下に更に一層の大変化を与ふることは政治的にも面白からず、又非常なる困難を伴ふものにして殆ど実行不可能のことに属す。満洲今後の開発施設には他より物資の輸入を必要とし之に対しては又外資の輸入もあるべく、国際貸借に就ては一概に論断することを許さゞるべきも旧軍閥が非常なる軍費其の他の搾取を敢てしたるに拘らず、幣制が紊乱せる裡にも尚且不換紙幣が通用力を失はざりしは満洲の偉大なる農鉱産物の輸出に負ふ処大なるを以て、将来軍費の節約と地方民衆の福利を増進すべき行政施設と相俟って兌換基礎を確立すれば、現在保有銀準備金約四千五百万元の上更に莫大なる数量を加ふることを要せざるべし。加之屈伸自在なる上海の銀市場に準備を備へ、所謂銀為替本位と現大洋兌換併用の銀塊本位制を布かば最も合理的に兌換基礎を確立し得べければなり。若夫れ金本位制を無理に行はむとせば銀価の低落せる今日更に莫大なる銀準備を売却して金に換へざるべからず。而も満洲の比較的狭小なる経済単位に於て金の無制限兌換は果して可能なるべきや、隣邦上海の強大なる金銀交換市場のある限り其の比価の変動により一朝にして満洲の金準備を脅かさるべきは想像に難からず。随而金輸出禁止の悲境に陥るべきは明瞭なり。又実際余準備を設けず内地通貨の拡張とし其の準備を内地に置くと仮定せむか、此の場合金準備の脅威は満洲としては除かれ得べきも其れだけ日本銀行の負担に転嫁せらるべきことは勿論なるを以て、金輸出禁止中の今日に於ては内地通貨の拡張は不適当なり。又満洲の通貨が日本通貨の動揺により常に直接動かさるゝことは新国家として面白からず。世界的金の偏在せる現状に於て銀も亦一般商品と共に其の相場騰落す

るが故に銀貨国に於ける物価は割合に平調を保ち自然の調節が行はる。従って銀貨国に於ては正貨輸出禁止の必要も起らず平価切下問題も生ぜず対内物価に非常なる変動を与へず生活の安定を期し得ることは、満洲が自足経済にて輸入商品に係る物価昂騰の影響を蒙ること少なき理由と共に寧ろ仕合とするところなり。満洲一般民衆の旧慣を一時に破ることを避け民情に適合し而も最も経済的に且合理的に幣制を確立するには銀塊本位制を措て他に求むべからず

二、銀塊本位制とする理由

前章の理由により本位を銀に置くとして何故銀貨本位とせず又は銀為替本位とせず之を並用する銀塊本位とするかを説明せん。元来支那民族は地銀価値に重きを置き現銀の純分量に対する需給関係による実際相場をもと、する貨幣観念を有す。されば其の本位は必ずしも現大洋を以てするを要せず。要は銀の純分量による本位制を確立せば可なり。然るに現大洋を本位とするには之が多額の鋳造を必要とすべく、しかも銀貨の鋳造費用たるや金貨鋳造に比し地金価値の低きだけ割高たるを免れず。されば前述の如く必ずしも本位を現大洋に置き満洲に之を普遍的に流通せしむる必要なく単に対外決済に地銀価値あるものを以て本位となすを以て足れりとせば、多額の現大洋準備を必要とする銀貨本位は不要の労費を重ぬるものと謂はねばならぬ。但し代表的貨幣なき不便を補ひ又満洲農業開発の先駆をなす山東方面苦力の持帰る現銀の供給を要するを以て小口兌換をなすべく、其の為少額の現大洋を調達するを要すべし。之輸入による外一部鋳造を以て現大洋兌換を行ふ所以とす

三、兌換を主として上海向為替により行ふ理由

一、支那全土の金融中心市場にして其対外貿易金融の最後の決済場たる上海の地に於て為替兌換を行ふこと、即ち銀為替本位を樹立することは満洲の対支貿易殊に満洲土産物の需要多き南支方面向輸出金融に至大の便益あり

二、第三国たる世界各金本位国間の為替決済市場として優越の地位に立つ上海に準備を保有することは内地其他何れの金本位国に之を保有するよりも金融上便なり

三、上海の銀市場は屈伸自在にして在銀高の増減により準備調達に決して支障を来すことなし。従て兌換準備銀を割合に節約することを得べし

四、満洲開発には何れの国の資金流入も妨げざるが――特に支那本土の自由なる投資を招く事必要なるが、その為めには上海に為替兌換の本拠を置くこと最も効果的なり

五、現大洋及規銀は支那全土の貨幣と称するを得べく何時にても之が調達及処分は自由なり。従て上海に為替準備を置くことは幣制の根本的改革の場合にも其目的を達するに頗る好都合なり

六、外国たる上海に準備を有することの不安を感ずるものあるべきも例へ支那の銀輸出禁止に遭ふも為替兌換によるを以て何等の不都合を来さず

四、準備制度に関する説明

一、満洲に於ける通貨の季節的膨張並に収縮は特産物の出廻期たる冬期と夏期端境期とに依って特に顕著である。最近二ヶ年の統計に拠れば冬期に於ける奉天省通貨の流通高は夏季閑散期に比し二割方膨張する。斯る満洲の特殊的経済事情に適応せしむる為め又最近世界各国の準備制度の趨勢に鑑み、比例準備制度を採用して通貨の調節を図らんとするものである

二、全満に於て所要の兌換券額は実情に照し概略銀一億円乃至一億五千万円なり。仮に冬期に於ける新中央銀行の紙幣発行高を一億円とし、夏期閑散期に発行高が二割方収縮して八千万円に落込むものとし通貨のこの季節的収縮が悉く兌換により行はる、ものとすれば兌換準備率は冬期の五割二分（一億円に対する正貨準備五千二百万円）夏期には四割（八千万円に対する正貨準備三千二百万円）に低落する

三、比例準備制度の下に運用されて居る諸外国発券銀行の経験に拠れば兌換準備金は紙幣総発行額の四割以上を保有するを以て安全とするが如し

四、他国銀行に対する金銀預金を準備中に加へんとするは最近に於ける世界各国の準備制度に於ける準備の意義拡張の趨勢に鑑み又銀塊本位制及為替兌換の実際に適合したる方法と思料す

五、其他参考事項

一、市場に銀貨を流通せしめないことは幣制改革の場合に之を回収し処分するの手続を省き、集中せる準備を直ちに適当なる時期に処分し得るの便がある。紙幣の回収、取換等の手数は何れの場合にても免れないが貨幣制度の根本をなす準備金の調達を市場流通の銀貨の処分に俟たなければならぬとすれば其の不便は甚だしい

二、満洲、支那に於て支那人が銀塊、銀貨死蔵の風習あり特に不換紙幣の流通は此の風を助長せしめたと観るものあれども、恐らく之は皮相の観察なるべく彼等は資金を死蔵せんよりも之を一種の信託式方法により、或は自己資本として極力利殖せんとする習慣あることは各種の営業組織及其の日常に照して明かなること、思料す

三、支那人が銀貨、銀塊を重んじ紙幣を厭ふといふ観察を下す者があるが之は充分徹底した観察でない。彼等は銀貨銀塊そのもの即ち固体を尊重するよりも之が有する銀純分価値を重要視する訳である。従って完全に此の地銀純分価値を代表するならば紙幣と雖も之を厭ふものではない。信用ある鈔票、場合により金票、高値の場合に於ける現大洋票の如きは其の実例であり、奉天票と雖も公定相場に於て可なり自由な流通をなすが如きも一面右の事情を証するものと謂ふことが出来る

四、一国内に二様の本位貨を認むることは不可能なるが故に満洲の本位貨は依然銀本位とす。但し朝鮮銀行金券は従来通り関東州並に附属地に於ける法貨として通用せしめ自然の帰趨を観察し、時機を見て金銀何れかに統一するを適当なりと信ず

兌換券の統一、不換紙幣の整理方策

一、満洲に流通する支那側紙幣

(一) 現大洋票

(イ) 流通地域　奉天省

(ロ) 発券銀行並に発行高（昭和六年秋）

発行銀行名	発行額
東三省官銀号	二六、九九一、〇〇〇元
辺業銀行	七、六一一、〇〇〇元
合計	四〇、九〇二、〇〇〇元

遼寧四行号聯合発行準備庫			
	東三省官銀号	五、〇〇〇、〇〇〇元	六、三〇〇、〇〇〇元
	奉天中国銀行	五〇〇、〇〇〇	
	奉天交通銀行	八〇〇、〇〇〇	

(二) 奉天票及雑券

(イ) 流通地域　奉天省全土

(ロ) 発行機関　東三省官銀号

(ハ) 種類並に発行高（昭和六年秋）

種別	原幣額	換算率	現大洋換算額
奉天票匯兌券	一、〇一四、三四一、〇〇〇	五〇＝一	二〇、二八七、〇〇〇元
奉天票銅元票	七二、八〇九、〇〇〇	六〇＝一	一、二一三、〇〇〇
雑券	七九六、〇〇〇	六〇＝一	一三、〇〇〇
合計			二一、五一三、〇〇〇

註　匯兌券、銅元票を一括して奉天票と云ふ。匯兌券を別名奉大洋票又は一二《イーアール》大洋票と呼び銅元票を奉小洋票とも云ふ。奉大洋一元は奉小洋の一元二角に当る。昭和四年六月奉票六〇元＝奉大洋五〇元を現大洋一元に公定して今日に及んで居る

この外中国、交通両行の発行した匯兌券が多少市中に残存して居るけれども其大半は既に回収されて現在流通額は云ふに足りない。雑券とは興業銀行旧債券及官銀号旧小洋票等の総称である

(三) 吉林官帖

(イ) 流通地域　吉林省全土

(ロ) 発行銀行　吉林永衡官銀銭号

(ハ) 発行額（昭和六年十月現在）　一〇、一六五、〇〇〇、〇〇〇吊

内	長春支店現金	三六四、〇〇〇、〇〇〇
	長春支店分金庫	三、三二二、〇〇〇、〇〇〇
	吉林本店現金	五六九、八〇〇、〇〇〇
	其他各支店現金	三〇〇、〇〇〇、〇〇〇（推定）
	小計	四、五五五、八〇〇、〇〇〇

(ニ) 実際流通額　五、六〇九、二〇〇、〇〇〇

(四) 吉林大洋票（永衡大洋票）

(イ) 流通範囲　吉林省租税の建値及同省官吏、軍警の俸給の建値

(ロ) 発行銀行　吉林永衡官銀銭号

(ハ) 発行額（昭和六年十月現在）　一一、三〇〇、〇〇〇元

内	長春支店現金	四八一、〇〇〇
	長春支店分金庫	八一〇、〇〇〇

吉林本店現金　二、六八五、〇〇〇
其他各支店現金　三〇〇、〇〇〇
小　計　四、二七六、〇〇〇
（ニ）実際流通高　七、〇二四、〇〇〇

（五）吉林小洋票（永衡小洋票）

（イ）流通地域　吉林省
（ロ）発行銀行　吉林永衡官銀銭号
（ハ）発行額（昭和六年十月現在）　一三、〇〇〇、〇〇〇元
官帖換算額　（一三〇、〇〇〇、〇〇〇吊）
内　本支店手持高　一、五〇〇、〇〇〇
（ニ）実際流通額　一一、五〇〇、〇〇〇
註　吉林小洋票は民国十年二月以降其一元を吉林官帖十吊文に公定され今日に至る

（六）哈爾浜大洋票

（イ）流通地域　東支鉄道沿線並に吉黒省主要都市
（ロ）発行機関　東三省官銀号、辺業銀行、中国銀行、交通銀行、吉林永衡官銀銭号、黒龍江省官銀号
（ハ）発行額
（a）吟市金融委員会発表（昭和六年十一月二十一日現在）

発行銀行名	発行限度	実際発行額
東三省官銀号	二〇、五〇〇、〇〇〇元	一二、九五〇、〇〇〇元
辺業銀行	一二、五〇〇、〇〇〇	五、九五〇、〇〇〇
永衡官銀銭号	五、〇〇〇、〇〇〇	二、五〇〇、〇〇〇
黒龍江省官銀号	八、〇〇〇、〇〇〇	六、四〇〇、〇〇〇
中国銀行	四、五〇〇、〇〇〇	三、九七〇、〇〇〇
交通銀行	九、五〇〇、〇〇〇	九、二〇〇、〇〇〇
合　計	六〇、〇〇〇、〇〇〇	四〇、九七〇、〇〇〇

（b）帳簿上の発行額

発行銀行名	年月日	発行額
東三省官銀号	昭和六年十月三十日現在	一三、五五五、〇〇〇元
辺業銀行	同　十月十五日現在	一〇、二三六、〇〇〇
永衡官銀銭号	同　十月三十一日現在	五、〇〇〇、〇〇〇
黒龍江省官銀号	同　十一月九日現在	九、三五三、〇〇〇
合　計		三八、一四四、〇〇〇

註　1、（b）表の合計は中国、交通両行の発行高を含まず
2、（a）（b）両表より哈大洋実際発行高は五千万元と見れば大過ないであらう

（七）黒龍江官帖

（イ）流通地域　黒龍江省全土
（ロ）発行機関　黒龍江省官銀号
註　黒龍江省官銀号は其の旧名を広信公司と云ふ。昭和五年九月一日より現名に改む
（ハ）発行額（昭和六年十一月）　一〇、七二七、八六九、六五九吊

（八）黒龍江省大洋票

（イ）流通地域　黒龍江省全部

（ロ）発行機関　黒龍江省官銀号
（ハ）発行額　一九、四六九、八六六元
註　江省大洋票は江省内に於ては吟大洋と等価を以て通用す

（九）債券

（イ）流通地域　黒龍江省
（ロ）発行銀行　黒龍江省官銀号
（ハ）発行額（昭和六年十一月）　三九、九五五、一八九元
（ニ）黒龍江省官帖換算額　四、七九四、六二二、六八〇吊
註　債券は民国十四年発行、其の一元を一二〇吊と定めて江帖の回収を図る

（十）各種紙幣発行額閣覧表

種別	原幣額	最近に於ける換算率	現大洋換算額
現大洋票	四〇、九〇二、〇〇〇元	一＝一	四〇、九〇二、〇〇〇
匯兌券	一、〇一四、三四一、〇〇〇元	五〇＝一	二〇、二八七、〇〇〇
銅元票	七二、八〇九、〇〇〇元	六〇＝一	一、二一三、〇〇〇
雑券	七九六、〇〇〇元	六〇＝一	一三、〇〇〇
吉林官帖	一〇、一六五、〇〇〇、〇〇〇吊	四〇〇＝一	二五、四一二、〇〇〇
吉林大洋票	一一、三〇〇、〇〇〇元	一・三五＝一	八、三七〇、〇〇〇
吉林小洋票	一三、〇〇〇、〇〇〇元	四〇＝一	三二五、〇〇〇
哈爾浜大洋票	五〇、〇〇〇、〇〇〇元	一・四〇＝一	三五、七一四、〇〇〇
黒龍江官帖	一〇、七二七、八七〇、〇〇〇吊	一、九〇〇＝一	五、六四六、〇〇〇
債券	三九、九五五、一八九元	一五・八三＝一	二、五二三、〇〇〇
黒龍江大洋票	一九、四七〇、〇〇〇元	一・四〇＝一	一三、九〇七、〇〇〇
合計			一五四、三二一、〇〇〇

註　吉林官帖、哈大洋、吉大洋等其の発行高と流通額とは相当大なる開きあるが故に之等を考慮に入る、時は満洲各種紙幣流通高は一億三千万元を出でざる可し

然らば前表に列挙した各種発行紙幣に対し各発行銀行は現在現銀と見做すべき準備幾何を有するやと云ふに

銀行名		金額	現大洋換算額
東三省官銀号	鈔票	一五、六四九、〇〇〇円	
	米貨	一、五〇〇、〇〇〇弗	
	金票	一、九八七、〇〇〇円	
	上海規銀	三、五一三、〇〇〇両	
	現大洋	一一、二一二、〇〇〇元	
四行準備軍	同	三、六七五、〇〇〇元	
交通銀行	同	三〇〇、〇〇〇元	
中国銀行	同	七七四、〇〇〇元	
東三省官銀号	銀塊	一、一二〇、〇〇〇オンス （一、五四五、〇〇〇元）	
辺業銀行	現大洋換算	三、〇〇〇、〇〇〇元	
永衡官銀銭号	鈔票	六、〇〇〇、〇〇〇元	
合計			約四五、〇〇〇、〇〇〇元

即ち各発券銀行の準備率は各種紙幣流通推定額に対し三割五分弱、総発行額に対し三割となる

二、不換紙幣の整理方法

前項に掲げた各種貨幣中奉天現大洋票を除く残余の紙幣は不換紙幣である。之等の不換紙幣を整理するには先づ貨幣相場の実情を参酌して満洲新銀円と不換紙幣との換算率を公定し、各種徴税は同公定相場に照して不換紙幣を収納するの道を拓いて其の安定を図り、漸次公定相場により之等不換紙幣を新中央銀行兌換券と引換へ回収するを最善の策とする。今発行当初に於ける之等不換紙幣の法定換算率を示せば次の如くである

各種紙幣発行当初の法定換算率

紙幣種類	発行年月	発行当初の法定価格
匯兌券	一九一八年八月	現小洋一元二角　奉大洋一元
銅元票	一九一九年	現小洋一元　奉小洋一元
雑券	一九〇六年	現小洋一元　雑券一元
吉林官帖	一九〇〇年	現小洋一元　吉林官帖二吊五百文
吉林小洋票	一九一七年一二月	現小洋一元　吉林小洋票一元
吉林大洋票	一九一八年	現大洋一元　吉林大洋票一元
哈爾濱大洋票	一九一九年一〇月	現大洋一元　哈大洋一元
黒龍江省大洋票	一九二五年	現大洋一元　江省大洋票一元
黒龍江官帖	一九〇五年	現小洋一元　江帖二吊二百文
債券	一九二五年	債券一元　江帖百二十吊

前述の如く一定の公定相場を設けて旧発紙幣を回収する場合に生ずる難関は、第二章に述べんとする新設中央銀行と旧発券銀行との関係を如何に取扱ふべきやと云ふ問題である。旧発券銀行の処置に就ては中央銀行案A（三）と重複する嫌あれども其概要を示せば

（イ）新規に中央銀行を設立し旧有各省官銀号及辺業銀行を之に合併す。これが為之等各行号の発行権は之を剥奪し、発行勘定、其他資産、負債一切を各省政府の債務保証により新銀行に継承す

（ロ）新中央銀行の業務は旧官銀号及辺業銀行合併後直ちに開始す。而して上述旧発券銀行の資産、負債勘定は特別整理委員会による清算を俟って新銀行勘定に合併す

（ハ）中国、交通両行が従来享有し来れる左記紙幣発行権は之を剥奪す

（A）遼寧四行号連合発行準備庫を通じて発行する現大洋票

（B）哈爾濱大洋票

（ニ）遼寧四行号連合発行準備は之を撤廃す

右の如く新中央銀行は各発行銀行の発行権を剥奪し自行兌換券を以て旧発紙幣を回収せんとするものなれど、総紙幣発行高に対する当面の準備率は甚だ低きが故に、新中央銀行は株金払込等の方法により準備の充実を図り其充実と平行して旧紙幣引換回収を進むるの外に途無し。依て紙幣の回収、整理は先づ奉天省より着手し漸次哈大洋、吉黒官帖等に及ぼすを妥当とする。而して実際問題としては新中央銀行の兌換券のみを以て旧紙幣を回収せんか、直ちに小額取引並に端数の受払に支障を来すべきが故に、奉天票及雑券等の一部の回収には取敢へず十進銅元

を用ふる必要があらう。吾人は補助貨問題の解決に対しても亦奉天省より着手せんことを提案せんとす

三、奉天に於ける補助貨問題

（一）奉天省に流通する各種紙幣の内小額紙幣及補助貨と目すべきは

（イ）東三省官銀号の発行に係る一角、二角、五角の現洋本券

（ロ）額面十元、五元―一元の匯兌換

（ハ）銅元票及雑券

（二）辺業銀行発行の奉一角券、二角券、五角券

註　準備庫券は五元券と十元券の両種のみで小額券は発行されて居ない

（二）小額紙幣及補助貨として取扱ひ得る紙幣流通額（現大洋換算）昭和六年

東三省官銀号	小額	現洋本券（一二月二十日現在）	一、一一九、六〇〇
	同	匯兌券（同二十五日現在）	六、〇六四、六〇〇
		銅元票（九月十八日現在）	一、二二三、〇〇〇
		雑券（同）	一三、〇〇〇
辺業銀行	小額	奉現洋券（十月十五日現在）	六四〇、五〇〇
合　計			九、〇五〇、七〇〇

満洲奥地の民度は今日猶ほ甚だ低く、銭位の生活程度に過ぎない。次に現有の十進銅元と同位の流通効力を有する小額紙幣を示せば

（イ）匯兌券一元券（奉大洋一元は十進銅元二枚に当る）

（ロ）銅元票及雑券

今（イ）（ロ）両種紙幣を十進銅元と見做せば奉天全省に必要なる十進銅元の数量は一億六千万枚乃至二億枚となる

仮りに奉天全省の必要数量を二億枚とすればこれより十進銅元現在流通額三千四百万枚を控除せる残額一億六千六百万枚は新規鋳造を必要とする額である

（三）新中央銀行の発行する小額兌換券額面は一角、二角、五角の三種とす（奉天省の現在小額券必要額は七百万元である）。

（四）十進銅元の鋳造は公済平市銭号所有銅元六億枚
本省銅元六〇七、六八五、八〇〇枚
外省銅元三、一〇九、三〇〇枚
の改鋳に俟つ

註　奉天省に於て十進銅元が発行されたのは昭和四年九月を以って嚆矢とする。なほ十進銅元一枚の重量は庫平〇・一五両の規定となって居る

四、其の他特殊貨幣制度整理

（A）過爐銀

（イ）現在営口に在存する銀爐坊（普通日本人は銀爐といひ支那人は爐坊といふ）を列記すれば

公益銀号
世昌徳
永茂号

永恵号
毓記銀号
東記銀号（昭和五年破綻）
（ロ）営口に於て行はる、過爐銀建取引
大豆、豆粕、豆油及綿糸布、紙、茶等の奥地向売込み
整理方法
（一）既存五銀爐の資産を整理し一切の債権、債務を官設の新銀爐に譲渡せしむ。譲渡の際には政府より相当の対価を支払ふこと
（二）相場の実情を参酌して過爐銀五三・五両に対する現大洋の公定相場を設けこれが維持安定に力め（例へば二十五元の如し）、他方過爐銀建による取引を漸次現大洋建に改めしむること
（三）爐銀監理処を廃し官設銀爐を新中央銀行の監督下に置くこと
（四）営口に於ける諸取引を現大洋建に統一する方針を確立すること

（B）鎮平銀
安東に於ける鎮平銀建、現小洋建による諸取引並に上海向為替の建値を漸次現大洋建に改めしめ実際の決済は鎮平銀現小洋、現大洋等にて行ふ政策を確立すること
註　1、鎮平銀建による取引は柞蠶取引、大豆、豆油、豆粕、木材取引等
2、上海規銀千両に対する鎮平銀の平価は九八六・七両である
（C）奉天省流通券、救済券の如き私帖整理方針
昭和六年夏以来奉天民政庁が秘密命令を以て発行流通を許可し来れる各県流通券、救済券等は左記方法により整理すること
（イ）新中央銀行兌換券流通の日より起し一定期間内に新兌換券を以て全部を回収せしむること
（ロ）回収の責任は発行者たる県財政局又は商務会等に負はしむること
（ハ）財政庁は之等私帖の回収を督励すると共に必要と認むるときは中央銀行に回収資金を貸与せしむるを得ること
（ニ）期間満了後残存する私帖は之を所有する民衆の損失とし流通を厳禁すること

第二　中央銀行

一、設立の方法
新に中央銀行を設立す。共設立要項次の如し
（一）資本
新中央銀行の資本金は銀三千万円とし左記割合を以て募集す
（最初の払込は半額にて可ならん）
千五百万円　新政府
同　民間（商務会及一般民間より募集す）
（二）株式
株式の額面は百円の一種とし民間株の応募は新国家国籍を有するものに限る
（三）旧発券銀行の処置
（イ）新規に中央銀行を設立し旧有各省官銀号及辺業銀行を之に

合併す。之が為め之等各行号の発行権は之を剥奪し発行勘定、其他資産、負債一切を各省政府の所有財産を担保とする債務保証により新銀行に継承す
（ロ）新中央銀行の業務は（イ）項に述べたる各行号合併後直ちに開始す。而して旧官銀号及辺業銀行の資産負、債勘定は特別整理委員会による清算を俟って新銀行勘定に合併す
（ハ）中国、交通両行が従来享有し来れる左記紙幣発行権は之を剥奪す
a、遼寧連合発行準備庫を通じて発行する現大洋票
b、哈爾浜大洋票
（ニ）遼寧四行号連合発行準備庫は之を撤廃す
（四）特権
新中央銀行は左記特権を有す
（イ）兌換券並に小額兌換券の発行
（ロ）国庫金並に地方各省政府公金の取扱
（五）造幣
新中央銀行は政府の委託を受けて現大洋並に補助貨（二厘、五厘、一分の銅貨並に五分、一角）の鋳造を為すことを得
（六）業務組織
新中央銀行に発行部、営業部を設け発行部の資産、負債を営業部の夫れと独立せしむ
（七）営業の範囲
新中央銀行は第四項に述べたる特権の外に左記各種業務を営むことを得
（イ）各種預金
（ロ）確実なる商業手形の割引又は買入れ
（ハ）金銀貨或は地金銀を担保とする貸付
（ニ）為替業務
（ホ）余銀貨、貴金属並諸証券類の保護預り
（ヘ）公債証書、政府発行の手形其他政府の保証に依る各種の証券を見返として当座貸越又は定期貸をなすこと
（ト）短期特産担保貸出等
（八）銀行の管理（イ）新中央銀行の管理は九名を以て組織さる、理事会に附与す
（ロ）理事中四名は民選、五名は政府より任命す。新中央銀行の総裁、副総裁は理事中より政府これを任命す。但し正副総裁中一名は民選理事、一名は官選理事たるべきこと
（ハ）理事は本店及重要支店に分駐す
（ニ）奉天、吉林及哈爾浜の三地には分駐理事、省財政長官及官選の民間委員を以て組織さる、三地方委員会を設け、新中央銀行の地方重要方針は三地方委員会の意見を徴し中央理事会に於て決定す
（ホ）政府は左記事由に依る外正副総裁を罷免するを得ず
a、監事三名以上の副署を有する監理者の書面の提出
b、理事六名以上の決議
（ヘ）監理官一名を設け政府より之を任命す
（ト）新中央銀行には民選監事五名を置く。監事は帳簿及準備金の検査、予算、決算の審査を其の職務とす

理事及監事は其任期中他の銀行又は会社等の役員たるを得ず

（九）株主総会

新中央銀行は毎年一回通常株主総会を開催す。但し理事会の決議又は監理官及監事三名以上の請求あるときは臨時株主総会を召集することを得

（十）積立金

新中央銀行は資本の総額に達するまでは利益を配当する毎に其の純益の十分の二を積立金に宛つるものとす（残余純益の処分に付きては別に規定を設く）

二、新中央銀行設立の理由

旧有各省官銀号は一面政府の機関なると共に他面一財閥を形成し来れり。即ち旧軍閥省政府の金穴たりしと共に糧業質屋、油坊、製紛、電燈廠等を兼営し鉄道に投資する等宛然事業会社の如き観ありき。依然省中央銀行として存置するは不可なり。新国家統一の後に於ても尚幾多発券銀行の存在を許すものとせば各行は業務上常に利害相背馳し各自支店を増設して自行の勢力増大を企て互に無益の競争を敢てする欠点あり。次に旧有官銀号を合併して中央銀行に改組するものとせば旧有各行の内容の整理に多大の日子を要し、且つ各行は各々政治経済上複雑なる歴史的背景を有するが故に合併後に於ける其の経営は円滑に進行し得ざる欠点あり

故に新たに中央銀行を設け旧発券銀行の資産、負債を挙げて之に継承すること実行最も容易にして且つ効果的なり

三、新中央銀行経営の方針

新中央銀行は其の設立に当り左の方針を確立すること

（一）新中央銀行は政府に対し政治的貸上を慎み歳入の不足を紙幣の発行に俟つが如き陋習を改むること

（二）新中央銀行の経営には学徳経験を具有し旧軍閥又は政党臭味を有せざる人格者を以て衝に当たらしむること

（三）新中央銀行は其の発行額、準備金、資産、負債の内容を公開すること

（四）新中央銀行は次の如き理由に依り政治の圏外に独立せしむること

（イ）政府は常に中央銀行を利用し自身の利益の為には手段を択ばず民衆の利益を度外視し勝なり

（ロ）中央銀行の政策は国民経済の中枢を為すものなれば終始一貫せる政策を遂行するを要す。然るに中央銀行が政府の直轄下に置かる丶ものとすれば政権の移動する毎に中央銀行の政策は変更されて一般民衆の生活に影響する所少からす。之れ中央銀行を政治的圧迫より解放すべしと主張する最大の理由にして政府単独出資案即ち国立銀行案を排撃する所以なり

第三　満洲勧業銀行

A、目的「企業並に産業開発に対する金融」

幣制の統一、中央銀行の確立を見たる上は各種経済活動に適切なる金融の方途を講じ以て満洲産業開発の原動力とせざる可からず。然るに商業金融、貿易金融に対しては従来日、支、外国

各銀行が存在活動しあり、尚不備の点なきにあらざるも其の充実は徐々に之を期すべく差当り最も不備にして緊急充実を要するは長期低利金融を主眼とする銀行である。其の目的は農業、工業、鉱業等特殊金融を要する産業に豊富なる資金を供給し以て産業開発を促進するにあり

B、組織「特殊銀行法による株式組織とし株主は新国家官民に限る」

普通銀行の準拠すべき銀行条例を以て律し得ざる特殊業務を行ひ又特権を与ふる必要あるを以て特殊の銀行法によるを要す。資本金を多額に要する銀行一般の組織にならひ株式組織とするも外国資金による独占を防ぐ為株主は新国家官民に限ること、す

但し経営は従来の日支合弁事業失敗の原因に鑑み日本人に於て之を主宰すること、し、下級行員には支那人を相等数採用すべし

C、営業の範囲

「(イ)資金放散業務、農業資金、工業資金等の長期資金を不動産担保にて供給するを主たる業務とし其他特殊の無担保産業金融其他を従たる業務とす

(ロ)資金吸収業務、普通の各種預金の外に割増金附債券及彩票を発行す」

農業、工業等の産業固定資金の金融を目標とするものなるを以て長期低利不動産金融を主体とすること、なるは自然の勢なり然し乍ら各般の産業に広く融通の途を開く目的を以て特殊の団体其他に対する連帯無担保の貸付、信託の業務等を併せ行ふこと、す

資金吸収業務として先づ特に華人の信託心理に従ひ個人関係による預金の収集及び信託金の収集に努むると共に、満洲在留民の射倖心を適当に満足せしめ希望附与の好果を収むる為割増金付債券及彩票の発行により資金を集むること、す

以上の大綱に従ひ本銀行の行ふべき業務を列挙すれば次の如し

(一)五十箇年以内に於て年賦償還又は定期償還の方法に依り不動産、借地権其他の不動産上の権利を担保とする貸付

(二)法令の規定に依り設定したる財団を担保とする前号の方法に依る貸付

(三)農業者、工業者、又は漁業者十人以上連帯して債務を負ふ信用確実なる者に対する定期償還の方法による無担保貸付

(四)二十年以内に於て鉄道其他の工作物を担保とする第一号の方法に依る貸付

(五)公共団体及営利を目的とせざる産業に関する法人に対する第一号の方法による無担保貸付

(六)公共団体の債券又は満蒙に於て殖産事業を営むことを目的とする会社の社債券又は株券の応募又は引受

(七)公債証券其他確実なる有価証券の担保ある短期貸付及当座貸越

(八)満蒙の産物又は満蒙の産業上必要なる貨物を質とする貸付

(九)手形の割引

（十）平常取引する諸会社、銀行又は商人の為手形金の取立
（十一）為替及荷為替
（十二）諸預金
（十三）貴金属、諸証券其の他貴重品の保護預り
（十四）信託の業務
（十五）割増金付及普通債券発行（別項参照）
（十六）彩票の発行（別項参照）

債券の概要

1　払込資本金額の十倍を限り債券を発行することを得、債券には割増金を付することを得
2　債券額面は十円以上とし無記名を原則とするも所有者の請求に依り記名式と為すことを得
3　額面二十円以下の場合は売出の方法により債券を発行することを得、此の場合には一定の売出期間を定む
4　債券発行による資金は第一項乃至第六項（長期特殊貸付）以外の目的に使用せす

彩票の概要

1　金額を金一円とす
2　五千元を一組とし一等銀一千円一本、二等五百円二本、三等百円三本、四等十円二十本、五等一円一千本とす。即ち七割は抽籤分配し三割を銀行収益とす
3　毎月一回売出とし売出締切後満一箇月後の月初に抽籤し当籤金の支払は発表後一箇月目以後とす。支払は一定期間内にし以後は割引又は時効の制度を設く
4　彩票発行による資金は第一項乃至第六項以外の目的に使用せす

D、資本金

資本金は銀二千万円とし之を四十万株に分つ、即ち一株五十円とす。当初の払込は牛額にて可ならん

第四　銀行条例の制定

一、銀行条例（草案要項）
（一）本法は大体に於て日本の銀行法、支那の新銀行法を重なる参考規程とし之れに実情を参酌して之を草せり
（二）本法は左の各項より成る

1　定義
2　免許
3　組織
4　銀行に非ざるもの、商号禁止規定
5　営業開始
6　未払込資本金の処分
7　兼営業務
8　信託業務の禁止及認可規定
9　主務官庁の認可事項
10　他経営に対する出資の禁止
11　株券並に不動産購入、担保に関する制限
12　貸付に関する制限

13 積立金
14 営業年度
15 諸報告書の公告
16 常務取締役、支配人の兼業に対する制限
17 休日
18 預金払戻停止の場合の処置
19 銀行に対する主務官庁の権限
20 解散の場合の処置
21 法施行地外に本店を有する銀行の支店に対する処置
22 罰則
23 附則
而して其の配列の順序は日本法に拠り之に支那法を按配す
(三) 監督官庁の総呼は便宜上一率に(主務官庁)とせり
二、銭舗と銀行条例
支那法規上に於ては銭舗も亦等しく金融機関として新式の所謂銀行と同様に取締監督をなすものであって、銀行条例とも云ふべき銀行通行則例が光緒三十四年公布されて居る
此の銀行通行則例を見ると大体日本に於ける銀行条例と類似して居るが故に銭舗も亦銀行同様に取締監督すること丶して差障なきが如く考へられる
然し以上は形式上の法規より見ての考察に過ぎず満洲に於ける実情は全く之と異る状態に在る
官衙方面に就ては充分に調査出来なかった為被取締者である銭舗(奉天城内に於ける)に就て調査して見ると銭舗の営業に関する取締は大体次の如くになってゐる
(一) 営業の許可
銭舗を開業するには資本金、営業主氏名称号、保証人二名の氏名、営業種目を記載したる願書を提出して、事変前に於ては商務総会、警察長より又事変後は農鉱庁長(実業庁長?)より許可を受けること丶なって居る
而して資本金五千元以上のものにして確実なる保証人あるときは大体許可されるものであると云ふ
(二) 営業上の取締
営業上定期的に一定の報告、広告等をなす必要なく又何等の取締監督を受けない。唯脱税取締上取引、貸付、為替に課せられる印花税を取調べる為極めて稀に不定期的に帳簿の取調を受けることがあると云ふ
(三) 税捐
営業税
昨年春以前には無かったが昨年春以後資本金一万元に付年二百元(年二回に分納)を課せらる
印花税
銭の取引、貸付、為替取組に課せられる
註冊費
年二十元
商務総会税捐
月五元乃至十五元資本に応じて課せられる
衛生費、街燈費等

附加捐として課せられる
一面従来の実情を見ると奥地小都市に於ては金融機関、為替機関等に極めて不便を告げつゝある為銭舗を利用するもの相当多く、従って金融機関、為替機関が或る程度の整備を見る至るまでは銭舗の存在を必要とするものと考へられる

以上述べた処を総合して考へると今直に銀行条例様の厳格なる取締規則を以て新式銀行と同様一律に取締ることは害あって益なかるべく、金融機関、為替機関の整備に至るまでは別に銭舗のみに関する平易なる取締規則を以て取締ることを可とする。而して金融機関、為替機関の整備に従って営業種目の制限、営業種目に就て金額上の制限等を附けることにすべきものであらう

〔南満洲鉄道株式会社経済調査会『昭和十一年二月　立案調査書類第二五編第一巻第一号　満洲通貨金融方策』所収〕

【史料12】

奉天省幣制改革弁法

昭和六年十二月七日
満鉄調査課

内容

第一章　発券銀行の整理統一方法
第二章　銀塊本位制度確立案
第三章　銀行発行制度としての比例準備案
第四章　流通紙幣の現状と補助貨問題
第五章　奉天票整理案

第一章　発券銀行の整理統一方法

現在奉天省に於て紙幣の発行権を有する支那側銀行を示せば次の如くである
東三省官銀号
辺業銀行
遼寧四行号連合発行準備庫
註　準備庫を通じて紙幣の発行権を有する銀行は東三省官銀号、奉天中国銀行、奉天交通銀行の三行号にして、辺業銀行は準備庫に加担し居らず実質は三行号の連合に止まる
過去の経験に徴すれば、一省内に発行銀行多数存在する結果は業務上事毎に利害相背馳し各自支店を増設して失費を重ぬる傾

向ある上に、紙幣の発行及回収に関し発券銀行間に何等統制なく財界の調節を図り得ない憾みがある。この弊を矯るには紙幣の発行権を一行に統一することが必要である。この見地から

(イ)辺業銀行は東三省官銀号に合併す

(ロ)連合発行準備庫は撤廃す

(ハ)中国、交通両行が連合発行準備庫を通じて有する紙幣発行権はこれらを剥奪す

(ニ)東三省官銀号は新規大洋兌換券を発行して既発各種現大洋票を回収す

(ホ)中国、交通両行は民国十八年整理金融公債を官銀号に提出して官銀号新兌換券に引換へを求め、これを以て自行の発行せる準備庫券の回収に充つることを得。但し整理金融公債と新兌換券との引換請求額は各自発行準備庫券現在高の三割を超ゆるを得ず

(ヘ)辺業銀行と官銀号との合併並に新旧紙幣の引換へに関しては特別委員会を設置して研究決定す

第二章　銀塊本位制度確立案

東三省の現状に最も適当な通貨制度は銀塊本位である。蓋し巨額の銀貨が死蔵されつゝある事実は経済上東三省の大損失なるは勿論、銀貨が死蔵用に供せらるゝ限り通貨当局の通貨統制に関する努力は失敗に帰する恐れがある。銀塊本位制は奉天省新兌換券の対外的信用を維持するに役立つこと大であるが、他方死蔵の弊害を匡救せんがため兌換に対し次の如き制限を設けんとするものである

(イ)新兌換券の基礎は重量四一六グレイン、品位九〇〇、純銀三七四・四グレインを含有する名目通貨とす

(ロ)一万元以下の小口兌換には応ぜず。一万元以上の兌換に対しては右純分率により銀塊、馬蹄銀を用ふるを原則とし、端数の受払に対しては円銀、香港弗、蕢世凱弗、十進銅元を充当することを得

(ハ)但し当分の間現行の三十元以下の制限兌換は継続実行す

註　銀塊本位制確立の必要なる裏面の理由

東三省官銀号は現在正金銀行に約一千百万円の鈔票の預金を有して居る。即ち官銀号発行紙幣兌換準備の大半を形成するものは鈔票であると云ってもよい。而も鈔票の本質は上海両であるから奉天省新兌換券の本質を銀塊として、新兌換券と鈔票との本質其他の条件を密接にして連繋を保たしめ、他日鈔票を新兌換券の仕払準備とすること恰も現行の鮮銀券の兌換に日本銀行券を用ふるが如き素地を築かんとするものである

第三章　銀行券発行制度としての比例準備案

満洲支那側財界に於ける小切手使用乃至手形交換制度等は遅々として発達せず。又銀貨死蔵の慣習は通貨の回転速度を減退せしめ弾力性を失はしめつゝある。故に屈伸発行制度に則る確定額保証発行制度を奉天省に実施することは不適当であらう。満

洲に於ける通貨の季節的膨脹並に収縮は特産物の出廻期たる冬期と夏期端境期とによって特に顕著である。最近二箇年間の統計によれば冬期に於ける通貨の流通高は夏期閑散期に比べて二割方膨脹する。斯かる見地より吾人は紙幣発行の比例準備制度を採用せんことを勧告する

(イ)紙幣総発行高の五割(又は六割)を下らざる銀塊、銀錠、現大洋を準備中に保有すること

(ロ)但し当分の間準備金の二分の一迄は外国銀行に対する銀預金を以て準備に充つることを得

註(1)比例準備制度の下に運用され居る諸外国銀行の経験によれば、準備金は紙幣発行高の四割以上を保有するを以て安全とするが如きも、連合準備庫の如きは七割の現金準備を維持しつゝある事実に照し、紙幣に対する民衆の信用を繋ぐため現金準備を五―八割の高率に維持することが必要であらう

(2)外国銀行に対する預託金を準備に充当せんとするは一見不合理の如く思はるゝも、曾って日本銀行も在外正貨を準備として兌換券を発行せることあり、在外正貨の実質が在外資金に外ならざる以上在外資金と同一の本質を有する鈔票の如き確実なる銀預金を準備の一部に指定することは非違を敢てするものではあるまい

第四章　流通紙幣の現状と補助貨問題

(イ)流通紙幣の現状

奉天省に於て整理乃至兌換の義務ある発行紙幣の最近流通高は次の如くである(昭和六年現在)

(1)現大洋票(単位元)

月日	発券銀行	紙幣種類	流通額
十一月二十日現在	東三省官銀号	現洋本券	二六、九九一、〇〇〇
十月三十一日現在	同	準備庫券	五、〇〇〇、〇〇〇
同	奉天中国銀行	同	五〇〇、〇〇〇
同	奉天交通銀行	同	八〇〇、〇〇〇
十月十五日現在	辺業銀行	奉現洋券	七、六一一、〇〇〇
合計			四〇、九〇〇、〇〇〇

註　この外、天津其他の各地に於て官銀号は八十五万九千九百元、辺業銀行は三十九万三千元の現洋券流通余数を有すれども、奉天に於ては兌換の義務なし。又両行発行哈爾浜大洋票に対しても本店に於ては兌換の義務を有せず

(2)奉天票及雑券(発行銀行、東三省官銀号)(単位　元)

月日	紙幣種別	原幣額	換算率	現大洋換算額
十一月二十五日現在	匯兌券	一、〇一四、三四一、〇〇〇	50:1	二〇、二八七、〇〇〇
九月十八日現在	銅元票	七二、八〇九、〇〇〇	60:1	一、二一三、〇〇〇
同	雑券	七九六、〇〇〇	60:1	一三、〇〇〇
合計				二一、五一三、〇〇〇

註　匯兌券、銅元票を一括して奉天票と云ふ。匯兌券を別名奉大洋票又は一二大洋票と呼び、銅元票を奉小洋票とも云ふ。而して奉大洋一元は奉小洋の一元二十仙に当り、普通奉天票と謂へば常に奉小

洋勘定を意味する。昭和四年六月奉票六十元（又は奉大洋五十元）を現洋一元に公定して今日に至る。この外中国、交通両行の発行に係る匯兌券流通すれども、既に其大半を回収して流通額は極めて尠し雑券とは興業銀行旧債券及官銀合旧小洋票等の総称である

（3）奉天省流通紙幣総額（現大洋換算単位元）

現大洋票	四〇、九〇二、〇〇〇
奉天票及雑券	二一、五一三、〇〇〇
合計	六二、四一五、〇〇〇

（ロ）補助貨問題

流通紙幣総額六千二百万元の内補助貨と目すべきものは、官銀号発行一角、二角、五角の現洋本券、額面十元、五元、一元の匯兌券、銅元票、雑券及辺業銀行発行の奉一角券、二角券、五角券である。準備庫券は五元券と十元券の両種で小額券は発行されて居らぬ

（1）補助貨として取扱ひ得る紙幣流通額（現大洋換算　単位元）

	紙幣種別	流通高
東三省官銀号	小額現洋券（十一月二十日現在）	一、一一九、六〇〇
同	小額匯兌券（十一月二十五日現在）	六、〇六四、六〇〇
同	銅元票（九月十八日現在）	一、二二三、〇〇〇
同	雑券（同）	一三、〇〇〇
辺業銀行	小額現洋券（十月十五日現在）	六四〇、五〇〇
合計		九、〇五〇、七〇〇

満洲奥地の民度は今日猶甚だ低く銭位の生活程度に過ぎない。而して十進銅元二枚と等価を有する匯兌券一元券、並銅元票は十進銅元と同位の流通効力を有するものと謂はねばならぬ。この前提の下に奉天全省に必要と思はるゝ十進銅元の数量を推算すれば一億六千万枚乃至二億枚となる。今奉天全省の必要数量を二億枚と仮定すれば、これより十進銅元現在流通額三千四百万枚を控除せる残額一億六千六百万枚は新規鋳造を必要とする額である

（2）新兌換券小額券（一角、二角、五角の三種）の発行額は七百万元とす

（3）十進銅元の鋳造額は二億枚（現大洋換算二百万元）を標準とす

前項十進銅の鋳造は公済平市銭号所有銅元六億枚｛本省銅元 六〇七、六八五、八〇〇枚／外省銅元 三、一〇九、三〇〇枚｝の一部を改鋳に俟つべきものとす

註　奉天省に於て十進銅元が発行されたのは昭和四年九月を以て嚆矢とする。而して十進銅元一枚の重量は庫平〇・一五両と規定せられて居る

銅貨並小額紙幣は一時に巨額の兌換を請求さるゝ恐れが尠い

第五章　奉天票整理問題

専門家の最近の計算に拠れば仮りに現在官銀号及辺業銀行を破産状態に置いて清算すれば、前者は二千八百万元の赤字、後者

は二十万七千元の剰余を生ずると云ふ。又準備庫券は七割を現銀にて、三割を民国十八年整理金融公債にて所有せる関係上、辺業銀行との合併並準備庫の撤廃により官銀号は却って信用を増加すること丶なる。而して新規に発行さる丶小額兌換券七百万元は、差当り兌換を請求さる丶恐れ尠きが故に官銀号の赤字二千八百万元より七百万元を控除せる残額二千百万元こそ填補を必要とする額である。この額は恰も匯兌券銅元票現在流通現大洋換算額二千百五十万元と略合致する。而して第四章に述べた如く、奉天票流通額中の百六十万元（現大洋換算額）は十進銅元に変じ得る可能性あるを以て事実填補を必要とする額は現大洋二千万元となる。現在の銀相場によれば上述奉天票整理資金は金一千万円にて充分である

（イ）奉天票整理資金はこれを外債に仰ぎ、主として満鉄をしてこれが引受けに当らしむる

（ロ）満鉄は右借款に応する資金を調達するため、内地銀行団と交渉して金一千万円の社債を起す

（ハ）右一千万円の中五百万円は直接奉天に送金し成行買により奉天票を回収す

（ニ）残鯨の五百万円は銀塊を買付け、これを準備として現大洋票を発行し現大洋票にて奉天票を回収す

（ホ）奉天票整理外債並に民国十八年整理金融公債は省債整理基金制度を確立して元利の償還を計る

省債整理基金制度は本邦国債整理基金特別会計法に準ずること（附録参照のこと）

註（ハ）項実行の可能性に就ては、官銀号は昭和四年四月より同年六月迄に奉天取引所に於て一千二百六十万円の金票を渡し、この代わり金として奉票（小洋）約六億八千万元を回収した。（ハ）項は一面鮮銀券の基礎を確実にする一助ともなる

印ち金五百万円を鮮銀を通じて奉天に送金せば鮮銀券発行高に対する内地の支払準備はそれ丈け高率となる

〔南満洲鉄道株式会社経済調査会『昭和十一年二月　立案調査書類第二五編第一巻第一号　満洲通貨金融方策』所収〕

【史料13】

関東軍統治部幣制及金融諮問委員会議事速記録

幣制及金融諮問委員会議題項目

一、本位制
（一）銀（現大洋）本位制案
（二）金本位、銀本位併行制案
二、紙幣
兌換券の統一及不換紙幣の整理
三、中央銀行
A、設立の方法
（イ）新規設立案
（ロ）各省官銀号合同案
（ハ）各省官銀号分立改造案
B、株式
（イ）政府単独出資案
（ロ）官民出資案
C、営業の範囲
（イ）国庫金取扱及発券業務、商業金融、其他外国為替等
（ロ）官銀号附属事業並不動産、企業金融兼営の可否
D、資本金
四、特殊銀行
A、目的
企業並に産業開発に対する金融
B、株式
官民出資
C、営業の範囲
（イ）企業及産業開発に関する金融
（ロ）割増金附債券、彩票発行
D、資本金
五、銀行条例の制定
普通銀行並銭舗の取締
六、本制度実行に伴ふ日本側幣制及金融機関の処置
（一）正金鈔票の存廃
（二）鮮銀金票の流通範囲

第一日

昭和七年一月十五日（金曜日）午後二時開会

武部　司令官の御挨拶があります

本庄関東軍司令官　御挨拶申上げます。客年九月十八日の事変勃発以来、御承知の通りに関東軍は帝国自衛権発動の趣旨に基きまして、奉天、吉林、黒龍江の各省に於ける旧軍閥政権を駆

逐致しまするると共に各地の匪賊を掃蕩致しまして、最近彼等の最後の根拠地と致して居ります所の錦州地方を抜きまして、茲に略々満蒙に於きまするところの大勢を決しまして東洋平和の基礎を確立する第一歩を踏出しましたことは誠に御同慶に堪へないところであります

然るに是等地方に於きまする支那三千万の民衆は茲に初めて多年に亘りまする所の軍閥の苛斂誅求より免れることを得ました為めに、事変勃発と共に吉林省が先づ独立自主の宣言を致しました。十月奉天省、本年一月に黒龍江省が相継いで独立するといふことになりました。熱河省も亦近く独立宣言をする状勢にあります。然るに是等各省は孰れも支那中央政府より完全に離脱するのを目的として居りまするから、恐らく各省は相結んで満蒙に亘る所の新国家の建設を為すに至るものであらうと思ふのであります。然もその時期は極めて近き将来にあると予想せられるのであります。関東軍と致しましては今日迄自衛権の発動に依りまして旧軍閥の駆逐と匪賊の撲滅を期する以外に彼等とは何等関係があるのではありません。従って満蒙に於きまする新国家が如何なる形式に於て又何人の手に依って建設せられるかといふことは素より関知する所ではないのであります。でありますが、苟も帝国の自衛上必要と認める事項に就きましては、今後と雖も有ゆる障害を排しまして断乎として所信を貫徹する所の覚悟を有して居るものであります。同時に一方満蒙三千万の民衆が確固たる新国家を樹立致しまして、外に対しては国際信義を基調として広く門戸を開きまして、又内に向っては善政主義に則りまして民生の福利増進に猛進致しまするること我々の最も熱望して居る所であります。此の意味に於きまして此の度満蒙に於きまする所の経済上の各種の事項に就きまして、我国に於きまする権威者であり又多年同方面に於て研究を重ねられました各位の御参集を願ひまして御高見を拝聴致しまして、他日の参考に供したいといふ希望を有って居るのであります。各位は孰れも国家の為当面の要務を棄てられまして貴重なる日子を費されて当地に出張下さいましたことは私の深く感謝する所であります。どうか前述べましたやうな趣旨を御諒察下さいまして忌憚なく軍の希望に応ぜられまして、進んで御意見を開陳して頂くことを希ふ次第であります

議長　開会に当りまして一寸一言致して置きます。第一は此の種の会合に於きましては先づ委員の方に対して参考資料を提供し、又充分の立案を提供致しまして御ゆっくり御研究を願ひ御意見を承るのが本意と致しますが、現在忽々の際でありますし且つ軍の内部に統治的機関の出来ましたのは極く最近のことでありますからさういふ余裕もなかったのであります。それで此の諮問の項目だけは皆様の御手許に差上げましたが極く現状の大体を此の統治専門の委員が口頭を以て説明致します。其れを御参考として下さいまして其れに依ってどうか御意見の御開陳を願ひます、第二は此の会議は絶対に秘密とする必要がありますす。其れはさらでだに人心の動揺して居る時でありますし、其の時に軍がどういふ内容を諮ったとかいふことが若し外部に漏

れますと帝国の対策上非常な支障を来たしますから、此の項目は勿論、各委員の述べられた私見、或は意見の如きは全然他に発表されることは厳禁して頂きたい

既の二つを開会に当って御断りして置きます

武部　それでは諮問事項の第一、本位制、貨幣の本位は何に依るべきや、例へば（一）金本位制、（二）銀本位制、（三）金本位、銀本位（併行制、跛行制）又準備制度は如何にすべきや、是れが第一

五十嵐　一寸簡単に御説明申上げます。本位制の問題に就きましては従来日本側に於ても又支那側に於きましても色々問題が御座いまして、日本側と致しますと関東州、詰り租借地及附属地に通用して居る貨幣をどういふ風にすべきかといふことが満鉄の創立以来から既に問題になりまして、当時正金銀行の頭取をされて居りました高橋頭取が来られて色々研究の結果、其の結果を満鉄の幹部辺りと色々交渉して色々研究されたこともあります。その辺の事情は統治部のパンフレットの中にも御座います。其後金建或は銀建論は随分喧しい問題になって居りますが、猶支那側に於きましても御承知のことで御座いませうが銀本位といふことになって居りますけれども、是れは金為替本位にしたらどうかといふ議論もございましたし、或は既に一部は関税辺りは金本位でやって居るといふ実例も御座いますし、今後の満洲の新国家が出来た場合に於きましてどういふ風にやって行くかといふことは非常に問題と思ふのであります。茲には日本側の方は先づ別問題と致しまして、新国家が出来た場合には、如何なる本位に依って行くのが最も適当であらうかといふことに就て御意見を拝聴したいと思ひますのであります。金本位制或は銀本位制或は金本位銀本位（併行制、鞍行制）と御座いますが、是れは内容に就きましては殆んど判り切ったこと、と思ひますから説明は省略致します。それから又準備制度は如何にすべきかといふことは是れは孰れ初めの問題が進んだ上で御話を願へば結構であらうと思ひます

松崎　一寸是れは何でございますか、私共が斯ういふ問題に対する意見を此処で並べて述べますだけで終るのでございますか、或は何か此の会で以て一つの纏ったプランを立てなければならぬのでありませうか、或は新国家が出来た時実行させ得るやうなものを作りたいといふことでありませうか、或は此処に我々が参りましたのは唯斯ういふ問題に就て意見を開陳するといふだけなんで御座いませうか

議長　御意見を伺ひたいといふことでありまして其のプランを採用するかしないかといふことは

松崎　採用するかしないかは別問題でありますがプランを立てるといふのでありますか

議長　此方がプランを立てる時に参考にしたいといふのであります

松崎　貨幣の問題といふものは重要な問題で皆非常に重大な問題であります。此処で簡単に口で以て断片的に云ふだけでは余り御参考にならぬのじやないかと思ふのであります。単純に私の方の意見を御聞きになるといふなら是れは文書でも出来ます

る訳で態々此処へ参ります必要は無い訳であります。それですから私の方の考へと致しましては、一体委員会といふものは多数の者が集ってわいわい云ふだけで委員会といふものが甚だ纏ったものが出来ないのであります。唯万蒙新国家の案になるといふやうなものを一つ、此の会に於ては斯ういふ案が出来たといふやうなものを拵へて置きましたら其れが将来御参考になるのでないかと思ひます。断片的にあれが良い是れが良いといふだけでは御参考にならぬのじやないかと思ひます

議長　其の辺は御希望として伺って置きます

木村　何か軍の方で腹案といふものを持って居られるのでありませぬか

議長　其れは軍は腹案といふものを持って居りましても、其れは皆様の御意見を伺って其れに依って軍の腹案を変更する必要があれば変更するといふことに致したいと思って居ります

首藤　此の本位制の問題に就きまして皆さんが御意見があらうと思ひますが、先づ満洲の貨幣は現在はどうなって居るかといふことだけを最初に幹事の方から御報告を願ひまして、そして御相談に入った方が良くはないかと思ひます

安盛　それでは満洲に行はれて居ります通貨の極く大体を掻摘んで申上げます。先づ支那側の通貨と外国側の通貨と分けることが出来ると思ひますが、支那側の通貨と致しましては本位から考へますと銅の本位のものと銀の本位のものと大体あるやうに思はれます。それで銅の本位と申しますのは、ずっと満洲の開発の初期に当って孔明き銭の制銭と申しましたものを通用致しまして、其れは銅で造った孔明き銭であります。さういふ系統のものとそれから銀を本位とした円い銀貨又は馬蹄銀のやうな種類のもの、それからさういふものを本位とした紙幣なんかゞ通用して居る訳であります。それで斯ういふ系統を細かく申上げますと複雑になりますから地方別に現在通用して居ります状況を申上げますと、奉天省に於きましては所謂奉天票と云って居りますもの、それから現大洋票と申して居りますもの、それから吉林省に於きましては吉林官帖と申して居りますもの、それから黒龍江省に於きましては黒龍江官帖と申して居りまするもの、それが各省に於きましての主な通貨で御座います。それで先づ奉天票と申しますのは色々変遷をして参りまして、初めからずっと経過を申しますと随分長くなりますが現在に於きましては匯兌券と申しまして為替券であります。それが非常に沢山濫発されました結果不換紙幣になって居るのであります。此の匯兌券の他に銅元を本位として初めて発行されたものが追々此の奉天票の一部になりまして、現在では奉天票の小額紙幣として使はれて居ります。此の匯兌券と銅元票とを合して奉天票と総称せられて居ります。それから次に現大洋票と申して居りますのは是れは日本の旧一円銀貨あれに似たやうな支那側に色々銀貨が御座いますが、是れは民国三年の国幣条令に依って決められました支那の基本通貨でありますが、其の基本銀貨を本位とした兌換券が御座います。奉天省に於きまして此の主なる二つの通貨の他に安東には鎮平銀、馬蹄銀の一種で御座いますが之を鎮平銀と申して居りますもの、さういふのが御座い

ます。それから通貨といふと多少実質を現はさないかも知れませぬが営口には過爐銀といふ制度が御座いまして、外国人はブックカレンシーと申して居りますが是れは帳簿上の付替になって貸借を決済するやうな一種の為替勘定で御座います。其の他日本側の通貨と致しまして関東州、満洲附属地に朝鮮銀行の金票、正金銀行の大連支店で発行されて居る銀票、普通鈔票と申します。斯ういふやうに主要な港の安東、大連、牛荘といふ所に特殊の通貨が通用して居る訳であります。次に吉林官帖、是れは先程申上げた銅本位の制銭を本位とした政府紙幣で御座いますが、実際の兌換は初めから銀でやったやうな記録が御座います。唯計算としては銅の孔明き銭を本位としたものでありま す。それから吉林には先程主な通賃として吉林官帖だけを挙げましたが、其の他に吉林の官銀号の方で出して居ります吉林大洋票と申しますもの、それから吉林小洋票と申しますものが御座います。黒龍江省には先程申上げた黒龍江官帖の他に里籠江大洋票、それから黒龍江官帖と同じ相場で通用して居ります債券が御座います。これで大体各省の主な通貨を申上げましたが、此の他に哈爾浜を中心と致しまして東支各沿線に於きまして通用します哈爾浜大洋票と申す是れも一種の為替券が流通致して居ります。それで最近の状況と致しましては南満の方には現大洋票が広く用ひられるやうになり、奉天票が其の小額の通貨として補助貨的に使はれて居ります。さういふ傾向が著しく御座います。北満の方では色々な官帖が非常に濫発された為めに相場が下り哈爾浜大洋票が各地に拡まりまして、益々其の流通範囲が広くなり北満の通貨として哈爾浜大洋票が重きをなしつゝあります。各地方の発行銀行に就て申上げますと相当細くなりますが此の問題は御要求に依りまして後程申上げたいと思ひます。極く簡単でありますが御質問の事項がありましたら判るだけ申上げたいと思ひます

首藤 極く大体の発行額を各省別に、或は省別に出来ない所もありませうが、系統に依って極く大略掻摘んだ所を現大洋票の額で御報告願ったらどうかと思ひます

安盛 それでは現在流通して居ります主なる紙幣に就て其の発行額を現大洋票に換算致しまして申上げます。先づ現大洋票四千万円、奉天票是れは先程匯兌券と申しました為替券が御座います。其れが二千万円、それから銅元票、是れも先程奉天票の一部だと申上げましたが是れが約百万円。以上が大体奉天省の分であります。それから次は吉林省の吉林官帖、是れが二千五百万円、吉林大洋票、是れが約八百万円、それから吉林小洋票が三十万円そこそこで御座います。それから哈爾浜大洋票、是れは吉林省と黒龍江省とに跨って通用して居りますが其の額が現大洋票に換算しますと三千六百万円、それから次が黒龍江省の黒龍江官帖は五百六十万円、それから債券、是れが二百五十万円、黒龍江大洋票、是れが一千四百万円、以上が主なもので御座いまして是れを合計しますと一億五千万円となるので御座います。最も此の中に吉林官帖等は相当、流通して居ない――詰り発行して未だ銀行に手持して居る分が加って居りますから、流通額は全体で一億三千万円見当でなからうかと思ひます

田村　今の黒龍江省の官帖の次は何と仰有いました
安盛　債券、四分利付債券で御座います
田村　其れは幾らで御座いますか
安盛　二百五十万円
木村　紙幣だけのやうでありますね、その他に現金といふのはどの位ありますか
安盛　今申上げたのは紙幣の流通額でありますが、其他の現大洋、それから鎮平銀のやうなもの、流通額は正確な数字が判って居りせんです。鎮平銀は百五十万両乃至二百万両と称せられて居りますが是れの統計を取る方法が無いやうに思はれます。それから現大洋の銀貨の流通額は、是れも統計の取り様がないので一般に百万円位だらうと予想せられて居りますがはっきりしたことは判りませぬ。其の他に小洋銭と申すのがあります。是れは四百万乃至五百万円と称せられて居ります。併し斯うい ふものは皆ほんの見込の額に過ぎないので実際は判って居りませんのです。それから序でに申上げますが相当支那満洲奥地で銀貨が貯蔵せられて居るやうに見る向も御座いますが、さう沢山銀貨や小銀貨が死蔵されて居るやうなことはなからうと自分としては考へて居ります
首藤　序でに正金の発行して居ります鈔票並に朝鮮銀行発行のもの、推定の――満洲にどれ位流通して居るかといふ……、判って居りますなら
安盛　鈔票の流通額は季節的に非常に変化が御座いますが極く大体最近一千万円位のやうに思って居ります。それから朝鮮銀行の金券は、是れは朝鮮銀行の色部さんも御出で御座いますが、どうも見当が朝鮮と満洲と続いて居る関係上はっきりしないのでありますが、発行総額の三割五分位だらうといふことを一度朝鮮銀行の方の誰方かに聞いたことがあるやうに思ひますが、さういふことに仮定致しますと全額一億円位だったと思ひますが、さうすると三千五百万円位になると思ひますが、其ればどうもはっきりしたことは判りませぬ
木村　それから本位制の問題に関係があるのでありますが満洲に於ける金の産額は判りませんか
安盛　満洲の北方では金鉱があるやうに聞いて居りますが金の産額を今調べたものを手許に持って居りませぬ。余り多いやうなことはないと思ひます
木村　確か東北年鑑か何かに随分多く書いてありましたがね、よく覚えませぬが八千瓩でしたか、一箇年の産額が載って居りましたが
田村　一寸御参考迄に申上げます。東北年鑑にありますのは価格に致しまして、大正七年から昭和五年迄の合計が二千六百二十三万五千円といふ数字が出て居ります。是れは御承知の通り採金する者から支那官憲に届出でたもので、実際の額は二倍三倍と見られるのでないかといふやうな見方もあるのであります。其れは詰り御承知の通り納税の関係がある為自然申告が少なくなって居るといふので斯ういふ推定がされるのであります。それから関税の為めに届出が少ないので、殆んど満洲に於ける産出額は推定するには無理があるやうに思ひますが――一番多い

時が大正十四年、五百万円を一寸突破して居ります。其の前後は三百万円乃至四百万円を数年続けて居ります。最近は非常に少ない額になって居て昭和五年は百九十七万円といふ数字になって居ります

松崎　此の金は市場に出て居ります商品として〻すか

田村　商品として届出でたものであります

木村　営口の過爐銀の発行はどれ位ありますか

南郷　発行高と申しますと判り難いのでありますが売掛代金として四千万両位と思ひます。現大洋との換算率は現大洋一元が過爐銀の二・八両位であります。それから先刻鈔票の話がありましたが鈔票の極最近の流通高は一千四百万円、預金で三千百万円、合計四千五百万円で御座います

松崎　猶本位制の問題に就て関係が御座いますが極く最近の満洲の国際収支の関係はどうなって居りますか、満洲三省全体として国際収支の関係はどんな風になって居りますか、関税の方面にも勿論関係のある問題でありますが、金本位或は金為替本位といふ問題を論じまする時に国際収支の関係が大分重大な関係を有って居ります。詳しくは要りませぬが大体の輸出入額とか又国別の関係でありますとかを大雑把な数字で宜しう御座いますから

安盛　極く大雑把な数字は最近三年間位は毎年一億海関両輸出超過で御座います。それから銀通貨国として見るべきものを支那だけに限って考へますと、約三十％が支那貿易、其れ以外が七十％といふことになります

松崎　日本とは？

安盛　日本は正確な数字は出て居りませぬが大体支那よりも多いのであります。確か四割位だと思ひます

田村　もっと多くありませぬか、日本との関係は

安盛　其れは支那関係を抜いて対外貿易だけを考へる時は多いのでありますが、対支貿易と対日貿易を比較しますと三割と四割位の見当であると思ひます

田村　議長、これは非常に難しい問題で、色々学問的に研究せられ又実際に関係を持って居られる方には非常に難しい問題だと思ひますが、私のやうなフリーな立場で素人が一石を投げるのも御笑草になりはせぬかと思って私から皮切りを致します

議長　何卒一つ

田村　さっき御説明の中に新国家だけと云ふやうな御話が御座いましたが私は前提としてこの貨幣の本位を論する時に当然この度は関東州内及び附属地と云ふものを包括して、さうして統一を図るのでなければ意味を為さない。だからこれを可分のものとして附属地及び関東州は別であり、建設せらるゝところの新国家、或は政権と申しますかその部分だけ統一すると云ふのであるならば非常な違ひが起って参りますから、私のこれから申上げますことが従って狂ひを生じて来ることだと思ひます。然し乍ら何人もこの本位制を論ずる時に、この満洲の実情に即して仮令関東州並満鉄附属地の行政或はその他の関係が何うなりませうとも、少くとも貨幣に於ては統一したものでなければならぬと云ふことは考へられると思ふのでありますが、私はそ

れを前提として申上げたいと思ひます。第二に前提として申上げたいのは、従来の満洲に於ける複雑な幣制及び日本側で遣って居ります金票、或は鈔票と云ふやうなものにはこだはらずに考へて見る必要がある。又結論が正しいと云ふ場合にはこれ等の利害関係者との関係は別箇に考へて行くと云ふ考へ方でなければ非常な面倒があり、又誤りを生ずるのでないかと思ひます。従って私がこれから申上げますことはそれ等とは全く別箇の見地から申上げます。それから私が述べるこの本位制に就ても目的をはっきりして置きたいと思ひます。それは満蒙の経済的開発に利便であり又適切であると云ふことを第一眼目と致しますが、同時に日本の対満発展に好都合であるべき貨幣制度を選ぶ、これだけのことを私は目的とし申上げるのであって、日本の対満政策と云ふものを全然度外視するならばこれ又別箇の結論を得るかも知れませぬ。私は只今申上げた二つの前提とその目的に依って申上げたいと思ひます。そこでさっき委員からも色々御述べになりましたが、満洲の現状が果して主として何う云ふ本位を取って居るかと云ふことは学者に依って見る所を異にして居りませうが、私ははっきりした銀本位制だとは何うしても申すことの出来ない混乱状態であると考へるのであります。而して只今も御述べになったやうに、対外貿易、詰り対外貿易と申しますものは、これは支那と外の関係も引括めてのことでありますが、私がざっと調べた所では、支那の――詰り対銀貨国の貿易と云ふものは三十％には上って居ないと見て居りますが、仮にそれが三十％に上って居ると見ましても金貨国との貿易は七割或は七割以上であると云ふ実情にあるのであります。これが明治の四十年前後、満洲へ日本が始めて進出した時の状態とは非常な相違を来して居る。又今後の伸び行く道筋も凡そ推定が出来るのであります。殊に今回の時機を転換期として日本との関係は必ずや密接なものになるだらうと思ふし、又密接ならしめなければならぬと思ふ。斯う云ふやうなことを考へますと三十％と七十％との割合は更に大きい違ひが出来て来得るものと考へるのであります。それから第二には従来満洲に於て全体が何ともつかない、まあ銀に近い本位制であるとは云ひ乍ら、訳の分らない幣制であると云ふのに日本側だけが非常に秩序ある制度を探って居ります。殊に金本位であると云ふことが邦人の経済発展及び投資上に非常な支障であったと云ふことも、これは隠れない事実であります。これ等を静観致しますと、私は将来の邦人の発展及び邦人の投資と云ふ上から云へば、金であることが甚だ好都合であると云ふことが推論出来ると思ふのであります。若し仮に銀本位を探って徹底的に関東州も附属地も銀本位制を取ったならば、邦人の今後の投資に於て不便である許りでなく、現在遣って居る満鉄始めその他の企業と云ふものは一体何う云ふ関係になるかと云ふことを考へると、甚だ複雑、且つ邦人の進出に支障を来すのではないかと考へるのであります。而して次に支那人の投資は金本位制になれば逆に不便になり不利益であることは無論だと思ひます。その点に就て余り露骨に主張することは差控へなければならぬと思ふのでありますが、従来満洲に於てこの支那人の経済的発展が目覚しいものであるに拘らず、邦人が甚だ遅々として進まなかったと云ふ反面には色々原因もありませうが、投資或は経済上の発展に支那人側の方が遙かに好都合であったと云ふことも考へられるのでありますが、若しこゝに金本位制を採用するに於てはこれが逆転してさうして邦人の経済的進出に余程便益を得るのでないかと考へるのであります。又只今申上げましたやうに満洲に於ける金産額と云ふものは甚だ数字を掴むのに困難なのでありますが、従来の推定から致しましても五百万円乃至一千万円の産金はあったかのやうに見られるのでありますが、若し今後秩序安定し企業がノルマルな状態になるならば、北満の砂金或は金鉱と云ふもの、開発は余程近代的になることが出来るのであって従来の産金状態は御承知の通り匪賊及び官憲の乱暴な扱ひ方、及び原始的な技術を持って採金を致して居ると云ふことに非常な欠点があるのですが、それ等が取除かれると云ふことになれば産金額は更に増大するものでないかと考へられるのでありまして、既にこの南満洲に於きましても原始的な方法で行詰った状態でありますが、若しこれを近代の大規模の企業方法に依るならば産金額は相当に見得ると云ふことは、専門家の見を一にして居る所でありましてとれも相当期待を持ち得る。斯う云ふふうに金の産出と云ふものが相当期待出来るに反して銀の産出と云ふものは殆んど見込みのないと云ふ実状、及び先程申上げた日本と満蒙と云ふもの、経済関係、殊に日本の満蒙に対する経済的発展の好都合と云ふ点から考へますと、日本は大体に於て入超であり満洲の状態は先程来申上げましたやうに出超であると云ふ点を彼此考慮すると、そこに余程面白い関係が結付けらる、のでないか、又甚だ自然な関係が生ずるのでないか斯う云ふことが考へられるのであります。余談になりますが、一体、私は従来、満洲の日本の経済的発展に最も重要なることは、日本の一体、為政者或は有識者或は資本家と云ふものが満洲に対して本当に満洲の開発を希望して居るか何うか、又満洲の資源を期待して居るのか何うか、所謂経済圏を一にすると云ふ点に甚だ撞着のものがあり、甚だしきに至っては寧ろ満洲が経済的に色々な開発がせらる、ことを厭ふ者が色々な意味に於て色々な部分に於てあったので御座います。それを綜合すると大なる経済上の期待を満洲にかけて居らぬと云ふことになるのでありますが、これは是非はっきりしたものにしなければならぬと思ふのであります。それに就ては又機会を得て申上げたいと思ひますが只今申上げましたやうなことが大体考へられるのであります。然し乍ら反面に於て銀の本位と云ふことに就ても相当利点が考へられるのであって、若し満蒙の開発をのみ本意とするならば恐らくは銀本位の方が好いのでないか、斯う云ふことが考へられる。殊に三千万の民衆の内国貿易を円滑にすると云ふ上から云へば寧ろその方が余程便利であり、又彼等の感情も甚だこれを歓ぶものがあるかも知れないと思ふのであります。又先程申上げましたやうに満洲の銀貨国に対する貿易、即ち支那に対する貿易は約三割と云ふことでありますが、その三割と云ふのは非常な細かい又多数の支那人に依って取り行はれて居るので、銀貨国としては僅に三割であるけれども、実際はトラブルその他の点から云ふと恐らくは金貨国に対する七割よりは余程複雑なものでないかと考へられる。その点に就て果して如何様な結果になるか。又次には支那人が大体銀に親しみを多く持って居たと云ふことからして、これが金本位になると云ふことがどんな心持に受け取られるか、仮に政府の力を以て完全な法貨と致しましてもその点に於て色々な不平不満と云ふものが起るのでないか、又第三国がこれに対して如何様な態度を取るかと云ふことも決して無視することの出来ないものでないかと思へるのでありますが、第三国の問題に就ては御承知の通りに少くとも今日に於て、金と銀が何方が好いかと云ふ根本的の問題に於ては私は大体文明国が金本位を取って現に日本がこれを取って居ると云ふ点からして、金が好いものであり、又ケンメラーの如き者も又これを主張して居る。支那識者に於ても多年これを取って居るものもあると云ふやうなことを考へると云ふと、これが全く違ったものになるならば或は日本の本意に就て色々な揣摩憶測もあり、又これに乗じて第三国の策動も起り得るかと思ひますが、金本位であると云ふと先づ大したことはないのじゃないかと云ふことも考へらるゝのでありますが、兎に角支那人の感情、延いて第三国のこれに対する態度と云ふことが相当考慮に入れるべきものだと思ひます。次には銀の利益は大連港と云ふもの、中継貿易、これは支那が金本位を採用しない間は大連を中心として北支那、或は南支那等の関係等に就て満洲内地との貿易以外の中継貿易に対して銀である方が利益でないと云ふことも考へられますが、斯う云ふやうな点が大体銀本位に就ての利益な点だと思ひます。それから又先程来御述べになりましたやうに、複雑な幣制であるとは云ひ乍ら、大体に於て硬貨は僅かであるが銀であり、又大部分の紙幣と云ふものも大体銀に傾きつゝあり銅本位から余程離れたものになって居る。斯う云ふやうな実情からして、仮に金本位が好いとしてことに決定しても、これに移り変るのに一体何う云ふ順序と何う云ふ準備が要るかと云ふことになりますと、私は専門家でないので分り兼ねますが台湾の例、朝鮮の例、或は印度に於ける例、英吉利等の例を考へましても相当の日時を要するのであって、まるきり白紙に金本位だ銀本位だと云ふ訳に行かぬのであります。殊に銀本位の場合に比して金本位に変ると云ふことには面倒と複雑性があるかと思ふのであります。然し乍ら理論的に考へて見ましても一遍に幣制が変り又確立せらるゝと云ふことの方が、二度手間の一遍銀に直して金に持って行くと云ふよりは余程経済的には利益であると云ふことが想像せられるのでありますが、さっき申上げたやうな支那人の実際上の利便、及び感情又は第三国のこれに対する態度と云ふやうなことを充分に考慮します時に、金本位に直ちに移ると致しましても、その手段方法に就ては充分に慎重に実行にかゝらなければならないものだと思ふのであります。只特殊の満洲に於ける事情としては軍部をまへに置いて申上げるのは甚だ烏滸がましいと思ひますが、新国家が建設せられたとしましても、始めに於て三千万民衆の心を掴むと云ふことはさう難しいことはないかも知れませぬが、これは年の経つに従って色々な障害、或は第三国の故障、或は根本的にものを改革すると云ふことが甚だ困難な事情がありはしないか、さうすると経済上から云へば銀本位にして、それから金本位に移ると云ふことが好都合のやうである場合でも、只今申上げたやうな関係からしてそれが困難、或は非常な面倒な事態に陥ることがありはしないか、さう考へると寧ろこの際に貨幣に対する確乎不動の制度を確立して、所謂貨幣に対する憲法を定めて、さうしてこの新国家はそれを何年計画かで順序に依って実行すると云ふふうに、直ちに金を掲げることの方が利口じやないか又得策じやないかと云ふことが考へられるのでありまず。勿論素人であり未熟なもの、述べる所で寧ろ御笑草に過ぎないか知れませぬが、私の卑見、又私の只今考へて居る所を卒直に申上げて御批判を請ひたいと思ひます

木村　私は只今着いた許りでありまして、全くの只不断考へて居ります理想案を申上げて諸君の御批判を仰ぎたいと思ふのでありますが、只今田村さんから当然金本位を取ったが宜からうと云ふ御提案でありましたが、至極私も同感であります。従来支那に於きましても何とかして金に移りたいと云ふので色々な案が出て居ります。ケンメラーに至る迄金を取らうと云ふことが目的であって、只俄かに金に移り難い為に過渡的な方法として色々な案が提案せられて居るのでありまして、金を取ることの好いことは素より申す迄もないこと、考へます。只問題は要するに如何にして金に移るかと云ふことが非常な問題であるのでありまして、その方法さへあれば金に移るのは素より恐らく問題のないこと、考へます。同時に斯う云ふ貨幣と云ふ制度の急激な変更は国民の経済生活の基礎に非常な動揺を与へるのでありますから素より急激な変更は取れないのであります。漸進主義で行く外なからうと思ひます。私の考へて居ります案は金塊本位制度とでも申しますか或は金兌換本位制とでも申しますか、要するに一定の金塊準備の下に於て兌換紙幣を発行して、その金の紙幣で漸次統一を図って行くと云ふ案なのであります。どう分り易く一口に申上げますれば、現在の貨幣は御承知の如く非常に複雑して居る幾多の種類の通貨があるのであります。どうせ複雑した通貨でありますから更にこの機会に於てもう二つ通貨を殖やす。今申しました金塊準備の下に於ける金兌換券と云ふ二つの通貨を殖やすのであります。漸次この金兌換券に依って統一して行く。それには或は十年か、りますか二十年か、りますか、案外早く国民の信頼を得るならば意外に早く出来るかも知れぬと思ふのであります。実際に於て満洲が都合の好い点は三つあります。第一に金の産地を持って居ることが第一、第二は先程の御話の様に貿易が輸出超過である。貿易が鈩出超過である以上は素より国際貸借は分りませぬが非常な大きな受入勘定だらうと思ひます。もう二つの点は満洲では銀と申しますもの、先程伺ひますと銀の現銀の流通は極めて僅でありまして殆んど紙幣の流通であります。云はゞ満洲の住民は長い間紙幣に慣れて居る。紙幣の取扱に慣れて居る。この三つが以上申しました金兌換券で以て統一する上に於て便宜な状態に立って居るのでないかと私は考へるのであります。斯やうに致しまして一種の金兌換券を発行してそれに依って漸次それが住民の信用

を得ると同時に、流通範囲が殖えて来ると云ふ様な自然に委せた統一方法を取るのが好いのでなからうか、必ずしも権力を以てこれを強制すると云ふことよりは寧ろ信用のある銀行に依って発行された金兌換券が年一年と住民の信用を得て流通範囲が殖えて行くと云ふ方法で以て自然的に統一すると云ふのが、一番経済状態に大きな変動を与へないで済むと云ふことに於て都合が好いのでなからうか知れぬと云ふことを実は漫然と考へて居るのであります。斯やうに致しまして漸進主義で行くと致むますれば必ずしも多額の準備を必要としないのでありまして、少額の金魂準備があれば遣って行けるだらうと考へます。只多少これを実行するに於て幾分か変態的な方法を取らなければならぬと考へるのでありますが、若し左様致しまして兌換券を発行致しました場合に於て盛に兌換の請求が起りはしないかと云ふ点であります。これは素より支那のやうな国斯う云ふ国に於きましては或は経済界の変動其他に於きまして或は将来政変と云ふことがないとしました所で、兌換の要求があると云ふことは予め想像しなければならぬと考へます。国内兌換に対しては一定の制限をすると云ふことの必要が或はありはしないかと思ひます。これは一向差支へないのでありまして、一人一日幾らだけ兌換に応する而も全体の兌換高も一口幾らと云ふやうに制限しますれば、さう無暗な兌換が起り得るとは考へられないのであります。素より国際的に金を使ふと云ふ事があるであらうから、対外的に対しては兌換に制限を付することが出来ないのであります。これも隣りに支那本部と云ふ国が控へて居ります以上盛なスペキュレーションなんか行はる、所でありますからして、或は国際貸借の必要以外の対外的兌換の必要が起らんとも限りませぬ。それに対しては寧ろ金為替手形で以て兌換する。紙幣を持って兌換を要求して来たものに対しては金の為替手形を与へると云ふ方法を以て対外的兌換に応じます。さう不必要なスペキュレーションに依る兌換はさう多く起らないと考へるのであります。左様致しますれば必ずしも多額の金塊を準備しなくとも少額の金塊で、最初の内は朝鮮銀行の金票を準備金に当てると云ふことでも兌換券を発行することは出来はしないか。漸次流通範囲が拡大せられ信用が起って来るに伴ひまして準備金を殖やして行く、と云ふやうな方法ならば必ずしもさう難しく考へなくとも遣って行けはしないかと私は想像して居るのであります。尚ほ細かい色々な点に這入って行くと云ふと何う云ふ金単位制を取ったが好いかと云ふことになりますが、只これは私の漫然たる臆算に過ぎませぬが或は半グラム辺りの金単位が丁度好いのでないかと云ふことをぼんやり考へて居る次第であります。日本の略々現在の幣価の六十何銭かに当るのでありまして、これならば略々現在の満洲にあります一円銀貨の価値と大差はないやうに考へます。貨幣単位が急激に変ると云ふことは矢張り経済生活に変動を与へますからして、現在の銀の一円と略々同じ位の額のものを金単位として極める。日本が何うなりますか分りませぬが、今の状況では或は近い将来に幣価が下がるのでないかと想像せられますが、さう云ふ場合にも切り下げらる、のでないかと思ひますが、その場合に於ても六十何銭と云ふのが、その位の点でないかと思ひますので、旁々以て半グラム辺りの金単位の制度を作って行くと云ふことにして、漸次これに依って統一せられますならば、それに適応して現在銀を基礎にして居る斯の凡ゆる施設機関と云ふものも、その年限に応じてそれに適応せしめて変って行く。現に日本の銀行の紙幣も出て居りますが、それも今申上げましたやうに金の兌換券の流通区域が拡がると同時に漸次それに応じて整理して行くと云ふやうな方法、これならば或は実行し得らる丶案ではなからうかと私は只単に机の上の考へに過ぎませぬので、色々実際方面に御経験のある方からこの機会に御批判を仰ぎたいと思ひまして一種の理想案として申上げた次第であります

武部　一寸御質問したいと思ひますが、金塊本位制になった場合の準備額は極く少額と云ふ御話でありましたが、正貨準備は四割、五割とか大体標準が各国にあるやうですがその辺の見当は何の位の割合に御考へですか

木村　そこ迄詳しく考へて居りませぬが、これも最少の金兌換券を出しまして、それを主として何う云ふふうに最初使はすか、或は政府の収支は総てそれに依って遣る。或は通信、交通機関総てそれに依って収支を遣ると云ふやうな方法の如何に依って自然違って来ると考へますが、始めからこれを多く使はすと云ふことになると自然多くの準備が必要になりますが、以上申上げましたやうに或る点迄兌換を制限しますれば金塊準備は素より三割位で充分だらうと思ひます。勿論その発行高に依って極まる訳でありますが

武部　大体三割見当ですか

木村　はあ三割見当であります

渡辺　一寸御尋ねします。只今の御考案の金の兌換券を仮に発行致しまして、先づ日本の金の六十銭位の半グラム位の兌換券を出したとしますればその必要は何う云ふ点にあるので御座居いせうか、日本人が今の満蒙に発展する方法として必要と考へるのでありませうか、或はこの支那の民族の為に必要と御考へになるのでありませうか、兎も角も日本の円金と違ったこ丶に金の或る標準を設けてそれに統一して行かうと云ふ、即ち殊更に日本の貨幣と又違った金単位を作ると云ふ事の御必要は奈辺からそれが出て居るので御座いませうか、それを伺ひたいと思ひます

木村　先程田村さんでございましたか、金本位にしたら宜からうと云ふ御話で充分尽きて居ると思ひましたから、ここに申上げませぬでしたが、従来の銀本位と云ふのか知れませぬが銀を貨幣にして居ると云ふことは只要するに一種の習慣上の隋性であって、何うも抽象的に考へて何等そこに利益があると考へられないのであります。我々としましては要するに金は今日の国際貨幣であり尚ほ将来も国際貨幣であるものと考へるのであります。その国際貨幣を一国が貨幣として居ないと云ふことに於て幾多の不利益があるのは当然でありまして、それに依って利益が得られると云ふことは今月の進歩したる経済の中に於て何うも考へられないのでありまして、殊にその銀を生産すると云ふのであればこれは相当利益が考へられます。何等自国に銀を

産せずしてからに、その他国の商品として居る銀を、而もその銀の価格は絶えず何等自国が支配出来ないで他国が銀の価格を支配して居る。さう云ふ商品を一国の貨幣として居ると云ふ事に依って得る所の利益と云ふものは只単に多年の慣習に依る隋性に依る所のものでありまして、何等そこに利益があると考へられないのであります。矢張り国際貨幣である金を貨幣として行くと云ふことはこの国自体から見ましても利益であり、殊に日本の立場から見まして利益であることは申上げる迄もなからうと考へるのであります。貿易の上から考へましても投資の上から考へましても只従来支那で銀本位と云ふ議論が残って居りますのは、要するに通貨の統一と云ふことが先づ先決問題であり、通貨の統一なくして如何なるものを本位とした所で意味を為さない。通貨を統一するならば寧ろ矢張り従来の銀の侭で統一した方が統一し易いではないかと云ふ点から、銀本位と云ふものが残って居ると私は考へるのであります。でありますが然し乍ら私は通貨の統一と云ふことは銀本位だからし易い。金だからし難いと云ふことは五十歩百歩の議論じゃないかと思ふ。寧ろ銀本位に統一して金本位に進むものならば始めから金本位制度を立て丶通貨の統一をやって行く方が一挙にして両方の利便が得られるのではないかと考へて居るのであります。尚ほ日本の金と離れたこ丶に別の金単位を作ると申上げましたのは、先程申上げましたやうに貨幣単位に急激な変動を与へると云ふことは経済生活の基礎を動揺せしむると云ふ弊害が起りはしないかと云ふので、現在の銀と稍々近いやうな価格の金単位を作ったら何うかと云ふことを申上げたのと、もう二つは現在日本の円と云ふものは何う云ふふうになりますか、恐らくは旧平価の解禁は先づ私は不可能でなからうかと考へて居ります。早晩日本の円と云ふもの丶平価は切り下げられるものでなからうかと考へますので、旁々以て寧ろこ丶に更に金単位を作ったら何うかと考へる次第であります

首籐　私は本位を銀に置くと云ふことに就て意見を申上げます。で満洲のこの貨幣制度を何で定めるかと云ふことに就きましては実際にそれが実行し得るものでなければならぬ。さうして又直ちにそれが財界を安定せしめ得べきものであるものを選んだ方が宜からうと考へます。世界の金偏在の現状に照しまして満洲を純然たる金貨制度に改めようとするやうなことは今日殆んど問題となりませぬと思ふのであります。又日本の通貨を満洲に延長拡張しようとするが如き急激な変更は他日諸般の政治経済状態が安固な状態に進みまして後に始めて考慮せらるべき問題でありまして、事変後非常な財界混乱の状態の下に更に一層その大変化を与へると云ふことは政治的にも面白くないと思ひます。又それが為に非常な困難を伴ふものでありまして殆んど実行不可能のことではないかと信ずるのであります。で満洲今後の開発施設には素よりこの物資の輸入を必要と致します。これに対しては又外資の輸入も起って参りませうし、又国際貸借に就ては一概に支払勘定、或は又受取勘定と云ふことをこ丶に論断することは出来ませぬけれども、旧軍閥が非常な軍費、その他の搾取を敢てしたに拘らず、幣制が紊乱して居る中にも尚

ほ且つ不換紙幣が通用力を失はなかったと云ふことは満洲の偉大なる農産物鉱産物の輸出に負ふ所が大きうございますから、将来軍費の節約と地方民衆の福利増進の行政施設と相俟って銀兌換の基礎を確立しますれば、現在満洲で持って居ります銀準備金が彼是四千万元乃至四千五百万元ございます。でこの上に更に莫大なる数量を加へなくても直ちにそれを用ひて準備に充ることが出来るのであります。でその上に屈伸自在である上海の銀市場に準備を備へて、所謂銀為替本位と現大洋兌換の併用を致しますと銀塊本位制と云ふのを布いたならば、最も合理的に兌換の基礎を確立することが出来るのであります。若しも金本位制を無理にこゝに置かんとしたならば銀の低落せる今日更に莫大なる銀準備を売却致して金に換へなければならぬ。而も満洲の比較的この狭小なる経済単位に於きまして、金の無制限兌換と云ふことは果して可能でありませうか、殊に隣邦上海の強大なる金銀交換市場のあります限り、その比価の変動に依りまして一朝にして満洲の金準備を脅かすことは想像に難くありませぬ。従って金輸出禁止の悲況に必ず陥るのであります。又実際金準備を設けなくて内地通貨の拡張としましてその準備を内地に置くと仮定しますとこの場合に金準備の脅威を受けることは依然同様であります。それ許りでなく日本銀行の負担にそれは転嫁せらるることは勿論でございます。銀本位の場合に比較しましして金本位は非常に強大なる準備率を要することを覚悟してかゝらなければならぬ。而も金輸出禁止中の今日では内地通貨の拡張は不適当と考へます。又満洲の通貨が日本の通貨の同様に依って常に直接動かされると云ふことは新国家として面白くないと思ひます。世界的に金の偏在せる現状に於きましてば銀も亦一般商品と共にその相場が騰落致します。詰り金から申しますれば商品の下ると同様に銀も下る、上る時には上って来る。斯う云ふ訳でありますからして銀貨国に於ける物価は割合に平調を保って行くことが出来る。自然の調節がその間に行はれて従って銀貨国に於ては正貨輸出禁止の必要も起りませぬ。又平価切下げ論も生じて参りませぬ。詰り対内物価に非常な変動を与へないで生活は安定を期し得るのであります。特に又満洲が自足経済であって輸入商品にかゝる物価騰貴の影響を蒙ることが少い理由と共に、寧ろ幸ひとする所であります。満洲一般民衆の旧慣を一時に破ることを避けて民情に適合し而も最も合理的に且つ経済的に幣制を確立するには銀塊本位制を措いて外に求めることは出来ないと信じます

渡辺　一寸御尋ねします。若し銀本位を取りました時に只今の銀塊本位と新貨幣を鋳造すること、の関係は如何なりますか、その点に就きまして新国家が銀塊本位と致しますと今現にあります現大洋、或は正金の持って居る昔の日本の円銀、或は馬蹄銀、その他のものが一切銀塊と見られることになる訳でございますか

首藤　銀塊本位制と申しますのは銀の分量に依って兌換をやる、こゝで申しますと現大洋――詰り一円銀貨のやうなものでございます――その中に含んで居る銀の分量、さうしてこの円いのは本位貨ではありませぬ、これを以て兌換に応じますけれども、

詰り名目貨幣と申しますか、現大洋になる訳です。さうしてその分量、これを現実に申しますならば約百円の詰り現大洋百枚であります。その中に這入って居ります銀の分量を上海のテールに換算しますと七十二テールの中に同一の銀が這入って居ります。それでございますから七十二テールで上海で兌換する。詰り兌換するものは銀の分量で兌換すると云ふ意味でございます

渡辺　私の一寸御尋ねしたいのはそれと一寸違ひますが、銀塊本位と致しました時に今の大洋若しくは小洋、日本の円銀と云ふものはこゝでは貨幣たる性質を失ふ。それが兌換に際してはそれの純分に依って兌換すると云ふことになって、あれは貨幣たるものではなくなる訳です。名目貨幣でもなく更にそれは大洋票として

首藤　名目貨幣に兌換する時は袁世凱弗も円銀でも、その他色々の銀で兌換し得る

渡辺　こゝの新しく発券する貨幣の標準でございますね、これを今の元と云ひますかテールと云ひますか何と云ひますか新しい名をつけます。で今迄の大洋票と全く違ふものになります。新兌換券、その新兌換券を名目如何に拘らず兌換せらるゝ場合にそれが準備になる訳ですか。銀塊としての、詰り渡す時にその準備の如何に依って大洋で渡す場合と小洋で渡す場合と、九百円の銀と五百円の銀と相違がありますから、目方が違って来ると云ふことになります

首藤　それは実行は斯う云ふことになります、現大洋票の五円札がある。その場合に

渡辺　新紙幣に依って

首藤　新紙幣の現大洋票となりますと現大洋の五弗となり、今あるそっくりで好いのです

渡辺　名前は現大洋としましても、さうすると今の現大洋はその侭通用します。小洋を持って来た場合には

首藤　補助貨のことを云ふと

渡辺　銀塊となりますから馬蹄銀でも好い。馬蹄、銀で兌換する時に銀塊の純分に感じて或は量目を以て兌換すると云ふことになる

首藤　さうです。百円に対して七十二テール

渡辺　目方で七十二テールの

首藤　上海の七十二テールの中に這入って居るむのが百枚の現大洋の中に這入って居るものと同じ純分の目方になる訳です

渡辺　さうしますと、こゝに兌換券が流通すると同時に丁度現大洋と云ふものと同じ紙幣を出した時分に現大洋が硬貨としては流通になるかも知れませぬけれども、さうすると今の支那の総ての現大洋と云ふものが矢張り満洲に硬貨としては流通することになるのですが、それはならぬと考へるのですが

首籐　さうなります。詰り之を考へましたのは、準備をなるべく少くすると云ふことが二つ、それから将来金本位に進む時に所有して居る銀を売る高をなるべく減じよう。詰り丸い袁世凱弗なり其の他の丸い弗銀は是は支那一般の通貨です。其の始末を自分でしないですむ。若しも此処にある貨幣を新しく鋳造す

社会評論社◎新刊案内

2004.2.16／No.040

【2月10日刊】

マニュアル 障害児の学校選択【2005年版】

やっぱり地域の学校だ

●野村みどり・山田英造＝障害者の教育権を実現する会

いま、「障害児も普通学級へ」の運動が全国各地で展開されている。その運動を自ら担ってきた親と教師が、「要求の出し方、運動の進め方」「学校生活の問題点」「地域校就学をめぐる法律解釈」など実践的事例をわかりやすくまとめたマニュアルの最新版。

四六判並製／2000円＋税

フリースクールの授業

楠の木学園で学ぶ若者たち

●武藤啓司編著

1月8日刊／四六判／2000円＋税

創立一〇周年を迎えた横浜にあるフリースクール。「学習障害児」「多動」「自閉」、そして「不登校」などと呼ばれる若者たちが学ぶ。「一人ひとりの個性に即した教育」を試行錯誤する教師たち。各教科の担任による日々の授業のリアルなレポート。

〒113-0033 東京都文京区本郷2-3-10 tel.03-3814-3861/fax.03-3818-2808 http://www.shahyo.com e-mail: info@shahyo.com

玉川信明「和尚ガイドブック」——全4巻完結

和尚《ラジニーシ》、聖典を語る

インドの神秘的瞑想家の聖典論のエッセンス。老子「道徳経」、イスラム神秘派「スーフィの逸話」、ヒンドゥー教「イーシャ・ウパニシャッド」、タントラ密教「サラハの王の歌」など古代の聖典を現代に蘇らせる。科学、芸術、宗教の融合をめざす和尚の講話。

12月8日刊行／四六判並製／2300円＋税

◆和尚（一九三一―九〇）インドの農村で生まれる。大学の哲学教授を経て旅の時代に入る。一九七〇年から霊的・秘教的な講話を定期的に始める。講話本は六〇〇冊以上発行され、邦訳本も七〇冊以上にのぼる。

和尚《ラジニーシ》の超宗教的世界

トランスパーソナル心理学との相対関係

世界の若者を魅了した和尚の膨大な講話に表出されているキーワードを一六項目に分類。TP心理学を援用して、その精神世界を解析する。

2000円＋税

和尚《ラジニーシ》、禅を語る

従来の禅が武士たちの世界で発達した男性的な禅であるのに対し、和尚の禅は愛の営みにも似た合一の禅であり、柔和な、女性的な禅である。のびのびと自然に成長し、花開いていく〈悟り〉への道。

2000円＋税

和尚《ラジニーシ》、性愛を語る

和尚のテーマは瞬間的であり、無限であるがゆえに、彼の講話は混沌としている。その混沌の中から、これまでの通俗的な性概念をひっくり返す性愛論を抽出する。

2000円＋税

る。さうすると本位貨が若し銀を金にすると云ふ時には発行した銀の始末から掛って来なければならない。是は丁度印度がルピー銀貨で非常に非道い目に遭って居るのと同じだ。さう云ふ方法とそれから又準備も今の上海の市場を使ふと云ふことになると、準備も余程少くしてエラスチックになりますから準備を少くする。将来転換する時に負担を少くする。私の案は総て実行本位の案をやって居る。金本位が宜いとか銀本位が宜いとか云ふことより実際出来ることでないと此の際いかんのだと思ひます。茲に四千万円の銀塊の処分は容易ならぬことであります。是はやってもさうして金に変へてそれは非常な危険な話、先刻から色々な御説明もありましたが、金本位にして金の需要高が、為替本位でも宜しうございますが、為替本位でも矢張り金は為替の兌換を要求された時に払ふ金が無くて本位を持って居ると云ふことは不可能なことだと考へます

花谷　本位は何ですかね。後に日本の領土になった時には

首藤　極めてやさしく金本位に移ることが出来る。詰り現状の侭で行かうと云ふのが案である。現状の侭、幣制の改革と云ふことにお取りになると大変面倒です。現状の侭より少し都合好く、詰り銀塊本位にしたこと丈けが違ふ丈けです

渡辺　首藤さんに伺ひますが今の御論は日本側を除いた新政府丈けの見地に於ての問題ですか

首藤　実行問題としては現大洋が確立しますと正金銀行の鈔票は自然不必要になると思ひます。私の考へでは朝鮮銀行の金票は矢張り其の侭に残して置く。詰り自然の、何方か自然に任せる。さうして銀の方が好ければ銀本位に行く。金が好ければ金で行く。詰り朝鮮銀行の金券は関東州並に附属地に於ては法貨とそれ以外の所に於きましては銀塊本位

田村　さう云ふことになりますと私がさっき申上げました前提の二つと先づ反する訳で、さうすると当分幣制は附属地、関東州は別個の物になると云ふ風に考へますが、それから拠って生する不利益、不便はお考へになるのか

首藤　私は決して不利益にならぬと思ひます。決して貨幣が附属地に於て金があり其の余の所に於て銀があって一かう差支へない。是は大変妨害して居ると解釈して居るのは未だ未だ実際の状況が研究に到達して居ないのでないかと考へます

田村　さうでせうか。少くとも日本から新しく投資をしょうと云ふ人達に対して附属地或は関東州に於ける事業ならば宜いが、此の後はそれ以外に出ると云ふことに重きを置かぬといかぬと思ひますが、其の場合に私が懸念することは発生しやしないでせうか

首藤　私の考へは工場を門司に設立することも奉天に工場を持つことも事業に於ては何等違ひがないと思ひます。一方の投資を持って、一方の資産を持って、是が只帳簿の上で金と云ひ銀と云ふ丈けの話で少しも其の間に変わりがない。只茲に問題になることは流動資本、若しくは損益勘定、是が影響を蒙る。それ以外に於て何等ない。然し事業の盛衰は必ずしも貨幣ばかりでない。色々な経済関係で動くのですから妨害されると云ふけれども時には利益がある。必ず損すると云ふ定まったことはな

い。利益がある場合もあり損する場合もあるビジネスリスクと考へて宜いのである。殊に一番私が大切に思ひますことは今迄輸入商なんかゞどうも困って居ると云ふことを聞くのでございますが、詰り輸入商が、輸入商と云っては語弊がありますが、雑貨商、日本から雑貨を金で仕入れて金で売ると云ふことはやって居るが、是は日本人相手ばかりでやって居る。支那人に何故進んで行かないか、もう少し。其処は決して貨幣の相違ではないのです。商品を茲に持って来て貨幣が違ふからと云ふ理由で、不便であることも、寧ろ無智であると私は之を言ふのです。又実際に於てお得意さんは何であるかと云ふと、支那人を得意さんに持たなければならないのが日本人ばかりにしか売って居ない。もう一歩進んで支那人を相手にすると云ふことを考へる時は、何でかう云ふ物を金で売らなければならないと云ふことがあり得る訳はない

田村　其処に私は疑問を持って居りますが、議論になって甚だ恐縮ですが、金本位で然も金で仕入れた商品を一方では金で日本人に商ふと同時に、支那人に売らなければならない時に金で買って呉れゝば宜いのですが、金と銀と両方通用して居ると矢張り銀しか持って居ないと云ふ支那人に売るには売り難い。支那人も買ひ難い。それを直ちに商人の無智であると云はれますけれども、日本のアベレーヂの人間と云ふものは、貨幣の変った物に対して即ち所謂外国為替に対するはっきりした頭を持って居る者は少い。大きな貿易商でも随分怪しい様に私共思ふ位で、是が今日附属地に居って外に延びることが出来ない二つの原因であると考へて居るので、従来は私は新政権新国家が出来ないとするならば寧ろ須らく銀本位に依って関東州、附属地共に銀で始めから行くと云ふことを多年主張して居った訳で、根本に非常な狂ひが出来て来る訳で、私は今お話のことに就てはさう云ふ議論を止めて置きたいと思ふのであります。それで私は先程前提として関東州、附属地及び新国家、新しい領土を打って一丸とした二つの幣制を確立すると云ふことを申上げた訳です

首藤　私はそのことに就きまして、私が今申上げましたのは、詰り出来ることであるならば、関東州も其の他の満洲も同一貨幣、或は言葉の如きも同じ言葉であったならば全く結構であるが、却々是を一朝一夕に言葉迄一緒にして使ふ貨幣迄一緒にすることは困難な事情でないか。然らば今日何等施設することが出来ぬかと云ふと、此の次には統一に進むのが目的です。或は必ずしも金本位が金科玉条でない。銀本位も悪いかも知れませぬが、統一すると云ふことに就ては田村さんの御説の様に私も非常に賛成でございますけれども、それが今日に於てやるとすると云ふと非常に茲に準備を持たなければならない。さう云ふ困難をどうして除くことが出来るか

田村　猶その点に就ては先程

首藤　それで矢張り将来金本位が、若し各国とも金本位を復活すれば、今は金本位で殆んど全世界が倒れて居ると云ふ状態である。それで何故此の際金本位に一足飛びに行く必要があるか、御趣旨に於ては或は一致して居るのですが、其の階梯として今

やるべきことは其処迄進むのでないじゃあないかと私は考へます

田村　私は先程申上げましたことを一寸補足致しますと、本位其のものに就て金が宜いか銀が宜いかと云ふことは今茲で論する問題以外でありますが、通説に従って日本の現状、実情並に文明国の貨幣制度に対する実情と云ふものを基礎に置いて、稍今日に於て金本位制の欠陥或は懐疑の説が無いとは存じませんが、先づ此の度は金である。例へば日本は現在金輸出禁止になって居りますが、今の侭で解禁されぬと云ふことは、私も木村さんと御同様考へて居りますが、或はどう云ふ風な額になるか知りませんが、平貨切下げと云ふことは当然来たるべきであらうと思ひます。英国も亦同様な運命であらうと思ひます。金本位其のものが動揺して居ると云ふことは考へて居ないので、それを出発点として申上げたので、従って今回の御諮問に対しては其の実情に即して金を主張致します。其移り変りに就ては今のお話の様に持って居る銀塊を処分すれば損を生ずる。又其他の点に於て色々不便があると云ふことは重々承知して居りますが、我々が二つの改革、二つの理想を実現せんとするならば、はっきりしたものを掴んで、それに行く方法としては人に依っては五年或は十年或は即刻断行と云ふことを云ひますが、方法論であって、私伺ひますと方法論である様に思ひますが、究極語って居るのは金本位である。富士山の頂上が目標であるのを、それが富士山の頂上であるか新高山の頂上であるか、行先がはっきりして居なくてはいかない。方法論に就ては専門家の御説、実情をよく調査して、それに大した支障の無い様に行くべきことは極めて当然なことで、非常に金の場合に疑念を抱いて居られますが、私は大体に於てさっき申上げました様に、満洲が金産地であると云ふこと、出超であると云ふことを二つ合せて、是は殊に後の方法論で場合に依っては申上げたいと思ひましたが、外国でスペキュレーションで金の取付けに合ふと言って居られますが、其の点になると場合に依ると満洲の大豆と云ふものは、或る程度迄新国家がハンドルして参って、はっきりとした金券を流通させる道を講じ、はっきり金を海外に於て握る道を講ずることが出来るじゃないか、他の国ならば兎に角満洲に於ては張作霖時代も実は実行して居ることで、それに倣って或る程度のことをやれば出来るのでないかと云ふ、随分乱暴な様ですが過渡時代としては其位の方法は、手持として銀塊を安きに於て処分すると云ふ道を講じないでも自ら処置はつくじゃあないかと云ふ考へ方を私は腹に持って居った訳であります

松崎　私は満洲の問題に就きましては素人でございまして皆さんの御話を承りまして寧ろ啓発されるところが多いのでありまして、一から意見は満洲問題に就てのみではないのでありますが、然し今首藤さんのお話田村さんのお話或は木村さんのお話を承って卒直に感じました点は、詰り首藤さんのお話は現状の侭で何等差支へないと云ふことは少し言過ぎませうが、現状の侭で差支へない。色々な意味の貨幣が流通して差支へないと云ふお話でありますがどうも私が畳の上で考へますと、どうもさうは取れないのであります。詰り日本が金本位制であり、満洲

が銀本位制である為に色々な支障が生するじやあないか。関東州や東三省の関係に於ては田村さんのお話の様に支障が起ることもあるじやあないかと思ひます。詰り金は銀に対して相場の変動がないなら銀で差支へないじやあないかと首藤さんが仰有います様に、銀の相場が変動すると云ふことが銀本位制を取ることの出来ない二つの重大な原因でないかと思ひます。さう致しますと詰り銀と云ふものを永久に持って居ると云ふことは、今の制度を宜いとして取って居って、将来どう云ふことになるか分りませんが、少しも差支へないと云ふことは、どうも私共考へまして肯定が出来ないのであります。もう二つの問題は金本位制がどうなるかと云ふことでありますが、満洲に関係はないのでありますが、成程今世界の金本位制は毀れて居りますが、私其の畠でありますから申上げたいのであります、毀れて居りますが然し総ての国、総ての人が金本位制を全然脱退しようと思はない。金本位制は改良された形で将来存続すると思ひます。私共考へますに金本位制は今迄の形ではいけない。将来必ず金本位制それ自体が改良されると思ひます。然し金本位制は無くなるやと云ふと無くならない。矢張り国際関係に於ては金を使用すると云ふことが相当に可成り根強く頭に這入って居ると考へます。さうすると金本位制と銀本位制と何方が宜いかと云ふと、改良された形に於て金本位制が宜いと云ふことが当然だらうと思ひます。満洲に於きまして現在新しい国家が出来ました場合に如何なる制度を取った方が宜いかと云ふことを考へますと、私は矢張り何の道矢張り金本位制を採用するのが宜いじやあないかと考へます。首藤さんは金の偏在して居る今日、金本位制は困難と仰有いましたが、将来に於きましての満洲の問題は姑く措きまして金準備が少くても金本位制と云ふのが出来るのであります。それは確かに学問上の研究、それは将来の傾向から言ひましてさう云ふことは言へるのであります。さうしますと満洲に於きましては金準備と云ふものを作る余地が他の国よりもある。それは先程も木村さんのお話の様に、或は田村さんのお話の様に金の産額が相当にある。国際収支に於ては輸出超過である。此の二つから満洲から金が出る余地が少いので、只上海の金のスペキュレーションに於て押されると云ふ首藤さんのお話でありますが、私は田村さんと同じ様にそれはさう恐るべき問題でないと考へます。さうすると結局は貨幣制度と云ふものを、今迄の不便を除くと云ふ時には金本位制が宜いじやあないかと云ふことを私共は考へます。然し今申しました様に金本位と云っても改良された金本位制を其の侭満洲に行って宜いかと云ふことは難しい様に思ふ。改良された金本位制を満洲に行ふと云ふことは困難でありまして満洲に於ては多少準備と云ふのが必要と思ひます。金ばかりでなく準備と云ふのは銀にしましても宜いと思ひます。それに関連致しまして先程から誰方も仰有いませんが、どうしても世界の貨幣の制度の傾向を見ますと、先程武部さんの仰有った様に、準備を多く見るのは段々減って参りまして是等は多少世界の傾向と云ふものは、兌換券、銀行券の発行の増額を押へて行く最高額制度と云ふのが、行はれて来ると思ひます英吉利でもさうです。即ち今迄は準備と云ふものを以て貨幣の分量を支配したのであります。言葉を換へて申しますと、日本で十億円通貨を作れば、仮りに八億なり七億の金を持って居れば、十億の通貨が出て行くのだと云ふ様に考へて居ったのであります。それが段々変化して来て準備を問題にしないで総額を押へて、満洲で言ひますと、紙幣としては今迄の経験から一億三千万円位発行されて居るのが適当ならば、一億五千なら一億五千と云ふ最高額を法律を以て定め濫発を許さないと云ふかう云ふ制度を拵へて行くことが必要であります。さうすれば張作霖とか過去の支那政府でやりました濫発が起って来ない。最高額制限法之を是非満蒙新国家にやって頂きたい。最高額制限法と云ふものをやると準備を定めないで宜い。先程武部さんのお話、木村さんのお話は準備は三割位にして置く方が宜い。三割と云ふことは法律で定めなくても宜いだらうと思ひます。準備は適当に銀行に任して宜いと思ひます。準備が相当あると云ふことを住民が知って居ると、支那人が信用して居れば宜い。其準備は銀でも宜い。兌換するには銀でやって差支へない。正貨準備の中には金と銀を入れて置く。金本位制にした丈けでは兌換する必要はないのですが、支那入が貨幣に対する頭が進歩して居りませんから兌換を要求しませう。それには銀で兌換してやる。それでも金本位制、一寸も差支へない。詰り準備の中に金と銀と入れて置く。日本銀行も銀と金と這入って居る。日本は明治三十年に金本位制にしましたが正貨準備は金と銀とであって、銀が這入て居れば正貨準備の中に金と銀と入れて置いて、支那入には銀で兌換してやる。又為替手形で兌換すると云ふことも二つの方法。さうすれば準備は要らん。それで金本位制と云ふものが実行出来はしないか、さう云ふ点が適当でないかと思ひます。それからもう二つ首藤さんのお話に就てよく諒解が出来ません点は、首藤さんは銀本位制を御力読される関係上どうも支那人が銀と云ふものを尊重して居ると云ふ様なお話でありました。さうして銀の目方、純分と云ふもので換へてやらなければならないと云ふお話をなさいますが、先程委員の方の御説明に依りますと満洲に於ては銀はさう大して流通して居ない。兌換券でなく不換紙幣であります。始めは兌換であったが現在は不換紙幣に慣れて居ると云ふことでございます。詰り私は満洲に於ける病根は銀本位制の欠点じゃあないか、寧ろ不換紙幣の欠点だと思ふ。満洲の貨幣制度の乱された一つの大なる原因は、不換紙幣が濫発せられ其の整理がつかないから、其の不換紙幣は色々な種類に変った不換紙幣が出て居ると云ふことが、満洲の貨幣制度の非常な病根と思ひます。其の不換紙幣を整理すると云ふ必要がある。其の整理は金券で整理すると云ふのが必要じゃあないか。要するに只札を現します名目が金で現すか銀で現すかと云ふことであります。さうすれば実際に於ても大なる支障があると云ふことは非常な疑問を持って居ひます。勿論首藤さんの様に私は実際の事情方法と云ふことを知りませんから、今申上げました点は甚だ学者の畳の上の議論の様に私自身も気が致しますのでありますが、世界の金本位制に対する大勢はさうなって居ります。実は甚だ烏滸がましいのでありますが、日本に於きまして余程前から私の書物に書いてありますが、台湾と朝鮮とは今の日本の発行制度が悪い。金本位制の真似をして内地と同じ様な発行制度を敷いて居るが台湾、朝鮮の制度は詰らない。台湾、朝鮮は最高額に、朝鮮には何千万を発行し台湾でも押へよう。準備は何うでも宜い最高額制限法を植民地に於て施行しろと云ふかう云ふ発表をしたことがあります。何でさう申しますかと云ふと朝鮮銀行は現に正貨準備に日本銀行の紙幣を入れて居る。朝鮮に於ては日本銀行の紙幣を正貨と見て居る。さう云ふものを正貨準備にして置く必要はない。詰り朝鮮、台湾は最高額制限法を取りなさい。銀行券の総額さへ押へて行けば、濫発しなければ値打は下りやあしないと云ふ考へを持って居りました。私は満洲の問題を論じますに就て私が前に述べました其の説明を矢張り満洲にも応用したいと思ひます。満洲にも応用するのでなく実は世界の最近の傾向であります。皆さん御承知でありませうが、昨年八月でありましたマクミラン委員会と云ふもので、金本位制改良案に就ても将来銀行は銀行券発行高は普通三億八千万バウンド、非常な時には四億万バウンドにしようと云ふ最高額制限法を出すと云ふことを取って居りますが、是は進歩した考への様でありますが是は進歩した考へでなく仏蘭西は過去に於てやって居った。其の制度は今考へると宜い。殊に植民地に於ては此の制度が宜いと思ひます

実際方法としては兎に角として、若し金本位制を取って満洲に於ては是非最高額制限法をやって頂きたいと云ふことを申上げたいのであります。御参考迄に下らないことでありますが

渡辺　一寸御意見を承る為に御参考に私の意見を申し述べて見たいのでありますが、先程若し満洲が全部日本の国家になってしまった時は金本位が直ぐ出来るか出来ないかと云ふ問題が出ましたが、首藤さんの御論は直ちに宜いだらうと云ふ御説でありました。それから首藤さんは金銀両本位自然に流通されて宜からう。それよりも関東州附属地は日本の金券を流通さして宜からう。田村さんは其の事がいけない。過去に於て金銀両方の貨幣を使って居る両方の経済関係が密接になって居るのでそれがいけないと云ふ、過去の実例はそれがいけないことを表示して居ると云ふことを仰有いました。私が申しますことは関東州内は全く日本の権力配下にあるので、満洲を日本が取ってしまったと同じ様な状況になったとする。邦貨は金本位になって居ります。然も猶八万、十万の日本人が金を使って居る。而して二十万の支那人は全く銀でやって居ります。若し可能であるならば関東州の支那の貨幣を全然流通を禁止して宜い筈であります。又出来る筈であります。それを今日迄二十何年の久しき間矢張り支那人が銀を使ひ日本人が金を使ふ状態にならなければならなかったと云ふ事態は如何なものでありませうか、それは其慮に何等か困難がある。其の困難があればそれをどう解決すべきかと云ふことが非常な問題だと思ひます。それで私は此の幣制が或る程度に統一される必要があると考へますが、既に私は明かに少くも関東州内に於て、金と銀の両方の貨幣が雑然として居る制度は、私は世界中の最劣最悪の幣制と考へて居りますが、然し少くとも実例は相互に非常な困難が横たはって居っ

たと確言致したいのであります。是は将来の満蒙の幣制と云ふものを考慮致します上に於て重大な研究資料の二つと考へますので、此のことをどうぞ二つ御考へ下すって十分の解決案をお示し下さらんことを希望致します

首藤　私の説明が不十分であって、さっき松崎さんからも或は何もやらんで宜いじやあないか、今迄の通りで宜いじやあないかと云ふお話でありますから一寸御説明申上げたいのでありますす。何もやらない訳でない、大分やる積りやらなければならないと思って居る。それで此の貨幣の統一と云ふことは是非共やらなければならない。関東州とか其の他満洲各地のものを単一の貨幣で以て統一すると云ふことは是非共やらなければならない。それは多分は金本位と云ふところに進むべき運命であらうと云ふことは想像はして居るのであります。然しながら今日茲で御相談して居ることは他日の問題でない。当面の問題を如何にすべきかと云ふことが重要な問題であると考へます。他日総ての支障が取除かれた時には色々運用方法もありませうけれども。それで私の銀塊本位制と申しますことは、詰り実行し得るものでなければならない。今日に於て実行し得るものは何であるか。或はそれが二つの階梯であるかも知れません。根本の案ではないかも知れませんが、然し将来のことは又ゆっくり研究も致し、又此の席上でも大いに目標をつけて其の方に進み易い様に研究しなければならないと思ひますけれども、当面に当ってどう云ふことをしなければならないかと云ふことが最も必要なことで、其の点から申しますと私はその二つの階梯と云ふことになるかも知れませんが、其の点が少しく誤解がある様でございますから、決して金本位が悪いとか銀本位でなければならないと云ふ主張ではないのであります。只当面を如何にすべきかと云ふこと、それから猶非常に雑然と色々な貨幣がありますが、此の整理をしなければならない。それを何もかも此の際にやらなければならないと云ふことは実行不可能であって、先づ以て第一階梯に於て雑然として居る紙幣を兌換し得る兌換の基礎に立たしむる。さうして後に根本的のことに進むのである。さう云ふことに御承知願ひます

木村　一寸補足したいと思ひます。首藤さんの御論は分りましたが、要するに従来支那の幣制改革其のものに於きましても、先程一寸申上げました様に幣制を統一しなくては仮令金に換へても無意味である。幣制を統一するのが根本の問題で、此の幣制を統一するには銀で統一した方が仕易いから差当り銀本位制で行った方が宜からうと云ふことが、銀本位制を主張して居る根拠であるかの様に考へて居ります。只今首藤さんのお話もさう云ふ風に伺ったのでありますが、然し銀本位の下に幣制を統一するのも茲に金本位の二つの基礎を拵へて統一するにも其の難易は結局私は五十歩百歩でないかと考へます。どうせ一度銀本位で統一したのを金で統一すると云ふ目当てがあるならば初めから基礎を金本位で統一された方が寧ろ却って利益ではなからうかと考へる。同時に茲に急激の変化を与へると云ふことが、非常に経済生活の基礎を動揺せしめると云ふ大きい状態が現れて来るのであります。急激な変化がないと云ふことは申上げま

せんが、改革と云ふことは非常に困難であると云ふことも当然であると考へます。一体私は現在の支那の経済状態と云ふものは、何千年の間自然と其処に支那の社会の実情に適合する様に醸成された二つの制度だらうと思ひます。それ丈け非常に強固な基礎を持って居ります。あれ丈け戦乱が続きましても経済は微動だにしないのは、要するに支那の経済と云ふものが何千年来自然に其処に出来上った制度であらうと思ひます

従って其処に新しい制度を敷くと云ふことは非常に困難であらうと思ひますが、それで実は如何にして大きい変動を与へないで新しい制度を取って行くかと云ふことに実は苦心して見たのでありますが、それで実は先程申上げました様に一つの新しい基礎を立てゝ、それに依って無理をしない自然と或は十年かゝるか二十年かゝりますか、自然と其処ににさう云ふ状態が現れる様にして行くと云ふのが、一番無理の無い大きい影響を与へないで改革する方法でないか知らと、かう考へるのであります。それに就きまして色々な方法があるだらうと考へますが、先程申しましたのは私の只思ひついた一時の案でありましたので、色々実際の御経験の多い方がありますから十分一つ実際方法を御研究願ひたいと思ひますので、決して私は一時に金本位制度を敷いて数千万円の準備金をどうすると云ふことは一つも考へて居りませんが、何年かの間を自然に目的を達すると云ふ方法で進んで行ったら宜いと思ひます

一言附加へて申上げて置きます

武部　松崎さんに一寸御尋ね致しますが、木村さんの御論は順次に無理をしないで現在の紙幣を流通させつゝ、新しい金本位制の紙幣をやると云ふやうに承りましたが、方法論としては松崎さんは単位を矢張り木村さんのやうに順次にやる御趣旨でありますか、それとも直に統一の方に移るのでありますか

松崎　私は大体に於ては支那の元なら元、両と云ふものに近く単位を造りまして、それで新しい札を発行して行くと云ふことも宜いのであります。さっき御話の半グラムならば半グラム、グラムは姑く措きまして支那の本位通貨に近いそれを単位にして名前を何と付けますか、それを単位としてやって行く。日本の円を無理に実行させて行くと云ふことは考へて居りませぬ

武部　それから一時にやりますか

松崎　一時、順次と云ふのは私には区別が付かぬのでありますが、大体金本位制と云ふものを敷くと云ふことにしないと今日の相場と違はない。大体金と云ふものを持て来ましてそれを単位と云ふことにすると云ふことになれば、一時になりますが、一時か漸次かと云ふことが一寸分らぬのであります。漸を追うてやって行くと云ふことになりますと首藤さんの御話も加味しなければならんやうになって来ると思ひます。それは現在の価値と余り違はないものを出しますから

武部　直ぐ引替へると云ふのですか

松崎　左様であります

武部　一寸松崎さんに御尋ねしますが、日本の貨幣制度の近来に於ける変化は幕末の時代は金本位か銀本位か訳の分らぬやうな大体金本位制らしいものであります。而も不換紙幣の各藩が

出して居った紙幣は今日支那の軍閥の出して居ったものと類似したものであります。支那がラージスケールでやって居ったと云ふ現状と心得ます。王政復古の後に於きまして、さうして新政府が廃藩置県を断行しようとした時に一番問題であったのは各藩の出して居った不換紙幣、藩札の処置、之を如何にすべきかと云ふことが幣政史の上で大問題であったやうに記憶して居ります

之に対して非常な悩みがあった結果藩札と云ふものは新政府は総て回収するやうなことになり、廃藩置県の発令と同時に其ことの宣言をして、慶藩置県をやって同時に日本全国に数十の国立銀行を起して藩札の引替に当った。其回収が全部済んでから其藩札と云ふものは無くなって仕舞った時期を見て、日本銀行を起して国立銀行の紙幣の発行を全部停止して其流通期限と引替期限を利用して日本銀行の紙幣が統一された。国立銀行、日本銀行の紙幣も共に銀を以て表示して居った紙幣である。さうして其引替の国立銀行券の回収が全部済んで引替期限が済んだ後に偶々日清戦争の結果取った償金を準備として兌換に当った。一斉に引替する。昨日まで使って居った円銀と云ふものが全部無くなって、新しい紙幣、金券が流通して円銀が今まで流通して居ったものが引替られて仕舞ったと云ふことでレボリユーションが行はれたやうであります。恐らく金銀の本位を断然変更すると云ふことはさう云ふ手段に出ると言ふことが適切なものでありませうか。或過渡の時代に金銀が両方其国の標準になった侭で暫くの間両方の本位の侭で行くと言ふことは、銀のフラクチュエーションに伴れて、貨幣価値の格差が動揺する。さう言ふ経済状態は非常に悪いものでなからうかと思ひます。私共が過去に於きまして、満洲の日本人が金券を使って居る為に金と銀との格差が始終起って、其起ったものが凡ゆる方面を、ミスリードして少くとも日本民族として非常な不幸な目にあって居ると考へるのであります。是が三千万民衆に対する全部にさう言ふことが今度は関係が横がって来ると思ひます。是は余程恐る可き結果を生ずるものであるまいかと考へますので、従ひまして支那の現状は色々な種類の貨幣が出て居るけれども、是は大体に於て先づ不換紙幣であり信用の程度に於て格差は起って居りますが銀に於て統一されて居るのであります。是は矢張り一度銀で統一をして仕舞って同じ金本位にしますにしても、一度銀で統一しても日本が過去に於てやった方法をやるのが一番安全で一番確実な方法でないかと考へて居ります。それに就て御意見を拝聴したい。もう二つ疑問がありますのは金本位にしても兌換準備を必ずしも多きを要さない。是は最高制限法でも取られましたならば或は兌換準備を余り多きを要さずに済むものであるまいかと思ひます。其兌換準備は金でも銀でも宜い。現に日本では幣制の上からは銀を有って居る。事実は非常に尠ない或は無いかも知れぬ。此理論は学術上どんなものでせうか、仮に全部金の準備を有って居ったとして、金本位にした場合は全部金を有って居るが、非常な多額の金の準備を有って居る時分には恐らく問題ではないとすれば支那人に対しては銀で兌換してやると言ふ、要するに金銀のフラクチュエーションが非常

に多くなる。支那人が受取る銀の数量が毎日差違が起る。其差違の起ることが結局経済界を非常に攪乱する虞れがないかと云ふことが心配であります。今現に行はれて居ります兌換の貨幣の価値が動揺する。或時には非常に兌換を請求され、兌換すれば儲かると言ふと人死の出来る程騒動をして兌換のあるやうな状態であります。それが相場が変って来れば兌換は一人も来なくなると言ふやうな現状であります。此点に於きまして金銀両方準備を有ってそれに依て随時に兌換すると言ふことは余程困難がある。又銀行に於きましては両方の兌換準備を有って或時には銀行の都合で金で兌換する。或時には銀で兌換すると云ふことが行はれると民心は動播する。極端なことを申しますと若し全部金の準備の要らぬ金本位は恐らく問題はありませぬ。両方準備して宜いと云ふセオリーにしますと金準備は要らない。銀を以て金本位だと言へませうか。是はどうしたものでありませうか、全部銀を準備して銀でなければ兌換してやらないと言ふ金本位と名乗った時分には実際渡されるものは銀が色々の勘定になって渡される。毎日銀と金と貨幣価値が始終混乱になって仕舞ふと言ふやうに考へるのであります。其点に付て少々疑問がありますが

松崎　私の考は今の御話の後で申します。銀を本位貨幣としませぬ。名目貨幣として非常に価値の少い銀で兌換してはいけませぬか

渡辺　銀をノルマルの紙幣に依て兌換して与へるものは銀になる訳ですか。さうすると毎日相場が違ふ

松崎　それは銀塊を渡さす銀貨を渡すと言ふことになれば

渡辺　法定比債を決めれば宜いか

松崎　実際非常に少ないものは

渡辺　法定比価を決めれば

松崎　法定比債を極めるのであります

渡辺　金銀法定比価を造ると言ふのですか

松崎　勿論法定比価を決めなければならん。銀塊でやったら銀は名目貨幣にして、名目貨幣で兌換してよくないかと思ひます

渡辺　法定比価を決めなければならんのですか

松崎　其決め方は困難であります。金本位制である中に全部銀で払へば宜いと思ひます。最近に於ては金だけでなく銀も多少準備にして宜くないかと言ふ論もあるのであります

渡辺　株券とか不動産を或見返りにすると言ふのと同じではありませぬか。或価値がある。始終多少の動揺はあるが大体に於て発行準備としての財産があるのだと言ふ意味で

松崎　金本位制と言ふのは金で価値の標準を決め殊に今日の金本位は対外の支払に於て金を使ふと言ふ、実際国内に於て金本位制と言ふととは金貨を流通すると言ふ意味でないのでありま す。さう言ふ意味に於て取った方が宜くないかと思ひます。満洲に於てもさう言ふ意味に於ての金本位、国内の兌換は名目だけにする。銀で相当準備があるならば法定比価を低く極めたら宜い。初めは兌換を請求しませう。詰り支那人はペーパを使ってゐる。今は貨幣制度が乱雑であるがペーパが確実に極まれば兌換せぬやうになりはしないかと思ひます。支那はペーパに対

して慣れて居ります。ペーパに信用があれば何も兌換を講求する必要はない。国外に金を出す場合は別であります。国内に於ては兌換はないのでないかと思ひます。日本も明治三十年金本位にして少しも兌換しませぬ。是は日本の政府が確立して日本のペーパマネーの信用が確立すれば兌換しませぬ。私の論は満蒙政府の貨幣制度の問題でなくて満蒙の政府が確立すれぱ最高額制限法に依てペーパだけを信用して行くのでないかと思ひます。是は理屈で首藤さんが仰しやいますならば畳の上の論と仰しやいませうが、貨幣制度は政権と伴ふ。政権が確立しないから支那の貨幣制度は乱雑になって居る。其処は軍の方などに御鞭撻を願ふ処で、満蒙の政権が確立すれば通貨膨張さへしなければ通貨に信用があると思ひます。支那人は初めは兌換を要求しませうが、貨幣に対する思想も進歩して居ない者には兌換も立派にするのだと云ふ見せ金を御出しになれば後は兌換しないのでないかと思ひます

首藤　其点は心配はないかと思ひます

松崎　日本は明治三十年に兌換して居ない。貨幣に対する思想が進歩して居ったかと言ふと進歩して居ない

渡辺　其処に多少疑問が残って居ります。それは支那の金融制度の不完全は政情が不安定であって、従て匪賊の横行が甚しいと言ふやうなことは実は金を有って居る奴が自から城廓を構へて鉄砲を撃つ、柵までしなければ住んで居られないと言ふ事情と、それから教育の程度が非常に低い。全く目に一丁字もないものが非常に大多数である。畢竟支那、印度の民族が銀塊を貯蔵すると言ふ観念は政治的不安、其他のことから自から之を守るより外ない。紙幣のやうなものを砂の中に埋けて置いても腐って役に立たない。銀塊——金では少ないから銀塊位が貯蔵して行くには宜いのだと言ふのが銀を死蔵し埋蔵すると言ふ風な風習が支那、印度の民族に残って居る。青島戦以後に済南方面で制銭を買った所が土蔵の中に珠数繋ぎになったのが一杯にあった。匪賊が来たらさあ御持ちなさい。馬車で三台位持って行っても何千円位しか持って行かれない。最も富豪が貯蔵して置くには制銭が安全だと言ふ話も聞いて居ります。さう言ふ文化の程度、さう言ふことが矢張り或程度まで兌換を要求されるものであるまいか。それは非常に長い期間の後に人民の紙幣と云ふものに対する本当の信頼を得て金融制度が総て完備したら非常に宜い。日本の国は小さくても権力が統一されたから宜いが今日此満洲でそれは行はれると言ふことは非常な疑問を有って居ります。今迄は馴れて居ったと言ひ条権力を以て紙屑を押付けられたので、押付けられて貰った翌日値が下って一月もと半値になると言ふやうなものでもそれより外に仕様がない。馴れたと云ふよりも押付けられたと言ふのでないかと云ふやうに一面考へられる。それともう一つは先刻御尋ね致しました

松崎　文明国に於きましては貨幣に対する観念が非常に進歩したと言ふことを学者も言ひます。私共も申しますが、矢張り是は政権とか政治上の紛争と言ふやうなもの、国と言ふもの、信用が無くなれば貨幣に対する思想と言ふものは矢張り乱れるだらうと思ひます。それは御承知の通り欧羅巴戦争が千九百十四

年八月に始まりました時、仏蘭西の北部の普仏戦争に於てやられた人民は直ぐに兌換請求に行った。仏蘭西の紙幣はいかない。独逸の軍隊に仏蘭西の軍隊の下に於ては仏蘭西の紙幣はいかない。仏蘭西に信用がないから直ぐ兌換をした。仍て戦争が始まると兌換停止をした。兌換停止をしないと無暗に兌換して困るから兌換停止をした。もう二つは金の輸出禁止をした。詰り其時の国家と言ふもの丶信用がなくなる原因があればいかないことになる。欧羅巴人だって貨幣に対する思想が進歩して居ない。国が乱れ丶ば現生が宜いと言ふことになるのだと考へて居りますので、どうも其処の所は支那のは押付けられた点も御座いませう。確かで御座いませうが、余程政権の確立と言ふこと丶貨幣制度と密接なる関係を有って居ると言ふことを特に高調して申上げたい。殊に軍人の方に御願ひしたいと思ひます。其点を深く御注意願ひたいことを希望した訳であります。それから日本の問題で御座いますが、日本は明治三十年に銀本位制であったのが金本位制になった。銀とペーパの開きが酷くなったので日本銀行が国立銀行の発行して居る紙幣の分量を少くして価値を上げて置いて兌換をした。国立銀行の不換紙幣を整理せしめまして日本銀行のものと価値の合った所で兌換をした。明治十五年から十八年頃までさう言ふ状態で推移して十八年以後に於ては日本は銀本位制であり御承知の円銀と云ふ円と言ふもので価値を示して居った。明治三十年に其時の金と銀の間の相場で以て金本位制に直しました。其時の金銀の比価から言ひますと日本の純分二分が前はそれより多かったのであります。円銀と言ふものが其時の金に対する銀の相場であります。それに依て金本位制にしたのであります。其実例は満蒙なら満蒙と言ふものに取る場合に其の時の金と銀の為替相場で其時の銀の相場に近い貨幣単位を採用すると言ふのはさう云ふ意味でありますす。

首藤　丁度今の御話を承って大変一致するやうな気分が致します。詰り私の希望とする所は是は金とか銀とか云ふものがあってはそれだけでも不便でありませう。出来る限り早く金なら金に統一して仕舞ふと言ふことに目標は置いて、それからそれを実行するにはどうしたら宜いかと言ふことに一つ御話を進めて行きたいと思ひます。之を議論して居りますと幾ら経っても尽きまいと思ひます。実行出来ないことを議論して居っても空論に終る訳でありますが、それならば金で以てやるのは宜いとして、之をやった場合にどんな障碍が起って来るか、之に対して緩和して行く方法は何処にあるやと言ふことに研究を進めれば大変議事の進行が能く行くやうに考へます。さう言ふ方針で具体的な問題、私はどうも一緒にしたいと言ふことは皆さんと同意見であるのでありますが、それが出来ないやうに感じて居る。今直にやることの出来ないやうに感じて居る。それで此の遷り変りの非常に優しい方法として茲に銀塊本位と言ふことで一つやって行く、さうすれば非常に廉い費用で乗替が出来ると言ふことに目的を有って居るので、決して長く銀でなければならんと言ふやうな考を有って居ないのであります。早い話が茲に一億五千万円の紙幣があると致します。さっきの幹事の説明では一億三千万円の流通がある。此中に補助貨に変り得るものがどの位で御座いますか、ざっと見当を付けて簡単に三千万円としましたならば茲に一億の銀の流通がある。此外に正金の鈔票があるとか或は鮮銀の金券がある。斯う言ふものがありますからどう言ふことになりますか分りませぬが、まあざっと銀だけを処分するとして一億と見まして、此一億が今どの位で御座いますか、七十銭としまして七千万円、金に換算すると七千万円の紙幣が出来る。七千万円の金に対して幾ら準準を持ったら宜いかと言ふ、斯う言ふ具体的の問題に這入ってそれは容易く解決が出来れば問題のないことであります。直に金本位で私は差支ないだらうと思ひます。或は色々支那人の貨幣に対する観念は日本人とは違ふことはありませうけれども、是は日本と同じ領土であると言ふ観念から今日スタートしても利益はついて行く訳でありますが、偖て七千万円に対しては準備は三割や四割ではいけぬと思ひます。非常に危険がある。不換紙幣に初めからする積りであるならばそんな準備は要らぬ。詰り最高額を決めて行くと言ふことであって内地の交換と言ふことは格別考慮する必要はない。対外支払いに対して十分な支払が出来ねば是だけで金本位は到底維持することは出来ませぬ。だから日本のやうに大変豊富な金準備は必要はないかも知れん。併し可成り大きな、現在日本は大分悪くなりましたが、どんなにしても半額以上の準備はなければならん。何故そんなに要るかと申しますと上海と言ふ金銀の交換市場がある。彼処で例へば金を売ったと言ふ、金を英吉利向の金を売ると言ふ時に必すしも英吉利向に売ると言ふのでない。円が善ければ円に売る。金の貨幣でさへあれば宜い。茲に大きな投機が起った場合どしどし売って引出されて仕舞ふ。必ず金輸出禁止と言ふことが確に起って是は非常な問題である。之を避ける名案が立ち得るならば問題なく全然無くなると思ひます。私は是は出来ぬと思ふ。日本の如き大きい経済の所ではそれは耐へて行く、唯満洲は輸出超過国であるからとて安心は出来ない。今後共海外から支那の開放の為に随分支那へ這入って来る国際貸借と言ふものは決して永久に輸出超過を以て安心することは出気ない。だから尚又日本の投資関係に於ても眼に見へない所の支払勘定、例へば満鉄の如きに致しましても例へば配当を送らんければならん。社債の利息も払はなければならん。単に貿易に現はれた一億両の輸出超過を以て兌換が安心されない。斯う言ふ立前で御座いますから、先づ以て金貨本位にするか否や果してそれだけの実力があるか金は何処から借りて来るかと言ふことを一つ御研究願ひたい

佐藤　私は軍の佐藤主計でありますが、甚だ浅薄なる智識で此処で意見を申上げることは控へますが、唯今迄の御話を承りまして多少でも御研究の材料にでもなりますれば仕合せと存じます。一言申上げたいと思ひます。先づ今此処で論ぜられつゝある問題が現実の問題であると言ふことを念頭に置いて討究したいと言ふ頭を自分は有って居ります。先刻渡辺さんから関東州が何故に日本の金本位制が一般に布かれないかと言ふことに就きましては、私も此問題に関しまして多少疑問を有って居る点であります。今迄私の考へてゐる点に於ては支那人の頭は銀と

言ふものがこびり付いて居る。其結果あゝ言ふ仕末になってゐるのだと言ふ単なることを聞いて居りますが、何か共間に材料が御座いましたら御示しを願ひたい。それに関連を持ちまして支那人は銀と言ふことに就きまして全般に二つ認識する必要があると言ふことは私は絶えず考へて居ります。尚支那人に度々聞いて居りますが何故貴様等は不安な銀と言ふものを愛するか、曰く何故貴下は不安な金を愛するかと言ふ此一言で何時でもやられます。此観念は今民衆を土台とした新国家新政権と言ふものを考へます時には、而も是が経済行為であると言ふ点から申しましても全然見逃すことの出来ない。張作霖以来権力を以て此不換紙幣のやうなものを威圧的に使はす。さうして流通して居りましたが眼の届かない限り彼等は銀を握らうとする。而も其銀は一度ばんと叩いて耳にあてる。余り磨擦した奴は不要と言って捨てゝ仕舞ふ。さう言ふやうな今迄我々の聞いて居りました所は貨幣に非ずして或貨物である。銀と品物を交換すると言ふ彼奴等の頭に深く深く刻んで居ると言ふことは捨て難いのでないかと思ひます。是も権力で或程度まで抑へれば抑へられると思ひますが、必ず其事実と言ふものを見付けようとしてそれを実行しつゝあると言ふやうな始末であります。斯う言ふやうな問題がありますが此点を或点まで考慮して研究する必要がありはしないかと言ふことは絶えず頭に置いて居ります。多少でも御参考になりましたならば仕合せと存じます

議長　是で皆さんの意見は大抵伺ひましたから本日は是で閉会します

午後五時三十分散会

第二日

昭和七年一月十六日（土曜日）午前九時七分開会

議長　それじゃ是から又開会致します。昨日に引続いてどうか願ひます

武部　昨日大体理論上の御話が済みましたから本日は若し出来ますならば実行上の技術的方面に就て色々御意見を伺ひたいと思ひます。第一番に木村さんの御話の金本位として順次金紙幣の信用の付くのを待って漸次増加して行く。さうして銀の紙幣を回収して行くと言ふことに就きましては、非常に今日の混乱した通貨の上にもう一つ金本位の通貨を増加することになりはしないかと言ふ疑問がありまして、之に就てはどう言ふ風な処置を講じたら宜いか其点が一つ、それから松崎さんに御尋ね申上げたいのは法定比価で、次で廉い率で銀の兌換に応ずると云ふことゝなると金と海外の為替兌換との間に打歩が出来はしないか、其打歩に対してどう言ふ風にしたら宜いか、そんなものは僅かな兌換高であります。問題にならないかも知れませぬが其点に就てどう言ふ風な処置が必要か、もう一つは是は為替兌換、御二方共為替兌換の方針のやうに承りましたが、為替兌換にしますと言ふと海外に在外の正貨と言ひますか引替準備を要する訳でありますが、是は如何なる方法に依て其用意を致したら宜いか又其金額はどの位のものを目標に致したら宜からうか、

其辺に就いて疑問を有って居ります。順次御意見を御願ひしたいと思ひますが先づそれ等の点に就て伺ひたいと思ひます

木村　昨日唐突にあゝ云ふ案を出しましたので実は私もまだ研究して居らぬのでありますが、尚それに関連致しまして、昨日関東州内で日本の行政権下に於てすらどうしても銀が排除出来なかったと云ふことが二三の方から御話があったやうでございますが、関東州内だけで以て通貨の統一をやると言ふことそれ自身が元々非常な無理な問題であると考へますので、関東州内は決して一経済単位を為した組織ではないのであります。満洲が二つの単位となって居る組織でありますので一つの大きな組織内の一部分に於て貨幣の統一をやらうと言ふことは、それは非常に無理な考へであるのでありますから到底実行不可能なことは、当然だらうと考へます。恰も顔だけ犬か猫の人間を造り上げられないと言ふ訳でありますから一つの組織内全部の統一ならば可能でありませうが、其組織内の極く一部分だけを統一しようと言ふことは初めから無理な考へであったと思ふのであります。それに何時も貨幣問題が出ますと支那の民族は銀を愛好する。之を取ると言ふことは無理で祖先伝来の宝を取られるやうに彼等に感情を与へると言ふことは直ぐ論争されて問題になるのでありますが、是は私は実に詰らぬ考でなからうかと私自身は思って居るのであります。嘗て支那で金の産額が多かった古い時代でありますが、漢の時代に於きまして金が貨幣単位でありました。勿論金貨幣と言ふものは造りませぬが金塊が立派な貨幣として流通致して居ったのであります。早く金を取尽した為に漢、唐、宋の時代に於きましては主として制銭が貨幣でありましたが、漸く元の時代に至って銀が貨幣になったのであります。実は私に言はしたならば要するに或欧米諸国が自国の不要となった銀の捨場に困って、植民地である所の印度や比律実に何時迄も銀を使はして居ると言ふこと、同様に、支那が欧米の為に此不要な銀を第二流の金属の一種の下水地にされて居ったと言ふのが要するに今日迄の実情であるやうに私は考へるのであります自国に産しない銀を貨幣として居ると言ふことに於きまして何等其処に利益のある筈がないので、従て将来に対しまして銀を貨幣として存続しなければならん理由は少しも存在しないのであります。習慣の情性を以て今日までやって来て居るのでありまして支那人が銀を愛好すると言ふことは私に言はすれば支那人を侮辱したかのやうな気持がするのであります。当ては金が使はれ、曾っては制銭が貨幣であったり又或時代に於ては銀塊が貨幣であり、段々併し便利なものに進んで来て居ります。今日では制銭、銀塊を離れては今の銀元に向って来て居ると言ふことでありまして、便利なものに進んで行くと言ふのは当然であって、唯現在銀を使って居ると言ふことは以上申しますやうな情性に過ぎないと斯う考へるのであります。寧ろ情性を転じて国際貨幣である金に導いて行くと言ふことは即ち満洲に新しい文明を造り上げる一つの第一の階段になるものと斯う私は考へて居るのであります。尚此のまだ人心の安定して居らない際に於て貨幣制度の改革をやると言ふことは固より出来得ることならば避けたい。それには先づ昨日首藤さんか

ら御話になりましたやうな銀塊本位と言ふやうなもので統一すると言ふことは非常に善い御考と思ふのでありますが、私は尚一面に於きまして昨日色々御話がありましたやうに国際関係に於て金本位制度が崩潰されて居るやうな状態でありますからして、他日の時機を俟って金本位を取ると言ふことも遂に一つの方法でありまして、極めて穏当な安全な方法だらうと考へます。私が此機会に於て先づ金本位制度の基礎を開くと云ふことを是非やりたいと言ふことを考へますのは、一つは満洲が支那本部と政治上に於て分立しまして此独立の基礎を鞏固ならしめる為にはどうしても私は経済上に於ても分離せしむると言ふことは非常に重大な要件でなからうかと私は考へて居る。是は此機会に於て金本位制度の先づ基礎を造ると言ふことを主張したい第一の原因であります

第二に於きましては過去二十五年前日本の満蒙に対する発展が我々の期待を裏切った点が多いのでありますが其原因は沢山あります。然しながら支那が銀を使って居ると言ふことも重大なる原因の一つだらうと考へます。此満蒙に新しい政権若くは国家が出来ますならば今後どうしても日本の発展と言ふことを一層盛んならしめなければならんと云ふ時代に立って居るのでありますから、其点から申しましても此機会に金本位制度を布きたいと云ふのが第二の理由であります。もう一つ国際間に於きましても満洲問題が注目の的となって居りますが、此処を一つ世界に向って開放をして各国の貿易投資の自由なる天地とすると言ふ点から申しましても、矢張り此機会に金本位の基礎を造ると言ふことは必要でなからうかと言ふ此三つの理由から此機会と言ふことを考へる次第でありますと同時に、尚一つ私の考と致しまして若し差当り銀塊本位か何かで以て満洲の幣制を統一しまして、他日適当の機会に於て金本位に移ると言ふやうな方法で進んで行くと言ふことを仮定致しまして、果してそれが出来得ますか私は其処に疑問を懐いてゐるのであります。支那の本部に於きましても御承知の如く多年幣制の改革が問題になって居りますが、何処まで一体支那の官民が幣制改革と云ふことを希望して居りますが非常に私は疑問を抱いて居るのであります。昨年も実は上海に参りまして支那の官民がケンメラーに対してどう言ふ考を有って居るかと言ふことを聞いて見たのであります。殆んど政府当局にしても幣制改革を考へてゐない。勿論ケンメラーを引張って来たのは若干幣制改革が目的であったと思ひますが、民間の金融業者、貿易業者の方に聞いて見ましても幣制を改革すると言ふやうな考へは殆んどないと言っても宜いと感じたのであります。それは昨日も首藤さんの御話のやうに銀で以て何等不便はない。長く馴らされて居りますから寧ろ宜いと言ふことは当然支那の一般の民衆を支配して居るだらうと考へます。何等不便がない、不利益がないと言ふのは、さう言ふ環境に長い間立って来て居りますからさう感ずるのは当然でありますが、併し支那が国家経済として其為に受けて居る所の不利益は非常に多いのであります。それは直接民衆の頭に響かないものがありますから進んで此時代に非常な変動を来すやうな幣制改革を支那の国民が希望しないと言ふことは是は

無理からんこと、考へます。若し満洲の政権の基礎が漸次鞏固になりましたならば将来支那の銀を金に変へると言ふことは非常に困難でなからうかと私は考へるのであります。寧ろ是は却って言葉が悪いですがどさくさ紛れと申しますか斯う言ふ機会に於て幣制の基礎を立てない以上に於ては、永久に金本位制度を取ると言ふやうな機会が来ないのでなからうかと言ふ心配が旁々あるのであります。さう言ふ点から申しましても先程申しましたやうに一面から言へば悪いが一面から言へば非常に好いチヤンスである。斯う云ふ機会に於て一歩踏出さなければ又とさう言ふ機会は得られないかと考へます。それから昨日私が申しましたのは成るべく大きな変動がないやうにと言ふことの為に漸次改革の歩を進めて行くと言ふことを考へた次第であります。何分支那のやうな長い間経済が国家権力に依て統制せられることなくして、完く民族社会の慣習に於て経済と言ふものは統制せられて来て居るのであります。それだけ慣習の力は偉大であります。其慣習を打破って急激に行ふと言ふことは非常な弊害が現はれて来ないとも限らないのであります。どうしても漸次無理をしないで目的を達する方法を取る外なからうと考へるのであります。そして新しいものを附加へると言ふことを考へたのであります。現に今日に於きましても朝鮮銀行の金券と言ふものは満洲に流通致して居ります。更に新しい金券が発行されましたからと言って非常な混乱状態が現はれるものとは私はどうも考へられないのであります。それも今申しますやうに急激に之を強制通用せしめるとしましては或は混乱状態が現はれるかも知れませぬが、決してさう言ふ無理をしないで自然に其金券の信用が拡張されると発行額を多くして行く。従て準備も殖やして行くと言ふやうな方法で進んで行きますならば経済界に大きな変動を与へないで済みやしないかと斯う考へるのであります。唯問題になりますのは昨日首藤さんからの御話の兌換の問題でありますが、是が一番大きな問題で是さへ何等かの方法が付きますれば金券を以て漸次統一して行くと言ふ事業は必ずしも困難でなからうと私は確信して居るのであります。兌換問題でありますが、国内に於ける兌換は是はさう無制限と言ふことは危険でありまして貨幣を貯蔵する習慣のある民族であるから、或は金を貯蔵すると言ふやうなことを漸次誘導しないとも限りませぬから矢張り最初は兌換を制限すると言ふことが必要かと考へます。場合に依ては兌換の手数料を取ても差支ないと思ひます。又或は松崎さんの御提案のやうに最高制限度を設けると言ふことも一つの方法と思ひます。それ等の方法を取って行けば国内に於ける兌換の心配はさうなからうと考へます。御承知でもありませうが上海では一昨々年以来銀の洪水であります。非常に銀が多くなってそれに関連しまして非常なインフレーションが行はれて居ります。昨年末頃は上海の支那人の銀行が発行して居ります紙幣は約三億八千万円と云ふ莫大な紙幣が発行されて流通して居ります。是は四割は銀の準備で六割は保証準備になって居ります。殆んど兌換の請求なしに完全に準備致して居るのであります。昨日の新聞を見ますと最近到頭支那が公債の元利支払を停止した為に取付がぼつぼつ行はれて居ると言ふ新聞電報が昨日でありましたかありました。さう言ふことが起らぬ以上は何等兌換の請求なしに立派に流通致して居ります。国内に於ける兌換請求と言ふものはさう心配する必要はなからうと思ひます。要するに問題は発券銀行の信用如何と考へます。発券銀行の鞏固なものを造れば国内兌換は問題でないかと思ひます。満洲のやうな所で発券銀行で金を以て使ふと言ふよりは却って中央銀行の紙幣で取引した方が便利と思ひます。現に営口の過爐銀の如きは其処から起ったものであります。要するに発券銀行の信用如何の問題であります。国内兌換は問題でないと思ひます。唯対外兌換が問題になるのであります。殊に昨日首藤さんの御話のスペキュレーションの目的に投ぜられると言ふ是が一番痛い問題であります。私は対外兌換に対しては為替兌換を以てやると言ふことを考へましたのは実にスペキュレーション、国際貸借決済に使はないで必要なくしてスペキュレーションの為に兌換をやると云ふことを考へた方法なのであります。満洲が従来の如く銀を主にして居りますからして、御承知の如く満洲と上海と日本との間の三角関係の為替のオペーレーションが行はれて居ります。非常なスペキェレーションが盛んに行はれて居ります

上海に於て日本の円の売買が非常に盛でありますのは、一つは此の満洲が銀であり然も満洲の銀が絶えず割高であると言ふことが一つの大きな原因を為して居るのであります。却って満洲が将来金になりますならば此のスペキュレーションと言ふもの、半ば、意味を為さなくなるのではなからうかとかう私は考へるのであります。然し何れに致しましても上海に金市場と銀市場があれ丈け発達致して居るのでありますから、恐らくスペキュレーションから起って来る兌換請求と言ふことは或る程度迄は私は免れることは出来るだらうと考へますが、然し為替兌換を致しますならば要するに一種の金為替本位の其処に作用が現はれて来るのでありますから、其の時の法定比価に輸送費を加へました即ちゴールドポイントと言ふものを基礎に致しまして、其の当時の周囲の事情に応じまして適宜の相場を以て為替手形を振出すと言ふことに致しますならば一種の為替管理が出来ることになりますから、或る点迄は此のスペキュレーションに対しましても対抗して行くことが出来るだらうと私は考へて居ります。又継続的に多額の売為替即ち兌換請求と言ふことが起ると言ふことは一寸考へられないのでありまして、殊に小さな満洲の経済を基礎に致しましてはさう継続的に売りなら売り買ひなら買ひが現はれると言ふことは、売りが出ますならば直ぐ値段も下りますから儲からなくなる、買ひが出ますならば高くなるから儲からなくなると言ふことになりますので、さう継続的に多くならぬ。茲にスペキュレーションに依る兌換と言ふことはどうも存在するものでなからうと私は考へて居ります。是は多年実際に亘られまして非常に御苦心なされた首藤さん辺りの御説の方が、我々机の上の考へと違ひまして此の点は猶首藤さん辺りの……私、こんな風に考へて居ります。それから又もう一つ満洲の貿易は一億両以上の輸出超過になって居りますが満鉄其の他日本の会社の配当其の他が年年日本に送られると

言ふこともありますから、全体の国際貸借は必ずしも受入勘定でなからうと言ふ御話でありまして御尤もと思ひます。然しながら是も将来満洲をどうしても日本の大きな投資地にしなければならないのでありまして、日本のみならず各国の資本をどしどし満洲に投下させると言ふことに導いて行かなければならないのでありまして、是は飽迄も投資を導くと言ふ方法を取らなければならない。年々少なからん投資がありますならば、必ずしも各会社の配当が日本に流れ出ると言ふことに依って国際貸借が逆調になると言ふことは、必ずしも心配しなくても宜いかしらと私は考へる。支那貿易の実例に就て考へると移民の送金も可成りありますが、年々各国が支那に投資してゐると言ふことが、支那の国際貸借の上に更に大きい役割を演じてゐる様に考へて居るのであります。満洲もさう言ふ風に導いて行きますならば、国際貸借の上に於ても必ずしもさう心配はなからうと思ひますので、一々かう言ふことを心配して居りますと恐らく世界各国で金本位制を取り得ると言ふ国は僅かに二三の国に過ぎないのでありまして、日本の様な輸入超過であり沢山な金産額を持ってゐない国では金本位を取り得ないのでありまして、それを欧米諸国にしましても金本位制を取りながら、其の条件を備へて居る国と云ふものは極めて数が少いのであります。或る程度迄は要するに政治の力で調節を計って行くと言ふことは必ずしも不可能ではないと考へます

松崎　先程の御質問に対してお答へを致したいと思ひますが、昨日は実に大分理想論が出ましたのでございますから私の説明も大分理想的になりました。然し今日申しますことも私は一体かう云ふ考へでございます。昨日は説明も十分でなかったと思ひますが、質問に対して応酬致します為に話が支離滅裂となりましたが、実は私は仮りに金本位制に移ると云ふことが満洲としては非常に必要と思ふのでありますが、当分は成るだけ金本位制でありまして不換紙幣で私は行かうと云ふ考へでございます。詰り私は昨日申上げました様に、満洲は現在不換紙幣国でありますから不換紙幣を不換紙幣で整理すると云ふ事はおかしい様でありますが、然し今の様な奉天票だとか吉林官帖とか色々出て居りますのを、新しい中央銀行を作りまして其の中央銀行で元と云ふものを単位と致しました新しい札を発行致しまして、其の札で以て今迄の各省から出て居ります札を一定の割合を定めまして引換へをやったら宜からうじやないか、新しく発行した金の紙幣と云ふものに対しては是は元と云ふ、詰り価値の単位は私は金で定めて置いたら宜くはないかと考へます。先程一寸お話がございました様に私は金銀両本位制を採用すると云ふのではないのでありまして、本位と云ふ事は皆さんのお考へが一寸学問的の事と違ふじやないかと考へますが、本位と云ふものは何も貨幣の単位、詰り金で定めるか銀で定めるかと云ふ事で、詰り元なら元と云ふものを金の何グラムと云ふことで定めて置きさへすればそれで金本位制でないかと思ふのであります。実際金が流通するかしないかと云ふ事は問題でないのでありますから、貨幣の単位を金で定めて置いて実際は今の銀の銀貨が出て居りますとその銀貨を其の侭使っても少しも差支

へない。現在の満洲に於ては銀貨と云ふものは少いと云ふお話でございますが、紙幣が出て居りますから現在の紙幣を新しい紙幣で以て整理すればそれで詰り貨幣の統一と云ふものは出来るじやないか、昨日首藤さんのお話に依りますと、或は其の他皆さんのお話に依りますと、銀と云ふものを使はないと詰り銀の或は一定の分量と云ふものをそれに相当する価値で以て流通しなければいけない様なお話でございますけれども、現在満洲ではさうではない。詰り不換紙幣を流通して居るのでありますから、不換紙幣を新しく発行した紙幣を以て整理して統一のある紙幣と云ふものを満洲全体に発行して使はせる様にしたならば、それで私は行きはしないかと思ふ。然も元ならば元、価値の単位を元で定めると元は金の何グラムと云ふ風に定めて置きまして、詰りそれは兌換しないでも宜いじやないか、兌換と云ふものは国内に於て兌換しなくても宜いじやないかと云ふ事を実は考へて居りますので、斯がそれでは全然不換紙幣を以てするに不換紙幣ではいけないから、何か兌換しなければならないと云ふ事になると銀と兌換しても宜いと思ふ。さうすると金と銀の価値はどう定めるかと云ふ事が問題になるのでありますが、然し銀は価値の単位でないから、詰り丁度日本がやって居りますす様に非常に低い価値の銀貨を発行しまして、或は現在の銀貨を段々其の都度改鋳して行って、改鋳すれば改鋳の利益がありますが、それは姑く措きまして改鋳して新しい銀貨を出す。其の銀貨と詰り兌換してやる。現在の銀貨は一元は一元で発行すれば宜しいのであります。さう云ふ風にやって行けば其処に法定比価と云ふものを別に定めなくて宜いじやないか、詰り価値の単位を銀で定めるか金で定めるか二つあれば比価と云ふものを定めなければならない。元は金何グラムの価値であるとかう云ふ風に定めて置きます。さうすれば銀はどうかと云ふと銀は商品としての価値は其の時の相場に依って売買されますが、貨幣としては非常に低い比価を定めて置きませんでも、丁度日本がやって居ります様に其の時の相場で鋳潰されない様な銀貨と云ふものを拵へて置けば差支へない。其の比価は随時変へても構はない。比価は始めから法律で定めて置く必要はない。要するに是は補助貨でありますから銀と云ふものを全然補助貨にしてしまふ。本位貨ではない。本位貨は札であって金で定めるのだと云ふかう云ふ事にして置いて宜くはないかと思ひますが、私は支那の事情を、皆さんと違ひまして、支那の事情をよく存じませんから、多少何にしましても本の上丈けでありますが、実は支那を深く研究して居りませんから支那の事情は知りませんが、現在支那が、満洲が不換紙幣でやって居ると云ふ点から見ますと、紙幣を詰り整理すれば貨幣の統一が余程出来るのじやないかと云ふ考へを持って居ります。詰り兌換しないでも宜いじやないか、強ひて兌換する必要があれば銀で兌換すれば宜いじやないか、銀を兌換する時は比価等定める必要はない。銀を補助貨と云ふもので定めておいて兌換する。丁度日本の貨幣は純金二分が一円と言ふ事になって居りますが一円の金貨と言ふものは無い。皆さん御承知でありませうが日本では一円の札が金貨と兌換せられるものではない。裏を御覧になりますと銀貨一円と換へると言ふことになって居りますから、日本は価値の単位が一円であって純金二分が一円と言ふことは定まって居って一円金貨と言ふものは無い。一円の札は銀貨で兌換されるのであります。それと同じ様な状態が満洲にも起って来て宜くはないか、詰り兌換すると云ふ必要があれば銀でする。金の兌換をしないで宜くはないか、当分金で兌換しない。価値の単位は金で定めてあるから金本位制であるが金の兌換はしないと云ふ事にして置いたら宜いじゃないかと思ひます。日本の本国が金の解禁する迄満洲に於ては金と兌換する必要はない。現在日本は金の兌換を停止して居りますから停止して置けば満洲に於ても兌換する必要はない。金で定めて置いて金と兌換する必要はないと云ふことになります。詰り日本が不換紙幣ならば満洲も不換紙幣にして置いたらば宜いじゃないかと云ふ実は考へでありますが、然し金と兌換しないで満洲では銀ならば兌換すると云ふ程度にして置いたならば差支へないと思ひます。さうすれば外国に対する支払はどうするかと云ふと、外国に対する支払は一体理想論としては結局金為替兌換をすることになるのでありますが、然しそれは矢張り現在日本がやって居ります様に普通の為替手形、詰り満洲の元なら元に相当した為替手形で以て取引して居りますれば、別に、一体云ひますと準備金を何処かに置いてそれに対して発行すると云ふことをしないで或は行けるのでないかと思ひます。それは何であるかと云ひますと満洲は一体先程来お話ありました様に輸出超過の国でありますから、結局満洲から金が出ると云ふことがなければ、仮りに満洲の貨幣単位を金で定めて置けばさう貨幣価値は下らないじゃないかと云ふ考へを持って居ります。只問題は全然支那の貿易に困るから上海に幾分資金を置きます。さうして上海に置きました資金に対して為替兌換をすれば宜いじゃないか、さうすれば上海に何の位資金を置くかと云ふ是は実際のことはもう少し待って頂きたいと思ひます。茲で以て無責任な数字を申上げて置いてもいけませんのでもう少し待って頂きたい。大体支那に対しては上海の兌換、詰り上海に資金を置きましてそれに対する手形で決済すれば宜いじゃないか、日本其の他の国に対しては満洲と日本との関係は国際勘定がバランスしますならば、日本或は満洲との間にさう価値の変動は起って来ないと思ひます。其の点は考へないで宜いと思ひます。私の主たる考へは満洲の国内に於ける通貨を先づ整理する。それは紙幣で整理しなさい。然も其の紙幣は不換で宜いじゃないか、金で定めても金と兌換しない紙幣で整理すれば宜い。若し強て兌換すれば銀丈けで整理すると言ふかう云ふ方法でやると云ふ考へであります。之に対して御質問あるかも知れませんが一言お答へして置きます

色部　私も只今の松崎さんと同一意見を持って居ると云ふことをお話致します。それから立ちました機会に満洲の支那人が本位問題に就て如何に考へて居るかと云ふことを一寸申上げて御参考に供したいと思ひます。それは民国十九年三月東北政務委員会に於きまして、東三省金融整理委員会と云ふものを設立致しまして此の問題に就て相当長い間研究致した様でございます。其の委員会の委員長になった人は只今奉天省の省長である臧式

毅氏でございます。さうして其の委員会のレポートは同年十二月二十五日東北政務委員会に提出せられまして昨年五月印行されて居ります。恐らく幹事の手許にお持ちのこと、思ひますが、其の満洲に於ける支那人の考へました本位に就て結論はどう云ふ風になって居るかと云ふと、銀本位は東三省貨幣に適せずかう云ふ結論を下して居ります。然らば如何なる本位を採用すべきかと云ふことに金本位が宜しいと云ふ大体の結論はさうなって居ります。支那本土に於て外国人が立案した所謂ケンメラーの様なものとは違って、満洲人が東三省幣制は金本位でなければいかんと云ふ様に考へて居ることは、我々が日本人の立場からのみ茲に金本位を非常に必要とする以上に、加へて考慮して宜しい問題ではないかと思ひますので御参考に申上げて置きます

源田　私は一寸申上げて置きますが、関東庁としての纏った意見を申上げるのでないので、私一個の意見を申上げることにしたいと思ひます。満洲に於ける通貨、日本側の通貨に就て金銀両方行はれて居りますのと、更に支那側が銀をやります為めに色々なトラブルがありまして常に日本人が不利な立場に立って居ると云ふことは、資本が非常に大きい企業家であるとか、或は銀行、会社、大きい会社の如きはそれぞれのカバーする方法を持って居り知識を持って居るのでありますから大したことはないかも知れませんが、然し例へば官庁の立場に立って見ても、税金等に於きましても色々な問題が起って来るのでございまして、例へば関東州の地租を支那人に対して一畝に就て金二十銭取って居りますが、是は現在の農産物の各田畑から生ずる収益に比較致しますと極めて低い様に考へられて居ったのでありますが、然し昨年の如く非常に銀が下って来ますと約二倍半になりまして五十銭位、小洋で申しますと五十銭位になりますので余り安くならない。それはどう云ふ訳であるかと申しますと結局支那人の銀物価と云ふものはそれ程上らないからであります。其の結果は非常に納税の苦痛を訴へると云ふ問題も這入って来ます

是は各税を通して色々な形に於て現れて来るのでありまして、其の他粗税以外に就てもさう云ふことが起って来るのであります。然も一般消費者たる日本人の立場から云へば、是は私が申上げる迄もなく常に日本人は非常に損を蒙って居ると云ふことは明かでありまして、此の意味から云って通貨を統一すると云ふことは最も必要なことである。是は金で統一すると云ふことは最も必要であると思ひます。然して日本と満洲と完全に経済的に結合せしむるには、どうしても貨幣の、日本と同一の貨幣制度を此処に持つと云ふことが必要なことは申す迄もないと思ひます。只従って私は今後の東三省の幣制を考へる上に於てはどうしても一日も早く金本位を実施する。金本位に統一すると云ふことを根本に置いて考へる必要があらうと思ふので、只之を急速に只今直ぐ実施すると云ふことに就きましては相当考慮の余地があるのではないかと思ひます。現在では未だ新国家の基礎が固りつゝある時代でありまして、従って現在の当面の最も大切な問題は、治安の維持とさうして人民の経済生活を安定

すると云ふことでなくてはならんと思ふのであります。勿論かう云ふ際に於て、かう云ふ非常に一種の革命と云ふ際に於て、是迄非常な懸案になった問題を解決すると云ふことも一つの方法であらうと思ひますけれども、然し少くとも、東三省、東北四省が一つの確乎たる国家になりまして、さうして之に対して少くとも日本の発言権と云ふものが非常に強く這入って来ると申しますか、兎に角此処に強い又日本の経済、日本の力と云ふものが十分に認められた国家と云ふものが此処に出来上ることでなくてはならんと思ひます。若しさうであるとすれば今善政を各方面に亘って施行して人心を収攬して、さうして新国家を堅実な固いものに仕上げることが最も急務である際に於て、之を金に直ぐにすると云ふことに就きましては相当考慮の余地があるのではないかと思ひます。従って其の意味に於きましては矢張り適当な時期を見ると云ふことが必要じゃないかとかう思ひます。それでさうすればどう云ふ方法で行くかと云ふと先づ各省毎に通貨の安定を計る。此の通貨の安定を得て以て之を統一する。それには先づ各省の財政を完全に整理すると云ふことが急務ではないかと思ふのであります。結論は結局どうしても何れの立場から考へましても金本位に統一すると云ふことは、先づ根本として其の実現の一日も早からんことを望むのでありますが、手段としては急激な変化を避けて漸進的に進むのが適当であらうと考へるのであります

田村　私の意見は昨日大体申上げまして重複を避けたいと思ひますが、段々専門家並に学者の説を伺ひまして私の考へて居りますことの大した間違ひでないことを知るのでありますが、其処で昨日も申上げました様に何時然らば金本位を実行するか又どの位の期間に互って其の完成を計るか、かう云ふ実行の問題に就ては昨日申上げました様に私の如き素人の立場で彼是申上ぐべきでないが、急激の変化は避けて成るべく不安を生ぜしめない様にして其の実行を計るべきであるが、少くとも金本位を採用すると云ふことは、寧ろ政治的に見まして此の機会が宜いのであると云ふことを昨日も申上げましたが、其の点に就て益々私は其の感じを深くするのであります。只実行の方法としては先程来色々のお話がありましたが、直ちに金本位制を採用すると共に金を本位とする紙幣を発行しようと云ふ御説もあり、或は又金本位に行くのであるが暫く準備の間を置いたら宜いじやないかと云ふことをお述べになる方もあるので、今源田さんのお話の点は其の点に就て少しく明瞭を欠ぐ《ママ》のであって只金本位を採用すると云ふことを明示するのかしないのか、只出来る丈け早い機会に金本位にすると云ふことでありますが、私は仮りに直ちに金本位を事実上採用することは出来なくても、昨日申上げました様に貨幣としての行くべき道を此の際はっきり定めて頂けば、貨幣制度の見当を定めて若し直ちに金本位に移ることが出来ないに致しましても、それは何がしかの用意、例へば相当の金を国内或は国外に蓄積すると云ふ様なことに対して相当の期間を定めましても宜しいし、或は或る一定の量を集め得る迄と云ふことにしますか、何れにしても相当の金を国内、或は国外に蓄積するといふやうなことに対して相当の期間、期

間で定めましても宜しいし、或は又或る一定の量を集め得る迄といふことにしますか孰れにしても金本位にするといふことは此の際はっきりして其れを実行するには直ちに出来ればそれに越したことはありませんが、若しも其れが出来なくても是れだけ用意が出来れば直ちに行くのだといふ、斯ういふことだけは御決めになるのが宜いのでないかといふことを感ずるのでありをます

源田　唯今私の申上げましたことは言葉が足りませんで十分其の意を尽さなかったと思ひますので一寸補足致します金本位を取ると云ふ二つの方針は、少なくも私は新しい国家が出来支那と完全に独立するといふことになりました際には各方面に於て支那と異った一つの特徴が必要であらう。是れは先程木村さんも述べられましたが同感でございます。其等の意味に於きまして矢張り金本位を取るといふことが各方面から考へて、現在日本人が絶対に金本位を棄てるといふことが不可能でないかと思はれます。然も世界の大勢は矢張り現在は金本位は動揺はして居りますが併し終局に於て其の根底から覆るといふことはなからうと考へます。従って其の意味に於きまして金本位を採用するといふ方針を茲に確定することは何等異議がないので、唯之を実行するに就きましては私は先づ徐々に漸次やることが必要でないか、此の際急激なる變化を来たして民心を失ふといふことは相当考へなければならぬ、斯う思ふのであります。支那人が銀に対する執着といふものは極めて、執著心に就ては色々な論があると思ひますが、矢張り支那人は非常な強力な力を以て之を押へて参りますれば金の流通を今直ちにやって必ずしも実行出来ないことはなからうと思ひますが、併し是れには非常な強力な力を必要とする。現に未だ新国家の基礎といふものに就て之を纏ることが最も必要な時期に、さういふ政策を取るといふことは如何なものであらうかと考へたので其の点を申上げた次第であります。又其の時期と致しましては、日本が現在金の輸出禁止をして居り兌換停止をして居る時代であり、茲に円を直ぐ実施するといふことに就ては相当考慮を要すると思ひます。又従って矢張り新国家が出来てそして其の基礎さへ堅固でありますならば、決して適当な時期を選んで金本位の施行が出来ないものではなからうと考へるので、是れは結局新国家の形式体容といふものが如何に固まるかといふことにかゝって居ると思ふのであります。其の意味に於きまして金本位制を、此の際必ず新国家の幣制は金本位にするのだといふ方針の御決定は差支へないと思ふのでありますが、実行に就ては唯今申上げましたやうに各省を通じて通貨の安定を計り、之を一定のものに統一して日本其の他の状況を見、十分に国家の基礎が固まり十分なる用意が出来た際に断行するといふことが必要と思ひます。私は植民地に於ける政治といふものは考へるのは十分に石橋を叩いて渡るやうに考へる必要がある、併し一度方針を決めた以上は断乎として之を実行するといふのでなければ到底具合が悪いと考へるのであります。其の意味に於きまして私は今申上げたやうな意見を開陳する次第であります

松崎　猶一寸補足して置きたい点がございますので。実は源田

さん或は木村さんの漸を逐って金本位制にするといふことは、漸を逐ってといふことになりますと過渡の制度といふものが問題になりますので、過渡の制度が決まらないで漸を逐ってといふことは其の意味を成さぬのでありますが、実は過渡の制度を御提案下さると諒解が出来るのでありますが、実は私の申しましたのは田村君も申されましたやうに直ぐ金券を発行するといふ案でありますから実は過渡の制度といふのでなく直ぐ金本位制にするといふ案なので、漸進的のものでなく私のは急進的の金本位制でありますが、実は私の考へを申しますれば満洲で新しく行はうといふのは完全な金本位制でない。先程申上げましたやうに金の兌換を禁じて場合に依りましては金の輸出禁止をする。丁度母国がやって居りますやうに金の輸出を禁止し金の兌換を停止するといふ制度を満洲でも取ったら宜いのでないか、其れは不完全な制度であります。金の準備が出来た時には兌換をしても宜いだらう。私は其の時は丁度日本が金解禁をした時、完全な金本位制になった時で宜いだらうと思ひます。満洲で完全な金本位制を行ふといふことは日本でさへ金の輸出禁止、金の兌換を停止して居りますのに満洲では必要は無い。金の輸出を許す必要が無い。金の兌換、金の輸出を禁止した金本位制を満洲で行ふといふのでありますから、詰り私の云ふのは本当の金本位制ではない。過渡の制度であります。唯私の云ふのは元とか角とか云ふ名前を使はうといふのであります。貨幣の単位の名前を変へるのは不可ぬ。日本の円なら円を持って来るといふことは不可ぬ。元とか角を以て元を全何瓦なら何瓦といふことに決めて置く。そして金何瓦といふのは其の場合の相場、為替相場に依って決めて宜からうと思ふのでありますが、要するに元といふのは金で決めてやる、そして其れに対する金券を発行する。実際金貨は流通しない金貨は兌換しない。さうすると支那人は斯うなるだらうと思ひます、銀貨といふものを貰へるから銀が宜いのでありますが、現在のやうに不換であれば是れは元といふ名前さへあれば宜いので、札が金で示されて居ても銀で示されて居ても構はない。何方でも宜い其処は問題にしない。銀貨が得られるから宜いので、銀貨が得られないといふことになれば、兌換しないといふことになれば銀でも金でも宜い。一元は何時でも一元でありますから、詰り或る物を買ふのに一元のものは金本位制になっても一元、丁度円とか弗とか磅といふのは歴史的考へである。円といふものはどの位の価値があるか、純金二分といふやうなことは、法律では、学問では云へますが、日本で以て一円といふものは純金二分といふことは問題にして居ない。帽子を買ふ、一円二十銭、我々は客観的に考へる。ずっと今迄夏帽子は一円五十銭位だといふことは前から聯想して居るので一円五十銭といふものは金か銀かといふことは問題にして居ない。兌換されるといふならば問題でありますが、此の札を使ひ兌換されないといふことになれば金であらうが銀であらうが元でさへあれば何方でも差支へない。別の名前を使ふと不可ない。一元は何時でも一元、車に乗りまして例へば一角ならば、其の一角が金で決って居ても銀で決って居っても構はない、札を発行して極く低い銀貨を出せばそれで宜いと思ひます。是れは極めて不完全な金本位制である。名前だけの金本位制、名前だけの金本位制にして置けば日本が金輸出禁止を解き金の兌換をします時に満洲も完全な金本位制になる。さういふ制度にしたら宜いじやないか。是れは貨幣に対する理窟でありまして昨日の蒸返しのやうになりまして甚だ相済みませぬが、満洲も斯ういふことになってやせんかと思ふのであります。要するに紙幣に馴れて居るといふことは、紙幣といふものを今のやうな意味に解しますれば、元といふものを銀でするか金でするかといふことは大なる問題でないといふやうに考へるのでありまます勿論価値の単位を国にしろとか日本のを其侭実行しろといふのでありませぬ。唯在来のものを使って名目だけ金で決めて行くといふので、甚だ不完全な金本位制であるといふことを、是れは漸進的なんで決して急進的なものでないといふことを一寸附加へて置きます

南郷　松崎さんの御話は満洲の通貨は尽く不換紙幣だと仰言いますが哈大洋とか奉天票は殆んど上海両の変形であります。哈大洋の如きは此の二、三年来現大洋百元に対して哈大洋百二十五元、上海両百両に付百七十元、此の相場を目標として安定策を講じて居るのであります。其の安定策の方法としましては哈爾浜から上海向の為替を売出す。さうする場合には必ず上海に両資金を持って居る必要がある。斯ういふ制度を以て今迄貨幣の相場は動いて来て居るのであります。黒龍江官帖の如きは去年の七月一日から哈大洋の一元に付千二百吊に安定せしむる方針を樹て、来まして、黒龍江官帖も或る意味に於て哈大洋といふことが出来るのであります。従って黒龍江官帖も上海両の変形と見ることが出来ます。奉天票といふものは歴史が御座居ますが是れは上海で両銀で以て支払ふといふことが書いてありまます。相場といふものは又当時の市価に依ると書いてあります。それで奉天票も或る意味に於ては上海両だと思ひます。又吉林官帖といふものは露支紛争以来其の相場が動揺しまして、支那官憲が吉林官帖を売って現銀を買ったり鈔票を買ったりしてはならぬといふ布告を発した関係上、一般民衆の間に不平が起った。一般民衆はそんなに貨幣の交換が難しいなら吉林官帖は使はぬ、我々は哈大洋を使ふと云って一般商取引に吉林官帖を排斥し出しました。それから商店なんかの資本金も哈大洋にするといふ傾向が非常に多いのであります。大体北満に於ては吉林官帖も黒龍江官帖も哈大洋に近付きつゝあるのであります。哈大洋は現大洋の百元に対して百二十五元といふ目標がついて居るのでありますから、或る意味に於て是れは私は現大洋制と云って宜いのでなからうかと思ひます奉天票は昭和四年六月から現大洋の一元を奉天票六十元に公定しまして或る意味に於て現大洋票であります。満洲の通貨の本質は概ね不換紙幣と云はれて居りますが私は上海両、現大洋の変形と考へて居るのでありまます。それから今松崎さんが管理通貨に就て御話下さいましたが、満洲の国際収支は受取超過であるといはれて居るに拘らず我々が三箇年位研究した所に依るとマイナスでないかと思ひます。是れは在満各銀行の為替の受払といふことから計算すると受入超過である。受入超過であるといふことは是れは銀行の窓

口を標準としますから満洲から対外送金為替が多いといふことになる。それで結局送金為替が多いといふことは外国から仕入れる品物が多いといふことを物語るのであります。為替の受払、満洲の国際収支はマイナスだ。満洲は単に出超といふことを以て我々は貨幣の基礎をば強固なものにするといふことは云へないと思ひます。それで例へば茲に金に基礎を置いたもの、金系の紙幣を以て此の満洲の通貨を統一しましても対外的決済はどうするか、それから上海に資金を置いて為替兌換に応ずるといふことを仰言いましたですが今申上げましたやうに満洲の国際収支はマイナスであります。そこで上海に対外決済資金を置いて居る所謂金系の不換紙幣を満洲で発行した場合に、新国家の物価の統制はどうしたら宜いですか。それを御聞きしたいのであります。それからもう一言忘れましたが支那人が従来貨幣相場を維持する場合に取った方法を申しますと第一に物価の騰貴を防ぐといふこと、第二に上海向の為替を何時でも利用するといふことに依って、奉天票の場合に於ても哈大洋票の場合に於ても孰れの場合に於ても貨幣相場の動揺といふことの防止に努めたといふことを申上げます

渡辺　私皆さんに御意見をもう二つ承りたいと思ひますことは、満洲が国際貸借が輸出超過、受取超過の国であるか支払超過の国であるかといふことに対しては難しい問題と思ひます。受取超過といふことは考へもの、受取超過を示しては居りますがそれには貿易外の支払もあるといふやうな御意見もあります。従来の満洲と今後の満洲とは確たる相違が将来に於て起るのでないかといふことが一つ考へられるやうに思ひます。もう一つは今迄のは日本の対満洲経済、それと支那側の経済と二つに分れて居りましたが、或は今度は此処の満洲の幣制を論じて日本側と支那側と一緒にして考へるといふことになりますと、その間の考へ方が余程変りはせぬかといふことが一つ考へられます。今迄は学良辺りが満洲で苛歛誅求して取った、搾り上げた金で彼の兵工廠の如きどえらい施設を過去に於て重ねて来た。是れは主に英米辺りから物を買って居ったやうに考へられます。日本が満蒙に対する貿易は恐らく六、七千万円の支払超過になるのではありますまいか、或はも少し上ではないかと考へますが日本がこの二箇年程金の輸出解禁をして居りまして、鮮銀の紙幣は日本銀行の紙幣を見返りとして発券して居りましたが、日本が支払超過に、金貨国の金の支払超過になり、それを今度支那が外国から物を買ふ時分に、丁度日本の兌換準備の金を支那が外国から兵工廠等を拵へる為めに必要な金として上海の方面に兌換されたのでないか、即ち日本の国内正貨といふものは支那人に依って著しく引出されて居ったのでないかといふ考へが致すのであります。支那としては貿易の収支が支払超過になって居っても、日本が支那に対して支払超過になったのは、其の金を国家から支那人に依って引出されたといふ、支那の兌換準備迄日本が引受けて居ったといふ過去の状態でないかと考へます。満蒙の新政権と日本の結び付いた貨幣問題を論じまする時、其れは過去の観念と今後の観念とは余程変へて掛らなければならぬものでないかと考へまするので、其等の点に就ての御意見

を少、承り度いと思ひます

木村　一寸御伺ひしたいと思ひますが為替の送金手形が多いといふ御話でありましたが、御承知の満洲といふ所は輸出超過なんでありますから本来は貿易の決済に於ては送金手形が多い訳でないが、御承知の上海に於ては相当大きい輸入超過、此の上海と日本との輸入超過の決済が殆んど大連で決済されて居るやうに私等思って居るのですが、さういふ関係から送金が多いのでありませぬか

南郷　或る人に聞きますと、是れは大連、上海、日本間の為替三角関係を通じて結局金は貿易関係から云ふと日本から満洲へ、満洲から上海へ、上海から日本へと廻って行かなければならぬのに為替関係の為めに逆流するのだといふことを申して居ります。銀行の受入が多いといふことは、一つは日本の或る特殊銀行とか東拓のやうな投資して居るものが非常に固定貸をして居るといふ事実を物語るものであります。又或る金融問題に携って居る人の意見ですが投機為替の結果に依って為替が受入になると言って居ります

木村　それが満洲が金に変れば無くなる訳ですね

南郷　私はさうは考へません。満洲が輸出超過を続けて居るといふ事実、それから上海は支那最大の輸入港であるといふ事実、殊に日本は上海に対し出超の強味を有って居ります。其処で上海では円に対する需要が多く円買銀売が大規模に行はる、結果円に対しては上海は銀が弱いといふことが云へるのであります

木村　満洲が金本位に統一された場合には其のオペレーションは大半無くなるのでありませんかね

南郷　上海には御承知の通り標金市場や為替市場といふものがあります。若し金本位になりましても大連といふものは重大なる貿易関係の地でありますから、其処には取引所なんか出来て金対銀の売買が行はれると思ひます。さうすると大連上海間には為替関係に依る投機行為が存続するものでなからうかと考へて居ります

松崎　満洲が金になりますと日本と軌を一にしますから、上海のオペレーションといふものはさういふ風に大なるものかどうか疑問なんであります。もう一つ後の方の問題でありますが、将来に於ては満洲が一体国際収支の関係がフェオラブルかアンフェオラブルかの問題は起りませぬ。問題になりませぬ

南郷　問題になりませぬでせう

松崎　新しい幼稚な国は輸出超過であって債務国であるのですから受払に於ては矢張りアンフェオラブルでない。金は這入って来るのですから投資が満洲に這入って来る。其の利息は払ひますが余計に金が這い入って来るやうになりはしないか、其れに対して支払は余出す。結局収支の関係は良くはないかと思ひます

南郷　従来満洲では武器の密輸入が大規模に行はれて居た上に、山東の移民が郷里に携帯して帰る現大洋は頗る巨額に上り年三、三千万元に達すると云はれます。而も其れは今後以前として続くものと見ねばなりませぬ。又満鉄の資本を四億円と仮定し之に対し年六分の分の配当が行はる、ものとすれば二千四百万円

となります。此の他満鉄は社債の利払もせねばなりません。斯様な次第で現状通りを以てしますと満洲の国際収支は楽観を許さぬのであります

松崎　将来は満洲に金が這入って来るのでありますから、債務国になる訳でありますから金が這入って来る。それに対しては収支の関係といふものはアンフェオラブルにならぬと考へます

南郷　事実としてはアンフェオラブルだらうと思って居ります

松崎　是れは開発されて世界の方々から、日本は勿論方々の国から金を投ずるといふことになれば当分はフェオラブルでないかと思ひます

南郷　此の不換紙幣に依り、不換紙幣といふと語弊がありますが、国際貸借のマイナスは紙幣の濫発に依って決済されて居ると思って居ります

松崎　一方に於ては幣制とかさういふことも

首藤　大体に於て皆さんの御意見は大変一致して来たやうに私は考へまするので、詰り今日先づ以て考へなければならぬことは幣制の統一といふことが先づ第一に起るべきものであります。先刻木村さんから其のことに就て御話がありました通り幣制の統一といふことには必ず兌換の確立が必要だ。それから又発行銀行の基礎が確立せんければならぬといふ御話が木村さんからありました。此の二つのことが非常に重大な問題である。それから松崎さんの御話も同様でございまして紙幣の整理はしなければならぬこれが目下の急務であります。で将来金本位にするとか銀本位にするとか云ふ様な問題はこれは金本位が先づ到達すべき目標でありませう。然し乍ら先づ以て幣制の統一と云ふことを遣らなければならぬ、幣制の統一には兌換しないでさうして幣制の統一と云ふことは出来ない。若しも今迄の通りに兌換の力が不充分であり銀行の基礎が不確実であったならば、依然として攪乱せられ物価の高低と去ふものは常ない訳でありますが、それで一応兌換を確立し銀行の整理をして銀行は立派なものになり、それから次に進むべきものが最後の目標に向って進むべきものであらうと考へる。それでその階梯を進める一番好い方法は銀塊本位制でなければならぬと思ふ。何故銀塊本位制が好いかと云へば、この銀貨本位に致しますとその結末に責任を持たなければならぬ。詰り鋳造しました銀貨の処分を後で考へなければならぬと云ふ困難な問題が御座います。それで銀塊本位制にしましたならば非常に準備が尠くて済む、他日金本位に移る時に直にその費用が少くて済む。今日から金本位制で進むと云ふことを極めますと云ふことは如何なもので御座いますか。理想はそこに持って居ってもこれは容易に公表すべきものでない。若しもさう云ふことを短期間で遣ると致しましたならば持って居ります銀準備と云ふもの、処分に非常に困難を生じます。これで約四千万元位の銀を処分することになります。容易ならぬ困難を来す訳で御座います。で先づ以て幣制統一と云ふことの問題で、皆さん矢張りその所に目標を置いてさうして後にこの金本位に進む。然し具体的に田村さんの御話になったやうに何箇月間に或は何箇年間に完成すると云ふやうな具体的のことにならんければ、斯う云ふ条件が充された後に金本位

に進むべきものであると云ふ大体方針を作って一向差支へない。然し乍ら何か具体的のもの、又はそれに依って縛られる所のものを作ったならば、その実行に於て非常な困難を来す。それで詰り昨日も私が申上げました通りに私の申上げて居る銀塊本位制と云ふものは一つの目的に達する階梯であり、これが何時迄もこの侭で以て進むと云ふ理由になりませぬので、これが何かの方法を今その間に捉へなければならぬのでないかと皆さん御考へになって居る。その問題がこれであらうと考へて居ります。

田村 私さっき申上げましたことに多少足りない所が御座います。今南郷幹事が言はれましたのに多少私が疑義を持って居る点が御座います。もう一つ重複する点があると思ひますが申上げます。さっき御話の満洲は果して受取勘定であるか否かと云ふことに就て疑問だ。寧ろ支払勘定になって居るのでないかと云ふことでありますし、そのことは論者も言はる丶やうに難しい問題で実は分らぬのでありますが、仮に支払勘定になって居ると仮定しても、支払勘定になって居ると云ふことであるから金本位では不可ぬのである。銀本位が好いと云ふことは何うしても云へないのであって、若しもさう云ふことであればまるで銀を産出しない、金を産出する満洲としてはその方がベターじゃないかと云ふ気がするのでありますが、さっき松崎さんも言はる丶やうに恐らく満洲のやうな半開地と云ふやうなものは投資と云ふやうな形に依って多額の金が這入って来る訳なんです。段々こ丶へ資本が固定せらる丶に従ってそれが多いと云ふことになるのでありますから恐らく左様なことはないと思ひますが、仮に百歩を譲って本当に支払勘定になって居るとするならば、寧ろそれだけの事実から見て銀本位が金本位に勝って居ると私には何うしても考へられない。まあその問題は暫く措きまして、松崎さんの言はる丶やうに今後若しも満洲の秩序が維持され、さうして仮に金本位制になったと致しますれば、金貨国からの投資及び事業と云ふものは従来に増して非常に多額のものになり、又貿易等も密接になるに従って発展し得るものと私は考へるのであります。昨日も申上げましたやうに金本位制を採用することに依りまして従来の銀貨国との関係は幾分不利にならうかと思ふのであります。それ等のことを考慮しますと、上海等の関係なんかに就ても余程変化があるのじゃないか、又その変化があることが我々は満洲を開発する上に最も好都合であり、殊に日本の立場に於て有利であるのだと私は考へて居る訳なんです

今首藤さんの言はる丶やうに準備で相当云丶と云ふ御話で、私もさっき準備と云ふことを申上げました。それは松崎さんの言はる丶やうに直に金を目安にした紙幣を発行することが若し可能ならばそれは一番宜しいと思ひますが、万一それが出来ない場合でも、何時になったならば金に移るのか分らないやうなことでは不可ぬのでありまして、著々と積極的に準備をしなければ不可ぬ。それが為に先づ方針をきちんと定めさうして私は出来るならばそのことを公表して、その準備期間と云ふものは必ずしも二年とか三年とか云ふ期限で切ることを要しないのであってこれこれ準備が出来た時といふ斯ういふ定め方もあると思

ひます。その点に就ては相当考慮の余地があると思ひますが斯ういふ風に目標をはっきり極めて積極的に準備をするといふことになれば、その実現も非常に早められると思ひます。単に準備をする、準備が出来たら遣る、それに対して積極的の手段方法が講ぜられないといふことであっては何時さういふ時期が来るか甚だ私は覚束ないと思ふ。而して私が云ふ準備と云ふのは何う云ふことかと云へば、先程も申上げたやうに今日既に相当の産金額がありますが、その金鉱砂金の採取と云ふことに積極的に努力すること、或は国家がそれに相当の奨励をする許りでなく進んでそれに参与すると云ふことも必要でありませうし、又他方に於ては現在持って居る所の銀塊その他の銀と云ふものをそれ以上増さないで、寧ろ好い相場或は好い時期に於ては金の地金を出来るだけ買収する、さうしてそれを蓄積する、斯う云ったオペレーションを積極的、意義的に遣って行くならば、所謂安心の出来るやうな準備も案外早く出来るのじゃないか、斯う云ふことを私は思ふのであります。従って私の申上げます準備期間と云ふものは必ずしも時間的に申すのではないのであると云ふことを申上げたのであります

色部　一寸色々な考へを持って居りますから申上げますが、この度建設せられる新国家と云ふものに対する投資は何処が一番多いかと云ふと申す迄もなく日本でなければならぬ訳です。内鮮満が同一の経済圏内に統制せらる丶と云ふことが満蒙開発の為に欠くべからざる要件であります。さう致しますとこの金融資本の擁護を図るべき幣制を新国家に於て確立するにあらざればこの新国家の発展と云ふことは期して得べからざること丶思ふのであります。この点に於て私は今度の新国家は金本位制度を採用すべきである、その金本位制度に就ての技術上の点は又色々議論せられ得る所で御座居ますが、先にも申上げました通り、金為替兌換本位制が松崎さんの御意見と同様私は採用したいと思ふ所で御座います。それからこの金本位制度を採用する時期の問題に就きまして色々御異論が御座いますが、これは或は技術上の問題と考へましても好いのではないかと思ふ。田村さんも仰せになられた通りに一つこ丶に憲法が金本位制度を採用すべきである。さう定めた以上は後は色々の技術の点に就て考慮を廻らして、その到達を早からしむる工夫をすれば好いのではないかと思ふので御座います。尚ほ立ちました序に二つ首藤委員に御伺ひしたいことは何故銀塊本位制度であれば準備が少くて宜しいのであるか、この点了解に苦しむのであります。一寸御伺ひ致します

首藤　何故銀塊本位制であれば準備が少くて好いかと云ふ御質問で御座いますが、これは昨日も申上げた通りに若し金本位制をこ丶に直に遣ることに致しますれば非常な危険がある。従って余計の準備を持たなければならぬ。私は数字的には申兼ねますが例へば五割の準備位では非常に覚束ない。少くも五割以上の準備を持っ必要がある。で銀の方に致しますればこれは決してさう要しない。と申しますのはこの準備になります銀と云ふものは上海に大部分を置きましてさうしてこの紙幣の為替兌換に応ずると云ふことになります。それからまた小口の兌換には

奉天ならば奉天で円い銀貨を与へると云ふことになります。詰り金銀比価の変動に依る危険を受けることがありませぬからさうでなければ金であった時分には金銀比価の変動を非常に受けるので御座います。上海と云ふ市場が若しなかったとしたならば非常に幸ひでありますけれども上海では随分この金銀の取引が激しいのであります。その都度この満洲の通貨の準備は脅かされると云ふ結果になる。金本位には金準備を持たない金本位と云ふものはあり得るか、兌換の停止を遣ったならば好いじゃないか、或は又輸出禁止を遣ったら好いじゃないか、これは金本位じゃない依然今日迄遣って居ると同じやうなことを遣って行くと云ふ結論に到著するのであります。そして詰り若しも上海と云ふ市場、詰り支那と云ふ大きなこゝに銀貨国が隣りになければ決して金準備は余計要らない訳で御座います満洲は又日本位の経済単位であったならば恐くはないのでありますが如何にも小さい所であります。若し金本位にした時分に何処に準備を持たなければならぬか、先刻誰方かの御話の内に為替兌換にしたら宜からう、為替兌換と云ふものは詰り金準備を海外に持って居ってそれを売れば安くなり買へば高くなると云ふやうな御話もありましたけれどもさうは参りませぬ。若しも売れば安くなり買へば高くなると云ふことで調節がつくならば、それはこゝの貨幣が非常に不安定であって宜しいと云ふ断定の下に始めてこれが好いと云ふことになります。詰り金本位に目的を極めるのは結局は対外為替の安定、国内の物価を成るべく動揺しないと云ふ以外にない訳です

南郷　私は田村さんの仰しやいましたやうに、銀本位が決して金本位に勝って居ると云ふのではありませぬ。只現在金本位に対して松崎さんと同様に疑義を持って居るので御座います。大体通貨の二大機能は第一は物価の安定と第二には対外為替相場の安定と云ふことにあるだらうと思ひます。現在の金本位制と云ふことを考へて見ますと、世界大戦以来最近迄の世界各国の物価と云ふものはこれは非常に動揺して居るので御座います。例へば欧州大戦当時の指数を百として見ると大正九年には三百を突破した。それから英吉利が金本位を停止する昨年の九月には英国の物価は戦前の物価を割ると云ふやうな不安定な状態なので御座います、斯やうな物価の安定の期し得ないやうな制度に対して満洲も亦この制度にならなければならぬと云ふことは不必要だらうと思ふし、それから又現在英吉利始め日本、オーストリヤ、アルゼンチンの如き悉く金の輸出を禁止して居りますが、この国に於ては殆んど通貨の対外為替相場の調節と云ふものは望まれぬのであります。我々は金本位が何処に落著くかと云ふことを見定めて後に金本位と云ふことに一顧を払って好いのじゃないかと思ふ。それで取敢ず現在の制度を如何に改善するかと云ふことに研究を払った方がこの場合非常に好いのではなからうかと思ひます。それから色部さんがさっき仰言ゃいました東三省金融整備委員会の報告書を見ましても、結局の目的は金本位だがこれは殆んど不可能だ。だからして実行の第一歩としては何うしても所謂銀塊本位に統一しなければならず、その銀塊本位に統一するには先づ奉天省から整理してかゝらな

ければならぬと云ふことがこれに詳しく出て居ります。この内容は御質問御座いましたならば説明申上げましても宜しう御座います

松崎　今の御話は至極御尤もで御座いますが、然し金本位制が壊れて居ることは勿論事実で御座いますが、壊れて居っても然し或る意味の金本位と云ふものは各国が取って居るので、銀本位制はそれよりベターだと云ふことは考へられない。各国が金本位制を取って居れば壊れて居っても金本位制で改良したものに戻らうと云ふ考へでありますから、金本位制が壊れて居る為に為替相場が変動する。銀にすると金銀の比価が更に動く、金なら金だけの変動で済むが銀を取る為に金銀の比価と変動の要素が更に殖えると云ふことになりますから、さう云ふ意味から申しましても銀本位制にすると云ふことは何うも少し時代錯誤じゃないかと云ふやうに我々は考へる。それからもう二つは先程の首藤さんの御話で御座いますが、貨幣制度と云ふものは相当の準備がなくては不可ない、それから兌換をしなくては不可ないと云ふことで御座いましたが、兌換しなければ不可ないと云ふことは御尤もで御座います。完全な金本位であればなんですけれどもそんな完全な金本位制と云ふものは勿論満洲には求められない。銀塊本位制にしてもさうであります。首藤さんの銀塊本位制にしてもさうであります。決して満洲は完全な準備と云ふものは求められないので御座います。何方にしてもさうです。さうですから今の変態的のものにして置いて直す方がよくはないか、今田村さんが御話になったやうに、金の準備と云ふものを充実する間に完全な制度にしたならば好いじゃないか、何れにしても今は不完全な方法に甘んじなければならぬ。不完全でも今のより好いじゃないか、ベターじゃないか、なればベターの制度が好いじゃないかと云ふ考へです。それから私は斯う云ふ考へを持って居ります。これは学校の講釈になりますが、貨幣の価値が非常に下るので御座います。物価が騰貴すると云ふことは兌換をしないからだと云ふふうに御見になる方があるがさうは私には思へないのであります。最近の状態はそれは膨脹しさへしなければよい。奉天票の価値が下ったのは通貨を膨脹さしたからだ、詰り不換紙幣を濫発さしたから価値が下った。不換紙幣と雖も濫発さへしなければ兌換しなくったって価値の下るものではない。これは確りとした制度が出来て著々と将来兌換すると云ふことを約束し、当分兌換しないんだ、然し金貨の発券銀行の内容が確りして居ると云ふことになれば濫発さへしなければ貨幣の価値と云ふものは私は下るものではないと思ふ。詰り兌換云々と云ふ点でなくて濫発するかしないかと云ふ点に非常に重大な問題があると思ふ。だから私が最高額制限法を取ると云ふのもそこなんです。是非満洲に於ては作霖、学良が遣ったやうに濫発させないやうにして欲しい。さうすれば不換紙幣は決して悪くないことであります。欧羅巴の戦乱が済みまして各国が金本位制になった時に独逸だって始めは兌換しなかった。金本位制にして置いて兌換しない。当分兌換を停止して置くと云ふことになって居る。それで金本位制にして居る。欧羅巴の方々の国が金本位制になったのは皆さうなって居る。

さう云ふ制度を取って居る国が沢山ある。それでマークは何うなって居るか、安定してゐる。兌換しないでも金マークと云ふものは、前のペーパーマークと云ふものは或る一定の間引換へないことにしてマークの価値は安定した。当分兌換をしないと云ふことになってゐる。さう云ふ点を考へて見ると最近の貨幣に対する考へは兌換をするから貨幣の価値が上る。兌換をしないから貨幣の価値が下ると云ふことでなくして数量の方が必要な要素と思ひます。大体最近の貨幣に対する見方はこんなことになって居る。これも理屈で御座いますけれども新しい国家を造る場合には御参考になるのじゃないかと思ひます

色部　御同感です

渡辺　兌換をするからしないからと云ふので貨幣の価値の動揺があると云ふやうな御説を承りましたが、主として紙幣発行高に左右せらるゝと云ふやうに伺ひましたが、事実如何なもので御座いませうか。英吉利が最近に於て兌換の停止を遣りました。さうすると英吉利のパウンドは直に下ってこれは対外的に英米クロスが直に変って来ました

日本の貨幣兌換停止をしますと対米為替が急激に変化を致しました。これは明らかに対外的には日本の貨幣価値が著しく動揺したと云ふことが証明せられてゐるやうに思ふ。又対内的に考へて兌換停止をした為に日本の物価が直に騰貴して来たと云ふことは著しい例証です。又兌換停止をしようとしたことに就きまして、一体の希望は物価を騰貴せしめ、総て国内の経済が活躍して来るやうに考へて兌換停止をすることが二つの要件と心得てやったやうにも考へられて居りますが、これは明かに兌換停止が物価を動揺させ貨幣価値の騰落を示した二つの現象ではないかと思ふので御座いますが、この点に就て少々疑惑が御座います

松崎　これは大分議論の問題になりますが、今のは貨幣の対外価値と対内価値を混同して居るやうでありますが所がそれは違ひますので、為替相場が下り物価が騰貴したと云ふことはそれは兌換と関係がないので御座います。国際収支の関係が不利だから下ったのでございます。日本のはだから若し仮に亜米利加が金の輸出を禁止したら弗は下りませぬと下りませぬ。国際収支の関係がアンフェラブルでございませぬ。兌換の関係ではない。原因は違ふ。兌換しないでも或る通貨の分量が適当であり而も国際収支がフェラブルであれば下るものでありませぬ。物価騰貴は為替相場が下ったら物価が騰貴する。それを見越して騰貴さして居る。為替相場が円が下るだらうといふことを見越して内地は上げて居る。兌換と関係はちっともない。国際収支の関係さへフェラブルであれば下りませぬ。兌換に関係がない

渡辺　紙幣濫発と云ふ結果でなく、通貨の膨脹と云ふ結果でなく、即ち国の信用がそれだけ違って、即ち兌換停止をするかしないかに依って

松崎　それは兌換停止をすると国の収支と云ふものが関係なければ収支がフェラブルであれば下りませぬ。然し日本が今後内地で以て通貨が膨脹したら内地物価が上り為替相場が下ると云ふことになります。兌換と云ふことは停止しなければならぬ

渡辺　通貨の数量は同じであり乍ら兌換停止したと云ふ事実それ自身が直に対外的

松崎　それは詰り日本の信用と云ふものがなくなった。一時的にさう云ふ事はありませう。日本の収支が完全であり

渡辺　兌換停止をすると云ふことは詰り日本の収支が

松崎　国際的収支が維持することが出来ない。だから兌換停止をしたのです。詰り国際収支が悪いと云ふことが根本の原因です。だから兌換を停止した為に下ったのであります。国際収支が悪かったと云ふことが

渡辺　兌換準備が怪しくなったから

松崎　さうです。国際収支が怪しくなったから、国際収支が悪かったと云ふことが根本原因

渡辺　最後の兌換停止をするとしないとの瞬間に於て、兌換停止をする前日迄四十九弗四分の三であったものが兌換停止をした直下に……兌換停止をしたと云ふ事実が金の輸出禁止なんです

松崎　兌換停止をやって金輸出禁止をした

渡辺　始め金の輸出禁止をして後から兌換停止をした

議長　この問題はこれで打切ります。それでは今日はこれで閉会します

午前十一時散会

第三日

昭和七年一月十七日（日曜日）午前九時十分開会

議長　それでは引続き開会致します。木村委員からの御希望に依りまして又本位制問題に就て少し御話があるさうですから承りたいと思ひます

木村　大体昨日から色々御意見を伺ひまして稍皆さんの御意見の帰著する所は明かになった様に思ふのであります大体に於て金本位制度を取ると云ふことは最早申上げる迄もないので只如何にしてそこに進んで行くかと云ふことだけが問題に考へられます。只金本位制度を取ります上に於て一番大きな懸念せられます点は昨日も首藤さんから御話のありました上海市場と云ふ奴が非常に邪魔になるのでありまして、スペキュレーションに依る兌換請求が恐らく兌換制度の基礎を動揺せしむるだらうと云ふことが一番考へられるのであります。昨日首藤さんから殆んどそれは避けることの不可能の問題の如き御話がございましたがそれに就きまして一寸御伺ひを致したいのでありますが、主としてこれは実務に御経験のある方の御意見に依らなければならないのでありまして何かこれを避ける方法が特に御考へがありませぬか、私は大体為替兌換で或る点迄これは防げるだらうと思ひますが素よりそれに対して懸念はある訳なんでありますす。これが防げないと云ふのでありますならば結局永久金本位制と云ふものに移れないと云ふやうに考へられますので、其の点を一つ首藤さんから先づ第一に御伺ひしたいと思ひます。同時に銀塊本位制度に依って先づ通貨の統一を図ると云ふことは我々の最も大賛成のことでありまして、一番やり易いのであります。それに就きましては矢張り何等かの一完の固定貨幣を造

りまして、その銀に依って統一して現在の凡ゆる紙幣を回収すると云ふ御考へと思ひますが、それを実行致しますに就きまして素より現在鮮銀、正金の発行して居られます発行券は新しく発行することは止めなければならぬと思ひます。同時に漸次回収しなければならぬと思ひますが、極く大ざっぱでございますが複雑した満洲の通貨を銀塊本位制で統一致すと仮定致しまして略何れ位の期間で整理統一出来るものでありませうか、大体のことを御伺ひ致したいと思ひます

首藤　この満洲で御話の様に金本位制が実行出来ますことでありましたならばこれより好いことはないと思ひますが然し何うしてもこの近くに金銀市場の上海といふ大きな市場を控へて居りますので、この満洲だけの比較的小さい場所に於きましては何うも金本位は私は満洲自体に於ては維持は困難であるのではないかと云ふことを非常に心配致しますのでございます。これは私はこゝで断言することは出来ませぬでございますが、これに就ては非常な危険があり如何なる方法を取っても危険であるやうに思ふのでございます。諸外国が金本位の状態に復帰致しましてもこの危険と云ふものは容易に取り去ることが出来ないと思ひます。勿論もう少し経済単位の大きいものでありましたならば独立でしても金本位の実行が出来るかと思ひますが、何うしても危険に曝されることが多からうと考へて居ります。然し金本位と云ふことは過日来御話がございました様に世界通貨と云って好い訳でございますから、理想としてはどうしてもこゝに進みたい。出来るならばこの方に一歩でも近くよりたいと云ふのでありますが、根本に於て今の状態に於ては金本位は満洲に不適当であらうと考へて居ります。第二の問題に就きましては銀塊本位で統一するならば略何の位の期間を以て統一が出来るかと云ふ御質問でございましたが、これは直に実行が出来ると考へるのであります。何故かならば既に準備も四千万以上持って居ります。満洲の流通貨幣が例へば先日幹事から御報告になりました様に一億三千万あると見てその内補助貨がありますから先づ一億と見て、この兌換の危険を受けるものが一億位のものでございます。四割と致しましたならば四千万でございます。さうして其の四千万であるのを四千五百万程持って居りますから充分であると云って好い。只各官銀号の内容が大変悪いのであります。奉天の方は未だ決定的にはなって居りませぬが色々な財源を以てこの官銀号の内容を全部きれいなものにすることが出来ようと考へて居ります。それから吉林の方は最近でも実際に調査に人が参りましたが、その報告に依りますと思ったよりも遙かに好い報告を得て居りますのでこれも資産上の欠陥は大分大きくございますが、又色々官銀号自体でも経営して居る事業がありまして、その事業は場合に依っては電気事業の如きは他に売却するか或はこれを担保として、非常な場合にはこれを南満電気等に売りまして現金を得てさうして準備を増すといふやうな方法もつきます。又内容をよくする上に就ては省政府は素よりこの官銀号を機関に使って居ったもので、省政府がこれを立派なものにすると云ふことの責任がある訳でございますから、それは現金でなくとも或は不動産を以て内容を

充実するものに当て得るのでございます。それから又黒龍江官銀号に至りましては未だ充分確信を持って申上げますことは出来ませぬが、随分酷い状況になって居りますが一方に於て呼海鉄道、斉克鉄道に多額の出資を致して居ります又鶏立崗炭鉱等も持って居ります。金鉱も一つ持って居ります。で斯う云ふものを担保にして相当の資金を調達する道があると思ふのでありますす。さうすれば例へば四千何百万の準備が、今後紙幣発行高が相当殖えるだらうと思ふ。その殖える紙幣発行高に対して現金準備は補充して行くことも敢て難しとしないだらうと思ひます。それならば今非常に濫発せられて居ります紙幣を何うして統一するかと云ふことになりますと、何うしてもこの三つの独立した官銀号を一つのものにした方が宜からうと思ふ。さうして資本も一つの、詰り新しい銀行の資本に依って系統をつけたが好いと思ひまして、こゝに独立の銀行を設立しまして現在あります三つの銀行をその資本並積立資本勘定で一応銀行の欠陥を綺麗に致しまして、さうして実際の債権、債務をこの新しい銀行に吸収台併致しまして詰り債権、債務を全部継承するのであります。さう云ふ具合に吸収致しますと云ふとさう云ふ銀行には未だ穴即ち欠陥が沢山あるのでございます

これに対して紙幣が既に下落致して居るのでございます。例へば吉林官帖の如きは四百七、八十吊或は一時五百吊迄も行って居ります。今日は四百四、五十吊の所ではないかと思ひますが、これも例へば四百四十吊の所であれば四百吊位でよくして一定の率を設けます。又黒龍江に於てもさう云ふ具合に現在の相場よりも幾らかよくして、詰り紙幣を持って居る者に割よくして一つの率をこゝに極めまして、さうして此の奉天の詰り新しい銀行の札と引替へることにしますれば全部統一がつくのでありまして、さうして又小さな札が色々出て居りますので、これは矢張この日本にあります様に一銭からして百円迄の間に行く様に詰り補助貨としては硬貨を漸次に用ひまして十進銅元と云ふのが今日出て居りますが、あれが十枚よれば詰り十角の十銭の紙幣に相当するのであります。詰り少額兌換券と云ふものになって居ります。丁度之も亦場合に依ってはニッケル貨なりなんなりに依って替へると云ふ方法もつくのであります。それから又次に二留もありますし五留もあります。さうして詰り百銭が丁度一円の札と云ふやうな具合にやって行き一本調子で乱雑な札がなくなって、丁度日本に於ける百円札から一銭銅貨に至ると云ふ系統がこゝについて来る訳でございます。斯う云ふことをやるのは随分暇がかゝるじゃないかと云ふことがありませうが、既に出て居ることでありますから直に実行が出来るのでございます。さうしてさう云ふ具合に色々な不換紙幣官帖の如きものを一定相場を以て極めますとそれで大分銀の損が埋まるのでございます。それから又それで尚足りない所が黒龍江等に於て随分出て来ること、思ひます。吉林の方に於てもあること、思ひますがこれは省政府が保証します。其の後始末は省政府が必ず或る財産を分譲すると云ふことの保証を致します。さうして若し損失があったならばその方の財産を即ち政府から貰って来たならばこの三つの銀行と云ふものは綺麗な銀行になって了

ふ。只手続の上の問題だけでありまして半月でやれと云へば半月でも出来ませう。これは然し政権の統一、東三省でございますか、さう云ふ聯合政府が出来た時に直に之を実行して差支へないと思ふ。どうも理想としましては金本位に進まなければならぬけれども、この金本位と云ふものを是非やるとすれば、詰り兌換をしない又国際貸借の決済の責任を負はない、詰り総て国際貸借は為替相場に依って自然の調節に満足する。さうして放任主義、斯う云ふことでなければ金本位は今の所私は見込みがないのじゃないか、甚だ遺憾ながら見込みがない。状況が変化致しまして或は日本の領土と云ふ様なことになって日本と云ふものと貨幣経済が共通になると云ふことになって来ましたならば、我々の非常に便利とするものがこゝに行はれる。さうでなくって単に我々の立場から考へて金本位は宜しい又日本通貨の票で行ったら宜しい。斯う云ふことを無理に致しますと支那人は何う云ふ考へを起しませうか、今度の貨幣は変なものである。今迄やって来たのは兌換して呉れたのに今度は兌換しない。さうして金本位が最初から金本位でない。兌換をしないと云ふやうな紙幣をこゝに新国家として出して妥当なことであるか甚だ疑ふ所でございます。私は飽く迄金本位であり又日本の通貨と系統を同じうするものを欲して已まないのでありますが、実行論に至っては是はどうしても今日やるべきじゃない。先づ軽くて済むべき方法の銀塊本位と云ふもの以外にはどうしても今日としては遺憾乍ら方法を見出すことが出来ないと思ひます

木村　よく判りました。要するに金本位制度を布くといふことの非常に困難であるといふことは御同感でありまして何とかして其の困難を打破って此の機会に日本と共通の制度を布きたいといふ希望から一昨日来変態的な案を出した訳でありまする素より金本位制度を布く以上は兌換しなければならぬ。又同時に国際貸借はそれに依って決済しなければならぬので之をやらないならば寧ろ金本位制を布く必要は全然なからうと思ひます。昨日も松崎さんから不換紙幣を出したら宜からうとか或は名目金貨幣で交換をしたら宜いといふ御説もありましたが、支那のやうな未だ曾て名目貨幣の流通したことのない国にさういふ制度を出しましたならば、直ちに金紙の間に開きが現はれまして現在同様の混乱状態に陥るのは明かであります。やります以上はどうしても兌換を致し国際貸借もそれに依ってしなければ金本位制は実行不可能と云はざるを得ないのであります。併し今日何れの国を見ましても、今日は歴史を有って未だ曾って無い大恐慌に際して居るのでありますから現在の状態を以って律する訳に行きませぬが、従来に於ても貨幣制度を維持すると云ふ点に於て理想的国情であったといふさういふ国は極めて少ないのでありまして、国際貸借、其の他の点から云ひましても夫々皆欠陥を有って居ったのであります。それを切抜けて行きますのは要するに政治の力といふことになるのでありまして、満洲に於て貨幣制度を改革するといふことも要するに一つの政治でありまして其の人を得ると否とに依って出来得べき制度も実行出来ませぬ。困難な制度も必ずしも不可能でなからうと考へるのであります。日本が明治三十年に金本位制度を採りました時

も非常な反対がありましたのを押切ってやったのであります。当時必ずしも日本の状態は金本位制度に移るべく好状態にはなかったと考へられるのでありますが、当時の松方大蔵大臣の英断と手腕に依って兎に角実行出来たのであります。要するに政治でありますから其の処へ這入りますと理屈の問題ではないのでありまして非常な困難である。一度誤ったならば収拾出来ない状態に陥る虞れがある。或はごた〲しますと列国や支那本部の嗤を招くといふことになりますので、余程慎重な態度を以て研究した上で万全の策を取らなければならないと云ふことは重々御同感であります。併し非常な好い機会のやうにも考へられますので何等か方法がありますれば此の際金本位制度に移って行くといふ方法を立てたらどうかと考へるのであります。それだけ一言申上げるのであります

田村　一寸首藤さんの御話に就て私承りたいことがあるのです。初めの満洲の経済単位が小さくて金本位になるといふことは非常な危険を招きはしないかといふことは誠に御尤もなことで、其の点に就きましては私共非常に懸念を持っのでありますが、先日来申上げて居ります様に全く日本が満洲の此の問題に就て政治的に経済的に外国であるといふもの、考へ方をすれば、それを見殺しにする或は放任して置くといふことになるので当然其の結論に達するのでありますが、私は冒頭に於て申上げたやうに此の満洲の幣制の改革といふことに就ては日本の或る意図、大きな理想を一体度外視して何があるかと考へるのであります。若しさうでないとすれば一歩進んで此の土地が日本の領土であった場合さういふことは言って居られないのでないか、私は今俄かに政治的主権が日本に移るべき時期ではない。又世界の大勢はさういふやうなことには今日難しい状態になって居るのでありますが、少くも経済的には日本と満洲と何等其の間に距りがない。私は寧ろ経済に就ては日本の領土であるといふ考へを以て日本の政府は向ふのでなければ、満洲経営といふことは意味を為さないのだといふことを申上げるのであります。さういふ意味から申しますと今首藤さんの御言葉にもありましたが、日本が満洲の貨幣制度といふものに就て一歩進んだ手段方法を講じて後援を云々といふ御話がありましたが、云ひ換へれば一種の貨幣同盟と申しますかさういふ風な方法に依って行けば、小さい満洲の経済単位は少くとも日本と満洲を打って一丸とした経済単位になるので余程其の点に於て事情が変るのではないか是れが一つ、第二は銀塊本位であれば直に実行出来る。是れは私も至極同感であります。特に後段の官銀号其の他の財団を資金化するといふことは私も予てより考へて居ることでありますが、それは必ずしも銀本位にする時許りに有利な状況でなく金本位にする場合にも同様なことが略考へられるのではないかと思ひますが、其の点に就ては私彼是申上げようといふのではありませぬ。寧ろ伺ひたいのは当分金本位が難しいとして銀塊本位で行く時関東州及満鉄附属地といふものを如何に取扱はれるか、此の幣制に就ては従来通であって、所謂銀塊本位は新しく出来る新国家のみで附属地、関東州は元の侭だといふならば実は私は愚策だと考へるのであります。若し仮に如何様に考へ

ても金本位制が実行出来ないといふならば、私は此の際進んで関東州及附属地の幣制も銀塊本位に直すことが必要であると考へるのであります。若しさうでなかったならば例へば鉄道の運賃に致しましても満鉄は矢張り従来通り金本位、他の鉄道は如何にコントロール致しましても銀本位といふことになれば其の間の調節は如何に取扱ふべきであらうか、又附属地を本拠として奥地に進出しようとする日本人の経済的活動といふものは色々な点で従来舐めた支障を繰返すに過ぎないと考へるのであります。其の点に就て首藤さんは如何御考へになりますか御伺ひしたいのであります

色部　私も同様の感じを持って居ります

首藤　貨幣同盟といふものが出来ますれば其の同盟といふことは私にはよく判りませぬけれども、兎に角日本と同じ経済でやる詰り日本の銀行券と同じやうなものが此処に出て其の責任を日本銀行が持っといふことになれば、御説の通りに完全に是れは行くと思ふのであります。其の他の方法に依っては矢張り必ず故障が起って来るものと思ひます。それから関東州に金券が流通し州外に於て銀が流通するならば今日迄受けた苦い経験を繰返すといふことに就ては其の点は遺憾に考へられるのであります。若しも私が全然無関係の地位に居って公平に之を判断するならば関東州に於ても銀を使って行く方が日本の経済関係に於きましては良くなって行くのである。それはどういふ点でありますかといふと、日本人は金を使ひ支那人が銀を使ふといふ所に今迄の我々のヒッチがあったといふことを前提としての問題でありますが、例へば総ての生活なり総ての生産なりを支那人と同じやうにやって行くといふことが一番理想的であるのです。詰り満洲に来て満洲人の使ってゐるものを使って行けば必ず是れは一致して行く成程それは生活の程度が違ふ。日本人と満洲人の生活程度が違ふ。是れは人の説で私の説じやありませぬが満洲の人間は学校も要らないならば病院も要らない人民であります。此処に於きましてはどうしても日本人の方が生産費が高くなるといふことは免れられないことでありますが是れは貨幣問題でない。貨幣問題に於て常に日本人が不便を感じたといふのは何処にあるか時に依っては是れは利益があったかも知れないと思ふ。利益であった場合は余り感じませぬが不利益であった場合にはよく感ずるのであります。丁度銀が下る場合に若し銀が下ったならば満洲の物価は騰貴しなければならぬのであります。それだけ騰貴するのが普通であります。所が満洲の経済事情は少し他と違って輸入に俟つことが少ないのでございます。輸入品を買はなくて済む自足経済の国柄であって見ますれば銀は下っても輸入品に依る物価の騰貴は起らない。それが為に銀は下ったに拘らず物価は高くならぬ。生活費は廉い。生産費は従って廉くなるといふやうな変な所であるものですから、日本人は金を使って居る。さうすると金は詰り騰貴した形になる。それだけの開きが起る。これが反対に転んだ場合に商売に損はしない。併し儲け損ふことが時に依って起る。最近是は銀が上ったといふ訳でありませぬが日本の金が下落した。詰り金輸出禁止に依って日本の金が下落したことによって起ったので

あります。満洲で満鉄が石炭を売って居ります。さうすると是れは円で売って居る。此のやり方が私は間違って居ると思って居るのであります。満鉄は円で売って居る。支那炭はどうかといふと銀で売って居る。所が円で売って居る為に日本の対米為替相場が下落致しまして此の円といふもの、価値が大変下って居るのであります。それですから例へば十五円で石炭を売って居りますが買ふ所の者は支那人であって銀で買って居りますから、此の十五円と云ふものは円が下落して居る時には銀で払ふべき金額は大変廉いのです。本来ならば若しも円が下ったならばそれだけ円の金額を高くして売れ得るのであります。此の間の如きは一時に二割乃至三割位の対米為替の下落でありますから其の響きといふものは非常に大きかった。さういふことが又起って来る。けれども併し今日斯ういふことがあるからと云って此の関東州に於ける今ある通貨に変動を来たすといふことは面白くないと思ひます。是れは関東州の事情が変化した後ならば兎に角でありますが変化しない今日に於て斯ういふことは問題にならない。是れ又矢張り租借地のあると同様に金券の流通して居るといふことは止むを得ないことであると考へます

田村 詰り早い話が満鉄は従来通り金で運賃を取ることになりますか

首籐 満鉄の将来の営業に就ては云はれないが或は銀で宜かったら銀になるかも知れない。併しそれは余程の之とを要する訳であります。さういふ重大問題は私は此処では申上げられませぬ

田村 私それを伺ったのでそれ以上伺ふことは無理だと思ひますが何れにしましても満洲が金本位を取るにしても銀本位を取るにしても、日本が之に対して全く無関心で居ることが出来ないといふことが御判りになったと思ひますが、進んで或る犠牲を覚悟して将来日本と経済単位を一にするといふ方向に向って金本位を取るか、或は退いて満洲の銀塊本位を支持して関東州及附属地に於ける従来の幣制を一して銀塊本位で進むか、孰れにしても日本は此の際将来に対する推移を充分に考へてそして態度を決むべきことで、決して私は新国家の幣制問題は新国家のみの問題でないといふ冒頭に於て申上げましたことを繰返して申上げたいと思ひます。首藤さんは大体満洲は満洲で最も統一仕易い銀塊本位、関東州、附属地は従来の行懸りがあるから大体現状に依ってするといふことを申されるのでありますが、左様なことは断じて行ふべきことでないといふことを私は申上げたいのであります。或る時は日本人が儲け或る時は支那人が儲けるといふ斯様なことは満洲全体の経済が各々の自覚しない間に損したり得したりするやうな幣制が将来行はれるといふことは、断じて許されない問題であるといふことを申上げたいのであります

色部 私も唯今の田村さんの仰せになったこと、全く同じことを申上げたいと思ふのでございます。それで繰返して申上げませぬが唯御話の中に満鉄の事例を御引きになりましたけれども、満鉄が巨額の金資本金を擁しながら満洲に於て御経営される時に銀建の幣制を取って総てのことを御経営になるといふことに

なれば、満鉄は非常な大きい博突を打つものであると云はなければならぬと思ふのであります。即ち銀本位国に於きまして金の資本を以てするといふことは常に危険と不安に曝されて居るのでありますから、斯ういふことでは満鉄の大なる使命を持った経営といふものは私は断じて出来ないだらう

是は私の唯感想、意見になりますけれども其の点は充分御賢察を願ひたいと思ふのであります。どうしても満蒙新国家が発展する為に金資本が這入るといふならば其の金資本を危険から又不安から除去される状態に擁護するのでなければ、私共は此の満蒙新国家の建設を決して喜びませぬ。既に二十数年皇軍の力に第一線の建設を経て来ました此の満蒙を日本に有利なる解決を最後に於て確保する為には、どうしても日本の国家及日本の国民に有利な方法に総ての制度を持って行かなければならぬので、其の総ての制度に於きましても経済上の制度、猶言葉を換へて申しますれば幣制の如きは最も其の点に於て必要なものであり緊要なものであると斯う心得まする

松崎　私の申上げたいことは其の一部は田村さん、或は色部さんが御話になりましたこと、全然同じなんであります

満洲の幣制を直す場合に日本が無関心で居ることが出来ないといふことは当然であります

詰り満洲と云ふものを先程自由放任といふ御言葉を御使ひになりましたが、満洲が独立しても金本位制が出来やしないかといふ意味で申上げたので、仮に独立して金本位制が行はれても場合に依っては危険が全然無いと思ひます

勿論背後に日本が立って援助してやらなければならぬ、或は正金銀行といふ様なものは支那との間の為替といふものに就て今後援助の地位に立たなければならぬと思ふのであります。首藤さんの御話は例へば日本銀行が責任を負ふといふ事でありますが、日本銀行が責任を負っても正金銀行が満洲の新国家の対外支払貸借の援助をしても宜いと思ふのであります。其の位の援助で満洲の幣制は金本位で行くのでないかと思ふのであります。

是れは附加へる必要はありませぬが、田村さんの唯今の御話の関東州及附属地と満蒙新国家とを別にすることは全然無意味な事であります。関東州、附属地と満蒙新国家と一つの通貨区域といふものを作らなければならぬ。さうでなければ到底満蒙に対する発展といふことは出来ないと云ふ事は今田村さんが縷々御述べになったことを全然裏書き致しますさうでなければ満洲の幣制改革は必要はないのであります。此の点は申す迄もありませぬ。日本が援助するといふ事は当然でありまして認めて居りましたから昨日申上げなかったのであります。併し私のは更に一歩進みまして日本が援助するといふ事は当然で、援助しないでも金本位制はどうやら斯うやら出来ると思ひましたので其の考への下に申上げたのでありますから其の意味に於て取って頂きたい。首藤さんは国の範囲が大きいならば出来るが小さいので非常に維持は困難でないかと云はれましたが、隣に支那があるから支那が銀を使って居るからといふ意味でありませうが、或は支那があって而も満蒙の範囲が狭くとも私は満洲が国際貸借が有利であるならば金本位制は出来ると思ひます。外国に対

する支払がなければ完全に金本位制が出来る。それが重大な問題。併し是は先刻来首藤さんの御話、或は南郷君でありますか、色々伺ひましても満洲が国際貸借上今後も有利になるやうに考へます。満洲は受取超過になるのでないかと思ひます。満洲は農業国で外国品を輸入してそれを加工して出すといふやうな日本のやうな国とは違ひます。自給自足の国であります。而も自分の国産を輸出して居るのであります。国際貸借は有利だらうと思ひます。国際貸借が有利ならば小さい国でも出来る。是は欧羅巴の方々の国で金本位制を行って居る。国の大小といふことには依らない。金本位制を行ふことが出来るか出来ぬかと云ふことは国際収支の関係、勿論欧羅巴には隣に支那のやうな銀塊国はございませぬから少し事情は違ひませうが、兎に角金本位制の基礎を確立して行く上には国際貸借の問題、国際収支の問題が非常に必要である。それで統治部に於かれてももう少し御考へ願ひたい。国際収支の関係は満洲は由来輸出超過の国、日本に対して輸出超過の国である。満洲は由来受取勘定の国であると云はれて居るのでありますから、受取勘定の国であるとすれば仮に満洲を自由放任して置いても是れが出来るのでないかと思ひます。範囲の大小は問題にならない。外国に対する支払といふことが考へなければならぬ事だと思ひます。支払勘定の国であるとすれば其の数字の根拠を示して頂きたいと思ふのでございますが、それは強いて此処で求めることでありませぬが是非統治部の方に御研究を願ひたい。これは呉れ呉れも固く申上げて置きたい。是れが決まらなければ金本位制か銀本位制かといふことは決まらぬ。其の次は兌換でありますが私不換紙幣といふ事を申上げたが是れも私の不換兌換といふ意味が徹底して居らない様でありまして、木村さんからも御話がありましたが私のは国内は兌換は停止しろといふ意味なんであります。完全になりますれば国内に於ても兌換を認めなければならぬのでありますが満洲に於ては兌換を停止する。それですから是れは不完全な金本位であります。是れは仕方がない。奉天省に於ても今迄国内に於ては兌換をやって居ない場合が多々ある。それは何も新しい事をするのでなく国内に於ては兌換停止しない。兌換する必要はない。然しながら国外に対しましては昨日も申上げました様に為替を売出すのでありますから詰り為替兌換であります。為替兌換が困るならば輸出禁止の為替手形を出すことは停止して宜しい。即ち金輸出禁止をしろと云ふ事でありますが、為替手形を売出すと云ふことは為替兌換でやらうと云ふことである。此の為替手形の兌換と云ふ享は国内兌換と国外兌換を区別して頂きたい。兌換停止は国内丈の意味で国外に於ては為替手形を当出す為替兌換であります。是は寧ろ兌換と云ふより売出すと云うて宜しい。英吉利辺りでもさうして居る。為替手形を売出して兌換する或る意味の兌換をするのであります。さうすると結局問題は一昨日来申上げました満洲が受取勘定ならば国外兌換に対しては為替兌換で少しも差支へないのでありますが、只問題は上海のスペキュレーターが金銀の比価に依って満洲の金を引張って行くだらう、さうすれば結局金本位制が維持出来ないだらうと云ふことなんです。是が先程木村さんのお話、首藤さんの力説された所だらうと思ひます。是さへ片付けば金本位制度と云ふものは難しいことはないだらう。実は昨日も個人的に首藤さんの所説を此の会議が済みまして色々伺ひまして趣旨も分りまして多少の調べも昨日は致しましたが、どうも上海のスペキュレーターがさう大なる力があるか、満洲から金を引っ張って行くさう大なる力があるかどうも疑問でございます只上海のスペキュレーションだけでもって満洲の金本位がさう脅かされるかどうか、それ程スペキュレーションが大なる力を持って居るかどうか疑問であります。スペキュレーションの作用に対して正金が援助しなければならないと思ふ。スペキュレーションが満洲の幣制に多少影響を加へたならばそれに正金が出て助けるのが本当と思ひます。それは何であるかと云ふと満洲が支那に対して輸出超過、日本に対して輸出超過であるから正金と云ふものが出て援助することが出来ない。正金の援助と云ふものが其処で問題になる。上海のスペキュレーターを押へると云ふ意味でスペキュレーターの力が問題になるのです。此の力は偉大なもので四千万や五千万では問題にならないと云ふ首藤さんの話でありますが是は見込で見込の相違ではないかと思ふ。スペキュレーターの力は私共研究しなければならないと思ふ。スペキュレーターの力が大したものでないと云ふならば満洲は輸出超過でありますから金本位制が実行出来ると思ひます。スペキュレーションの力と云ふものは是は統治部でもう少し御研究願ひたいと思ひます。詰り満洲の国際収支、上海のスペキュレーションの力は満洲の金本位制を致しますに非常に重大な問題があると思びます。それからもう一つ最後の問題は金本位制にしたならば官銀号を整理して金本位制を敷く手続きをする、是は先程の田村さんのお話と同じでありまして金本位制も銀塊本位制も整理の方法は少しも違はないと思ひます。只銀券を金券にした丈で甚だしく違った割合でしてはいけないと云ふ私の考へです。整理する手続きは何でもない直ぐ出来る。私の云ふ様な金本位制を実行しても出来る。私の考へは、猶かう云ふことは今迄申上げなかったので附加へて置きたい事は上海に対する為替兌換は、勿論其の手形は金券でありますが上海で払ふ場合は銀で構はん。其の時の割合で詰り是は変則になりますが支那の様な銀貨国では金で払ふ必要はない。銀で差支へない。其の他の国に対しては勿論金であれば宜い。日本に対しては金で払ふから問題はありませんが上海丈の問題でありますから上海丈に銀準備を少し持って居れば宜い。或は二千万位で宜くはないかと思ふ。上海に銀準備を持ってそれで払ふと云ふ事にして置きましたならば金本位制と云ふものは変則ながら出来やしないかと思ひます。大体私の考へはそれだけでございまして少し附加へた点と今非常に重要な点を高調致しまして御参考に供した訳であります

色部　今の一寸実例でありますが技術上の問題になると思ひますが、上海で銀を以て払ふと云ふことは私も其の通り銀兌換為替、為替に致しましても此の満洲に於て発券せられる銀行は国立銀行を希望致すのでありますが、其の準備は金と銀其の金は外国貨幣でも宜しいし外国に於ける紙幣でも宜しいが外国の金

紙幣でも宜しうございますが、銀の準備は国内に於てはさう多く持つ必要なく上海と天津に金為替兌換を致します。時に金銀の相場で銀で払ふと云ふさう云ふ方法を取りたい。技術上の問題でありますから更に議論の進んだ時に申しますならば宜しうございますが松崎さんが仰っしゃいましたから申上げます

篠崎　只今国際貸借のお話がありましたからして、私共既に十四、五年前から満洲の国際貸借に就て相当苦心して居ります今日迄分りません。分らん事情に就て少しく御参考に供したいと思ひます。満洲の貿易は御承知の通支那の税関の統計で発表されてをります。南満の貿易は海路の貿易でありまして陸路の貿易は全然判って居らんのであります。此の税関統計は貿易以外の密輸入等で輸出入されるのも相当あるのでありますが、是等も全然さう云ふ数字は這入って居ない。然も密輸入、密輸出と云ふと密輸出よりも密輸入の方が多いと云ふことは何人も想像されるので、貿易自体そのものがさう云ふ風で何処でも密輸出入はあることでありませうが貿易の統計通には参りません。況や京奉線其の他の関係の陸路貿易が全然這入って居ないので満洲丈の貿易が現在発表されて居る数字の通に参らないのであります。さういふ事情も二つありますし其の他昨日からのお話でありますが、苦力の持って帰る金が二千万とか三千万とお話がありましたがそれも宜い加減に立てるので却々正確に立てる方法がありません。苦力は一年で帰る苦力もありますし二年で帰る苦力もありますし三年、四年で帰る苦力もあります。一人平均是位の金を持って帰ると計算して或は二千五百万、三千万と想像されますが、京奉線で出入りする苦力の数ははっきり分りません。大連とか牛荘とか安東辺りから出入りする苦力が分る丈けであります。是も正確なことは知り難い。大正七、八年の景気の好い時朝鮮銀行から天津に向けられる為替が多かったことを記憶して居ります。今日茲に私は材料を持って参りませんが朝鮮銀行取付の大部分は確かに天津であったと私は記憶致して居ります。其の辺の事情を是はまあ朝鮮銀行の方が御承知であらうと思ふのであります。其の他銀行の為替の統計の話が昨日ありましたが是は関東庁で発表されて居ります。各銀行から関東庁に報告されて居るそれが発表されて居りますが是も私に云はせると嘘の統計である。何処が嘘であるかと申しますと只今大連には台湾銀行であるとか三井銀行、三菱銀行が上海の店から出張員を出して居りまして出張員と云ふ形式の下にあるが為に統計の必要もありません。従って税金を払ふ必要もない関東庁に報告の必要もないと云ふので、是等の銀行は主として為替業務でありますが取扱高と云ふものは全部関東庁の統計から脱漏して居るのであります。先般私は慰問の為に北の方に参りました時にも、奥地から大連迄の特産物の輸送の為替を三井が取扱ふものは三井銀行が主としてやる為に他の銀行は大分圧迫を蒙って居ると云ふことであります。既に奥地迄も力を延して居る。かう云ふ数字が全然抜けて居ります。従って銀行の為替帳尻を御覧になって是がかうなる是がかうなると云ふお考へになる上にもさう云ふ風な事情があることを御斟酌願ひたいと思ひます。大正十二、三年頃の是は今日咄嗟の場合でありますか

ら、是は大連に帰りますと確りした材料は持って居りますが例の銀建問題の喧しくなった後に為替関係から見て金建はよくないと云ふ議論が相当濃厚になったことがあります。其の結果として為替の帳尻を非常に喧しく研究されたことがありますが、其の時朝鮮銀行は過去一箇年間に跨って為替の帳尻は闇違って居ったと云うて訂正されたことがあります。其の訂正は金建に都合の好い様逆に二千四百万円かの非常に大きい数字を訂正された様に記憶して居ります。其の訂正された材料等も現在保有して居ります。さう云ふ風な事情もあります。色々苦心しましたが今日迄我々は正確な満洲の国際貸借と云ふのが分りません富田ユージョー氏が国庫課長をされて居った時分に大蔵省からどうしても之を調査して呉れないかと云ふ話でありましたが、非常な大規模で金をかけてやらないと我々の力の及ぶところでありません。正確な国際貸借は私寡聞にして何処にも無いと考へて居る次第であります。それからもう一つ銀の満洲にあります今日の現状が四千五百万円と云ふことでありますが、是も大正七年以来奉天省の銀の輸出を禁止して居ります。従って関東州に於きましても大連税関から護照がなければ銀の輸出は出来ないことになって居ります。是は関税問題と幣制の重大な関係がありますから……左様な事情にあることを申上げて御参考に供したいと思ひます

渡辺　色部さんに伺ひたいと思ひますが満洲は矢張り金建の方が、金本位にした方が日本の対満政策の為には宜いと云ふ御意見の様に承りましたが、それば兌換制度を用ひなければいけないと云ふお考へでありませうか、不換制度でやらうと云ふお考へでございませうか其の辺を一寸はっきり伺ひたいと思ひます

色部　是は既に松崎さんが御説明の中にもありましたことで繰返す様にもなりますが今日一億三千万元と幹事も御報告になりました現大洋、其の満洲に於ける通貨がどう云ふ状況であるかと申しますと僅かに奉天に於きまして一日一万数千元の現大洋兌換を致して居るに過ぎません。是は東三省官銀号が主として其の兌換の義務を果して居りますが、東三省官銀号は御承知の通に満洲各地及支那本土にも亘りまして七十数箇所――或は更に細い店を加へたならばもっとあるかも知れません――其の店を持ちながら僅かに奉天城内の一兌換所に於て一日僅かに一万数千元の兌換をするに過ぎない。之を称して果して兌換をして居るかと云ふことが事実問題とするならば数量が如何に少くても兌換して居ると云へるかも知れない。殆ど兌換して居ないと云っても宜しいかと思ひます。私が茲に新国家が新国立銀行を設立致しまして新しい金為替兌換本位の紙幣を発行する時に於きまして、差当りは国内は不兌換にするより仕方がなからうと思ひます。即ち不兌換の強制通用を以て出す。是は差当りの問題でありまして国際貸借上有利であると私も考へます。何故ならば巨額の資本が此満蒙の新国家には流入せられること、思ひますから。恐らく私は此の両三年中に若し日本が真剣に満蒙の産業開発を計ると云ふならば、今流通して居る紙幣の数倍の数量の金員が恐らく茲に流入されること、思ひます。さう云ふ状況になりますれば此満蒙は必ずや新国家国際貸借上有利になる

だらうと私丈けは考へますので、さう云ふ状況になりますならば従って国内に於ける準備も充実せしめ得る時期があるだらうと思ひます。此の場合には当然兌換の出来得る様な制度を取り得ることを考へても宜からうと思ひます。差当りは国内は不兌換、かう云ふことで行きたいと思ひます

首藤　今の色部さんの数字が少し誤解であられるのではないかと思ひますが、奉天城内で僅かばかりの円い銀貨の兌換が一万五千円だから兌換をやるのでない、勢ひ起らないと云ふお話でありましたが、是は全く間違ひでありまして最近の状勢は奉天省の貨幣信用が増しました結果多少でも出て行く傾向があるじやないか、それに特産品の輸出とか云ふ様な関係上私は正確な数字は持って居りませんが可成り沢山な銀が上海に、詰り官銀号の準備として一千万円、上海ばかりでありません正金の鈔票を通じまして一千万位の増加は来して居ります。是は輸出期に於きましてはさう云ふ工合に極く一、二箇月ばかりの間に這入って来て居ります。上海向けの為替相場が七十五両と云ふ大変高いものにもなった訳であります。是が反対に輸出期が済みますと決済が起る。其の時には上海で多額の銀が這入らなければならない。又さう云ふことの原因が起って来るのは何処の所かと云ふと奉天で、綿布の建値は何で定めて居るかと申しますと上海の両銀で相場が立って居る。それなら上海にも天津其他の方面の支那のチャイニーズネーティオーダーと云ふ小切手の様な、詰り為替手形の小さい様なもの、其の結果が上海に於て兌換する、或は天津に於て北京に於て是迄兌換されて来たものであります。此の決済は可成り大きな金額であります。貿易の輸出時期とかそれから夏分の閑散時期に於てはその増減と云ふものは相当大きい金高になります。先づ紙幣発行高で申しますと二割以上の増減が紙幣発行高に於て現れて居ります

色部　一寸伺ひますが、それは滞蒙新国家の領土から考へますならばそれは海外の兌換になりますのでありませうか

首藤　それは海外の兌換であります

色部　私は国内の兌換に就きまして渡辺さんのお尋ねでありましたから、私は国内は不兌換で差当り行かう

首藤　さう云ふお話ならば国内兌換は私も同じ意見でそんなに多額を要しないのであります。猶先刻誰方かのお話で銀で以て国際貸借を払ったら宜いじやないかと云ふお話でありますが、金の紙幣を以て国際貸借の決済をするに銀で払ふと云ふことは詰り銀本位になる

渡辺　一寸疑義が起ったのでありますが、昨日松崎さんの御意見も承りまして兌換の有無は必ずしも貨幣価値に対して影響するものでない、要は国際貸借の関係それが貨幣の価値の信用に、是は色々私も考へましたが貨幣数量の関係が貨幣価値に影響を及ぼすと云ふ、国際貸借の今の受取勘定が多い国家になりますと対外的に為替決済する場合に完全に決済されるから対外的に貨幣の価値は下らないと云ふことは考へる迄もないのでありま す。それを前提と致しますと若満洲が輸出超過国である総ての決済に於て国際貸借は受取勘定になって居る、其処で何等の準備なくとも不換紙幣で金本位を敷いて是が余り危険が無いじや

ないかと云ふ様な御論とも承りましたが、で又色部さんからも金本位にしたいものだと云ふお考への様に聞きました。それを総合して疑問が起ることは、仮りに満洲の新国家が金本位制を敷いた兌換制度であらうが不換制度であらうが其の点は何方でも宜い。田村さんのさっきのお話の日本と経済単位を一にすると云ふことの御意見は私は満洲に於ける日本側と支那側の経済単位を一にすると云ふ風に推測致しましたので、全く日本の経済単位と満洲の経済単位は同一になると云ふことは想像出来ないことでありまして、例へば日本は兌換制度なり兌換準備なり総てが此処迄及ぼすと云ふことは到底出来ないことで、此の満洲に於ける経済単位を日本側と支那側と打って一つにすると云ふのでなければならないと云ふ御意見と拝聴致したのであります。さう致しますと満洲の新国家は全く独立して仮りに日本側と支那側と打って一丸として金本位を施行したと仮定致します。さうすると此処は受取勘定の国で貨幣の信用が維持されますと、対外為替が日本のは三十六弗に下っても此処はパーで行くと云ふ様なことになると思ひます。さうしますと日本の貨幣と此方の貨幣と、此処の金券と日本の金券とは絶えず日本の貨幣の価値の動揺に依って種々色々な混雑が起って、結局銀本位国と金本位国と今の日本国との間の経済関係と大して変らない混乱が起りやしないか、猶一層混雑になりはしないかと云ふことは考へられるので、寧ろ銀本位になったならば只銀との関係は結ばれるが、茲に一つの金本位が出て来れば三つの貨幣の混雑が起りやしないかと思ったのですが、其の点はどんなものでありませうか

田村　私の申しましたのは、一体資本は今日に至る迄満洲に対して非常な関心と、さうして満洲なくしては我々は経済的に生きて行けないとさへ考へて今日の事態を惹起して居るのでありますから、究極は、本当云へば、率直に云ふならば是は領土的にも日本のものになるのだと云ひたいのですが、それは昔は領土を先に取って経済は後から行ったのでありますが、今日は経済が先に行って民族自決と云ふ様な政治的主権は後から附著いて行くと云ふことですから、本来ならば経済的に日本と一つにして宜しい。又それ位の覚悟でなければ満洲に日本は余計なちよっかいを出したと云っても宜いのであります。少くも満洲に於ける関東州附属地と此の新国家との間さへも猶経済的に貨幣が一つでないと云ふことがあっては、それは断じて許さないと云ふことを私は申上げたので、私は決して関東州満鉄附属地丈けが一つの経済単位になれば宜いと申上げるのでありません。其処に進むにも自ら順序があるから少くも満洲に於ける日本人、支那人を区別しない幣制が確立されるのが第一歩である。進んでは日本と全く同一になることを期待するのであります。それだけ日本が関心を有って居る満洲のことである。満洲の経済事情がそれ自体で以て不利益、不都合がないに拘らず、所謂上海のスペキュレーションの為に脅かされると云ふことに対しては正金銀行だけでも何とかしなければならんと云ふことを考へるのであります。否正金銀行だけでなく当然日本がバックとなって行かなければならん。渡辺君は今の日本の貨幣が動揺して居

る実情を何時迄も続けで行くかのやうに考へてから推論せられましたが、是はそんなものでない。恐らく近き将来に於ては平価切下、所謂改良されたる金本位制が採用せられること、思ふのであります。満洲に金本位制の実行に著手しても半蔵や一年で出来るものでない。それ等を考へて見れば長い間から見ればほんの僅かな期間、其期間が仮に今御話のやうな混乱が多少あるにしても国家の生命と云ふものは永遠に繋がるのだと云ふことを知る。而して大局かも見て物を施設しなければならんと云ふことを申上げたいのであります

議長 是で本問題は打切りまして次の問題に移ります

松崎 もう一つ之は満洲の問題ばかりでないのですが御参考迄に極く簡単に申上げたいと思ひます。実は兌換の問題が出ましたから其のことを申上げて置きたいのですが、今世界の大勢は極めて貨幣制度の不完全な国が不兌換、貨幣制度の進歩した国も兌換しない。それは英吉利がそれであります。千九百二十五年に英吉利が金の解禁をしました時に——昨年金輸出禁止をしましたが——千九百二十五年大正十四年に金の輸出解禁をした時に英吉利の採りました金本位制は国内に於ては不換なんです。不換の制度が宜い。一般の学者が認めて居る。英吉利の様な進歩した国も不換、支那も不換、動機は違ふが貨幣制度の進歩した形、支那は不完全で不換、どっちも不換だ。世界の貨幣制度はどうなって行くかと云ふと不換になって行く。進歩した国は不換、日本も不換だと思ひます。日本が平価を切下げて金の解禁をした時には不換だ。国内に於ては兌換しない。さう云ふ制度が進歩して行く。遅れた国は中一歩飛越して進歩した国になる。不換が本来新しい形、古い形は暴政の結果不換になって居る。文化した不換ならば不換が宜い。さう云ふ世界の大勢で御座いますから不換と云ふことは心配する必要はない。国内に於ける不換と云ふことは心配する必要はない。貨幣制度がしっかりすれば国内に於ては不換は心配はない。支那の今迄の奴は暴政の為の不換であります。暴政の結果でない不換ならば差支ない。不換と云ふ意味をさう云ふやうに諒解して戴きたい

武部 次は紙幣の問題に移る筈でありますが先刻来丁度聯関して出た問題でありますから第六に参りまして日本側幣制及金融機関の処置如何、日本側に対する影響如何、対策如何、例へば(一) 正金鈔票の存廃如何、(二) 鮮銀金票の流通範囲如何、此問題に移りたいと思ひます

色部 私は甚だ立場上不都合な地位に居りますが退席するを可と御認めになれば退席します

議長 其必要はないですな

五十嵐 日本側幣制及金融機関の処置如何、此問題はもう既に今迄の御話の中にも随分触れたこと、思ふので御座いますが、此新国家が金本位なり或は銀本位なりを取ることになりますと云ふと、もう既に田村さんの御話から申しますれば日本側附属地茲に利借地は当然変更しなければならんやうな問題が生ずるやうな御話がありました。其点に就きまして皆さん方の御意見を承知致したいと云ふ意味で此処に出したのであります。其中の先づ正金の鈔票、詰り銀円、昔の一円銀貨を基礎にして発行

された紙幣が御座いますが、是はどう云ふやうになるべきものであらうかと云ふことを先づ問題にし、其次には朝鮮銀行の金票即ち日本円金又は金貨を元とします。又金貨でも宜い。又日本銀行の兌換券を準備として尚其上に保障準備を以て発行せられて居るのでありますが、其流通範囲は今の処法貨としては関東州並に附属地に於て行はれて居りますが、其流通範囲に就て今迄通の方が宜いか或はもう少し減らされるものでないか、其辺に就ての御話を承りたいのであります

田村　私は既に此問題に就ては述べ尽して居りますから唯結論だけを繰返して申上げたいと思ひますが、此六の日本側幣制金融機関の処置如何と云ふ是は日本全国のことを含んで居るのですか先づ先に承りたいのであります

武部　本国は含んで居りません

田村　それならば至極簡単であります。最初冒頭に於て新国家と附属地、関東州、此土地がどういふ立場に将来なりませうとも私は幣制上に於ては一つでなければならんと云ふとを繰返して申上げれば宜いのであります。従て其単位が正金の銀を取った場合に鈔票と同じものになっても、又金を取って朝鮮銀行の金票と同じものになりましても、之を出来るだけ速かに止めてさうして渾一した一つのものにする。それは恐らくは私の頭で描いて居るのでは新国家と日本側と共同した一つの機関で以て発行されたもので統一しなければならんが、過渡に於ては金本位の場合に於ても支那側の今日発行して居るものを或程度迄使ひつゝ、徐々に行って宜いと云ふ意見を有って居るのでありますが、さう云ふ見地から致しまして市場には正金鈔票なり鮮銀の金票が相当長い間流通して一向差支ないと考へるのでありますが、狙ひ所は結局一であって其一は日支と言ひますか新しい新国家と日本側とが協力した或機関に依り発行さる可きものである。斯う申上げたいのであります

源田　此問題は私は結局満洲に於ける通貨をどうするか、即ち新国家と日本との経済的関係をどうするか、昨日申上げましたやうに又今日もずっと御話になって居ります。どうしても日本とさうして満洲と云ふものが切っても切れぬ間柄にならなくちやならん。又さうせんければならんと云ふことであれば終局の理想は結局金でなければならんと云ふ御話が非常に大部分であったやうに考へるのでありますが、私は此問題は其新国家の幣制を日本から見て日本の国策として之を如何に極めるかと云ふ問題に依て自然に此問題は極まるべき問題でなからうかと考へます。又私は希望としては斯う云ふことを申上げるまでもないことでありますが、此問題に就きましては要するに日本の内地に非常に関係を有って居りますので矢張り大蔵省とも其他とも非常な関係を有って居ると思ひます。其満洲新国家の幣制自体は要するに満洲に依て日本側の幣制は如何にするかと云ふ問題と密接不離の関係にあるのであります。其問題は同時に国策として御決定を願ひたいと云ふ希望を申述べたいのであります

松崎　今の御話は日本の貨幣制度をどうかしなければならん。日本の貨幣制度が極まらなければどうすることも出来ないと云ふのですか

源田　今の申上げました意味は要するに私の立場から申上げますので、日本の満洲に於て、是が満洲に於ける日本人の発展の上に非常な障碍となって居ることは、要するに金と銀とが日本人は此処で金を使ひ支那人は、周囲は、皆銀であると云ふことに関係があります。従て現在是が色々関東州其他の幣制に就て之を如何にするかと云ふことの議論がありましたけれども、金と云ふもの、大勢は日本人はドシドシ金を使ふ。銀を使ふものはないと云ふので段々金の力が伸びて行って之を今俄にどうするると言っても殆ど手の著けやうがないと云ふことに帰すると思ひます。さうするには日本から見てどうして宜いか、要するに支那の幣制と云ふものを日本に引著けると云ふことより外に方法はないのであります。それは事変以前のやうな状況に於ては到底実行が出来ない状況になって今や之を実行しようと云ふこと、其順序方法に就きましては昨日も一寸意見を申述べたのでありますが色々段階があると考へるのであります。併しながらどうしても此問題を今日に於て解決するのでなければ日本の満洲に対する発展と云ふものは期し得られないと考へるのでありまず。此意味に於きまして此支那側の幣制をどうするか、若も之を永久に銀で以て行くと云ふならば現在の状況に何等変はる所はないのであります。それならば日本側の金と云ふものは全然排除することは出来ぬ。是は不可能な問題でないかと思ひます。従て新国家の幣制を如何にするかと云ふ問題は日本側の幣制と云ふ問題とは切っても切れない関係にある。従て此新国家の幣制と云ふものは支那の幣制の如く考へられるけれども、併し是は日本の国策を極める必要があらうと思ひますので其意味を申上げたのであります

松崎　此の問題は大体満蒙新国家と云ふものが金本位制、銀本位制を取るかと云ふことに依て殆ど極まる訳でありますから特に論する必要はないかと思ふのでありますが、満洲が金本位制と云ふことになりまして金券が出る場合にはそれに対して正金の鈔票なり或は鮮銀の金票なり、それに対して整理すべきものであって、私は寧ろ正金の鈔票は廃すべきが、鮮銀の金票は是は貨幣の単位が違ふと整理しなければならんのでありますが金ですから整理は容易であります。朝鮮銀行は甚だ、色部さんの前で申上げますとそれはいけませぬが、色部さんの一個人としては、関東州から脱退して戴きたい。朝鮮だけにして戴きたい。満蒙新国家に於きましては関東州と一緒になって新貨幣を流通すると云ふことにするのが是は自然の傾向でないかと思ふのであります

田村　私の言ったことを多少補足して置いた方が宜い。私の申したことは朝鮮銀行或は正金銀行は発券銀行として以外の業務が各々あるのでありまして、それをも脱退せよと云ふ意味の松崎さんの意見とは違ふ。それは発行権だけは取ってそれを一つに集めた場合、実際問題としては今迄の之に使ったスタッフなんかも新しい発券銀行に移管すると云ふことにして、朝鮮銀行からそれを取る可きものであると云ふことを斯う云ふことを申上げたのであります

松崎　私どももさうなんであります。朝鮮銀行、正金銀行が普

通銀行としての業務を営むことは差支ない、為替業務を営むことは差支ない、発券制度に於ては脱退して戴きたい、斯う云ふ意味であります。それは田村さんと同じことであります。一寸言葉が足りませぬで誤解を生じまして相済みませぬ

木村 固より私も同感であります。一体満洲に新国家が出来まして其幣制改革を主として日本の力で以て為し途げると云ふ問題に就きましては、是が出来なかったならば私は日本が満蒙経営の資格がないと斯う申して差支なからうと考へます。唯併し茲に申上げたいと考へますのは先程松崎さんもさう御話がありましたが、支那人の貨幣に対する観念と云ふものは恐らく全世界に全然例のない一種の観念を有って居るやうに考へるのであります。英吉利や亜米利加のやうに非常に進歩した貨幣観念を有って居りますれば非常に仕事がやり易いのであります。又寧ろ阿弗利加のやうな土人のやうな非常に愚昧な人間でありますれば是亦仕事が非常にやり易いのであります。其中間を進んで居りますと同時に特殊の貨幣観念を有った支那人でありますが故に、何をやるに就きましても急激なる変化と云ふものは、経済組織に動揺を来すやうなことは必ず生活に一つの混乱が起って来ると云ふことを予め予想しなければならんことを考へますので、此満洲が金に統一されるか銀に統一されるとしましても当然関東州が除去されるものでない、何れかに統一せられるのでなければならんこと、思ひます。唯総て急激のことを行ふと云ふことだけは成るべく避けて矢張り漸進的に行って行くと云ふことを考へますので一言申上げて置きます

武部 漸次と云ふのはどういふやうな方法が出来て来ませうが、例へば朝鮮銀行の金票は色々な方法が出来て来ませうが、例へば朝鮮

木村 方法は随時色々の方面に使はれて居りませう。官銀号の準備金に当て、居りませうし其他色々の方面に使はれて居りませうが、実情を存じませぬから方法は申上げられませぬが、急激に回収してからに新しいものに統一すると云ふことはどうも一体に急激に変化を与へると云ふことはいけぬ。或は半年一年の後にやると云ふことにすれば宜いと思ひます

松崎 整理の問題でありますが急激に今直ぐ整理すると云ふことは出来ないのであります。無論正金の鈔票、鮮銀の金票は或年限を決めまして向ふ十年は流通する。それ迄に回収すると云ふことになる。強制的に回収すると云ふことは出来ない。今迄の各国のやりました時分も皆それであります。亜米利加に於ても、日本銀行がやりました時もさうであります。年限を決めて置きまして或年限は流通させる。段々回収して行く割合を唯極めて置くと云ふことが必要であります

源田 私今先申上げまする時に一寸落しましたが、私は新しい国家の形式並に態様がどう云ふやうになるかと云ふ問題に就きまして、其如何に依りまして余程態様が変らなければならんものと思ひます。其内容に就きましては其点此両者に対する処置と云ふものも之を如何に取扱って行くかと云ふことも、先程申上げましたやうに根本問題が極れば先づ更に今度出来る新国家の形式及態様如何に依て又変らなければならんと云ふことを附加へて置きたいのであります

首藤　此問題ですが、私は一寸国家の将来が、満蒙政府の将来がどうなるかと云ふことを予想して議論することが非常に私としては出来ませぬのであります。だから現状の今の侭で行ふと云ふ観念で今迄の議論を致して居るので其点で田村さんと時々……、正金の鈔票に付ては若も今の満洲政府の方で正金の鈔票と同じものでありますから此処にそれが乱雑になって居ったので、あれでは信用が出来ないので正金が之に代った役目を今日迄やって来た。若し現状の侭で銀で確立すれば当然正金の鈔票は自然消滅するのでないか、あってもなくても同じことである。それから朝鮮銀行の金券に就きましては私の判断に於ては関東州が此満洲政府の一部分になるとか云ふやうなことは私も仮令理想がありましてもさう云ふことを論じたくないと思ひます。矢張り関東州は関東州で日本の租借地である。此現状に即して経済人として議論して居るのであります。時々さう云ふので理想と実際問題と云ふことがこんがらかるので一寸

田村　私の申したのは関東州を返して仕舞はなければならん。或は出来るものは新政権は新国家でなければならんとか云ふやうなことを申して居るのでないのである。併しながら我々は矢張り満洲に対して或一つの理想を有つ。其理想はどう云ふ順序で実現するかと云ふことで或一つの目標に向って進んで行くと云ふことは当然なことで、若それがなければ満洲から日本は手を引いたら宜いのであります。而も実際問題としてはそれに対して出来るだけ実情に即した漸進主義を主張して居るのでありますます。私は仮に現在の侭の新政権であって新国家にならなくても関東州附属地に於ける幣制は一つでなければならんと云ふことは繰返し繰返し申上げたいのであります。従て其状態に於ても日本の金券或は鈔票と云ふものが色々の形で色々の機関から発行せれると云ふことは止めたい。即ち其点に就て主権的には関東州、附属地と云ふものが新国家と全く別なものであっても、貨幣に関する限り経済に関する限り共通にしたいと云ふことは最少限度なものであるのであります

議長　大体皆さんの御意見は伺ひました。是で今日は閉会致します

午前十一時散会

第四日

昭和七年一月十八日（月曜日）午前九時十分開会

議長　それでは引続き開会致します

武部　本日は紙幣問題に移りまして現在流通の不換紙幣及兌換紙幣は整理すべきものなりや、整理すべきものとすれば其の方法如何、それから兌換券の統一方法如何、結局二つは同じ問題になります。此の問題に移ります

五十嵐　一寸申上げますが、此の不換紙幣のことに就きましては本位制の時に関連して幹事からも色々説明がありましたやうに、之を現大洋に換算すると約一億五千万元の発行額がございまして、先づ流通額が一億三千万元位あるといふことになって居ります。其の内訳に就きましては其の当時色々幹事から説明

がございましたが、此の中には色々の種類のものがございますが、現大洋票として殆んど現大洋と同じ価格を以て通用して居るものもございます。所謂奉天票といふのは約五十元が一元位であります。五十分の一位に下ってゐるのであります。是が約十億元の発行額がございます。それから猶大きなものでは吉林官帖、吉林官帖といふものは是れは約四百吊文が一元といふ訳で是れが百億万吊文発行されて居ります。黒龍江省官帖といふのは是れは一千九百吊文が一元といふので、此の発行額は同様百億吊文といふやうな形になって居ります。其の他此の聞、詰り一元が千九百吊文といふやうに皆単位が別々になって居りまして、非常な価格の相違が出て居りますので非常に乱雑を極めて居るのであります。猶孰れ詳しいことは質問に応じて幹事から説明があると思ひます。さういふものは其の侭放って置いて差支へないものであるか之を整理すべきものであるかといふことが初めの質問でございます。若し是れが斯ういふ風に乱雑であるから整理するならばどういふ方法でしたら宜いか、直ぐ新しい紙幣を発行して統一したら宜いか、或は三省色々の事情があるから之を別々に整理したら宜いか、色々御意見があると思ひますから其の点に就て伺ひ度いと思ひます

(ロ)の方は今武部さんから御話のありましたやうに同じやうなことを、もう少し統一の方面からのことを伺ひ度いのであります

南郷　私は此の問題の前に、上海と大連間にどれ位投機為替があるかといふ御話でありましたが、私が茲に述べむと致して居ります数字は上海三井銀行の調査致しました数字でありまして、三井の調査に依りますと上海満洲間の投機為替金額は大体一箇年一億円乃至一億四千万円といふことになって居ります。詳しくは三井銀行に行って御調べになったら宜しからうと思ひます。それから是れは大正十五年頃の調べでありますが、昭和五年一月に日本が金解禁を致します前後から所謂上海に於ける大連マーチャントのオペレーションは段々衰へて来たのでありますが、日本が最近金輸出禁止をやった為めに最近再び昔の状態に返らむとして居ります

森　昨日の問題でありまして今此処で申上げるのは可笑しいと思ひますが、一寸先程鈔票及鮮銀券の問題に就て御話がありましたが、鈔票及鮮銀券は将来の東三省の幣制如何に依って其の運命が決まるといふことは申す迄もないことでありますが、両銀行券が現在此の地方に於て地理的分野もありますが、発行せられ流通されて居るといふことは帝国の権益であると考へて居ります。其れが為めに二つの銀行券の将来の運命がどうなりましても、現在受けて居る発行の利益或は将来受くべき利益といふことに就ては充分考慮して置く必要があると思ひます。是れは申す迄もないことでありますが、曾て私が軍司令官閣下から、二つの銀行券が此の地方に於て流通して居るといふことは帝国の権益であると思ふさうでないか、と云はれましたことを思ひ起しまして一言申上げて置く次第であります

篠崎　昨日私の話しました関東州の幣制の所がもう少し徹底して居ないやうに思ひますので今申上げて差支へありませぬか。

大体に於て森さんの仰言ったこと、似たやうなことでありますが、今迄の御説が満洲の奥地に金本位をしますれば関東州も金で統一する。併し銀本位にします場合に於ては関東州も亦之に併行して銀で行くといふことは甚だ遺憾であるといふ御説を拝聴しました。そこで若し新国家が金本位を採用することが出来ないと仮定致しまして関東州の幣制をどういふ風にしなければならぬかといふ場合には、御承知の通り今金を主として使はれて居るのでありますが、若し奥地が銀で統一される場合は昨日も御話を拝聴しましたやうに関東州も銀で統一するといふことが甚だ利益であると思って居ります。現在は金を主として使はれて居りまして僅かに特産の方だけ銀が使はれて居りますが、さうなった場合には矢張り関東州も銀を通用して、特産物以外に労銀、或は満鉄の運賃、其の他生産品に関するものを総て銀を使はなければならぬ。今迄の金主銀従であったといふものを逆に銀主金従にしなければならぬ。さうしなければ関東州の立場が非常に不利益になるのであります。斯ういふことを痛切に感ずる。そこで若し左様なことに之をするかせぬかといふことに就きましては非常な力を以て私は此際断行する必要があると思ひますが、仮にさういふことがせられた時に現在の発券銀行、鮮銀の金券といふものが、現在我々は約三千万円見当と睨んで居りますが此の発行高が減る事に自然なるのであります。従って朝鮮銀行の営業の方に重大なる関係がありますし、又奥地が銀券で統一されると正金銀行の鈔票は廃しても宜からうといふ様な御説もありましたが、之を廃しますと矢張り正金銀行の営業に重大なる関係があると思ふのであります。又奥地に是れから鉄道が段々延長され例へば今日の斉斉哈爾の如き、既に日本の金融機関の進出を必要とされて居りますが、斯ういふ所にも矢張り銀資を持って居ります銀行が出て行くことが必要である。さうすると日本の金融、機関も銀券を排し金券は非常に減る斯ういふことになって、唯今申されたやうに是れも日本の権益の一つと思ふのですが、銀票を排し金券が減るといふことは権益を失ふといふことにもなりますが如何かと思ひます。そこで私は元々銀券も矢張り日本の金融機関に出さして差支へないのでないか、若し今迄の鈔票が都合が悪いならば大洋に改めても差支へない。そして金券と銀券といふものは一つの金融機関で出す。是れが金銀の調節を取る上に於ても非常に便利でないか、現在日本側の金融機関として正金、鮮銀、或は東拓の支店、満洲銀行、正隆銀行、此の五つがあって是等が満洲の金融の殆んど全部と云って宜い金額を扱って居りますが、是等の営業費がどういふ風になって居るか私素人が観測するのでありますが三百万円や三百五十万円の営業費がかゝるのでないか、そして其等の銀行の貸出高は約三億あります。之を一割の金利と致しまして一箇年三千万円の利子が這入って来なければならぬ。八分利益としても二千四百万円の金利が這入って来なければならぬのでありますが、実際今日の利子収入といふものは、私は営業費とゝんとん位のものでないか、無論側面から我々外部から観測するので正確なことは判りませぬが監督官庁の方もいらっしゃるのでよく御判りかと思ひます。実際の現金で這入る利子といふものは今日其れ位でないかといふ気が致すのであります。無論手形で払込む利子といふものは相当ありませうが実際の現金が這入るのは其れ位でないかと思ひます。さうすると殆んど三億の金といふものは無利子で貸して居るといふ結果になる。其の三億の金も現金で全部帰って来るといふことは恐らく困難でないかと思ひます。斯ういふやうな事情にある日本の金融機関の立場に於て更に権益である発行券を減らす、或は廃するといふ事は甚だどうも従来の功績に対しても如何かといふ気も致しますし、矢張り私は銀券も日本の全融機関に出さして出来るならば之を一つの銀行に統一して出さすことが宜からう。一つの銀行といふのは昨日も御話がありましたが私は満洲に於ける安東県以外の朝鮮銀行、或は大連以外の正金銀行といふものを一つの打って一丸とした別の株式会社を設立するといふやうな段取を取ったらどうであらうか、斯ういふやうなことを考へて居るのであります。若し是れが困難で出来ないといふことになりますれば朝鮮銀行にも銀票を出して貰ひ、正金銀行にも銀票を出して貰ひ、両方で発行して貰ってそれを両方で自由に使ふ、斯ういふことでどうかしら、どうしても矢張り私は金銀券を日本の銀行に出させないと日本の銀行の立場が苦しくなり、又日本の銀行の仕事が困難になって日本の事業の進展上に一つの困難が伴ふのでないか、斯ういふやうに私は考へて居ります。此の点を、日本の国策である金融制度の根本を一つ力強く新国家の幣制の樹立と同時に日本の金融の政策をはっきりと皆さんの意見を聞いて決めて置きたいと思ひます

松崎　議事進行に就て一寸、今日の紙幣の整理の問題なんですが、紙幣整理の問題と関連して一の問題の準備制度の問題が充分出来て居ない。紙幣の整理といふことになると準備の問題と関連しないと紙幣の整理といふことは出来ないから、併せて準備制度の問題、詰り最後のものと併せてやり度いと思ひます

田村　今の篠崎君の御話は三の分にでも行った時に当然議せらるべき問題で、我々はさういふ積りで今日迄抜かして御話して居る訳であります。唯森さんが云はれたこと、篠崎さんの初めに云はれたことを伺って私の云った際に非常に誤解を招いたことがありはしないかと思ひますから一言申上げて置きますが、私は鮮銀なり正金の紙幣を整理するのだといふ結論だけを申上げたのでありますが、其の整理することに依って両銀行が影響を蒙るといふことは当然のことで其れを決して無視したのでない。其れは私の積りでは後で議せらるべき中央銀行と云ひますか何と云ひますか其の所で申上げる積りで、発券銀行といふものは統制ある一つのものでなければならぬ。是れが日支両方相対して居るのでは不可ぬといふ心持がある。寧ろ今迄持って居た発行券をもっと拡大して割込むといふ意図を持って居るので結局権益を無償で棄てるといふ如き観念は無い。もっと大きく延びようといふ積りであります。それだけを一寸申上げて置きます

源田　私が昨日述べましたことも無論今田村さん並に森さんの御述べになったのと素より同じ意味であります

松崎　紙幣の整理の問題でありますが是れは現在色々紙幣が出

て居ることは御話の通りであります。之を整理します方法といふのはどうも今迄方々の国でやって居りますのに昨日も一寸申上げましたやうに急には一寸整理が出来ないと思ひます。此の点は漸を逐って整理しなければならぬ、其の漸を逐ふといふは斯ういふものを成るべく発行制限致しまして、濫発は勿論不可ませぬが出来るだけ整理して価値を段々上げて置きまして、或る一定の時に我々の経済も整理するといふことにするのが宜くないかと思ふのであります。価値を上げるのは短期間でも宜いのでありますが、斯ういふ現在の紙幣は向ふ十箇年ならば十箇年、五箇年ならば五箇年流通するといふ大体の目安の限度を決めて置きまして、そして此の新しく発行された紙幣と交換して行くといふ方法より他にないのでないかと思ひます。詰り新しく出来ました中央銀行の紙幣、是れは紙でありますから幾らでも発行することは楽でありますから無論適度の制限を作り、是れは後で申上げることにして、此の新しく発行されました紙幣を以て十年なら十年、五年なら五年といふ年限を決めた間に兌換するといふ斯ういふ方法を取る。是れが適当だと思ひます。之に対しては其れ以上此処で以て具体的に満洲の方に御意見があるかも知れませぬが、私はさういふ方法論としてはそれだけであります。唯割合、交換する割合をどういふやうに決めるかといふことが実際に於て難しいと思ひます。是れはどうも吉林官帖はどう、黒龍江官帖はどうといふことは具体的に申上げることが出来ませぬ。是れは御研究の上割合を決めて整理をするといふことにして頂きたいと思ひます。それから準備の問題でありますが是れは新しく紙幣を発行するといふことになりますと重大な問題と思ふのであります。私は先程国内に於ては不換、国際に対しては為替兌換といふことを申上げたが、是れは無論変態的なもので一時的の案なんでございまして国内に於ても出来るならば将来兌換をやりたいのであります。直ぐ兌換はどうしても出来ません。或は、兌換をしないでも宜い時代が来ると思ひます。兌換をしないで宜い時代が来ても多少の準備金は持たなければならないかも知れません。満洲でも支那でも同じでありますが矢張り民心を安んずると云ふ点に於て仮りに不換であっても多少の銀行が準備金を持って居るのが必要である。兌換、不換は問題でない。人民は安心すると思ひます。準備金を適当に持つことが矢張り必要と思ひます。殊に外国に対しましては為替兌換でありますから天津なり上海なりに一定の準備金を置くと云ふことは是非必要でありますから、官銀号を整理して中央銀行が設立した時に適当な金がございませう。なければ日本から貸すと云ふことになりませうが其の時に一定の準備金を上海、天津に置かなければならないと思ひます。まあ二千万円あったら宜くはないかと思ひます。それに対して為替手形を発行して主として上海とか天津とか主として上海に於て兌換することになるでありませうが、之に対しまして首藤さんから昨日金で示した為替手形を発行して銀で渡すと云ふことは銀本位でないかと云ふお話でありましたがそれは大変違ふ。支那の様な銀本位国に対して上海で金で払ふ必要がない。為替は金元で示して居りますが上海で渡します時には其の時の実際の相場で銀で渡せば宜い。是は銀本位制でありません。金本位制であります。本位と云ふものを金で定めてあっても実際支那で渡す時は銀で一向差支へない。さうすれば支那以外はどうすれば宜いかと云ふと勿論金であります。手形は金で示してありますから日本に行けば日本の円でロンドンなりパリー迄、さう云ふ所迄行きますまいが、向ふに行けば勿論金で渡すのであって勿論金為替手形であります。只支那に対しては上海なり天津は金で渡す必要はない。銀で渡せば宜い。其の時に銀の準備金を持って居る。其の損は誰が負担するかと云ふと場合に依っては儲る時もある。為替はオペレーションである。損する場合もあれば儲る場合もある。是は銀行が負担しなければならない。何時でも損するかと云ふと損するばかりでない、得する場合もありますからカバーは勿論出来ます。其の心配は要らないと思ひます。要するにさうすれば満洲の対外支払は十分出来ると思ひます。満洲に於ける準備金はさうすればどうすれば宜いかと云ふと満洲に於ける中央銀行の準備金は上海に於ける在外正貨があります、天津にも在外正貨があります。満洲にあります準備金と両方合したもので宜いと思ひます。上海にある在外正貨を別々にする必要はない。上海にあるのも天津にあるのも満洲にあるのも準備金にすれば宜い。日本は在外正貨は入れて居りません。前には長い間在外正貨を準備金に入れて居りましたが現在は入れて居りません。それは最近の貨幣制度の発達から見ますと在外正貨を国内に於ける正貨準備に入れて差支はない。さう云ふ様に貨幣に対する思想が発達し制度が進歩しましたから、今日本は在外正貨を準備金に入れて居りませんが、満洲の新国家に於きましては上海、天津にあります在外正貨を満蒙新国家の準備金に入れて宜いと思ひます。在外正貨を正貨準備に入れる制度を取って頂きたい。さうして満蒙新国家の中央銀行としても多少準備が要る。準備の割合は在外正貨、在内正貨両方入れて何れ位持ったら宜いかと云ふことになりますが、其の割合は是はどうも学問上適当な割合と云ふものは無いのでありますが是は世界の大体大勢に依るより仕方がない。世界の今日の大勢と云ひますと、現在世界の方々の国々は四割の正貨準備を持って居るのが多いのであります。此の中には在外正貨を入れて居ります。三分の一であります。三割三分は極く僅かであります。三割五分と云ふのは可成りあります。大体申しますと四割の例が一番多い。それから三割五分、それから三割三分、是位を世界の方々の国で持って居ります。さうすれば四割なり三割五分或は三割三分の正貨準備は大体世界は四割が多いから四割位にして置いたら宜からうと思ひます。兌換しないから始めから四割と云ふものは必要ないと思ひますが一応の規則は四割として置きます。さうして始めは二割と云ふ程度を以て漸を追うて四割にして行く。十年なら十年段々増して四割にする。是は欧羅巴にも例がありますのでハンガリー、ルーマニヤ等は斯う云ふ制度であります。二割として置きましてさうして後は一部づゝ十年間増して三割五分にして居ります。ハンガリーもさう云ふ制度で詰り始めは二割しか持ってないで十年間段々増して三割五分、四割にして行きます。原則は四割で、始めは無いから二割で段々増して行く、現にハンガリー、ルーマニヤで取って居りますから満蒙新国家でもさう云ふ点は御参考になって宜いと思ひます。始めから四割としても十分割合を充実する訳に参りません。此の点は大変御参考になりはしないかと思ひます。正貨準備は四割、仮りに始めは二割として順を追って増して行くとして置く内容でありますが、是は全部金貨でなければならないが私は金本位制を取る立前でありますから金本位制の準備は全部金でなければならないかと云ふと是は金と銀で宜しい。是は欧羅巴にも例がございます。新しい欧羅巴の方々の国は銀の割合が少いのであります。銀の割合は四分の一、五分の一、それ以上はいけない。正貨準備四割とすると四割の四分の一若しくは五分の一迄は銀で宜しいがそれ以上はいけない。銀の準備の範囲が少いのであります。正貨準備が四割とすると、其の四割の中の四分の一或は五分の一が銀で後は金と云ふことになって居ります。是も満蒙新国家に於ては外国の前例はさうでございますが必ずしも之を模倣《ママ》しなくても宜いじゃないか。寧ろ半分でよくはないか、金半分銀半分にして実際は銀丈けしかない。金は極く僅かであるが始めは銀が主たるもので行くのですが金も多少持って行く、さうして段々進んで行ったら宜くはないかと思ひます。事実上始めは銀で金が幾らかある、其の割合は段々増して行く。こんな様にして変則の様でありますがどうしても満蒙としてはさう云ふ制度を取るより仕方がないと思ひます。それでも金本位制と思ひます。銀本位制でない。さう云ふのが私の考へであります。さう云ふ制度を取って行けば大変取り易いじゃないか。即ち問題はかうなる、上海なり天津なりに準備金を二千万円置きまして満洲には僅かしかないと云ふことになる。それも漸を追うて増して行けば差支へないのであります。大体私の考へは是丈けであります

色部　只今の準備のお話でございますが私も略々さう云ふ様な見解を持って居ります。只始め松崎さんは仏蘭西銀行の例に倣って最高額発行限度を定めて置けば宜いじゃないかと云ふお話がありました。今の準備を四割或は二割と云ふのは少し合致しない様な心持が致します。私は若し新国家が新銀行を拵へまして其の実行制度をどうするか準備制度をどうするかと云ふ技術上の問題になりますならば、矢張り今日流行って居ります比例準備制度、約三分の一もあれば宜くはないか、お話の金銀半分と云ふ様な御意見でありますが私は矢張り金を一、元を其の二分の一と云った様な割合で、可成ならば金を余計もたせて矢張り金本位制度を採用して居るものであると云ふことを示し得る様にしたいと私は気持丈けでございます。在外正貨を準備に見ると云ふことは只今の日本銀行は致して居りませんけれども、此の新国家で作り上げられる銀行に於ては御説の通り準備の中に見て支障なからうと思ひます

松崎　私の説明の前後多少矛盾した様な点があると云ふことを御指摘下さいましたが是は勿論のことで、然し私が前に最高額制限法と云ったのは其の当時の状態は非常に兌換が困難だから、至然始めは不換で行かなければならない状態になりやしないかと云ふ意味の下に最高額制限法で準備は入れないで宜い。是は

常態でない。それですから私の考へと致しましては実は最高額を制限してさうして準備は準備で別に指定しようと云ふ考へであります。準備の問題は其の時話が進んで居りませんから其処迄申上げる必要はなかったから申上げませんでしたが、今の四割と云ふ準備を置くとしても最高額制限法は至当でありますが、銀行が発行する其の高は一億五千万円を最高額と定めて同時に準備を置く。只最高額制限をすれば準備も何も要らないと云ふことでない。最高額制限を拵へると云ふことを強調したのは極く非常な場合、満洲が困難であると云ふので然らばそれ丈けで当分行かなければならない。常態は勿論準備と云ふものは必要だ。私の今の説明に依りましても準備は始めは非常に少いのであります。其の少い準備では不完全でありますが仕方がない。不完全な時は最高額の方で押へて行く。さうすればさう矛盾はして居ないと思ひます。御参考に一言申上げて置きます

南郷　私は一例として支那で関金兌換券と云ふ金券を発行した実例を申上げたいと思ひます。一昨年の二月から支那では関税の輸入税率の建値に海関金単位と云ふものを採用しました。そして一海関金単位を米貨の〇・四〇弗、日本の円の〇・八〇二五円、ポンドの一九・七二六五片と定めまして去年の五月からは之を標準とした兌換券を発行したのであります。この関金兌換券に対する兌換はどうして行ふかと云ふと、千孫と申しますか千海関金単位と申しますかそれ以下の兌換に対しては国内に於て行ふことゝし、而も其の時の相場で銀で支払ふ規定となって居ます。又千孫以上の大口の兌換は為替兌換に依ること、し、為替兌換に対しましては米国の方に盛んに金塊を送りました其の金塊は上海の標金市場で買付けました。それはどの位かと云ふと私の推算では日本金に換算しまして二千万円程度であったと思ひます。一方発行額はどれ位持って居ったかと云ふと約八百万海関金単位で、それに対して約二千万海関金単位の為替兌換準備を用意したことゝなります。大体そんな実例があります只関金兌換券の流通普及と云ふことは未だ遅々として進んで居りません

木村　私の提案は不幸にして首藤さんと説を異に致しましたが勿論私は何等準備なくして此の会議に加りまして十分研究した案では素よりないのでございます。思ひ付きであります。一応大体のことを一つお話申上げて置きたいと思ひます。其の前に今上海の海関金に対する兌換券のお話がありまして非常な多額の金貨を亜米利加に送ったと云ふお話でありますが、私の調べたところでは約五千万円位の金を中央銀行が送った様に信じて居ります。昨年の夏上海に於て調べたのでありますがそれは非常に儲るから送ったのでありまして、御承知の如く支那は金の輸出を禁止して居ります。中央銀行が特権を持って亜米利加に送ったので非常に莫大な利益を得て居ります。同時にあの兌換券、兌換券と申しますか、純粋の兌換券とは云へないのでありませうから必ずしもあれを流通さして国定貨幣としてあれを統一すると云ふ様な考へで以てやったのでもありませんし、只要するに金儲けをするにやったに過ぎないのであります。それはそれと致しまして先刻私の申上げました一種の金兌換本位制と

でも申しますか、さう云ふ制度を将来取った方が宜からうと云ふ考へに対しまして申上げるのであります。大ざっぱの考へでありますが大体新国家が出来ましたならば茲に素より国幣条例と云ふものが制定発布されるものと考へます。其の国幣条例なるものは先般私が提案致しました様な金単位のものを標準とした国幣条例を発布して施行細則を設けまして、当分の間旧貨幣を流通さして行くと云ふことでやって行くのであります。或は却って幣制改革は一挙にして行った方が宜いと云ふことは考へられないこともありませんが、満洲が日本の委任統治にならない時に於きましては却って経済界の秩序を乱しまして、人心を混乱せしめると云ふ恐れがありますから矢張り可成漸次行って行く方針が宜くはないかと考へます。それで私の考へでは兌換券の統一は先づ差当り現在発行されて居ります兌換券の内の最も信用ある兌換券、例へば奉天の現大洋票ならば現大洋票と云ふ最も信用ある銀券を以て漸次現在の不換紙幣を統一して行く、素より希望者がありますれば其の希望者には新しい金の紙幣を与へる、恐らくは新しい金の紙幣が出ますならば、支那の国民は一体是は何だらうと云ふ妙な感じを抱きまして之を手にする者はなからうと思ひます。それで漸次政府の支払を新しい金員で払って行くと云ふことに致しまして、段々金券と云ふものが信用ある価値なあるものであると云ふことを知らしめると云ふ方針で進んで行ったら宣からうと思ひます、例へば従来支那の通貨が銀両と制銭であったものが漸次銀元と銅元に変りつゝあるのであります。さう云ふ風に漸次変へて行くと云ふ方針で進んで行った方が宜くはないかと考へます。斯様に致しまして事態が新貨幣に依って統一されると云ふさう云ふ事態が漸次現れるに従ひまして発行額を殖やして行くと云ふ方針を取りたいと考へます。是は何時でも強制的に発行させることが出来るのでありまして、勿論是は将来出来上ります満洲新国家の経済基礎如何に懸る問題でありますと共に日本の支配力強弱如何に依ると思ひます。新国家の基礎が薄弱でありまして日本の丈配力が強固でなければ殆ど幣制の改革は行はれないかと考へます。先般松崎さんがお話になりました様に貨幣は当然政治の力に伴ふのでありまして、政治が立たないで貨幣の制度は立たないのであります。政治が強固になりますれば何時でも貨幣と云ふものは強制貨幣として行はれるのであります。なるべく之を多く出さうと致しますならば政府の支払は全部新貨幣で致します。政府の収入租税其の他は若し従来の銀で払ふものがありますならば支払者に不利益なもので以て収納すると云ふ方法も取り得れますので、新貨幣の流通を拡大せしむるに困難はないと思ひます。漸次やって行くと云ふ方針で行く様に考へます。私は何処迄も兌換しなければならないと考へます。支那の様な国に於きましては兌換しなければ直ちに金紙の開きが現れて相場の変動が現れますから、当然国内の兌換を致します。致しますが金は銀より遙かに価値のあるものであると云ふことは支那人はよく知って居るのでありますから、恐らくは無制限兌換すれば金の貯蔵が最初の内は現れると思ひますから当分は兌換を制限する。一人一円幾ら或は兌換額幾らと云ふ風に致しまして制限する必要があるだらうと考へます。斯様に致しまして漸次新貨幣で以て統一されるのであると云ふことが段々人民にも知れ渡ると考へまして、其の内には自然従来銀を基礎として営業致して居りました銭鈔其の他の如きも転業準備も致しませうし、それに適応した様に凡ゆる経済機関も段々それに伴ふ様に変って来ると思ひます。経済秩序の上に大きい変動が現れることなしに進みはしないかと思ひます。一昨日かも一寸申上げて置きましたが、本来ならば茲二、三年の内に国際関係の金本位制の推移と云ふことも漸次明かになります。日本の為替相場も何処の辺迄下ると云ふ見当もつきますので、それ等の状態を見た上で以て新しく金本位を敷くならば、其の時に金本位条例を以てやった方がよからうと云ふことは万々好い方法と考へますが、どうも是は私は上海等の支那の民間の方々の意見を聞いて見ますと云ふと、何等彼等は殆ど銀の不便を感じて居ないのでありまして、銀を金に変へることは寧ろ非常な不当なのでありまして、それで恐らく将来満蒙新国家の基礎が強固になればなります程、必ずや金に変へると云ふことは困難で民間にも甚だ反対が起って来るに相違ない。それは我々に取って利益でない寧ろ日本人の利益の為にやるのだと云ふ、かう云ふ反感が必ずや起って来るに相違ないであらうと云ふことは十二分想像出来るのであります。さう云ふ関係上出来るならば新しい国家が出来ました機会に、新国幣条例と云ふものは何処迄も金単位に定めて漸次是で以て統一すると云ふ方針で進んで行かなければならないと思ひます。猶仮令国内兌換を致しましても以上申します様に兌換を制限致しますならば必ずしも多くの準備を必要と致しません。以上申します様に漸を追うて新しい紙幣の流通を拡張して行くのでありますから、準備金は年一年とそれに応じまして殖やして行けば宜いのでありまして始めは左様な多額の準備を要しないと思ひます。幾らと云ふことは一寸咄嗟の間に申上げ難いのでありますが多くなくても出来得られると思ひます。極く大ざっぱでありますがさう云ふ方針で進んで行きますならば必ずしも困難でないと思ひます。先程関東州のお話も出ましたが一体一経済組織内に金と銀の二つの貨幣を流通せしめると云ふのは非常な変体的やり方でありまして、之に依って日支両国民の円満なる経済発展は期せられるものでないと考へます。其の点から致しましても何とかして金で統一すると云ふ方針で進んで行くのが必要じやないかと考へます。大体それ位に致しまして

南郷　只今木村委員は支那の金の輸出禁止の結果利益があるから米国に送ったものだと云ふお話でありましたが私は是と多少見解を異にして居ります。御承知の通り一千九百三十年五月十七日に支那は金の鍮出を禁止致しました。さう致しますと標金相場と為替相場と非常な食ひ違ひを生じまして標金一条印ち日本金四百八十円に付標金相場は、為替相場に比べて一時上海両の七十両方安値となったこともあります。是が為めに支那の金はどしどし日本方面に密輸入されまして、一千九百三十年五月から十一月迄鮮銀の如きは大体二千万円の金を買付けて居ります。是は満洲主に奉天方面から安東を通過して流れて行ったものであります。それで此の方面から朝鮮方面を通過した分並に

大連、上海を通過して日本に密輸された分を合せて大体五千万円と見当をつけて居ります。是は殆ど密輸入であります。一方米国に中央銀行の名前で以て送ったものは関金兌換券の支払準備に充当したものであらうと思って居るのであります。それは何故かと申しますと大体支那の関税と云ふものは外債担保に這入って居ります。さうして年々多額の元利の支払をしなければならない。それでどうしても之に対しては在外資金を持たなければならないのであります。其の為めに二千万円と云ふ巨額の金を送ったのであると解釈して居るのであります。只一言申上げて置きます

松崎　私は先程申しました準備金の割合でありますが猶足りない点がありますから附加へて置きます。私は先程四割とか三割五分と申し上げましたが世界の最近の大勢は多くて四割、少くて三割三分と申しましたが、四割とか三割五分、三割三分と云ふ割合に対しては三割五分が宜い或は四割が宜いと云ふ割合其のものに対して学問上の根拠は無いのであります。其の時の割合に応じてやれば宜いのであります。割合は四割でなければならないと云ふ様な理由はございませんから、満蒙新国家が出来る場合でも、私は満蒙新国家に於ては割合を可成少くする様に見て居りますから実際としては三割五分、三割三分になるか知りませんが、一番世界の大勢として多いのは今日では四割と云ふのが多いのであります。誤解されない様に願ひます。割合そのものに対しては学問上の根拠は無いのであります。必要に応じてやれば宜い。初めは詰り二割にして漸を追うて三割五分にするか三割三分に止めるかそれは差支へないのであります。私は四割を主張したものでないのであります。それから関東州の問題に就てお話が出ましたが、将来満蒙新国家と云ふのが出来ますれば満蒙と関東州を合せて一つの通貨区域になるのであります。通貨区域は満蒙と関東州と一緒にしたものでなければならないので満蒙は満蒙、関東州は依然たるものであっては貨幣の統一は出来ない。要するに政治を統一するものでない。田村君が屡々申されました様に通貨区域を統一する、従って関東州及び附属地に於きまする鮮銀の金券或は正金の銀券と云ふものは是はどうしても新国家に依って統一されなければならないと思ひます。一言附加へて置きます

源田　私は一寸準備に就きまして少し申上げたいと思ひます。私は現在の満洲に於ける状態が大体不換紙幣で、現大洋の兌換紙幣もありますけれども大体は不換紙幣と云ふふうになって居ります状態に就て、実は多少皆さんと意見の異なる点があるのでないかと思ふのでその点だけ申上げたいと思ひます。満洲は大体不換紙幣だ、斯う云ふふうに考へられて居りますが、然し実は我々満洲に関係を持ちましてから色々な事情に遭って経験致しましたことは、結局何うも不換紙幣が流通して居ると云ふことは官憲の非常な圧迫と云ふものがこれを樹立して来たのでないかと考へる。時には銃殺すると云ふ強制力を以て市価を維持したと云ふこともあるのであります。元来私は支那人は紙に対して価値を認めて居るのではなくて矢張り何うしても現物を握らなければ承知しないと云ふふうな性質が多分にあるのじゃ

ないか、その意味に於ては日本の例とか或は欧米の先進国とは多少そこが違ふのではないかと云ふ観念を持って居るのであります。然し他の一方に於てもう一つ申上げなければならぬと思ひますのは、支那人と云ふものは一つの政府が非常な善政を施行し極めて信頼するに足ると云ふ場合に於きましては、又非常な信頼をこれに持つもの、やうに考へるのであります。従って私は過渡期に於てはその点を余程考慮に於て考へる必要があるのじゃないか、従ってこ、に新しい制度を取ると云ふうな場合に於きましては準備の如きは余程充実する必要があるのじゃないか、段々には準備が少くて済むやうな時代が生じて来る、即ちその国家の基礎が固まり、その国家の遣るととが非常に信用を博すると云ふことになって参りますれば準備は少くても充分に貨幣としての価値を保つことにならうと思ひますが、少くとも新しい制度を布くとか云ふうな場合に於ては、一応これに対する疑惑の念を持って見るのが当然であらうと思ひますので、何うしても支那人の性質から致しますと云ふと兌換の要求と云ふものは相当起って来るのではないかと考へる。その意味に於きまして準備と云ふものは余程充実して置く必要があるのじゃないかと、日本に於て金本位を施行致しました場合に於きましては彼等の事情と余程違ふのでありませうが、それでも矢張り準備はこれを充実すると云ふことに特に努めた形跡があるのであります。従ってその準備が今直に充実出来ると云ふふうな状態でありますならば、金本位の実施を直に遣ると云ふこともその意味だけから見れば如何にも行きさうに思ふのでありま

す。然し乍らこれを直ぐ充実すると云ふことが、外国の非常な好意でこ、に大きな金が非常な低利なもので来るとか云ふふうなことがない限り、少くともこの新国家の財政を完全に整理して準備を徐々に充実する必要が起って来るのであらうと思ふ。その意味に於きまして何うしても準備を充実する為には相当日時がか、るものと考へるのでありまして、先づ財政を整理し、財政が完全に整理せられて財政の基礎が鞏固になりますと、従って外国からこの金本位を実施する上に於ける資金を持って来ることも亦可能なのでないかと考へるのであります。その意味に於きまして私は差当りの所は何うしても先づ銀で一応人心の安定を図って現大洋と云ふことに結局ならうと思ひますが、現大洋で一応統一して人心の安定を図ると云ふことが必要であらうといふことを考へるので、準備の割合等に就きましては、これは実は材料が全然ないので、その状態の下で幾ら準備すれば宜いかと云ふことは到底意見を申上げることは出来ないのであります。この点は御諒解を願ひたいと思ふのであります

色部　只今の現大洋の話に関聯して私も申上げたいと思ひますが、今満洲に於ける不換紙幣は軍閥の強制に依って不換紙幣であると云ふやうな御言葉でありましたが、誠にその通りだらうと思ひます。私はその言葉を新しく出来ます国家が非常に民心を収攬し得る程度の鞏固なものが出来れば矢張りそれと同じ結果を齎らせるものでなからうかと斯う云ふふうに考へる。即ち国家を信頼する人民であれば、国内に於て殆んど不換紙幣であっても何等それを疑惧の念を抱いて受授すると云ふことがない

と云ふやうなふうになり得るものでなからうかと思ひます。それから準備を充実せしむる必要があることは素よりでございまして、中央銀行の設立の方法に就きましては始めから私は相当の準備を置かなければ不可ぬと思ひますので、その点は松崎さんと聊か所見を異にして居ります。先づ始めから何等かの方法を以て例へば三分の一準備であるならば三分の一準備の程度迄充実せしむるのが宜からうと考へます。それから発行高と準備の割合に於きましては、これは人民をして知らしむる為に常に公表の制度を取るのが適切であるかと思ひます。只今御承知のやうに日本銀行は発行高と準備の割合毎週平均のものを官報に公告致すことになって居りますが、私はこの新国家が新中央銀行を造りまして、発行高及び準備を示します時には日々の割合を公表して、人民をして聊かたりとも不安の念を抱かせるやうなことをしないやうにするのが宜からう。これは技術上の問題でございますけれども、只今現大洋の話がございましたから、関聯して一寸申上げます

首藤　この今の準備の問題でございますが、先刻から支那人の貨幣に対する観念に就て色々御説がございましたので私は斯う支那人の貨幣観念を極めて居ります。支那人は貨幣に対しては決して不換紙幣で好いと云ふ考へを持って居るのでございませぬ。支那全体の状況から見ましても、寧ろ紙幣は今日未だ現生である銀であるとか銅であるとか、その中に含んで居る分量を目当てとして総ての商品にこれを照し合せて相場が出来て居るやうな状況であります。満洲に於て不換紙幣が増発せられて、これが為に相場が下ると云ふことを決して官憲の力に依って強制的にこの兌換しない紙幣が流通すると云ふことに単純に取っては間違ひであります。詰り相場が下ると云ふのは下って兌換せられて居るのであります。相場が下っても尚ほ兌換しないと云ふのとは違ひます。詰り吉林官帖にせよ、黒龍江官帖にせよ、或は奉天票にしろ結局は兌換し得る程度迄相場が下って行くのである。満洲全体の紙幣と云ふものは決して不兌換ではないのであります。只額面に依って兌換せられない。これが官憲の力に依って余りに余計に出されるから需要供給の当然の結果それが下る。若しもこれが日本でありましたならば却って不換紙幣の方が流通することではないかと思ふ。それは国家の権力がそれだけ強いからでありませう。それで只今色部さんの御話になったやうに銀行の基礎を確立すると共に充分でなければならぬと云ふことに私も同感であります。何の位それでは準備があったならば宜しいかと云ふ問題になりますと又昨日迄の議論が繰返されなければならぬやうなことになるのであります。金であった場合と銀であった場合とでは非常に違ふ。金本位である場合と銀本位の意味でありますまり銀塊本位でありました時分には私は余計要しないと思ふ。具体的に申上げなければ分りませぬけれども、こゝに仮定的の数字を申上げますと、先づ四割位の程度で妥当であらうと思ふ。若しこれが金でありましたならば五割では決して足りないと思ふ。先づ七割位のものを持たなければ一寸不要心であらうかと思ふ。先づ四割と致します理由は一億の紙幣を発行すると致しますとその四割と云へば四千万元で

ありまして、今日はそれ以上の準備を持って居るのであります。然しそれは貨幣の忙しい時と暇な時がありますので、それが大概夏と冬とに依って二割位増減がありますので、若しもこの二割の減額をする夏になるとそれだけ発行額が収縮致しますが、その収縮したものが或は貸金の回収として這入って来るものもございませうけれども全部兌換に依ってこれが回収せられたものと考へますと、銀であって冬で約五千万元の準備を持たなければならぬと云ふ結果になる。詰り半額準備と云ふことになる。何故かならば一億に対して四割即ち四千万元でありますが、若し二割だけ発行額が収縮致しますと八千万、八千万元の四割と云ふことになりますと一番収縮した時の八千万元を土台に先に申上げますれば、八千万元に対して四割と致しますと三千二百万元の準備と云ふ事になる。それが冬になりまして一億になる。詰り二割だけ増発せられる。さうすると一億に対しては四割の四千万元、私はざっと斯う云ふ勘定をして居ったのであります。冬は余計に準備を持たなければならぬ。で一億の紙幣の所に五割と致しますと五千万円の準備を要する。所が二千万円だけ発行額が減って八千万円になり準備も引落されたものとすると、五千万円あったものも二千万円減って三千万円しかないと云ふことになり準備の方は五千万円引く二千万円で三千万円、八千万円に対して三千万、約四割、最低四割の準備を持つには冬分は五割に増さなければならぬ、斯う云ふ事を申上げたいと思ったのであります。だから四割としても相当大きな準備を冬分は持たなければならぬ。斯う云ふやうな意味でございます。で先づ最低四割を下らない準備がありさへすれば随分豊富な準備であると考へる。大体に於て準備は色々準備制度にも学説もございませうが、一番比例準備が極く簡単に行きはしないか、一番これが適当して居りはしないかと云ふ感じを持って居ります。先刻源田さんの御話に兎も角金本位で将来は進むことを眼目とせねばならぬ。さうするとこれが準備としては何うしても始めからさう云ふ準備を持つ訳に行かないからして、然し乍ら準備を持たなければ却々幣制を確立することは出来ない、又統一も困難である事情からして、何うしても差当っては銀塊本位制度で進まなければならぬと云ふ御説に対しましては全然同意見でございます。昨日も申上げました通りに色々案としては沢山ございませうけれども余り煩雑なもの、或は一寸人が考へて変なものは何うも面白くない。極く簡単で行った方が宜しいのであります。それはさっき木村さんからの御話にこの際に総てのものをちゃんと方針のつくやうに金と云ふものを置いて、さうしてそれはそれとして生長させ同時に銀の方を衰微さして行くと云ふ方法を取ったが宜からうと云ふ御説も、それは非常に好い御説と考へますが然しこれは実際に於ては甚だ困難であり、矢張り目的はそこにありそこに行かなければならぬが、具体的の問題として進むには矢張り今幣制を確立してさうして一般の民心を安んずると云ふことが非常に必要なことである。それから準備の問題に関聯致しまして、随分これから財政上に於ても金が要るので又日本側としてもこの経済復興とか或は尚ほ一層経済発展をする上には非常に金がかゝる、さうして又この満洲の中央銀行なるものを非常に活用してさうして満洲全体の金融に遺憾なからしむるやうな方策を取らなければならぬと考へます。その金の要る実例としては、最近に於ても、救済資金等に於ても約五百万円差当り出さう、詰りこの目的は公安の維持が出来ないのでその財政的援助が奉天省だけに於ては差当り緊急を要するものが五百万円あると云ふ訳であります。又高粱その他のものも大変下落致しまして農民は非常な窮状に陥って居りますので、詰り日本で申上げますれば米穀買上げとか調節、斯う云ふものにも五百万円を要することになって居る、随分と今後満洲の秩序を維持し回復を図ると云ふことに於ても財政上非常な金が要るのであります。さう云ふ金も素よりこの原則として満洲内で調達しなければならぬ。さうしてその外に日本側として施設する所が非常に多い。それは皆外国、詰り日本を始め何処からか借金をして来なければならぬと云ふ際でもございますし、その上に更に又この幣制の問題に於て外国から借款をしなければと云ふやうな事になりますれば却々容易ならぬことでありますす。それで私は依然大目的は大目的として、さうして何か今日金本位と云ふ臭ひをすると云ふことを何処かに置かなければ将来出来ないと云ふ訳でないと私は思ふ。出来るものならば必ず実現をせらるゝものでありますから先づ以てこの実行可能な方法に依って進んで、さうして余り危険を冒さないことで遣った方がよくはないか、若しも金本位を――完全な金本位をするにしても金も要るし危険も非常に伴ふものであります。然らばそれを幾らかそれにことよせたものにするとしましても聊か遺憾の点がありはしないか、矢張り銀塊本位制で以て今の所は進んで行く、さうするとこゝに関東州の問題が起って参ります。然しこれは余りにことを大きく考へ大きく心配せらるゝ必要はないじゃないか斯う思ふのであります。関東州は一つの纏った地域であります。これは日本の一つの出島と考へても一向差支へないのでないか、只関東州以外の附属地が多少経済的に混乱状態にあるのであります。これは欲を申しますならば斯う云ふ際に日本人も支那人も同一の経済貨幣の内に這入りたいのでございますが、出来んとすればまあ従来のこともあるし、又若し出来ますならば詰り関東州以外の附属地に於ては日本人は法令は別としまして、努めて銀を使ふやうにしたならば何うか、詰り日本人の金でなければ生活しないと云ふことが既に間違って居るのだ。支那人と一緒になって遣れば経済上の貨幣から来る所の矛盾は免かれるのだ。それ位迄私は日本人としては努むべきじゃないか、只自分の方に都合の好いこと許り考へて居ずにもう少し進出することが必要じゃないか。然しこれが為に大目的であるこの金本位と云ふことを決して忘れ、又これあるが為にこれを棄てると云ふことはしないやうに大きな方針を立てゝ行けば何等の支障は私はないと思ふ。総てを一時に理想的に遣ることが出来ますれば誠に結構でありますが然し乍らさう完全を期することは出来ないと思ひます。一寸これだけ申上げて置きます

松崎　首藤さんの御説を反駁する訳では決してないのですが、どうも数日来此処で次々皆さんの御説を段々承って居りますと

満蒙の殊に支那の事に精通されて居る皆さん方と私共とは一寸立場が違ふのでないかと思ふ。それは何かと言ひますと支那通は支那の事情だけしか御覧にならんので一般の文明国とか貨幣の進歩と云ふやうなことを御覧にならん。私共は支那と云ふものをネグロートしまして一般のことを広く見る。支那も実は一般の一部を——唯要するに進歩の程度が違ふのである。支那も段々進歩さして行けば宜いのであると云ふ考へが強いのでありますす。其処に結局議論の喰違ひが起って来るのでないかと思ひますが私共斯う見て居ります。支那の今迄のは貨幣として見るべきものでない。支那の今迄は近世の文明国の貨幣と云ふものはない。支那の貨幣は本当の貨幣でない。品物の一つの標準貨物でありましてそれを交換の売買に使って居るに過ぎない。それだから実質がなければならない。銀なら銀と云ふ硬いものでなければならん。貨幣に対する考が政権とか或は統一とか云ふものが今までないものだから貨幣に対する思想が進歩しない。併し私は今後出来ます満蒙新国家と云ふものが確立した政権と云ふものを以て合理的な国であれば其発行しました貨幣に対する考は一足飛びに進歩するものと思ひます。今迄の貸幣に対する——満蒙新国家が確立しましたら貨幣に対する思想は私は格段なる進歩を見やしないかと思ひます。日本の過去に於ては少しも日本人は貨幣に対する思想は進歩してない。明治の始めから徳川幕府の末から明治の初めに於ては今日の支那と大差ない。十進法と云ふものは無論分らない。御承知の通り妙な計算であります。極めて貨幣は区々であった関東は硬貨と云ふものが出て居り関西は硬貨と云ふものはない。藩札と云ふものが流通して各藩に別々に藩札が出て居った。金紙の開きは勿論あります。同じ硬貨に対しても相場が違ひます。例へば徳川の慶長小判と其後の時代に出来たものと違ひます。今の支那とちっとも違はない。それを明治の初めに中央政府と云ふものが確立致しまして先づ私に言はしむれば大体急激に統一した。そして今日で見ますれば非常に進歩した制度になった。私共は日本でもさうでありますから、白分の国を善く言ひたがる思想がありますから日本の国を讃める。讃めるといけませんが、日本は一体言ひますと貨幣の方面に於きましては非常に学問の上から言ひますと進歩した国であります。それは何であるかと云ふと皆さん誠に学校の講釈のやうになりまして済みませぬが御参考に申します。明治三十年本位制にした。其時は外国に行って三十年前に見て来た人は日本は何だ金本位制を布いたが一寸も金貨は流通して居ない。本当の金本位制じゃないじゃないか。詰り金本位制は金貨がなければ金本位制でないと云ふ。現に欧羅巴でもさう思って居る。日本は金本位と言ふが金貨が流通していないから金本位国でないじゃないかと非難した人もある。それは私は間違った考で世界の大戦で以て欧羅巴に於きましても金貨は流通してない。金貨の流通して居ない金本位制といふ事になってしまった。実際に金本位制が完全に出来れば貨幣の単位を金で極めたらば金貨が流通すると言ふことは問題でない。それが日本が偶然に非常に進歩した制度になって、明治の初年には今日の支那と同じやうな状態から急激に進歩した貨幣制度になった。是は私は政権の確立と言ひますが中央政府の国家が確立した為に新しく発行した貨幣に信用が出来たからでありまして国が乱れて貨幣といふものはない。露西亜の状態を見ましても革命政府前の貨幣、ケレンスキー時代の貨幣、それから今日の状態になりますまでの階段を御覧になりましても貨幣といふものは政権が倒れゝば価値は無くなってしまふ。貨幣でなくなってしまふ。要するに貨幣といふものは政権の確立に重大な関係がある。現在政権の下で満洲の貨幣は斯うだから将来も斯うだらうと言ふ議論は成立たない。現在は斯うだけれども今日迄の貨幣は本当の意味の貨幣でない。将来満蒙新国家が出来たら今の貨幣と見方を変へなければならん。詰り私共は飛過ぎた理想論をして居るのであると言ふ傾きは確かにありますが、是は御参考になるだらうと思ひますので其ことを一寸申上げます。もう一つでありますが、日本人は支那へ来て銀を使はなければならん。是はどうも私は非常に無理な注文だらうと思ひます。詰り日本のやうな進歩した貨幣制度を有って居る国民が、支那へ来て生活が退歩しろといふことは出来ない。そんなことは註文することは無理だ。それよりも支那人を進歩させたら宜くないかと思ふ。其方が私は自然の傾向と思ふ。日本人が退歩して支那人と一緒になるよりも支那人を教育して行く。政権が確立して色々の方法で進歩させた方が合理的でないか、貨幣の制度に就ては割合に容易く出来るのでないかと思ふのであります。詰り支那の論者は支那通の御方は一体日本人が支那へ来て金を使って居るから失敗した。銀を使へば宜いと言ふのは我々の着物を脱いで洋服を脱いで青い著《ママ》物に綿を入れたのを著《ママ》ろといふことだ。是は出来ない。それよりも支那人を進歩させた方が自然の傾向であらうと思ひます。どうも支那通の御方の仰言るやうに銀を日本人に使へといふことは一般の文明の進歩といふことから考へますと畳の上の議論かも知れませぬが、どうも無理な註文じゃないかと思ふ。さう言ふことは満蒙新国家が出来た後には尚出来ないと思ひます。それからもう一つでありますが理窟として御聴きを願ひたい。新しい貨幣制度を造ったら十分な準備がなければならん。是は無理な注丈だと思ふ。何故かと言ひますと貨幣の統一整理といふことの必要がありますのは貨幣制度が壊れて居るから其壊れて居るものを立て直すといふのであります。若し準備が沢山用意が出来るならば壊れはしない。詰り乱雑になるから新しい制度を造るのであります。新しい制度を造り直すには多少の不完全は仕方ない。兎に角壊れたものを即ち宜くして行く、更に善くして行くといふのが本当の順序であります。私はさういふ意味に於きまして今新しい国家の貨幣制度を造っても十分な準備は出来ない。外国からでも借金でもさしてくれゝば宜いが、外にも金が要りますといふと幣制だけに借金するといふことは出来ない。今あるものでやらなければならん。今あるものでやるといふは初めは準備は少ないけれども仕方がない。兎に角統一をやって行く。此方が実行が容易でないかといふのです。初めから四割といふ大きな準備は要らない。それが出来るならば貨幣の統一整理といふことは訳はない。貨幣の統一整理が出来ないといふのはさう言ふ準備がないから出来ない。初から準備を要求することは変でないか間違って居ないか。私は手著かずとして二割の準備を有って居る。それを貨幣の準備とする段々充実して行くと云ふのであります。如何でありますす。此方が寧ろ宜いでないかと私は考へるのであります、それから最後は貨幣制度と云ふものは不換であります。幣制の結局は不換であります。政府の目標としては不換であります。将来合理的政府が確立しますれば準備がありませぬでもそれは十分信頼を得るものと思ひます。流通出来ると思ひます。どうも貨幣に対しましては先程木村さんから御引証になりました通り政権確立統一国家の成立と云ふものが密接な関係がある。此考は捨てることは出来ない。それならば貨幣と云ふものは無理でも流通するのでないかといふことを今迄の世界の歴史といふものから見ますとさういふ考を痛切に感ぜざるを得ないのでありますす。皆私が今日申しましたことは理窟でありますけれども何等かの御参考になりますれば幸せであります

田村　私は貨幣学者でもなければ貨幣に就ては専門家でもないので、従って細かい技術的の準備であるとか整理の方法といふことに就て余計な一知半解なことを申上げることは避けたいと思ひますが、繰返し申上げるやうでありますが、将来の幣制及び此幣制に件ふ色々の整理に付て一体日本が全く無関心で過ぎようとはどうしても思へないのである。若し首藤さんの言はれる様に準備金が必要だと言った所で仮に一億の金紙幣を通用させればそれで十分だといふならば五割としてたった五千万円、それ位のものを日本が出さずに之を此処だけの内部の整理其他で統一しようといふならば或は無理かも知れませぬが、高々五千万円や一億円の金を此幣制整理に日本が出さないといふやうなことでは一体今後満蒙に対する日本の発展なんていふことは考へられないのであります。一つの事変が起ったら何千万円何億円といふ金が要るのであって西原借款のことを考へますれば、又今日の事態を静思するならば日本は其位の度胸があって然る可きである。日本にそんな度胸がないといふ時に初めて此国家が自国だけでごちゃごちゃ色々のことを考へる。今まで皆さんの仰言ることは其点に付ては腑に落ちない。其点に付て繰返し申上げますが結局此新国家が健全に伸びて行くか行かないかといふことは、日本が本当に満蒙に関心を以て……、日本及び諸外国が発展するか否やといふことは日本の之に対する態度如何で、僅か五千万円や一億円のことはそんなに問題にならうと思はない。下らない議論を止めて全心全力を注いで行きたいと思ひます

武部　それでは其次の中央銀行の設立の方法、資本金出資の方法、営業の範囲といふのであります

首藤　是は何か幹事の御方に御見込みがあればそれを伺ひました方が

木村　官銀号辺りの内容を御説明を戴きたいと思ひます

武部　それは大したものでないと思ひます

首藤　官銀号の資本金は非常に微々たるもので幾らでございましたかね、二千万円――奉天票で

五十嵐　ほんの僅かな、たゞ見たいなものであります

南郷　大体東三省官銀号は奉天の官立銀行で之の資本金は奉大洋の二千万元、奉大洋五十元を一現大洋として四十万元といふことになって居ります。吉林の方は永衡官銀分号、それの資本金は是は殆ど記憶しませんが論ずるに足らぬ。現大洋の十万元を出でない。九万から十万元になって居ります。それから黒龍江省官銀号は現大洋の二千万元といふことになって居ります。是は一昨年の九月組織を変へまして元は広信公司と申しまして、之を整理しまして資本金を一切で二千万元現大洋払込みにしたのであります。内容を申しますと、営業に亘りますから秘密を要しますから発表して如何と思ひますが、一寸東三省官銀号の赤字は一千万元じゃないかと思ひます。それから吉林官銀号の方ははっきり調査出来て居りませぬが、一千六百万元、是ははっきり分りません。それから黒龍江省の方は幾ら赤字があるやら殆ど見込が付きませぬ。大体そんな風でございます。其外に辺業銀行、張学良の個人銀行、是は良い銀行でございますが大体五百万元の赤字と見たら宜くはないかと思ひます

首藤　紙幣が切捨てられたら

南郷　紙幣が切捨てられたらそんなものは浮くのであります。辺業銀行は張学良の保護扱ひで百七十万円とあります

木村　四行の準備は

南郷　四行準備庫は形式だけでありまして公済平市銭号といふのがありまして此処に本拠を置いて居ますが、是は唯形式だけのものでありまして茲に準備を有って居るといふだけでありま す。東三省官銀号、中国銀行、交通銀行の三つがやって居りますが発行高は少ないのであります。大体最近の数字を申上げますと準備庫の発行高は百三十万元、其内訳は中国銀行が五十万元、交通銀行が八十万元、官銀号が其残高であります——五百万元

首藤　其設立の方法如何、例へば新国家設立案、各省官銀号合同案、各省官銀号分立改良案、昨日も一寸他の問題で御説明申上げましたこともございますが、矢張り満蒙新国家の幣制統一の件に就きまして単一なる紙幣を発行し、又金融の統制を計る上からも中央銀号は一つであった方がよからうと考へまする。(一)と(二)の新規設立案、各省官銀号合同案之を一緒にしましたやうな昨日申上げましたやうな具合に新しい資本を募集しまして新しい銀行を立て、さうして(二)の各省官銀号を其方に吸収合併した方が一番世話がないと思ふのであります。此点に付きましては余り重要な問題でもなく御異論があらうとも考へられませぬのですが、(ロ)の資本金の金額は幾許を適当と為すといふは(ハ)の方で是は色々御説明もございませうが、日本銀行辺りでも余り資本金は大きくありませんやうに感じて居ります。余り大した金額でなくても宜いのじゃないか、併し兎も角も満洲の中央銀行であります以上は余り小さくても可笑しなものでありますので、適当な数字が其間に生れては来やしないか、(ハ)は株式出資の方法如何政府単独出資、官民出資此点に就て少し私意見を申述べたいのでありますが、先刻も詰り日本の権益といふ問題に就て御話が出ました。是非共此金融の実験は日本が握るべきものじゃないか。此見地で勿論政府の銀行

でございますから政府が多少の出資はしなければならんと云ふことは当然であります。例へば四分の一位は政府の出資に致しまして、後の四分の三は民間に応募されて、詰り之には既に是まで有って居る発行権を有って居る中央銀行であるとか或は交通銀行であるとか或は朝鮮銀行、正金銀行といふやうなものを主として主なる株主にして行くのが適当ではないか、さう致しますと外国の株主といふことになるのであります。其点が少しく外の中央銀行に於けると違ひがあるのでありますが、一面から申しますと門戸開放主義を採る意味に於ても宜いのである。又一歩進んで英吉利の香港上海又は亜米利加のナショナル・シティーバンクといふやうなものまでも勧誘して北満洲に居ります各金融機関が揃って来れば宜い。又土地の各銀行は無論或は銭荘の如き大なり小なり金融機関が起ってやるといふことが宜くはないか。併し外国の資本といふものは中央銀行の株主には普通の場合は出来ないことになって居ります併し此処は一新機軸を開いても宜くはないか、事実に於ては日本の方が実権を握って大部分の株式を持つといふことは如何なる場合に於ても必要である

田村　大体私も同感でありますが、唯極く分り易く考へて見ますと斯ういふ風に考へられるのでありますが、先達来申上げて居りますのですが、少くとも新国家と附属地関東州といふものが貨幣の上に於ては共通区域であるべきだといふことを私は繰返し繰返し申上げたのでありますが、従て今回出来る所のものは従来此広い地域に発行権を有って居ったものが参加するといふことは先づ妥当なことであって、出来るならば今御話のやうに一つの株式組織の中央銀行といふものが出来ることが宜いと思ひます。併しながら若し是が国際的の支障其他があり、又国内的にも色々の面倒があるといふならば、場合に依りますれば日本側は日本側で一つの団体を拵へ、支那側で今あるものをもう少し合理化して一つのものにして、其二つが準備庫のやうな制度で両方を合一した一つの発行権を有った機関と乗替へることの出来るといふ事も考へられるのであります。要するに発行権を有って居る機関は結局一つでなければならん。出来るならば日支両方の株主に依て出来た機関、已むを得なければ日本側、支那側の従来発行権を有って居たものが一緒になって一つの発行権を持つ機関を持つといふ、今首藤さんの言はれた亜米利加の銀行等に出資させるといふことは私は主義として反対したいと思ひます。私は亜米利加の資本が殊に満洲に進出することは色々な意味に於て歓迎するのでありますが、それにも拘らず中央銀行に関する限り必要はない、寧ろ反対するのであります。彼等は何等の発行権を有って居らないのであります。此造る機関は何れにしましても営業範囲は後で問題になりませうが、発行権といふものが主であって其外の営業は之の従だ。最少限度に止めるものだ。従って彼等は何等歴史を有って居らぬものである。それ等のものに此際之に這入るといふことは穏当でないと考へるのであります。是は色々又外交的辞令其他の修飾する途はありますが肚は其処に持って居たい、斯う思ふのでありますす。さっきも申上げましたやうに已むを得なければ日本から五

千万円なり一億円でも此問題の為に出して宜いと思ひます。初めから出すといふことは言はないので今日まで有って居ります鮮銀の発行権では不足する正金銀行のそれと合併する、相当大なるものになると思ふのでありますが、尚ほそれで実際にコントローリングパツーを持つことが出来なければ、私の考へて居ることは（四）の特殊銀行の所で述べる必要があらうと思って居たのですが、満洲に於ける日本人の有って居る不動産に固定して居るものが相当に大きい。是が而も個人々々で固定して居るのは姑く措きましても金融機関である所の東拓首め銀行並に満鉄会社といふやうなものが、満鉄会社自体に固定して居るのは姑く措きまして金融機関々係に於て人に貸して固定して居るものが相当ある、さういふものを資本化するといふことは決して六ヶ敷いものでないので、独逸のレンテンマークの組織制度といふやうなことを取入れるとか或は独創的方法を案出してもよいと云ふやうなことを考へますれば相当資金化する途もある。又それ等に対して日本から或は金を入れる途があるのでないか、又次には日本側としては個人から出資させることは如何様な意味に於ても止めたいと思ひます。若しそれでも不足であるか、さう云ふ途がないだらうと云ふならば、私は日本の信用のある銀行所謂シンジゲート系銀行と云ふ様なものに愛国的に満洲に進出するといふ意味で一千万円づゝであるとか或は五百万円づゝでも宜いですがさう云ふやうなものから拠金させて出させる、斯ういふやうなことも一つでありませうし、尚必要ならばさっき申しましたやうな点を適当な方法を以て政府自から出しても宜い。民間のシンジゲートバンクを慫慂して出させても宜い。斯ういふことを日本側としては致し、支那側は官銀号は赤字になって居るやうでありますが、官銀号が有って居る財産と云ふものは相当大きなもの、森林であるとか、鉱山であるとか、其他土地等に於ても相当広汎なものを有って居る、それが日本人の発展を邪魔して居ったのであります。それを支那側では出させてそれを日本の方の機関に依て利用し、其利用価値を高めるに従って彼等の出資も従って多くなって行くといふやうな方法を講じて行くことに依りまして大体支那側の資本は十分でないかと思ひますが、尚足りなければ此際新国家が権力を以てそれを更に拡大し振充するといふ途があるのでないか、大体さういふやうな経路を取て支那側に於ても私は個人の出資といふのは成るべく止めて已むを得なければ関係の銀行、さっき御話のやうな中央銀行、交通銀行、場合に依てはもう少し下の小さな私の紙幣を出して居るやうな所迄這入って宜くないかと思ひますが、成るべく個人は入れないやうに、何処迄も発券機関といふものは個人の妙な勢力、或は個人の妙な利害に依って動かされないやうなしっかりしたもの、而も個人に色々な利害を分たないといふもの、方が正しい道を踏んで行くのに好都合であらうと考へるのであります

武部　一寸伺ひますが、今の御話は特殊銀行の場合でございますか中央銀行の場合でございますか

田村　其の必要が無ければ今の不動産の部分の如きは特殊銀行の方に持って行っても宜いと思ひます

議長 それでは是れで散会致します

午後四時五分散会

第五日

昭和七年一月十九日（火曜日）午後二時開会

議長 それでは是から開会致します

武部 引続きまして中央銀行の設立の方法、資本金、株式出資の方法といふことに就て御意見を伺ひたいと思ひます

松崎 意見は先づ措きまして中央銀行の問題に就てもう少し私は論ずべき問題を附加へたいと思ふのであります。それは御採用になるならんは別であります。私の意見だけ申上げますと、此方の中央銀行の問題と致しましては役員の問題を附加へになったら宜くはないかと思ひます。其の他もう一つは積立金とか利益の処分の問題、是は直ぐ要らないのでありますが、中央銀行の制度を造る場合にそれも注意して戴きたい。外に特殊銀行に就きましてはさう云ふことは問題にしなくて宜いか。世界戦争後中央銀行問題と云ふものは何処の国でも非常にやかましいのでありまして、新しい中央銀行が続々出来るのであります。大分参考になるべき材料が沢山あるのであります。さう云ふ場合に新しく中央銀行を造ります場合に一番問題になりますのは何であるかと云ふと資本金の問題であります。是は日本にもありますが資本金の問題、それから次には今私の申上げました役員の問題、役員を官選にするか、幾分株主にもやらうか、是は支那に於ても重要な問題だらうと思ひます。それから業務の問題、それから利益金の処分の問題であります。其の四つの問題が何処の国でもあるのであります。満蒙に於きましても此の四つの問題を論じなければならん。中央銀行を造る場合に今申しましたことは出来てから後で宜いと云ふ意見もありませうが、初めから極めて置きませぬといかぬ。要するに役員の問題、利益金の処分の問題を併せて附加へて戴きたいと云ふことを申して置きます

武部 何処に入れませうか

松崎 それは（ハ）と（ニ）の間の業務の次に利益金の処分の問題を

武部 それでは（ハ）と（ニ）の間に役員、官選、民選。それから（ホ）が積立金及利益金の処分と云ふのを追加致します

松崎 業務の次の方が宜くありませぬか。一寸もう一つ御尋ねしますが支那の会社の組織は他の方面の法制とか其の方面を御研究になるのでありませうか、今の株式会社と云ふものを認めて行くのですか

武部 今の所認める方針で行って居ります

松崎 今まで支那にございますか、株式組織と云ふやうなものは

武部 完全な株式組織と云ふもの、日本の商法にある株式組織に当るかどうか分りませぬが、大体さう云ふ種類のものがあります

松崎 大体今の所仮に株式会社と云ふものがないとした所が、

日本の株式会社のやうなものを造って後から将来規則を作るやうにしてもそれに準ずる訳でありますか、中央銀行も大体株式と云ふのでございますか

武部　是は実は幹事の方から説明しますが省政府が出して居ります

松崎　株とか股と云ふやうな名前もあるやうですが

武部　別個の出資金として別の形態になって居ります。資金は全部省から出して居ります。それを官民出資として従来の政府単独出資が宜いか、官民の中には日本人も這入って行く積りにして居ります

松崎　それでは私は此の満蒙の中央銀行の制度でございますが、名前は何と付けますか、それは御委せしますのでありますが、最近は外国では中央銀行を準備銀行と云ふやうな名前を付けて居るのがある。何々準備銀行を造って行くのが沢山あります。必ずしも外国のことを真似しなくても宜い

中央銀行でも準備銀行どれでも宜いですが大体最近さうなって居ります。勿論新しく拵へることが必要と思ひます満蒙中央銀行を新設すれば従来の官銀号を排除すると云ふことが適当でないかと思ひます。勿論奉天に本店を置きまして、吉林、黒龍江其の他は勿論支店に致したいと思ふのであります。それから大体矢張り今の御話のやうに其の点は疑問であったのでありますが、株式会社の組織にしまして資本金はどの位にするかと云ふことが非常に重大な問題でありまして、資本金の問題は、一体官銀号はどの位で買収するか、官銀号を整理しまして官銀号の資産と云ふものを実際どの位になると云ふことは——幾らあるかと云ふことは云へないのでありませうが、私は其の方面に対しては材料もございませんが、官銀号は幾らで買収すると云ふことは云へませぬが、洗って見たら——幾分か財産が出来るのではないかと思ひます。それを買収するのでありますが現物出資のやうな形になるだらうと思ひます。株を払ふに現物出資のやうな風で官銀号を買収する。其の時に実は私共はさうしたいのですが、内容が能く分りませぬものですから理想案に過ぎませぬが、資本金は仮に五千万元位で宜くないかと思ひますが、日本銀行は六千万円であります。日本としては足りませぬが積立金は随分沢山あります。近い中に増資になるだらうと思ひます。日本の中央銀行としては先づ一億円位の資本が適当と思ひます。満蒙としましては元の極め方にも依るのであります。朝鮮銀行は四千万円であります。五千万元ですか単位を極めなければならん。其の位の程度にしたら宜くないか、其の中で官銀号のものは二千万円なら二千万円、後三千万円が出資と云ふことに決めたら宜くないかと思ひます。其の金額は今の通り官銀号の内容は判りませぬから二千万元三千万元と云ひましたのですが、金額は標準を初めから整理したら幾らと云ふことは分りませうから両方に分けて置いたら宜いと思ひます。三千万元に対して一般に出資をさせたら宜くないかと思ひます。出資の中には昨日田村さんかの話にありました満蒙に於ける発券銀行の権利と云ふものを相当見てやらなければならんじゃないかと思ひます。出資の方に対しましても、是もどの位になるか私は素

人で分りませぬけれども見なければならんと思ひます。つまり現物出資と現金の出資とが結局出来る訳であります。併しそれでは足りないのであります。政府も幾分之に対して出資をしなければならんと思ひます、実際に於ては今迄の官銀号の出資と云ふものは買収致しました価格、それから一般の発券銀行の出資、それから政府の出資と三段になるのではないかと思ひます。それから株でございますが、株は昨日田村さんの御話のやうに個人には出資させない。銀行と云ふものに出さすと云ふことも賛成でありますが亜米利加聯邦準備銀行等の制度に依りますれば中央銀行は個人の出資はございませぬ。皆銀行が株主になって居ります。是は満蒙に於きましてもさう云ふ制度を今後採って行く事が必要でないかと思ひます。殊に中央銀行は銀行の銀行でありますから銀行が株を出してさうして中央銀行を造る。唯亜米利加と遠ひますのは政府が出資することが必要になる。政府と銀行と出資することになるのであります。まあ大体そんなことで以て具体的数字は私には分りませぬですが御研究を願ひたいと思ひます。又私自身も研究して見たいと思ひます。其の次には役員の問題でありますが私の提案致しました役員でありまして役員はどうなるかと云ふことは官立ならば問題ありませぬ。勿論政府が全部任命しますが政府が全部任命して官設の銀行として中央銀行が出来ると云ふことなら役員は別に問題にならんのでありますが、株式会社でありますから株式会社組織で以て中央銀行を造ることになりますれば株主から選挙させると云ふ意見がきっと起って来る。若干株主から選挙すべきだと株主はさう云ふ主張を私は起して来ると思ふ。中央銀行は株式会社でありましても全部政府の任命にする所もございます。現在株主から選挙しない。全部政府が任命すると云ふ制度の所もございます。或は仮に重役は五名――五名と云ふことにして其の中三名は政府が任命して後二名は株主から選挙する。五名といふ数字は是は出鱈目でございますが、大体さういふ風に五名として三名は政府が任命する。大体政府が過半数を代表する訳であります。後二名が株主から選挙すると云ふ制度を取ってゐる国もあるのであります。さうして株主から選ばせます場合に日本銀行などは倍数を選挙させて其の中から政府が任命することにして居ります。二人重役を出す場合には四人候補者を出して、其の中政府が任命すると云ふ制度を取って居る所もございます。それは御参考までに何方でも方法は宜いと思ひますが此の場合でも殊に満蒙新国家の場合には株主に全然放任して置くことは宜くない。株主が選んだものを政府が任命しなければならん。政府の承認を得なければならんことになるだらうと思ひます。何れに致しましても政府の任命にしましても候補者を選挙するなり何んなり選挙制度は利用され幾分か株主の自由意思が這入って来ることになる

満蒙新国家としては全部政府の任命と云ふよりか五名の中三名は政府が任命して後二名は株主が選挙すると云ふことになるが宜くないかと思ひます。株主の中には朝鮮銀行も正金銀行もございませう、日本の有力な銀行もございませうから全部政府が押付けると云ふことはどうかと思ひます。こんなことが御参考

になりはしないかと思ひます。後は業務の関係になりますからそれだけにして置きます

田村　今日本側、支那側の資本の関係に就ては意見はございませぬが私は日本が実際に於てコントローリングパワーを持つ程にしないと旨く行かないかと思ふ。それには資本も出さずコントローリングパワーを造ると云ふ訳に行かない。足りなければ昨日申上げましたやうな方法でやらなければ、日本に何も関係のないシンヂゲートバンクスからでも出しても実際我々はコントローリングパワーを握って差支ないだけの出資をすると云ふことが必要でないかと思ふ。それ程の必要はないでせうか

松崎　それは政府の任命と云ふのは政府と云ふものに日本の意思が這入って来なければならんですが

田村　それはダブルチックにした方が宜いのでないかと思ひます。其処は色々な財産を見て行かないと分りませぬが

松崎　資本を幾らにすると云ふことが分らんと困りますが

武部　唯今御話の官銀号の買収と云ふ、買収された其のものが政府出資と云ふやうな形に出来ないこともない

松崎　さうです。今迄に官設ですから

武部　それで政府出資を済ますことも出来ると思ひます

首藤　其の問題に付きまして一寸申上げます。発行権の買収ですが、是は実際から言ったら発行権を買収するにも本当であるかも知れませんが、新しい銀行が出来て其の株を持てばそれで満足して宜いのでないかと思ひますが、或は又其の株の今迄の発行額に応じて割当てるやうなことにすれば簡単に片付きはしないかと思はれるのです。それから別に古い銀行の買収額と云ふものは出ないだらうと思ひます。大概皆赤字でございますから、それを全部に直すことを各省政府にやらせる、包容される買収価格の問題も生じないかと思ひます。それで政府の出資は現金出資でなければならん。まあ現金出資と云ふことに自然なるだらうと思ひます

松崎　赤字は赤字に遠ひないですか、洗って見ても赤字なんでせうか

首藤　財産以上に負債があるのであります

松崎　銀行券は銀行券でキャンセルにしてそれ以上残りはしないですか

武部　銀行券を換算しても赤字であります

首藤　銀行の赤字は一方に財産があればそれに対する負債がある。資本金積立金は資本金勘定だけが

五十嵐　洗ふと云ふ意味が分りませぬが帳面の上から言へばさうなる。持って居る森林の権利、鉱山と云ふものがある。さう云ふものを総て評価して見たらどう云ふ風になるか、多少余地がありはしないか

首藤　それに対しては夫々負債がある

五十嵐　帳簿額は低いものがあるやうに思ひます。さう云ふものは今の処評価が行き渡って居らないと思ひます

首藤　若しさうであれば赤字はない

松崎　今の兌換券等も現在価格で見積るとさう云ふことになれば隠して居る財産がありませぬかね

五十嵐　其の辺はもう少し調べて見ませぬとハッキリ言へませぬ。首藤さんは吉林省の方は御調べになって居りませぬ

田村　それは我々論議しても切りがありませぬが、それをやるにはフェヤーな誰が見ても無理のないと云ふことを出される必要があると思ひます。でさうかと言って無いものを高く買ってやるやうなことは勿論いかぬが、相当な森林、鉱山、今までは死んで居たものが今後開発されて行けば相当値が出る。例へば処分一つで片方に見かへって行くと云ふことにもなる。本当の銀行が損しない限リフェヤーにやって行くと云ふことが必要である

渡部　学良の個人財産と云ふが今迄苛斂誅求してやって札を無暗に発行して特産物を買った所から考へてさう云ふものがあって、それで以て今の赤字を消すやうなことにしたら相当せる見込があるでせうか

首藤　事実に於てはさう云ふことも起きて来るかも知れませぬが

渡辺　さう云ふことが起きて来るのでないか、さう云ふ見込があるのでせうか

首藤　問題が少し煩雑になる。例へば学良の私産であれば是は

渡辺　道理は別として

森　調べが就いて居らんと思ひます

田村　それは別個の問題ですな

首藤　資本金の額でございますが、兎に角余り多くは必要がないのじゃないかと信じます。併し余り見すぼらしくてもいけないのでありますから、先づ三千万円位で半額払込にしますか、或は五千万円の四分の一払込にしますか其の位の所で宜からうと思ひます

田村　日本銀行が三千万円の奴が六千万円になったのは何時ですか

色部　明治三十五年

田村　兎に角日清戦争後

松崎　日本銀行は積立金が沢山ありますから

武部　松崎さんに伺ひます。発券の権利の出資と云ふことになりますとどう云ふ標準になりますか

松崎　ありませぬが、或標準額を極めてやって利益を上げて居ったのを見てそれを還元して極めて標準にしてやるより仕方ない。朝鮮銀行はそれに依てどの位利益を挙げて居ったそれを元に還元しまして

田村　其処に多少気を付けなければならんのは後の場合には支那銀行のものが随分ある。それと違ったバリコ《ママ》エイションのは仕悪い。片方はもう少し善くしたい。片方は尠くすると云ふことは出来ないが例へば発行高と云ふものを或年限に就て調べてそれに依って銀行に対する出資額のパーセンテージの割合を割出す。権利の内容は出来るだけ低くして仕舞ってそれは共通になるのだから新しく出来る銀行はそれだけ株を只でやらなければならんことになるのだから新しく出資する限度を寧ろ此オプションにしてやる。さう云ふ銀行のことはリミットを相当大きく発行高を以てやって見るのも一策でないかと思ひます

武部　権利を大きく見積ると

田村　権利は小さくして出資額の限度を其の限度までやって宜い。其の発行額の比例を取ると云ふやうなことも一つでないかと思ひます

松崎　亜米利加等では発券に依て利益を得て居りませぬ。税を高く取る。発券するものに対しては税を沢山取りまして、発券する権利を拋棄させる。段々に買収しないと云ふやうに進む訳ですがそんなものを取っても宜いと思ひます。英吉利等は初めから年限を極めまして亜米利加も年限を極めましてそれまではやるがそれからはやらん。唯極めて買収しない

首藤　役員は幹事の方で案があるのじゃないか

武部　私の方は案はありませぬ

首藤　何か個人的に御考へになって居るのはありませぬか

松崎　中央銀行役員と云ふことは重大な問題で亜米利加の新しい制度なんかは亜米利加だけでありませぬが、役員は成るぺく各方面の事業者を代表させようと云ふ考を持って居る所もあるのであります

工業から一人農業から一人商業から一人の代表者、それに官選の奴を入れて各方面の代表者を入れる。中央銀行は一つのものでない。各企業に利害を有って居るから各方面から出すやうなことを考へて居るやうであります。支那でそんなことを適用は出来るとは思ひませぬから支那に就ては考へて居りませぬ。併し最近の新しき中央銀行と云ふものはさう云ふことが問題になって居ります。斯う云ふ点も支那で斯う云ふ新しい中央銀行を造ることになりますと世界で注目して居りますから余り支那だけ特別なものではいかない。幾分参考にしなければならん。企業を代表すると云ふことは事実上出来ないが半分以上は政府が任命したら宜くないかと思ふ。後は株主が選挙すると云ふことにしたら比較的宜くないかと思ひます

色部　私は一寸松崎さんとは御意見を変へて見たい点がございます。それは此新国家の中央銀行は初は株式組織ではどうやら出資の方が旨く行くかどうかと云ふことは覚束ない。寧ろ国家銀行、国立銀行と云ふことにした方が当初は成立する上に於て楽ではないかと云ふやうな感を持って居ります

それで出資の方法と致しましては色々な日本側の銀行が其の国立銀行に対して幾らか、五千万元か三千万元を出すやうな方法にしたいと思ひます。其の方が楽に成立しやしないかと云ふやうに考へます。それからメンバーバンクスをしてセヤーを求めるやうな御話がございましたですが、満洲にどれだけの銀行がありますか、先に田村さんの意見に従ひますれば外国銀行にはさういふ働きをさせない方が宜いといふやうな立場から見ますと（私は満洲に於ける外国銀行にはメンバーバンクになり得る資格がないでないかと思ひますし、さうして見ればメンバーバンクスといふのは少い数じゃなからうかと思ひますから今の御話ではございましたけれども、銀行出資といふものは果して出来るかどうかといふことに聊か疑問を持ちます。役員の方の問題は私国立銀行としますれば而も政府の任命に俟つべきもの一寸其の点だけ申上げて置きます

松崎　国立銀行と言ひますと資本を出す可能がございますですか

色部　私は昨日田村さんの仰せになった所を繰返して、場合に依ては日本が自ら貸しても宜からうと思ひます。それだけコントローリングパワーを持つことが必要でないかと思ひます

田村　出資でない貸すといふ

色部　場合に依っては出資以外に新国家の持分だけを貸してやって宜い

首藤　私も色部さんの御説が大変宜いと思ひますが、唯発行権の——発行して居る権利の買収問題とか何とかいふ面倒な問題が起りはしないかと思ひますので、全然今の国立銀行の式も如何かと思ひますが、是は今直に問題になるのは中国銀行、それから交通銀行、辺業銀行、辺業は別に何かございますが、中国銀行、交通銀行二銀行は直に問題になって来ます。是は矢張り株を持たせると云ふことにして発行権を取上げるかそれ以外に於ては詰りステートバンクで宜からうと思ひます。併し今後日本人が余程力を入れるので大丈夫とは思ひますが、一面から考へると従来は省の財政まで銀行に及んだと云ふやうな影響を被むるやうなことがありますものですから矢張り別案としまして成るべく政府の勝手にならぬやうな銀行を造ることも一案と思ふ。其の場合に於きましては例へば役員の如きも全然政府の任命にしないで、例へば理事者を九名ばかり造ると致しまして五名だけは民選で四名だけは政府で任命すると云ふやうな方法もありはしないか、さうして又外には正、副総裁といふやうなものは其の一名だけは民選で一名は官選とすることも一案でないかと思ひます。理事を何故こんなに沢山にするのが必要か、と申しますと広い地域に亘るのであって、又各地に省政府が出来るのでございますから、聯合政府の外に省政府が各地に出来るのでありますから其の地方々々に詰り奉天、吉林、哈爾浜、奉天に本店がありましても哈爾浜のやうな所には分駐理事を要するやうなことになりはしないか、さうして普通の業務のことに就きましては一々中央銀行まで支配を仰ぐと云ふは困難なことであるかも知れませぬ。或は其の地方に更に分駐理事の外に適当な地方委員会と云ふものを銀行の機関の中に入れると云ふことも一案でないか。で尚監事の如きも矢張り適当な数で官選、民選としたらどうかといふやうな感じを有つ。是は株式組織になった場合の問題、二通り方法はあらうと思ひます

田村　色部さんの今の御話では国立銀行にした場合には日本側のそれに対する払込方は大変形が描くなりはしないか

色部　日本側の投資に俟つ

田村　日本側から借款すると云ふやうな形になりはしないか

色部　左様であります

田村　借款と云ふとコントローリングパワーを取り得るが、余り中央銀行の内部に這入ると云ふことは

色部　政府役員は顧問、相談役を相当入れたら、役員の仕事は更に其の上に

田村　私は其の点に疑義がある訳ですが、詰り何と言っても独立した国家なのでそれに対して日本が財政本位のやうな問題に

金がないから日本が金を貸すといふことは場合に依ればそれだけの事はして宜いのだと思ひますが、中央銀行の組織の中にはメンバーとして株主として這入って居ればこそ発言権を持つと云ふ事は正当でありますが、さうでなく日本の傀儡の如き形になるのは如何なものか。国際的、内国的運用の問題が国際的運用に懸念せらる丶ので外に組織が沢山ある。株式組織でやった方がナチュラルでないか、自然に行きはしないかと云ふ気が致します。

色部　さう云ふことになりますと日本のみセヤーを持つといふことは

田村　それは昨日私が申上げましたと思ひますが、それは亜米利加のナショナルシティーバンクを入れないでも宜いといふことを申上げた時に言うたと思ひますが、発行権を有って居る。正金銀行も有って居る。少くも関東州、附属地に対してはリーガルテンダーの強い立場を以て行った。それを援けたと云ふ斯ういふことであります。貨幣として国境を超越した貨幣同盟と申しませうか一つの地域に対するのだから斯ういふことに十分な立場を取り得ると私は思ふのであります。さういふ意味で申上げて居る積りであります

松崎　是は御参考迄に大体世界の方々の国の中央銀行は株式会社が多いのであります。官立のものと云ふものは殆んど僅かしかない

色部　私の申上げようと思ふのは兎に角官立が宜いと思ひます。略々基礎が固りましたならば、其のセヤーは分散しなければならんと思ひます

松崎　株式会社が多いのでありますが、満蒙に於ても形式は矢張り株式会社にして置いて、政府の監督が事実能く出来るやうにして置けば宜くないか、それから首藤さんの御話のやうに一面に於てはさう政府が世話を焼く訳に行かないので、民選の重役を多くして政府の掣肘を受けないやうにするのが宜いのだと斯う云ふ議論がありますから是は世界の中央銀行の制度に対する流れなんであります。戦争までは政府が干渉した制度が多かった。皆さん御承知の通り大戦で中央銀行は政府の会社になって仕舞って何処の国でも紙幣が必要以上濫発された。不換紙幣が沢山出たのは政治上の関係があるのであります。それは政治上の関係で以て銀行券を濫発させた。政府が中央銀行に対する権利を有って居て、中央銀行は政府の傀儡になってしまった。戦後に於きましては反動思想として中央銀行といふものは政府の権利を以て支配されることは宜しくない。政府に支配されないで一般の産業界の利益、経済界の利益を代表することにしなければならんと云ふ、斯ういふ思想が起って来た。亜米利加が先鞭を著けたのですが、先程御話しました重役、理事は各企業の代表者を出すといふことになり政令の唯傀儡でなくて民間の経済界の為の中央銀行とならねばならん。重役は各企業、各事業を代表しなければならんと云ふことにして政府の羈絆を脱するやうになった。是新しい大戦以後に起って来たのである。大戦以後に起った中央銀行は今首藤さんの御話のやうに重役は民選が多いのであります。十名とすると六人は民選、後四人が官

選であるのであります。政府の権利を何処へも這入って来ないやうにしてゐる。是が戦後に於ける中央銀行の新しい発展なのであります。所がそれは世界の各中央銀行制度を学問的に見ますといふと大きな国はさういふ風にしてゐる。文明国は独逸、亜米利加とか、文明国は政府の掣肘を受けないと云ふ思想が盛んになりまして、政府が掣肘出来ないやうな制度になって居る。戦争後出来ました新しい国の、小さな国の中央銀行制度を見ますと、小さい国では矢張り政府が干渉しなければならん。政府が金を出さなければ出来ない。新しく出来ました中央銀行は、小さな国は政府が全部任命するのもあります。戦後新しく出来た中央銀行は今のやうな思想があるにも拘らず役員は株式会社でありますから全部任命するのも過半数を任命するのもありますす。でなければ中央銀行は立ち行かない。今申上げましたやうな独逸とか仏蘭西とか英吉利亜米利加といふものは政府が干渉してはいけない。所が小さい所はそれは出来ない。小さな国は役員の任命に政府が干渉して居ります。満蒙は小さな国に当ると思ひます

渡辺　一寸首藤さんに伺ひますが、中国、交通両銀行といふのは満洲では全然支那本国の系統から脱離して居るのでありませうか、矢張り一つになって居りませうか

首藤　今本店の関係で外国銀行であります

渡辺　若しさうなりますと其の関係を断絶して新国家の中に入れたものでせうか、外国銀行として支那の中に入れたものなんでせうか、其の点は

首藤　中央銀行であるけれども、出来るならば外国とか内国の別を問はずやったらどうかと思ふ。在来の此処に居る銀行が主になって

渡辺　私も個人の意見としては考へて居ります。今度の中央銀行の制度は株式にした方が宜いのでないかと思ひます

同時に株式とすると原則として支那と日本が丁度半数づゝ出資するのだと云ふことを原則にしたらどうかと思ひますので、実際の上から云へば支那側の資力の足らない所は日本が立替へて出資するのだ、といふやうなことで過半数の権限を日本の手に握って置くことが最も賢明な策でないか。同時に外国銀行を入れると云ふこ［と］になればナショナルシテーバンクも入れてやらなければならんと云ふことも矢張り他日起らなければならんですが、日本の這入ることは従来発券銀行であったといふ事実に基いて出し得るといふ資格を得ると云ふならば、支那も出して居ったのだから支那の中国、交通も入れてやるのだと云ふことになるのですが、主義はさうでなく満蒙の新国家と日本といふもの、二つで以て金融機関といふものは造って仕舞ふといふことは何とかして徹底させたいものと考へるのであります、今のやうな中国、交通が支那に本店があって分店であるといふ関係であるならば除いてしまっても宜くないか打切ってしまって此方の――中央支那と分れて仕舞って此方の資金で満蒙人がやって行くのだといふことに出来るならば其処でやったら宜くないかと云ふやうに感ずるのであります

首藤　私の考へは前提が決って居ないから大変議論が分れて参

りますけれども、詰り実際に於ては此満蒙政府の下に出来る機関でございますから、是はもう日本人が大部分の実力を取るといふことは当然やらなければならん。唯さう形式にこだはることなく実際の実力の上に尚役員の如きも日本人だから役員にならない。そんな区別は頭に措いて居ない。日本人が総裁にも副線裁にもならうし、支那人が或は総裁にもならうし、さう云ふ区別がない。実際の力に依って行ったらどうかと思ふ。外国銀行をさっき申しましたのは主に銀行としては満洲で発行権を有って居る、さう云ふ特殊のものを先にしまして、後は必ずしも銀行であるを要しないと思ふ。個人でもよい場合に依っては同じく銀行でも、銀行の名前では株主になれない場合も起って来る。矢張り個人でも差支ない。成るべく外国人とが云ふ色彩を薄くして実際に於て実権を日本人が握るといふことを主眼にしたいやうに思ふ

木村　要するに私の考へでは中央銀行問題は極めて大事でありまして要するにこの中央銀行の要素として考へなければならんことは第一は民間の信用を博する点だらうと考へます。第二は満洲の貨幣制度が何うなるか分りませぬが此の貨幣制度を何処までも金融機関が維持して行くサッポートして行くといふやうなことが非常に必要だらうと考へます。第三は是は固より申上げる迄もなく到底支那人の力で中央銀行の機能を発揮出来るとは思はれないのであります。日本人がやらなければならんと思ひます。それで従来御承知の如く支那に於ても最も民間の信用のないものは政府であります。是は何千年の伝統的な事実でありまして、御承知の如く政府の発行した紙幣よりも却て巷間の商店の払出した手形の方が信用があるといふ位であります。此伝統的支那人の観念は深く這入り込んで居ります。将来新国家の基礎が確立すれば格別でありますが、最初は政府の銀行であると云ふことは極力避けた方が宜からうと思ひます。殊に中央銀行が新発行権を以て貨幣の——通貨の整理をやらうといふことになりますれば尚更其の点が必要かと考へます。其の意味から申しまして、成るべく先程首藤さんの御説が宜からうと考へます。唯併し御承知の支那人は非常な屁理屈の上手な人間でありまして最初の中は日本人が全権を握りましても問題はありますまいが、段々と日本人が全権を握って居るのに対しまして不平が出ると思ひます。其の点は渡辺さんの御話のやうに矢張り出資は半々にしまして支那の足らぬ所を日本が助けると云ふやうな形式の下に日本人が参与すると云ふやうな方針を取って戴いた方が将来の為に万全な策でなからうかと考へるのであります。尚どう云ふ銀行は参加さして宜しいかと云ふことは見当が立ちませぬが、香港バンク、シテイなども首藤さんの言はれるやうに参加さしたら宜いと思ふ。若し参加さした方が満蒙の貨幣制度を維持する上に於て是等銀行のサッポートが出来ると云ふことに於て非常な便宜があるから参加さした方が宜くないかと思ひます。それから尚詰らんことでございますが、御承知の南京で新しく先年出来ました中央銀行は数を忘れましたが。相当多数の検査員と云ふやうなものを造って居りまして、此の検査員が一週一回づ、兌換準備を検査しまして発表致して居りま

す。是が一番人民の信用を博して居るらしいのでありまして、或は最初はさう云ふことなども満洲の中央銀行で必要でなからうかと云ふことを考へますので一言一寸附加へる次第であります

武部　業務の方をやりませうか

首藤　利益金の処分は先刻松崎さんの御話になった

武部　次の営業の範囲如何と云ふ問題に移りたい――其次の積立金及利益金の処分と云ふことに移りたいと思ひます

首藤　此中に外国為替と云ふのがあります。是は矢張りやらない方が宜からうと思ひます。外に準備の一部を置くと云ふことは一向差支ないことで為替をやると云ふことは関係ございませぬ

松崎　為替は誰がやりますか、普通の銀行ですか

首藤　普通の銀行でやりませう

松崎　為替をコントロールする必要が起って来ませぬか

首藤　其の時は中央銀行が

松崎　私の考へでは為替は中央銀行でやっても宜いと思ひます。日本は中央銀行がやって居りませぬが正金が旨を受けてと云ふことは可笑しいですが、専門として為替のコントロールしますが、為替のコントロールと云ふことは殊に満蒙に於きましては隣りが支那であります為に為替の統制と云ふことはどうしても民間の銀行に委して置くことは出来ない。唯其の為に損をすると云ふことは宜くないが、中央銀行が為替をコントロールして損をしてはいけないが、今度のやうな弗買のやうになってはいけないのでありますが、やり方に依ては何とかなりはしないかと思ひます

首藤　矢張り範囲を広く取って置いたら如何かと思ひます

田村　実際問題として一番関係の深い上海或は日本と云ふ程度は宜いが、それより外の外国まで出掛けて為替のオペレーションをやる必要はない。此の銀行が上海の管理人に委せるにしても人間を向へやって

首藤　民間の為替銀行を圧迫すると云ふ

松崎　中央銀行がやりますとさう云ふ知識がある。幸ひ三井、三菱が発達して行けば正金のやって居る範囲が狭くなって来るのであります。私は寧ろコントロールと云ふことに重きを置きたいと思ふのですが

首藤　幾ら派手にやらぬやうな

渡辺　今度の新国家の方の為替業務としては、為替銀行としては初めの当分の中は日本の正金銀行に一切為替業務をやらせる。それは非常に熟練して居るから新しく此処で以てやるべき時期でないと云ふことであるから、非常に世界の為替を取扱って為替銀行としては正金銀行が熟練して居る。当分の中正金銀行にやらせると云ふやうなことにして置いたら宜くないかと思ひます

松崎　初めからさう云ふ標準しない方が宜くないかと思ひます。日本向は之をやり欧米に対して正金に頼むでせうが、正金銀行の仕事見たいなことをすれば宜い。委すと云ふことを法律で書くと云ふことは具合が悪いと思ひます

渡辺　下手に手を出して為替業務を扱ふと

松崎　支那日本に対しては為替をやる。上海とか日本向はやる。欧米に対しては総て此の銀行が正金のエイゼンシーのやうになってやれば宜くないですか

首藤　朝鮮銀行が扱ったり正金に頼んだりすることは運用に属する問題である

松崎　其方が宜いだらうと思ひます。頼んだ方が宜いだらうと思ひます

首藤　実力がなければさうなる

源田　一寸伺ひますが、もう一つの意味は矢張り普通銀行業務でも中央銀行たる職務以外の普通銀行業務も暫くの間はズット将来長く営ませなければいかぬと云ふ風な意味の書方なんでございますか

武部　左様であります

源田　私一寸申上げて置きます。日本が、この満洲の金融に就きまして日本が完全に実力を持つと云ふことは私は満洲に日本が発展する上に於て最も必要な条件と考へる。其の意味に於きまして先程から中央銀行組織に就ても自然に日本が此中央銀行に対して発言権を持ち得るやうな組織を採ることが宜いだらうと言ふ意見が出て居りましたがそれには私に非常に同感なのであります。従て又此営業範囲に就きましても実は新に出来ました中央銀行と云ふものが算盤を弾いて見てどうも普通銀行業務を営まなければやって行けないと云ふ状態であれば別問題でありますが、又別に考へなければならんと思ひますが、普通銀行業務を営むと云ふことになりますと云ふと結局発券と云ふ非常な大きな権力を以て、さうして普通銀行業務を営むと云ふことになりますと云ふと現在満洲にある日本の銀行の立場と云ふことに対して相当影響があるのでないかと考へるのであります。それで満洲に於ける銀行に就ては支那側では大した銀行は官銀号其の他を除きますとございませぬのであります。出来るならば日本の銀行が其の内容を充実致し更に進出致しまして支那人に対する金融をも日本側の銀行が、此新に出来ます所の中央銀行と十分な聯絡を保ち得るやうになるだらうと思ひますが、それを利用致しまして大いに発展するやうにありたいものと考へるのであります。それで現在普通銀行業務をやって行くと云ふことになれば相当現在の銀行でも影響を受けるものがあらうかと考へます。其の点に就きまして成べく是は制限する。寧ろ中央銀行としての算盤が立つならば矢張り中央銀行としての職能だけに止めると云ふことが適当でないかと考へるのであります

田村　私も全く同感であります

首藤　此処に書いてあります

源田　銀行に対しましては直接に個人との取引はやらないと云ふ意味ですか

首藤　其処に書いてある商業金融と云ふものは詰り企業金融に対しては商業金融で中央銀行としての商業金融でないかと思ひます。成るべく普通銀行のやることには這入らない。併し銀行に金を貸す中央銀行の仕事は矢張り商業金融と普通に言って居るやうであります

源田　唯今伺ひましたのは普通銀行の意味で伺うたのです。普通銀行業務と伺ひましたので申上げたので其の点が中央銀行的の職能で、更に普通銀行の範囲に這入らないと云ふ意味でございますれば極めて結構だと思ひます

武部　(二)は問題にならぬでせうね

首藤　問題にならぬですな

松崎　商業金融と云ふは源田さんの御意見に賛成なんですが、外の国でも大抵さうなんですが、中央銀行は長期の貸借は禁止して居るのであります。個人にぢかにやると云ふことは営業の方面から問題でありまして、大体方々の国は商業金融は短期なものに限って居って不動産に金を貸すと云ふことは禁止して居るのであります。営業の方針としては個人に直接折衝するか、或は銀行を通じてやる。バンカースバンクと言ひます。銀行の銀行と言ひますバンカースバンクであるかどうかと云ふことは営業の方針に関することで法律には規定してない。中央銀行は銀行を相手にすべきで其の他のものは相手にするものでないと云ふ、さう云ふ具体的規定はない。大体の方針と云ふものは中央銀行□銀行を相手にする直接にはしない斯う云ふことになって居りますが、それも最近の大体の傾向としては銀行だけを相手にして居りますと銀行を通じて金融市場と関係する中央銀行と云ふものは金融市場と対立して個人に金を貸したりしないのだと云ふことになって居ったのであります。所が最近の傾向はさうすると云ふと景気の好いときはそれで宜いが、不景気になって来ると中央銀行の金を借りない普通銀行が景気の好い資金の需要の多い時は普通銀行は金が足りないから中央銀行へ行く、さうすると中央銀行は銀行を通じて金融をコントロールすることが出来る。不景気持になって来ると借りない。其処でオープンマーケットオペレーションと云ふものが問題になって来る。中央銀行がオープンマーケットをどうして行くかといふことが必要になって来る。今日ではバンカースバンクスといふことは行けなくなったのであります。最近方々の国の傾向であります。其処のことを頭に入れて置くことが必要であります。全然中央銀行は銀行を通すだけで直接出て来ないといふことはいけない。或程度迄直接に市場に出ることが出来るやうにして置かないと中央銀行の機能が現はれて来ない。是は非常に重大な問題であります。さういふオープンマケットといふことは法律で極めてある。亜米利加の連邦準備銀行法でも極めてあります。さういふことは結局直接銀行を通じてといふことになりますが、其の問題ともう一つは中央銀行の業務の自体の問題でありますが、先程一寸申しました中央銀行は成るべく短期の仕事だけやらせるやうになる。短期の仕事だけさせるやうにすると銀行を通すことになる。一般のものを相手にする。金貸をコントロールする。銀行を通じてすると短期になる。短期な商業金融だけする。長期の貸付はしない。不動産を担保に金を貸したり、日本では株式に貸せない、見返品として例外が拵へてあります。公債や株に金を貸すことは出来ないことになって居ります。それは困るからといふので見返るといふことになって或特殊の株だけ貸すことになり、株に貸していけないといふことになって居りま

すから見返品といふ特別の株だけ日本銀行が金を貸すことになって居る。其処の所は難しい問題で株式を担保に金を貸していけないといふことになってはいけない。株式に就ては貸さなければいけないと思ひます。満蒙辺りでは兎に角長期の貸付を禁止することが必要であります。是は御参考迄に申すのですが世界の中央銀行の例としては亜米利加の聯邦準備銀行が最も例になるのでありますが、それを真似まして南亜のサウスアフリカの準備銀行の制度が丁度南亜弗利加でありますから支那辺りと文明の程度が似て居ります。其の南亜の準備銀行の中に沢山参考になるものがあるだらうと思ひます。世界戦争後欧羅巴で中央銀行が新しく起って来ました。其起って参りました中央銀行は南亜の制度を非常に参考にして居る。南亜の準備銀行に於きましても今のやうなととが書いてございます。不動産を抵当に金を貸してはいけない。それから中央銀行は自分の銀行の株式又は他の銀行の株式を担保にすることは出来ない。それは特殊の銀行を援けることはいけないと言ふ意味からだらうと思ひます。それから無担保の貸付はいけない。無担保で貸すことは絶対にいけないと言ふ斯う言ふ制度がございます。要するに長期なものは防いで居るのであります。斯う言ふ幾分の制限は満蒙の新中央銀行でも付けることは必要だと思ひます

中央銀行に関する技術的の問題でありますが、是等を参考にする必要があるだらうと思ひます。商業金融をすればさう言ふ意味に於て範囲を多少制限することが必要だらうと思ひます。無制限な商業金融を認めることはいけないと思ひます。源田さんと同じ意見であります。大体長い期限はいけない。それから東三省の官銀号の規定を見ますと非常に簡単でありますが、豆を買ったりするのは何の規定に因るか分らぬのであります。満蒙の専門の方に質問したいと思ふのであります

田村　法律は無くても必要なら持へる

首藤　特産商の名前が出て居る。だからそれに貸付けたことになる

松崎　詰り東三省の官銀号の規定を見ますと、得体の判らないのは倉庫金融と言ふのがあります。是しかありませぬが

首藤　普通に例へば東三省官銀号には公済桟といふのがあり、其れが豆を買ふ。事実に於ては官銀号が買って居る、永衡官銀号のは永の字の附く名前のがあります

松崎　名目は他所のにしてあるのですね

南郷　永字聯号です

田村　投資した形です

松崎　官銀号の規則を見ますと大体不思議はないのですが、倉庫金融だけが訳が判らぬ。どう言ふ意味か、倉庫商券を担保の金融といふのか、唯名前だけだらうと思ひますが文明国の考へでは訳が判らぬ。倉庫金融といふのは是で豆でも買って居るのでないかと思ふが、其の他は極めて簡単で条文の上では非難することは一つもない。まあさういふ訳でありますから東三省の官銀号が今迄やって居る不動産金融是は絶対に不可ないと思ひます

武部　積立金は

松崎　積立金に就ては矢張り日本の商法なんかにもありますやうに或る程度迄積立金を資本金の半分なら半分迄積立金を作らなければならぬ。利益の中からさせて置くことが必要であります。新しい中央銀行では、多くの国では配当金も制限して居ります。中央銀行といふのは大体に於て儲かるのであります。儲かるのは何故かといふと御承知の通り発行権といふ偉大な力を有って居るのでありますから、豆等買へば別でありますが、さうでなければ中央銀行といふものは大体利益の多いものです。中央銀行の利益の多いといふことは、例へば国庫金を廉い利息で取扱ふこと、兌換券の発行権を有って居るといふことが利益の多い訳です。それでありますから、利益は一体株主に全部配当すべきものでない。国が取るべきものだ。一般に中央銀行等では利益の六朱なら六朱、八朱なら八朱と制限して、それ以上のものは中央銀行が取ってしまふ。政府で取ってしまふといふ納付金制度が行はれて居ります。其の納付金の割合に就ては国に依って色々ありますが、私は新しい銀行に就きましても株主に対する配当は或る額に制限して、それ以上儲かったら国家が取ったら宜い。国の収入にしたら宜いと思って居ります。その納付金制度といふ問題がありますから、それで実は此の利益金の処分といふことを出した訳であります。斯うなるのでございます。仮りに利益が非常にあると、八朱なら八朱株主に配当する一割二分なら一割二分利益があるとすると四朱残る。其の半分を積立にして半分は納付金として政府が取るとか取る方法には色々あります。詰り残りは半分積立にして半分政府が取る。積立が全部充実したら政府が全部取るとか色々規定がありますが、兎に角或る程度政府が取る。斯ういふことを初めから決めて置いた方が宜くないかと思ひます

田村　さうすると出資者といふものはリスクだけ負って居る、社債券だけ持って居る込いふ形になるのでありませぬか

松崎　利益を貰ひますから、八朱なら八朱

田村　併し幾ら儲かってもそれっきりだ。幾らか……

松崎　併し分け方には色々あります。斯ういふのもある。三分して三分の一を国家が取る、分け方は色々ある

田村　或る程度以上全部取ってしまふといふのでは楽しみはない訳ですね。其処はどうですかなあ

松崎　併し是れは必要だと思ひますね。八分あったら三分するとかいふことにして幾らか均霑させるといふことにすれば宜い

田村　三分の一でなくても四分の一でも宜いが

松崎　亜米利加は中央銀行は絶対に六分ですよ。中央銀行といふものは政府の特別保証があるから安泰であって、先づ株は額面以下に下ることは恐らくないだらうと思ひます。それで必ず六朱なら六朱全部貰へるといふ権利株といふ俗の権利株じゃないけれども優先権を持て居る。だから斯ういふ風にしたら宜からうと思ひます

渡辺　政府が交換条件として絶対の配当を保証するといふことを要する

松崎　創立当時から十年なら十年

渡辺　損失が幾らあっても仮令マイナスになっても、大きな欠

損が起っても保証する。六朱なら六朱

松崎　別問題ですね

渡辺　考へられないですかどうですか

松崎　一定の年限を決めて創立当時だけは必要でせうが、併し儲かりますよ中央銀行は

源田　唯今の御話は如何にも御尤ものやうに存ずるのでありますが唯此の新に出来ます中央銀行に於きましては事情が少し違ふのでないかといふ気が致すのでありますが、それは大体日本其の他からも相当出資をして、そして実際の自然な方法で這入って行かうといふ訳なんです。さう致しますれば寧ろ利益の方は其の侭放任して置いて特に一定の利益以上は引上げるといふ方法でない方が寧ろ我々から見ると利益だといふやうにも一寸考へられるのであります

首藤　是れは私の考へでは大分大きな利益が出るだらうと考へます。発行権に対して税金を納めても却々大きい利益が出て来ないかと思ひます。それだけ銀行の積立金も殖えて内容の充実も一層出来て来る訳でありますが、併しそれを全部株主配当にやってしまふといふ必要は無い程大きい利益でないかと思ひます。それで先刻のお話のやうに納附金制度を加味して適当の案が生れるだらうと思ふ。又この満洲で大変面白いシステムがあるのでございまして官銀号などの経営して居ります附属事業、この事業の出資は勿論官銀号が全部やって居るのでありまして其の中に利益金の配当に於て労力出資といふものを認めてゐるのであります。其の労力出資が資本金の一部分をなして居るといふのでなく、利益の何分の一は従業員が貰ふ。猶もう一つ面白いことは其の従業員とそれから官銀号が、例へば公済桟なら公済桟を監督する検察費、検察利益配当金といふものを、又何分の一といふものを取って居る。そしてそれを官銀号が貰って社員全体の賞与金に入れるといふやうな、却々面白いシステムもあるのでありますから、さういふことも加味して相当の案が出来るだらうと思ひます。御参考迄に申上げます

田村　今源田さんの仰ったのは至極尤もな点があると思ふ。無論新国家の利益は此の地域に活動する日本人の大きな利益になるのだから、それから上った位のものは例へば半分日本が出資して居る場合には全部、或る利益以上のものは政府の所得になっても宜いといふ考へも出来ると思ひますが、其処はさう許りしなくても宜いのですが、矢張り二つの方法があって、一つは或る限度を決めて、其の限度以上は三分の一が宜いか、四分の一が宜いか知りませぬが、是れ位は株主に配当して後は積立て、行くのと政府納附金にする。斯ういふことになりまして、後日積立金の処分なんかに就ては、矢張りそれは政府に委託するといふことが普通の場合の例でありますが、此の場合は出資の関係が違ふのだから、単純に政府といふことでなく株主である即ち日本側にも利益が分配せられるやうな仕組を考慮されたら宜くはないか、此の点が単純なる国立銀行と違ふ点でないかと思ひます。其の辺多少考慮の必要があらうと思ひます。併し総てを考慮して、其れ位のもの位棄て丶も宜いといふ方法を決められたらそれは別だらうと思ひます

船崎　尽く株主にやるといふ必要はないと思ひます。国立銀行は儲かりますよ

田村　国家のみが独り取上げるといふのではない

渡辺　国家の取上げた金の処理、是は両民族のために旨く利用されゝば猶宜い

松崎　一定額に制限して其の後は政府が取る納付金制度を加味することが必要でせう

田村　渡辺さんが言はれるやうに民衆の利益

松崎　日本銀行の兌換券を新券に引換へて其の利益は国債の償還金に充てることを法律で決めたら

田村　さういふ用途を考へたら両民族に均霑するならば株主に分ける必要もないと思ひますが

松崎　斯ういふことは初めから立て、置かないと途中からやるといふことは出来ない。日本がやらうと思っても却々出来ない

木村　首藤さんの仰った従業員に利益の一部を分けるといふことは相当古い時代から支那で社会主義的感じがあるのでありますが、所謂利潤の分配と申しますか、斯ういふ風習は相当重んじて実行する必要があると思ひますね

田村　満洲に於ては殆ど山東、直隷の投資関係となってゐる。其の資本家と企業者といふもの、関係が非常にはっきりして居る。日本みたいなぼんやりした関係でなくやって居る。其の点は余程面白い点です

武部　それでは其の次が特殊銀行（イ）設立の要否、（ロ）資本金、（ハ）株式出資の方法、（ニ）営業の範囲に就て

五十嵐　一寸御説明申上げます。特殊銀行と申しますといふと、大体中央銀行の終ひの所にも一寸問題になりましたが「従来官銀号の行へる附属事業及不動産、企業金融を兼営せしむべきや」といふのがあります。此の中の附属事業は殆ど問題ないと思ひますが、不動産、企業金融此の方面に就きましては満洲に於ては相当考慮しなければならない点がありやしないかと思ひます。満洲の産業が今のところ農業でございますがこの他にも工業も少しづゝ起らんとして居る。此の広い地域に是等の資源を開発し又此処でなければ出来ない様な工業を起らせるには何か特別の金融機関が必要じゃないか、此の点に就て御意見を伺ひたいと思ひます。猶資本金は何の位必要か或は其の出資の方法は普通の株式組織でやって宜いか、或は政府が幾分か株を持たなければならないか、其の営業の範囲は今の様な仕事をするものとし、又或は其の他の仕事も必要であるかどうか、この得るスケールは割増付きの債券、日本の勧業銀行の様な債券、或は台湾で行はれた或は関東州で行はれた事がありますが彩票といふ様なもの、支那の民度から見るとさういふやうな事もやったらどうかと思はれますが、斯ういふ点に就きまして御意見を伺ひたいと思ひます

田村　先づ私、地元の方から事情を御説明旁申上げたいと思ひます。大体もう先達って来申上げて御判りになって居ると思ひますが、是等殊に日本人が奥地に働くのに都合が好いといふことの為には、かういふ様な機関が出来てさうして不動産等に対する貸付が相当円滑に行くべき必要があることは勿論でござい

ますが、従来日本人が投資して金融機関等に固定して居る不動産も金融業者だけでも先づ時価にして三、四千万円、満鉄の分を入れると六、七千万円には上る訳でありますが、之を管理して何とか資金化する道を講じなければ非常に梗塞して居て新しく出て来る人のためには兎も角、今迄居る者のために、更に伸びやうとする者のためには非常に困難な立場もあるのでありますが、之を何等か専門的方法を以て資金化するといふことに就て御考究願ひたいと思ひます。或は信託会社といふもので考へて見たこともございますし或は不動産を取扱ふ機関を考へて見たこともございますが、寧ろ白紙で識者の御意見を承って結論を得た方が宜いと思ひます。之に就ては態々述べることは差控へます。それから営業範囲如何の二の中に書いてあります「割増金附債券、彩票発行」是は矢張り相当資金を集める上に於きましても有効でありますし、又支那人が従来此の郷里に金を持って帰るといふことが普通の労働者の場合には多いので、それ等何とを《ママ》か地元で資金化するといふことに対してはかういふ様な方法が最も適切でないかと思ひます。私は従来知って居る所では、支那人の相当大きい店で働いて、今首藤さんの云はれる様に配当を貰ふ人達は、或る部分は国に送って国で不動産を持つとか或は他の事業に投資すると云ふことでありますが、可成りの部分迄纏った金を更に北方の方の企業に投資すると云ふことで満洲の事業開発に使はれて居るのでございますが、苦力其の他の労働者階級の極く下級の者の金はどうも投資する道がないで結局郷里に持って帰ると云ふことになって居りますが、是がさっき申上げます様に数が多いので零細ではありますが集めれば大きいので之を是非此の地で事業上に使ふ。この点を著眼されて御考案されることが必要で、この点は日本或は文明国に於けるものとは事情を異にして居ると思ひます。此の点特に御考慮願ひたいと思ひます

松崎　今迄満鉄で不動産に投資した金はその侭になって居りますか

田村　長きに亘っては回収の見込はあるが、それかと云って金融業者がそれを基にして内地から借りようとしても借りられない

武部　それは東拓其の他で固定貸になって居ります。価格が現在下って其の侭になって居ります

松崎　勿論利息も取れないでせう

田村　新しい不動産があっても金を借りることが出来ないと云ふことになって居る

首藤　一番現在の困って居る状態を申しますと矢張り財界不況の結果も大いにありませうが不動産以外には一寸金を借ります担保が非常に少ない。だから一面に於て満洲が農業国であり又それに次いではマイニング、礦業の力、是は主なものでありますからどうしても長期の低利金融は是非必要であると同時に、先刻御話の様に金融の梗塞して居る点をとく上にも非常に有効でありやしないかと考へます。それで最初は日本興業銀行式のものと思ひましたが、然し矢張り農工銀行であるとか或は日本興業銀行の様なものをチャンポンにした様なものが、一番茲で

は適当した金融機関ではないかと思ふのであります

松崎　不動産に対する法制或は担保其の他に対する保護と言ふものはありますか

首藤　それはございます。矢張りちゃんと訴訟してそれを差押へるなり或は売却すると云ふ様な、不完全ではありませうけれども皆銀行で実行して居ります

田村　殊に今後はそのことに就ては懸念なく考へられて宜いと思ひます

五十嵐　今迄も不動産銀行は度々問題になりましたが、其の当時は日本側だけの不動産金融で、其の当時問題になったのは詰り日本の普通商業銀行が固定貸になって居るものでございますから、それではいけないと云ふので問題になったのでありますが結局東拓辺りで出て来れば宜からうと云ふので治まった次第でありますが、それではいけないと云ふので問題になったのですが、結局は担保になるものは附属地及租借地に限られるのでそれだけ大きいものは必要ないじゃないかと云ふので沙汰止みになった。今度新国家が出来れば新国家が主になるから附属地辺りはそれに均霑されるか知れませんが、今度は主として満洲の奥地にある森林、礦山、土地はそれに対する所有権も認めれることになりますれば非常に広い範囲の担保になるものが出来ますから、前には問題にならないものが今度はどうしても問題にしなければならないと言ふ状態になると思ひます

松崎　不動産とか不動産抵当権の保護の制度も、不動産の所有権は民法とか民法の特別法も一方に於て完全にしなければならない訳ですな

五十嵐　それも必要になって来ます。其の辺はもう少し完全な制度が必要になって来ると思ひます

首藤　資本金の額に対し債券の額は大体其の十倍位、日本は十五倍ですが、十五倍迄発行が出来ると云ふ時に資本金二千万円とすれば、三億迄は債券の発行は出来る訳でありますから先づ二千万円の半額払込位が適当でないかと思ひます

色部　私は金融機関の設立の必要なることは痛感致しますが、資金をどうやって集めるかと云ふことは可成り困難な問題でなからうかと思ひます。中央銀行に対して出資すると云ふやうな、発行の利益と云ふものは確実に分って居る様なかう云ふ所に出資すると云ふことは楽でございますけれども、果して長期低利で貸す様な金融機関にどうやって一般の人が資金を其処に投ずるかと云ふことが余程困難ではないか、日本勧業銀行の如きも御承知の様に非常に低い割増金制度でありますが、債券を発行しても却々取れないで売残りが生ずる為に債券発行に対して特殊の規定を日本勧業銀行も設けて居ると云ふ実例もございまし、まあ彩票発行でもやるか、或は仏蘭西の様に非常に高い割増金を附けて支那人の一種の賭博的心理と申しますか、あゝ云ふものを利用してやりません限りは、日本人側の此の方面に対する投資は余り多く期待出来ないかと云ふ懸念がございますがどんなものでございませうか

首藤　御説の様に是は一寸却々資本金を集めるのは困難だと思ひます

色部　貸付金は

首藤　段々それは長い間養成して行く他はないと思ひます。差当り資本金の問題、資本金でも却々一千万円の資本金を得ようと言ふのは困難な事情があるだらうと思ひます。然し一面には変則的ではあるが或は十分一般から認めらるゝ間は、新しい中央銀行が出来た後に起るのですから、其の銀行を利用して資本金を形を作ると云ふ、漸次に之をよくして行く

色部　然しこの業務をやるべきものが段々実際に出来て居らんと実際開発の上に旨く行かないと思ひます。それで何か旨く資金を集めるものが是れ以外にないものでせうか

田村　是は此間私は一寸申上げたのですが、私は矢張り是は愛国的投資をさせるよりない。先づ始めに二千万円位は日本の主なメンバーバンクス、それから満蒙に既に関係を持って居る金融業者、又満鉄の様なものに十分新国家が日本政府と連絡を取って懇談されるならば、其の位のことは出来やしないかと云ふやうな気持が私はするのです。ですから資本金を二千万円位のものを得るのは左程困難でないと思ふ。それで組織としては矢張り日支と言ふか新国家の国民も之に参加出来る様にしなければならないのでありますが、此の前申上げた様に矢張りかう言ふ機関に対しては民間の零細な株と云ふものは入れたくない。少くも確りした金融業者其の他の公共銀行の株主でないと許さんと云ふ仕組にしたいと思ひます。肚を日本の方で只今申上げました様に定めて、新国家の側に相談して持てるならば相当持てるし、持てないならばその事を記録に残して場合に依っては全部日本が持って宜い。かう言ふ決心が要る。そんならばたった僅かな二千万円だから全額一遍に払っても宜いじゃないか、其の後の十倍なり十五倍の資本金に対する資金吸収方法に就ては先程申上げました様に二に書いてある「債券或は彩票」と云ふものに就て、場合に依れば他の国にない様な高率な割増を附けた債券でも宜しいし彩票に就ては相当に事例もある訳でありますから、支那人の方が或は日本人よりそれに対しては堪能な国民性を持って居りますから、それ等を参酌してやれば案外面白い結果が得られると思ひます。もう一つ私は是は確信はございませんが、将来此の土地――関東州と云ふものが安住の地であると云ふことになって行くことは極めて当然だと思ひますが、かう云ふ場合は支那に於けるところの財閥其の他は是は矢張り一つの資本の投資場として考へて来る様になって来ると思ひます。又なって来る様に仕向くべきだと思ひます。それで先年満鉄が計画しました信託業務を之に経営させるかどうかと言ふことは一寸私は法制其の他の関係上判り兼ねますが、或は変体的にこのこともこの機関に合せ得ることが出来ますれば更に好都合と思ひます。かう言ふ方面に資金を得ると言ふやうなことを先づ考へて見たら宜くはないかとかう思って居りますが、さうして事業が整って来ればそれから後は文明国の正当な割増債券でも相当な額は得られると思ひますから、先づ始めは此の地で得られた労働者の、又其の他の国民の金を有効に産業的に利用すると言ふことに就て考へて貰ひたいと思ひます

松崎　信託会社の制度を利用すると言ふことは

田村　さうです

松崎　それは出来ませう。日本の法制ではいけませぬが満洲特別の信託法と言ふものを拵へなければ、それは勿論構ひませんでせう。満蒙新国家でやるのですから。従来東洋拓殖は満蒙に於ては勿論成功して居ないでせう。東洋拓殖の失敗した原因が

田村　それは始めに貸し過ぎたから飽和状態に達して、今度は本当にものがあっても金が貸せないと云ふので不景気と一緒に今日に来て居る

松崎　貸付共の他の方法に就ては

田村　遺憾な点もありますが此の次からはさう云ふ風なことはさせない様に

首籐　堅実な貸付方法をやって信用を博さなければならない。それで此の特殊銀行の総裁は日本人が矢張りやらなければいけないと思ひます。それ位の

田村　私は日本人どころでない。殆どハンドレッドパーセントでやると云ふことにしなければならない。只彼等に機会を与へなければならない

渡辺　私の意見として満洲の特殊事情だと思ふことを申上げたいのは、今迄日本の関東州内に於ける金融、附属地に於ける金融は金勘定が主なるものであったためであります。此の銀資金を預金しようと思っても却々利息もつかないと云ふ状態で、日本人の方でも此の銀資金を利用する道がないと云ふ事情があったのですが、若し仮に日本が始めから銀建銀勘定を多く使って居ってさうして関東州の銀行が銀勘定であったとしますと、此の支那の民国成立以来支那の政情の非常な不安定に非常に沢山大連に逃げて来たのがあります。是は身命を托して最も安全な所として逃げて来て居ります。又支那人は日本の銀行に非常な信用を持って居るが、之を以て日本の銀行に持って行って金勘定にされるから到底日本の銀行に預けられないと云ふので、危険を冒して香港、上海、或は北京、青島辺りの支那銀行辺りに、金だけは向ふに残してさうして関東州に逃避して来て居る。是は何千万円と云ふ金持が随分来て居るが是が若し銀資銀行であったならば可成大きい資金が預金として吸収されて是を満蒙の土地に大いに利用出来たのだらうと考へます。只今私思ひ付きましたから御参考に申上げて置きたいと思ひます

田村　今の問題は殊に内地の方丶に考慮して頂くと云ふことで

議長　では今日は是で

松崎　論じたいことがありますが此の次に……満洲の本位制を金にするか銀にするかと云ふことに関聯するのでありますが、若し金にすればどう云ふ単位を定めるかと云ふことを研究して置くことは必要ありませんか

議長　研究して頂きたい

松崎　単位を銀にすれば問題はないが、するしないは兎に角として単位の問題を御考慮願って置いたら如何でありませうか、委員の方に

議長　では是で閉会致します

午後三時五十五分散会

第六日

昭和七年一月二十日（水曜日）午後二時五分開会

議長　それでは引続き開会致します

武部　特殊銀行のことに就きまして特に御意見がありませぬやうですから一応次の問題に移りたいと思ひます

木村　ありますよ

武部　それでは御願ひ致します

木村　特殊銀行に就きまして私の考へとしましては、詰り不動産とか或は事業に対する金融機関と言ふものを今直ぐに拵へる必要があるかと言ふことに就て疑問を抱いて居るので、内地に於ても実際不動産の金融機関とか企業の金融機関と言ふものは余程後になって出来ましたので、又過去の色々事実を見ますと失敗して居りますので、日本人だけの機関ならばこれは別問題でありますが、今迄でありますと関東州とか或は満鉄附属地の日本人相手に斯う云ふ金融機関を作ると言ふことの必要は或はあるか知りませぬけれども、今後満蒙の新しい国家に大きな国を建てゝから間もなく斯う言ふ機関を作ると言ふことは、中央銀行の制度が固った後でも兎も角も支那人等を相手にすると言ふ意味に於て、斯う言ふ特殊機関を作ることが必要であるか何うかと言ふことは実はそれに対して私は疑問を抱いて居ります。これは後になってもよくはないかと思ひます。それは昨日も伺ひましたやうに所有権とか不動産に対する制度と言ふものが確立して居りませぬのでありますからして、斯う言ふやうな不動産を目的とする金融機関を作ってもそれが果して旨く行くか何うか甚だ疑問であるのであります。例へば事業に対しても、事業に金を貸すと言ふことになるとこれは御承知でありませうが工場財団等と言ふものを作る必要があるのです。所が工場財団と言ふものは日本でも明治三十年でありましたか非常に古く拵へましたけれども、事実は行はれないで近頃になって段々行はれる、やうになったと言ふ訳で、満蒙で以てさう言ふものを作ることは直ぐに迚も行かぬだらうと思ふ

それでは事業に金を出すと言ふことは迚も出来ない。事業に対して信用で貸せば兎も角でありますが事業に対して金を貸すだけの担保が充分出来て居ないのであります。担保が充分出来て居ないのに金を貸すことは事実出来はしない。さう言ふ意味から言っても不動産に対する今の財団の制度、所有権の制度と言ふもの、確立した後でないと、迚も斯う言ふ機関を作って支那人相手の銀行と言ふものは成功するか何うかと言ふことは非常に疑問であります

これはゆっくり遣ったら何うかと思ひます。直ぐに斯う言ふものは必要ないだらうと思ひます。然し満蒙の企業とか資源を開発する必要があるんだ。その満蒙の企業及び資源を開発するに差当りこの地の金融機関がさう言ふものに金を供給して遣るより寧ろ内地から資本家を呼んで来たがよくはないかと思ふ。これも資本家を内地から呼んで来るにしても或る一方面の財閥にこれを委せることはそれは不可ないであらう。内地の資本家と

言ふものは今後共同して、自分許り独占すると言ふのでなくして金を投ずることが必要だらうと思ふ。内地の資本家を集めて共同で事業を統制する。自分一人で儲けると言ふことをなくして遣ることが必要だと思ふ。さうして資源を開発すると言ふことにして、何うも金を貸すと言ふことはこゝで以て直ぐにさう言ふことをする必要はあるか何うか疑問を持って居ります。寧ろ今言ったやうに金を内地から持って来る。貸して遣ると言ふ意味に於て御遣りになったが差向きはよくはないかと思ふ。然し今後に段々企業法と言ふものが発達して来ればさう言ふ金融機関も共に起って来ると思ふ。余程先になって起って来るのでないかと思ふ。これは然し満蒙の事情に通ぜられて居ります方は矢張り今でも直ぐにさう言ふ機関を作る必要があると言ふ説があるか知りませぬが私はさう見て居ります。まあ然しそれは前提問題としまして、然らばその問題は暫く措いて斯う言ふ機関を造るならば何うしたら好いかと言ふ問題に就ては、これは矢張り昨日首藤さんの仰言った様に日本を例に取って申しますれば勧業銀行と興業銀行と合併したものが勿論好いのでありま す。詰り不動産を主として中心とした銀行であります。実は日本勧業銀行も明治三十年に出来た時にはあれは始めは不動産を中心とした農業及び工業金融機関だったのでありますが、後に明治三十五年になって日本興業銀行と言ふのを有価証券を主とする工業に金を出すと言ふので後から拵へた。日本でも勧業銀行、興業銀行と言ふものは曖昧なものであってあれを二つ拵へたことは寧ろ成功じゃない。今日に於きましては興業銀行と言ふものも独立して居りますが、一体今日の内容を考へて見ましても興業銀行と言ふものは随分失敗して居る。勧業銀行の方が成功して居る。不動産を主とした銀行を造るのが必要じゃないか。然し満蒙に於ては不動産を中心とした金融機関であるが不動産だけで立ち行かない。矢張り商業金融も或る程度遣らせる。商業銀行の性質も幾分兼ねさせると言ふことが必要である。商業資金を長期に貸付けることは不可ないと言ふことになって居るから、商業金融の範囲を極めることは必要ですから不動産の純粋の金融機関と言ふものは不可ない。その機関に対して商業金融を遣らせると言ふことがよくはないかと思ふ。これは御承知の通りに内地の農工銀行は皆さうなって居る。勧業銀行も或る程度迄さうなんであります。日本内地に於てもさうでありますから、満蒙に於きまして不動産を専門とした不動産金融だけと言ふのは不可ない。商業金融も兼ねると言ふことが必要じゃないかと思ひます。それから株式は昨日御話のやうに株式会社であるとすればこれは矢張り何うも資本金は政府が幾分出して遣らなければならぬと思ひます。さうして後は民間から募集することになります。自然斯う言ふ機関に対しましては配当を保証すると言ふことも必要になって来ませう。これは日本でも勧業銀行が遣って居ります。設立後十年とか言ふ或る年代を限りまして配当保証をして居ります。日本のものは。従ってこっちもさう言ふことをすることも必要でありませう。それから営業範囲でございますが、営業範囲に就きましてはこゝじゃ極めて漠然と書いてありますが、私は今申上げましたやうに不動産金融とそれに対して或る程度商業金融を遣らせると言ふことにする。資金は何うして集めたら好いかと言ふことはこれは却々好い方法はない。斯う言ふ機関が出来たとすると資金を集める方法がない。何うも割増金でやるより外はないと思ひます。実は昨日も御話がありましたけれども割増金の制度は不動産銀行と云ふものでは一般的に見ますと現在では外国では余り行はれて居ないのです。昨日御話になりました非常に高い割増金をつけて居ると云ふことは過去のことでありまして現在では余り高くすることは文明国では致しません。それは非常に少い。割増金をつけないで割引きでやって居る例もある。債券を発行する時にさう云ふふうに割増金をつけると云ふ事は一般に行はれて居りませぬ。欧羅巴に於てはさう云ふ状態でありますが、台湾、支那、関東州或は満蒙といふ方面に於きましては矢張り支那人の多少射利心を利用しても好いじゃないかと思ひます。割増附債権、彩票と云ふものを発行することも好いじゃないかと思ひます。日本内地で勧業銀行の債券は現在では割増金を大変附けて居ることは余り実は内地に於きましても評判がよくない。といふよりも寧ろ割増金を附けてゐる為に売れるといふととは現在少くなりました。それより寧ろ利息をもっと高くすることがよくはないかと思ふ。御承知のやうに四朱でありますが割増金を附けると六朱一寸勧業銀行が負担して居る訳です。だから勧業銀行が負担して居るものは六朱、場合に依っては六朱以上につきますから割増金を少くして利息を高くしたがよくはないかと思ひます。これは内地の状態ですがさういふ訳ですから債券は割増金なんぞ附けませんでも利息をもう少し高くすれば売れるのでございます。例へば最近社債に関する思想が進歩したので、農工債券は売れなかったが債券は売れるので農工債券に就ても今内地では割増金制度といふものは余り歓迎せらるべきものでありませぬが学問上からいふと満蒙では寧ろ斯ういふことを利用してよくはないかと思ひます。相当の程度の割増金をつける。それから昨日これは田村さんから御話がありましたが、斯ういふやうな不動産金融機関に対して信託業務を行はしめたなら宜からうといふ御話がございました。これは私も賛成します。信託業務をやらせるといふことは適当だと思ひます。内地では信託業法といふものは大正十一年に出まして十二年から新しい信託業務が出来るやうになりましたが、それで興業銀行は信託業務といふものをやって居りました。北海道拓殖銀行、台湾銀行といふものが信託業務をやって居たのであります。然し新しい信託業務といふものが出来た為にやらなくなった。満蒙に於ても信託の仕事を斯ういふ機関にやらせるといふことは必要じゃないかと思ひます。余程先のことでありますが若し斯ういふものをやらせるとすると信託業務をやらせることが必要と思ひます。大体こんな程度でございます

田村　今御話の支那側にはさう必要なからう。日本側には必要である。それに対しても特定の財閥が出て来ることは利権を壟断することになって面白くないといふ御話がありました。これは私は大変好い考へ方であるが実際果して行ひ得るかどうかと疑問に思って居るのであります。よく似て居るか何うか知りま

せぬが山東に日本が進出した時にあすこに出来た魯大公司、山東興業会社、これに可成り大きな頭が合同して這入った訳なんです。それは私独断のやうでありますが寧ろ失敗に終って居ると思ひます。私が側面から見て居る所では何故失敗して居るかといふと、皆本当に仕事をしようといふ積りでなくて政府から慫慂せられて仕方なくインテレストを持ち、自分の持って居った財産を投下する一つの方法として居るといふやうな熱意のないことでもあるか知りませぬけれども、迚も大きな財閥が僅か許りのもの、十分の一か二十分の一のセーヤーに対して利益を挙げる為に一生懸命にやるよりは、寧ろ外の方へそれをひっかゝりとして伸びて行かうといふ所に興味を持つので、結局大きな財閥になると却々皆寄合世帯で一生懸命に遣ると言ふことは事実難しい方法でないかと言ふ気がする。それは好いことでないと言ふことに至極同感ですが実際に於てその通りである。それを以て見ると満洲の新国家に対して或る一つの大きな事業が出来る。その場合に色々な財閥が合同してと言ふやうなことも手許りかゝって果して実効が挙がり得るか何うかと言ふことは甚だ疑問に思ひます。只或る特殊の事業に就てその事業とほゞ同性質のものを内地で既に行って居る三つなり四つの会社と申しますか財閥と申しますか、さう言ふものがこゝへ出て来て遣ると言ふやうな場合には案外成功する場合もあるか知りませぬが、それは寧ろ特殊の場合であって、それは出て来なければ三分の一、五分の一でも自分等の利得を得らるべきものを放棄すると言ふことになるからと言ふので出て来るので、さうでない場合には非常に実際難しいのでないかと思ひます。さう言ふ関係からして相当の機関が必要であると言ふことを申上げた訳でありますが、そこでそれならば支那側の方は大した必要がないから日本側の機関を作れば好いと言ふ議論が出て来ると思ひますが、それは矢張り面白くないので支那側の方に対しては必要な場合には貸出しが出来るやうにし、又従って支那側の方からも出資を慫慂して、さうして向ふがしない場合に日本側だけで遣っても好いと言ふことは昨日申上げたのがそこにあるので、さうでないと何うも水臭いものが出来て了って新国家が出来てスタートする時に是非両方にて仕事にかゝるやうな仕組みが必要だと私は斯う言ふことを思ひます

松崎　支那側の不動産に対して貸すことが出来ますか

田村　事実貸さなければ好いので貸せる場合も起り得ると思ひます。日本側に利用され支那側に利用せられることが少いと思ひますがチャンスだけ与へて置くと言ふことは好いと思ひます

武部　それではその次の問題に移ります。普通銀行及銭舗取締の方法如何

五十嵐　一寸御説明申上げます。支那側には普通の銀行、日本で言ふ銀行のものもありますし、それともう一つは銭舗と申しまして日本で言ふと両替屋のやうなものではあるが、実は両替屋よりもう少し進んで日本の銀行条令で言ふと銀行と同じ為替を扱ったり、或は預金の貸出しをすると言ふ、銭舗或は票荘とか色々な名前がございますけれども、さう言ふ仕事を遣って居る機関もございます。これに対して相当の取締りが必要だと思

ふのであります。その内容に就ては幹事からよく説明して載く必要があると思ひますが斯う言ふものに対して相当の取締りが要るやうに思ひます。それからこれは一寸別でありますが儲蓄会と言ふものがありまして、これは丁度日本の貯蓄銀行とそれからして産業組合の信用組合ですがあれ見たいな仕事をして居るものもございます。さう言ふものに就ても或る程度の又取締りが必要かと思ひます。さう言ふふうなものに対しての取締りを何う言ふふうにしたら好いかと言ふことに就て御意見を伺ひたいと思ひます

松崎　今迄斯う言ふ方面の取締りをして居りませぬか、支那の制度は

安盛　一寸それに就て申上げます。支那側の銀行の取締りの規則としましては先達て差上げました関係規定に載って居ります。一番始めの部に銀行通行則例と言ふものがございます。大分古いものでございますが現行法としては大体これに依って銀行、銭荘、銭舗なんかを取扱って居る訳なんでありますが、最近一番終ひに載って居ります銀行法草案と言ふものがございます。これを実施しようとして居ります。現行としては一番始めの銀行通行則例が行はれて居る訳なんです。さうしてこれが厳重に行はる、ことになりますと銭舗はその取締下に置かれる訳ですが、事実はルーズになって居りまして取締りを遣って居らない。報告なんかも取って居りませぬし登記とか又営業成績報告のやうなものは全部取って居らないのであります。規定から見ると取締ることになって居るのです。それから先程銭業に就て少し御読明がございましたがこれに就て一寸付加へて置きます。銭業には色々ございますが銭舗と申しますのは比較的資本金の少い両替を主としたものでございます。中には為替、多少貸付等するものもございますが概して両替を主とするもの。銭荘と申しますのは割合に資本金も大きく又為替を共に遣りまして両替も無論遣りますが、貸付けなんかも行って居ります。銀号と言ふものが満洲に沢山ございますがこれは概して銀行と言って好いと思ひます。その営業の種目は一定して居りませぬが為替、両替、貸付、預金、殆んど銀行と同じことを遣って居ります。大体斯う言ふものは合資組織のもの、又個人出資のもの、さう言ふものが多うございまして株式組織のやうなものは殆んどないやうでございます。これに類したもので営口辺りに銀爐と言ふものがございますが、これは前は馬蹄銀の鋳造を遣りまして最近では過爐銀の取扱ひなんか遣るのでございます。それから庶民金融機関として当舗と言ふものがございます。それは質屋でございますがこれももう一つ質と書いたものもございますが、当舗と言ふのは大きい方で、質と書いた看板のか丶って居るものは極く小規模のものでございます。これは皆自己の資本に依って小資金の融通をして居る訳です。それから先程御話ございました儲蓄会是は日本の貯蓄銀行に似たものでございますが、其の内容は非常な少額の金額を論ぜず貯蓄出来るのと、それから金額に制限がある或る金額を限って貯蓄すると言ふ制度、それから儲蓄会の資本は零細な貯蓄を集めてそれを資本にする。即ち株を細かく分けて、積立てる様なものであります。是は貯

蓄銀行と金融組合と合した様なもの、其の貸出の業務なんか色々な種類がございまして、担保貸出の内にも担保品は不動産のもある又其の他色々なものがございますが、かう言ふ所の利率は随分高うございます。預金の内には当座預金とか定期預金とか其の他色々な奨励金付きの貯金とか言ふのが行はれて居ります。銀行が十分預金を集め得なかったけれども、此の儲蓄会が出来ましてから相当細かい資金を集めて地方の金融に裨益して居るところがある様に思はれます。極く大ざっぱでありますが

松崎　現在の銀行則例は何ですか、宜しく銀行丈けに適用して居るのですか、現在の

安盛　是は別にはっきり定めて居りませんが、此の条例を見て見ると銭舗か何か取締ることになる筈であります

松崎　日本の銀行法の焼直し見たいなものですな

安盛　さうです

武部　特に取締上注意すべきこと、特に我々の方で考慮しなければならないと言ふのもお気附きでありますれば

色部　では私から……普通銀行の方では私は濫設の弊を矯める為めに免許主義を取りまして、差当り資本金の制限とか何うとか言ふことは非常に高い制限は必要ではありますまいけれども、今の弊を矯める上には相当の資本金を以て世間の信用を繋ぎ得る様な方法を銀行自体に講じさせなければならないと思ひます。それが一つ。それから普通銀行の範囲に外国銀行をどう見るかといふ点でございますが、是は内地の最近の実例を申上げますならばナショナルシティーバンクが非常に日本の通貨の流出を助長する様なやり方をした。あゝいふのは外国銀行に対する免許を与へたのが或は悪かったといふ様な風にも考へられるのでありまするし、又露西亜の極東銀行支店設置を認めて居ったのは、或は赤化宣伝を助長するといった様なことになって面白くないといふ様なことも言ひ得るかと思ひます然しさればといって既に満洲に外国の銀行が支店網を張って居る際其の既得権を茲に失はせることは絶対に出来ません。露西亜の様なあゝいふ閉鎖主義を取ることは出来ますまいけれども、将来外国銀行が茲に支店を設置せんとする場合の免許方針は相当考慮して置く必要はありはしないかと思ひます。殊に私は金本位制で進むべきであるといふ立前から致しますならば、首藤さんの御懸念になって居る上海のスペキュレーションの関係なんか思ひ合せて見まするると、支那側の支那本土の銀行も相当茲に活動することに就ては或る抑止方法を取ることが妥当ではないか故に中国、交通両銀行が首藤さんの立前からいへば中央銀行の出資者になることは妥当でございますけれども、私共の見方から申しますならばそれは当を得て居ないといふことに結論がなるのであります。それが一つ。それから新国家の経済単位といふものが非常に低いものでございますから、私はさう立派な普通銀行と申しますならば日本に於ては先づ商業銀行、金融制度調査会に於きましても普通の銀行に於きましては商業銀行に於きましては商業金融を司る銀行といふ様な前提を置きまして議論されて居りますが、満洲に於きましては庶民金融に対する機関が何等か

考へる必要がありはしないか、只今御説明の儲蓄会若しくは質屋、かういふ様なもの或は日本の無尽といった様な種類のもの、あゝいふものに十分な取締規則を作りまして一般の預金者、貯金者を保護し、又合せて零細な資金を必要とする様な商人に対して融通をしてやるといふ様なことを計る機関が相当あって宜しからうと思ひます

先程松崎さんの仰有った様な特殊銀行は差当り必要でないかも知れませんがかう言ふ特殊庶民金融機関は是非あって欲しい。然し其の制度を余程考へられて、日本でも実例がございますが、有価証券月賦販売業といふもので法律で出て居るが然し実際の成績は非常に悪くて、地方で、愚民といっては言葉が悪いかも知れませんが、愚民を欺むいて経営者の私腹を肥すといったことで終った例もございますから、取締法には余程厳重にやる必要があるじゃないかと思ひます。取敢ず私が皮切りに二三の点を申上げました

源田　普通銀行及銭舗等に対する取締等に就きまして只今色部さんからお話がございまして、免許営業を主とする、普通銀行に就ては免許営業にして資本金も相当の額を定めさせるといふ点から、外国銀行に就て特別なこれが取締制度を設ける点に就ては全然同感でございます。殊に此の新国家が出来ますならば矢張り外国銀行といふもの、取締りに就ては相当考へなくてはならんのだらうと思ひます。又普通銀行に就きましても矢張り濫立の弊が兎角起るのであります。此の点は現在殆ど普通銀行といふ様なものは少いのでございます。かういふ状態の下に日本なんかで営めた様な事柄が起らない様に予め予防するといふことが必要と思ひます。然し取締法規は成るべく簡単で大綱を統べるといふ方が適当でないかと思ひます。更に銭舗でありますが、実際銭舗に就ては関東州内にも沢山の銭舗があります。実は関東庁と致しまして此の銭舗に対しましてどういふことをやって居るかといふと殆ど放任して居ります。何故放任して居るかといふと実は銭舗といふものがさう大した弊害を、害毒を流して居らないのでありまして、是は支那固有の特殊な一つの金融で非常に妙味があるので、それは支那人丈けやって居るので日本人との間の関係は殆どございません。さういふ風な何で、一種の両替業として警察の免許は受けて居りますが金融の監督の意味に於て取締りは実はやって居らない。然し銭舗に就きましては矢張り免許営業に致しまして、さうして如何なる仕事をやるかといふことに就ては大綱で宜しうございますが取締って行く必要があると思ひます。然し細かいところ迄這入るといふことは可成避けることが大切でないかと思ひます。さうして又此の銭舗が日本人其の他に対して非常な害毒を及ぼすといふことは殆ど無からうかと考へます。それから庶民金融機関でございますが、之に就きましては只今色部さんから此の何等かの形式に於て設けて宜からうといふ、之に就きまして御参考になりはしないかと思ひまして関東州内に於ける支那の農村の庶民金融に就きまして一寸申上げたいと思ひますが、是は関東州内でやって居ります庶民金融は金融組合であります。其の金融組合は今から約十年位前に出来まして現在五つあります。貸出も既

に百万円以上に上って居るのであります。金と銀と両方貸付けて居りますが此の金融組合の特色は理事を官選にして居るといふことであります。それから担保貸出しの限度を金一千五百円、小洋銭一千五百元、是は最高限度でありますが、更に信用で貸す場合に於ては小洋銭の五百元、又は金の五百円といふことになって居ります。担保を出した場合に於て先程申上げました金一千五百円、又は小洋銭一千五百元貸すことが出来ることになって居ります。此の金融組合に就きましては官選理事といふ制度とそれから貸出限度を限定するといふ二つの方法に就きまして、現在のところは極めて堅実に発達して居ると考へます。関東庁でやって居ります都市金融組合の方に就きまして色々難しい問題がありまして、経営が却々骨が折れるのでありますが農村の方は是は比較的旨く行って居ります。財源を何処に求めて居るかといひますと関東州内では会、民政署に各会といふものを持って居ります

基本金は無い、金融組合に預けて資金として貸出して居りますし又東拓其の他から資金の融通を受けて居ります。始めは支那人は却々金融組合を理解しなかったのでありますが、最近に於きまして非常に理解しまして非常に便利な機関であるといふので各組合とも千人以上を包容して居るといふ様な状況にある。只金融組合の現在持って居ります悩みは金と銀と両方貸出して居りますこと、それから大体経費が官選理事でありまして日本人が理事になって居ります関係上金経費であるとか、其の結果此の様に銀が暴落して参りますと収益が非常に減って来るといふ点にあるのであります。私は朝鮮に於きまして葉銭と申しますが、朝鮮が金本位を取りました時に金を一般に流布する為めに金融組合を通じて色々な政策を実行して居ります。朝鮮は此の金融組合といふものは非常に大きい働きをして居るのであります。実際満洲に於る金融を日本に於て旨くコントロールする為には矢張りかういふ風な制度も——実は之に就て具体的に考へて見た訳でありませんが——かういふ風な制度も一つの面白い案じゃないか、殊に茲で金本位を取るといふことになりますれば金を使はすといふことに就ては相当苦心が要ると思ひます。之等に就て庶民金融、農村の金融を緩和してやり、合せて色々な政策を実行する上の機関とするといふことは如何かと考へるのであります。只我々の経験に依りますといふと金融組合はどうしても官選の理事で、然も支那人に理事をやらせると到底旨く行かないと思ひます。只どうしても其の間に情実が行はれて旨く参らないのであります。其処は日本人は清廉潔白でありますので、日本人が理事で之を統べて行くと支那人が非常に信用し旨く現在では運用されて居る様に思ふのであります。御参考迄に申上げて置きます

渡辺　一寸お伺ひ致したいことは、満洲の過去、日本人側の金融機関も非常に濫立の弊に陥りまして各地で色々な不行跡なことがある。段々之が統一される傾向になって居る様なお話がありましたが、今度新国家が出来ますならば或は日本側の普通銀行の様なものは可成之を合併統一せしめて、或る統制の下に置くことも必要ではないかとも考へられるので、同時に支那側の

方も同様ではあるまいかといふ様な考へを持って居りますが此の点に就きまして御意見を一つ拝聴致したいと考へます

松崎　今のことに対しては実は考へはありませんが、勿論金融機関を統一するといふことになりますれば支那側も日本と同じ様に統一しなければならないと思ひますが、日本側の金融機関の取締り支那側の金融機関の取締り一つ出すことは出来ませんし監督は二様に出来ませんから、支那側も無論統一しなければならないと思ひますが、之に対しましてはどうして監督したらよいかといふことに就ては意見はございませんが、只然し附加へたいのは、是は満蒙には参考にならんかも知れませんが、此の普通銀行に対する取締りの問題と致しましては大体こんな点に注意して行るのでございます。それは第一は組織の問題でございます。詰り銀行といふものは日本では大体株式会社でなければならないといふことになってしまひました。是は外国では必ずしもさうではないのでありますが、内地では株式会社といふものは大分金を集めるに便利である。株式会社が共同の事業で計算が明瞭であるといふ意味でありませうが、是は必ずしも首肯すべき理由かどうか分りませんが株式会社に限ることに致しました。支那のを見ますと一番最近の銀行法は会社に限るといふことになって居るらしいのであります。会社でありましても株式会社でなくても宜い合名合資であってもよいのでありす。個人では許さないといふことでありますが、最近の銀行法は勿論書いてありますが、是は実行されたのでなくて案でございますがさうなって居るのであります。只然し組織の問題を今申しました様に日本に於ける例は株式会社、支那は会社と限って居りませんが、是は銭舗でありますとか個人組織のものだらうと思ひますがそれを取締るに之を会社にしてしまはなければならないといふことは困難と思ひます。是は如何致したらよろしいか、寧ろ普通の銀行よりも銭舗とかさういふものが数が多うございませうし、相当満洲なり支那も同一と思ひますが、活動して居ると思ひます。さういふ組織を会社に一定してしまふといふことは如何なものかと思ひますが、之に対しましては私は考へがありませんから、事情が分りませんから、けれども然し大体に於ては組織の問題は大体考へなければならない問題であるといふことは申せるのであります。第二は資本金の問題です。是も資本金を制限する。詰り銀行は幾らなければならないといふ、支那も矢張り制限して居る様であります。最近の銀行法でありますと低い制限でありますが、合資会社なら幾ら、株式会社なら幾らといふ様に制限して居る様であります。日本は普通銀行に対しましては今迄は内規はありましたが現在では法律で以て明瞭に制限して居ります。是も問題になりませう。只此の場合も問題でありましたのは個人組織の場合であります。個人組織の金融機関に対しまして株式会社として一定するといふと資本金制度が意味を為しますが、個人組織ならば非常に整理が困難、勿論日本では無尽は法律では書いてありませんが、無尽は会社は幾ら、個人は内規で以て制限して居りますが然し個人組織の制限は非常に難しい。監督が困難でありますが、今申しました銭舗は個人組織が多いと思ひますが此の点も余程考へなければならないと思ひますが、余程一般に資本金の制限といふことが普通いはれて居りまして極く小さい銀行は許さないといふことになって居ります。それが第二の問題です。第三の問題は預金に対する準備であります。詰り預金を預りまして何の準備もないと取付けられる。預金者を保護するに一定の準備金を持たせる。日本の銀行は準備金は幾ら持って居るといふ準備金の規定はありませんが準備金はかうしろといふことはあります。亜米利加なんか準備金に対する規定はあります。亜米利加は貯蓄銀行は準備金に対する規定があります。預金の三分の一は公債其他の証券を大蔵省に預托しなければならない。三分の一準備金を持たなければならないことになって居ります。貯蓄銀行は預金に対して準備金を何れ丈け持たなければならないといふ様な、支那の様な経済組織の乱雑な所は預金に対しては準備金を持たせるといふことは日本より厳重にしなければならないと思ひます。第四は貸出制限に関する問題、是は貸出は総括的に制限致しません。現在方々の国に於きましてはさう一人当ての貸出を制限して居ります。只一つの資本家なら資本家に多く貸出すことはいけない。固定してしまふことはいけない。資本金の十分の一は貸せるがそれ以上貸せない。貸出の総額の制限でありません。特殊銀行は貸出の総額の制限は致して居りますが普通銀行は貸出の制限は致して居りません。只一つの方面のみ制限して居るのが普通であります。亜米利加や外国の例もさういふのがあります。貸出の制限をするのが必要じゃないか。それから其の次には五でありますが第五は重役の責任に関する問題、重役は仕事に対して十分責任を持たせるといふことが大切であります。故に是は非常に難しいのでありまして背任横領といふことを定めますのは難しいので事実上出来て居ないのであります。只日本の銀行で貯蓄銀行は株式会社でも重役は無限責任でなければいけないといふ規定がありますが、是は実際に於ては難しい問題でかういふ新しい国ならば重役の責任を何とか定めて置くといふことが必要と思ひます。大体こんな点が銀行の取締りに就て注意しなければならない点でありますが是は今の満洲に於きまして銀行が一般的でありません。一番困るのは個人組織の銭舗といふものであります。之に就きましては猶研究して見ませんと確然たる意見は出て参りません。それから庶民金融でありますが庶民金融の機関は源田さんのお話の様に金融組合の組織が宜いと思ひます。大連と関東州の金融組合は全然同一でないかも知れませんが金融組合制度は大体成功して居ります。是は矢張り支那人に就きましては、庶民金融に就きましては金融組合が必要じゃないか、一面に於きましては質屋であります。質屋、当舗之に対する取締りも適当にするのが宜いと思ひます。まあ大体そんなものであります

武部　大体一通り済みましたから是れから時間もありますから今迄御意見の開陳がありました以外に猶御意見がありましたら伺ひたいと思ひます。先づ第一番に松崎さん、単位の問題でありますが其の方の御話をして頂きたいと思ひます

土方　遅れて参りまして経過も判りませぬし事情も判りませんですが、金本位制を実行するといふことは却々難しいのでない

かといふ感じを持ちまして、殊に日本が金輸出禁止をやって居ります時でありますし銀本位制で統一されたらどうかと思ひますが、今伺ふと金本位制が大分有力のやうでありますがどういふ御論旨で金本位を御取りにならうといふのでありますかそれを伺ひたいと思ひますが

色部　私は金本位制を採用した場合にユニットを何処に置くかといふことに就ては、将来日鮮満といふものが一つの経済圏に於きまして打って一丸とした経済単位になる場合に於きまして、成るべく日本の金円に一致するやうなものを取って置くことが日本の為めではないか、斯ういふ考へから致しまして松崎さんの嘗つて云はれたやうに国内に於ては不兌換の紙幣を作ってそれで単純に名目貨幣として行くといふものを作る。後は補助貨で行く。補助紙幣で行くといふ立前で進み得るならば私は日本の純金二分を以て一円とする。それを此処で一元といふ名前でやって、後日常取引に使用せられる紙幣は補助紙幣で十進法を採用して行って支障がないのでないかと斯ういふ風に思ひますが猶新国家の人文、民度の低いことを考慮しまして、日本の円金の二分の一位のものをユニットと定めて、日本の円金と比較計算する上に於て便利の方法を取ったならばどうかと思ふのでございまして、一番初めの日に木村さんが半瓦の金六十数銭位のものを今の金と銀の相場の上から見て之を採用することが面白くなからうかといふやうな御説がございまして、稍同巧異曲ではございますがそれでは矢張り金貨国間の貨幣相場、即ち為替相場の変化といふものがどうせ起るのである。其の場合に六十何銭といふ時に日本の金円を其のまゝ採用するか、或は二分の一では寧ろ私は日本の金円を其のまゝ採用するか、或は二分の一では是れが満洲の新国家の人文民度に相応しいものと思ふのであります。即ち日本の金輸出禁止前の金対銀の相場の一対二といふのに丁度匹敵する。五十銭のものをユニットにして置いたらどうか、是れは目度は日鮮満が一つの経済圏内、満洲新国家が日本の殖民地となるといふことを前提に於きまして斯ういふやうな風に議決したいと思って居ります。恐らく今迄の色々な御説明通りで田村さんは御賛成下さると思ひますが如何でございませうか

田村　私はどうも一向さういふ細かいことになると判らないのですが、大体としましては私は今の日本の円金といふものはどうせ近き将来、或は直ぐ近き将来には来なくても整理されるものと思ひます。恐らくは予想致しますと平価切下げをされる。一体其れが幾らになるかといふことは今の所判らぬ。従って軍としては今色部さんの御話になりましたやうに日本の円と同じものにするか或は円と一対二の関係にするといふことは甚だ便利だと思ひますが、出来るならば二度手間やらなくて、新国家の金元ですか金円ですか名前はよく判りませんが、其の単位が新しく整理される日本の単位と或る関聯を持つやうなものにしたならば将来の為めに都合が良くないかと思ふのでありますが、其の突合せをどうしたら宜いかといふことは私はとんと見当がつかないのであります

松崎　奉天票と現大洋の割合は是れは咋日頂いた本に書いてあ

りましたね

安盛　それに就て御説明申上げます。奉天票は普通小洋勘定するのでございます。その時六十元が現大洋一元になるのです。所が帳簿上なんかに奉天大洋勘定といふことをやる。さうすると五十元が現大洋の一元になる。詰り奉天票も小洋勘定と大洋勘定が十対十二の割合になつて居る。それで六十元が換算率としてあるのも、五十元が換算率としてしてあるのもあります

松崎　現大洋と金とは近来どう

安盛　日本の六十三円位現大洋百元に就てですね

武部　首藤さんなんかありませんか

首藤　もう充分なんですね。議論し尽したもんですから、又蒸返しますから。私は是れは問題に触れて居ないのですす《ママ》が斯ういふやうな気がするのですがね。折角斯ういふ会が出来ましたので是れが全然唯意見を述べたといふことに止まらすに、実際今日としては幣制の統一、又改革とでも申しますか、さういふことは目睫の間に迫って居る問題である。之をどうしたら宜いかといふ現実の問題を掴まへて来て其れは金が良いとか銀が良いとかいふ問題に触れないで、どう処理するかといふ事を此処で決めて置かれた方が非常に意義があるのでないか、出来ることなら金本位で以て行きたいといふ事はもう議論の無い話、併し是れが実行が出来なければどうも致し方がない訳、だから金本位で行くのは非常に理想であって又成るべく其れに近づく政策も取って行かなければならぬが、今実際問題として其れが出来るか否か、出来ないといふことに結論が当然来るものであらうと思ひます。其の場合に金にするか銀にするかといふ根本問題が解決する迄待てるかといふと待てないといふ状勢にある。それで大体私はこの会で徹底したことが決まるだらうと思ふ。出来るならばそれだけのことにして置けば直ちに問題の解決にも必ず好都合であるし、併し之を軍の方で採用するか否かは別問題としまして委員会の考へとして茲に纏めて置く、さうすると今後金本位が良いか銀本位が良いかと色々な議論が行はれるだらうと思ひますが、その時に何とか其れをリードして行く一つの意見といふものが、詰り研究するなり何なり道を茲に明かにして置くといふことが、此の会の目的として此の会を一層有効にする所以でなからうか、併し是れあるが為めに決して之を採用するとかしないといふ問題は別問題である。唯意見を述べて散会するといふよりも何等か具体的のものに纏めて頂いた方が有効でないかと思ふ

武部　其の点に就きまして色々今迄の御意見を伺ひますと、松崎さんの御意見は将来は準備は金銀半々程度を目標として大体二千万円程度で宜からう。是れも相当増加しなければならぬが漸を逐ってやって行けば宜いものである。今の銀で相当実行出来るものであるといふやうな御意見のやうに伺ひました。それから木村〔さ〕んの御意見は金本位の紙幣を流通させて其の信用のつくのを待って漸次増発して最後に統一するといふ方法を取ったら出来るものでないか、此の際矢張り金本位の制度を確立するといふことが必要であるまいかといふ御意見のやうに聞いて居ります田村さんの御意見は準備が肝心だ。併しながら金

本位にするといふことは旗色鮮明に方針を確立して、或は期限に於て或は準備の分量に於て相当目標を定めて置いて、其の準備が出来次第金に変へたら宜いといふ斯ういふやうに承りました。源田さんの方も金本位を主張されまして、大体移り変りが大事だから用意を充分にやって置くと斯ういふやうに伺って居ります。色部さんのも大体田村さんと同じやうに伺ひましたが、それで其他にも御意見は出ましたが、結局旗色鮮明にはっきり伺ったのは松崎さんのが直ちに実行出来るやうに伺ったのでありますが、其の内容に就ては三日間に亘りまして色々論議されました結果が結局さういふやうになりまして、之を一つに纏めるといふことは恐らく不可能なことじゃないかといふやうに私は諒解致すのでありますが、それで先づ是れは皆様の御意見は御意見のまゝに伺って置きまして、更に軍部の方と致しましてよく研究した上で適当な方策に出るといふ他には此の際此の会で纏めるといふことは出来兼ねるやうに思ひますが、何か纏り得るといふ御考へでありますれば何ですが、それで止むを得ず御意見を伺ったまゝにして置くより仕方がないと思ふのですが

首藤　さうしますと詰り或る点に就て其れは実行出来るか否かといふ問題を極めて行けば

武部　それが出来ると仰有る方と出来ないと仰有る方と或る程度の準備が必要だと仰有る方と大別三通りに分かれて出来ないといふ方は相当の理窟を以て出来ないと仰有るし、出来るといふ方は相当の又理窟を以て出来ると仰有るといふ訳で纏り兼ねるのでありますが、それが出来れば結構なんでありますが

色部　私は甚だ失礼でありますが、実は此の前提になって居ります新国家といふものに就て一体どの位に我々が議論を進めて行く上に考へて宜しいか、此の点を軍の参謀の方からでも御話願へれば秘密会議にしてやれば余程考へ様も違って来るのでないかと思ひます。実は私共非常に日本のバックがあって殆んど日本の植民地と同じものだといふ斯ういふ頭で詰り立案して居りますから、或は首藤さんの仰しゃる意味から云ふと先走って居るやうなことを云って居るのかと思ひます。其処の所は御話出来るかどうか判りませぬけれども一応提案だけ致して置きます

松崎　私も賛成ですなあ。此間から色々議論する場合に新しい国家が出来て法制が完備するといふことを基にして議論して居るので、又日本が相当新国家に力を入れるといふことを基にして議論して居るのであります。私も土方君から質問を受けたのでありますが官民の官といふ意見が支那だけの意味か日本も這入って居るのかと聞かれた。実はそれが判らない。斯ういふやうに土方君に御答へした訳で、或る程度迄御話下さいますと色々な考へを纏めるのに必要でありますから非常に都合が好いと思ひます。詰り我々としては満蒙の新国家は全然外国といふ意味でやって居る議論もあるし、外国じゃない半分位日本と見て宜いといふやうに見ることも出来るし、其の点は無論秘密会議でありますから秘密は守りますが或る程度迄御説明願へますれば結構であります。色部さんの御論に全然同感であります

議長　是れは軍の方でも個々意見を持って居りまして其れが共

通的な点もありますし、又分れて居る点もありますし又関東軍だけの意見で以て決定することも出来ない状態でありまして、斯ういふ会議の御参考に伺った意見も矢張り軍が纒めて中央部と相談してそれから決定すべきものでありまして、はっきりした意見を、個人の意見は別ですけれども、軍としての意見を申上げることは出来ないのであります。併し目捷の間に迫って居って複雑な地理的関係もあって何ですが、纒めて行く場合には案外早く纒まるか判りませぬがはっきりとかうしてどうするといふことは本当のこと申上げることが出来ない状態です

土方　それから私一つ伺ひたいことがあります。打開けた話ですが此処で私共が色々議論して考へますのは、出来ました新国家といふもの、当局者が考へることを我々が代って考へるといふのですか

議長　さうであります

土方　別に日本人に取って有利なやうにするといふことが主眼ではないですか

議長　主眼じゃないです。日本がどうするといふのでない

土方　詰り満洲人の立場になって考へる

議長　はあ、さうです

松崎　それは別の方面からいって日本人が援助するといふ風に考へても宜い訳ですね

武部　未だ他に何かありますかしら、先づは是れで会議は済みましたが其の前に何か

南郷　御話が元に戻りますが、先刻の単位の問題ですが是れはケンメラー委員会とか他所の国で取った貨幣制度転換の場合のことを考へますと、どうも其の時の貨幣相場と申しますか為替を標準として、例へばケンメラー案を申しますと、最近二箇年位の其の時に於ける弗相場、弗相場と申しますと、現大洋の相場と亜米利加の弗の相場を引合せて来て見て、其の二箇年位の平均を取って居りますやうでございます。それから又独逸が此の前マークを切下げました場合にも一マークに就て一兆旧紙幣マークと申しますが之に依ってはっきり決ったのでございます。新たに出します新国家の一円といふものは現大洋とは無関係のものでありますが斯ういふものを取って宜しいのでございませうか、そんな実例があるのでございませうか伺ひたいと思ふのでございます

色部　私は自分だけの意見としては一寸金一対銀二に相当のものにしたい。さうすると為替相場の日支間の為替相場の動揺変動は余程防止し得られないかといふさういふ考なのであります

南郷　色部さんの御説は弗単位といふは一円に弗単位をどうするか、為替相場特に米国に対しては為替相場は放任して置かれるか、詰り新単位と米国の弗との間の為替相場は放任でありますか

色部　亜米利加との間は当然であります。国際貸借は相場は違ひますが唯日支間の間の関係だけはさういふ為替相場の動揺を無くしようといふ

松崎　何処から標準にして取る。総ての国を標準に取る事は出来ない。あのケンメラー案は皆亜米利加を標準にして居ります。

亜米利加を元として居ります。亜米利加人がして居るからと思ひますが例へば千九百八年、三年、八年、十二年、十八年、二十九年皆案があるが、大体亜米利加を標準にして居りますのです。今迄の案は亜米利加の五十仙にしようといふので丁度日本の一円に相当します。それから四十仙、一番低いのは和蘭のヴヰセリング二十五仙――五十銭、日本の詰り半分になります。斯うなって見ますと今迄の案だと大体四十仙乃至五十仙、亜米利加が貨幣の値の単位にしようといふ案が多いのであります。だから今迄の案でしたら日本の円を其侭にして宜いと思ひますが、私一寸調べたいのでありますがそれで半分にするといふことも多少疑問を有って居る訳でありますが、現大洋と金票との関係を今見ますと或は色部さんの御説でも宜くないか、確かりした考は今ないです。今迄の亜米利加のは四十仙、五十仙とに相応するものを単位にしようといふのが多いのであります。日本と対立しなければならん満蒙新国家の案といふものは勘定の宜い色部さんの日本の金の半分にしたら宜いかと思ひます。さっきの平価を今に切下げることにならう。切下げぬといふと金本位制は実行は出来ない。金輸出を停止して居りますから其処に非常な障害があるから如何に平価を切下るかといふことは全然分らない。三十五弗位になるか分らぬ。二十五弗にしろといふものもありますが二十五弗は低くないかと思ひます

田村　斯ういふ問題が考へられる。仮に金本位制を採用するとして名目貨の処分其他に就て純分は暫く措いても開きがあっても将来長く差支ないものか、例へばフランとポンドの関係になっても宜いか、一と二、一と一といふやうなことになって宜いのだから宜いと見てもさういふことになるまで待つのが待てないから日本の従来の侭やって置いて日本が何時切下げるのだから、それを直すといふことが宜いのか、さういふ技術上の問題だったらどうなるのでせう

色部　差当り金本位制の擁護を叫びたいから

田村　旁々準備に精力を集注したら宜くないかといふさういふことが頭にある。何のさういふことは問題じゃないが日本の旧制度で行けば宜い。日本は切下げても此方は日本の旧制度を持って居っても差支ないのだ。純分其他に於て変りがなければ不便がないものといふならばそれでも宜いのであります。それに就て確信がない。是が矢張り一対一とか一対二といふやうに実行が宜さゝうに思はれるのであります。そんなものでないでせうか、一対六でも宜い、一対六半とか一対七位なら宜いか知らんが

武部　其点仮令名目が一対一とか一対二とあっても日本との為替相場は別に出る。事実に於ては経済事情が国内が違ふのですから。だから八〇パーセントになるとか片方に於てそれは無意味じゃないか

田村　其議論から行けば全く無関係でやって大体純分なんかで抑へて行けば

武部　現に価格を基礎にしたものにやるといふのが落ちでせう

色部　満洲が朝鮮と続いた植民地になって仕舞ふといふと

武部　それまでは為替相場が出る

田村　実際上には出ないやうな途を取て行くべきだといふ議論が相当強い。私は其論者であります
南郷　日本銀行券を支払準備としたら宜い
田村　是は銀でも宜い。実際はオペレーションを取って行けば宜い
松崎　金の輸出禁止をして居るから為替相場の変動が来るが、金の輸出禁止をしなければ
田村　殆ど無しにすることも出来るのでないかと思ひます。それは貨幣に関する限り実際に外交を引受けたと同じやうに貨幣に関する限り日本が引受けるといふことになれば其時は一緒になる。其位の力を入れなければ仕方ない
五十嵐　貨幣同盟をすれば
田村　事実上は貨幣同盟をするといふことでなければならん
首藤　理想としては
田村　私は理想があって、それが為なら、日本が生命線であるといふなら五千万や一億円の金を捨て丶やるべきだといふことを繰返すのであります。捨てないでクレジットを握って行けるのである。そんな生半かな態度なら我らが一生懸命にやる迄もないやうな気がする。結局結論は日本の之に対する態度は全く傍観だ。少し手を出すのだから少しやるのだといふならば考は変って来る。私共は前提として実質的に必要な施設はどんどんする。従て此国家の為にも日本の為にも共通な利益といふやうな。例へば貨幣問題の如きはそれが為に幾ら貧乏をして居っても五千万や一億円の金は出しても宜い。両方に金本位といふものを確立するといふことになればそれは非常に問題でないか、斯う思ふのであります。一つのビジネスとして考へられると思ひます。さういふことを前提とすることがそれが無理な注文だ。新国家が虫の好い注文を日本に出すといふならば別ですが場合に依ればムーブメントの為に我々は母国へ行ったって宜い。実際問題としては
佐藤　南郷さん此間臧式毅の決議文の御話がありましたがそれは翻訳が出来ましたか
南郷　今実行に大事な所だけ訳して居ります
佐藤　さっき色部さんの御話に補助貨幣といふことがありましたが支那には補助貨幣といふのがありますか
南郷　補助貨幣といふは民国十八年に十進銅元といふのを発行しまして大体銅元の相場は上海天津方面に於きましては現大洋と小洋銭が始終動く、銅元と現大洋は始終動く、一寸忘れましたが今現大洋の一元に就て銅元は二百四十枚位でないかと思ひます
佐藤　日本の補助貨幣と同じ観念で見て宜いのですか、実際に値打を持たせるのですか
南郷　さうです
佐藤　補助貨幣を出した場合に融通するものと御考へになって居りませうか
色部　昨日申落した点がございますが、中央銀行を株式組織に拠られるか、差当り国立銀行でなければいかぬ、国家自から経営しなければいかぬといふのは新紙幣に対する信用を国民に与

へる為には国家の力でなくてはいかぬ、茲に利益金の分配問題なんか生ずるやうな株式組織のものじゃいかぬといふ考を有って居りますものですから。而して其新銀行が発行する紙幣といふものは国内に於ては不兌換で強制通用力を与へたいと思ひますから、茲に新しいものを造らうといふ意見です

佐藤　力で抑へれば兎も角奴等は直ぐ品物を持たうとする

色部　札にすると信用がないからですな

佐藤　別な観念が作用して居るといふことははっきり分りませぬ。其点から考へまして幾ら力で抑へても応ぜぬといふことがありはしないか

色部　全く無準備で発行するのではないから、例へば三分の一比例準備制度を取るとか或は四割比例準備制度を取るといふことになる。さうして其準備割合を持たうといふやうな制度を取りますならば人民は之を信頼して来るのではないか

佐籐　内地の人さへ怪しいですから無論蒙古人満蒙人を明日から救ふといふことは困難でないか、長年教育をした結果を俟たなければ中々其処まで至らぬかと思ひます。実際はどうかと思ひます

色部　余程困難な事情はございませう。其点は御同感であります

土方　不兌換紙幣を流通せしむるのは、租税等は這入って居ると思ひますが、租税を取るとか専売をやるとか専売品をそれで売るといふことは御考へになって居るのでありますか

色部　金本位の幣制を取りますれば総ての租税牧入は皆

土方　専売でもうんとやって其紙幣を流通させるやうな手段を取るやうに御考へになって居りますか

色部　固よりそれでなければならんと思ひます。市場一般の購買の Means に使ふ訳であります

土方　さういふことをおやりになると流通すると思ひますが唯租税だけといふと

色部　一般の取引に固より支障なく流通させる

武部　満鉄石炭運賃も石炭の売上も全部それでやらなければなりませぬ

渡辺　今の本位貨、補助貨の問題は私は大した心配はないと思ふのであります。今大洋と小洋の関係の如きは全く純分が違って居る。それは大洋貨幣といふもの、貨幣制度の信頼がないから小洋貨の銀分で率が動いて居ない。日本の此処で以て五銭白銅十銭の白銅が日本の金一円に対する補助貨として現に支那人間に使はれて居り車曳まで使って居ります。確に本位貨の信用といふものさへ完全ならば確に問題でない。私は今度新しい制度が出来て信用が出来れば矢張り補助貨として無論流通するものと思ひます

議長　それじゃ此会議は是で解散致します。色々有難うございました

午後三時五十分閉会

〔南満洲鉄道株式会社経済調査会『昭和十一年二月　立案調査書類第二五編第一巻第一号　満洲通貨金融方策』所収〕

【史料14】

満洲中央銀行が承継すべき発行紙幣高及補助貨等に関する件

昭和七年六月八日

経済調査会

南郷龍音

山成喬六殿

満洲中央銀行が創立と同時に承継すべき発行紙幣高及満洲国補助貨必要額を時価により現大洋に換算致しました処左記の如き結果を得ましたから御参考迄に御通知致します。詳細は同封の別紙を御参照下さい。尚中央銀行が開店に際し準備すべき為替資金額及中国、交通両行発行哈大洋回収資金融通限度に関する見込高等を附記致して置きます

左記

一、旧発券銀行帳簿上発行高　一億六千万元

二、中央銀行が承継すべき発行紙幣高　一億五千万元

註　巷説による

帳簿上発行高　一億五千万元

実際流通高　一億三千万元

と云ふ数字は本年一月小職が関東軍統治部勤務当時首藤理事の依頼を受けて算出した結果で、今尚創立委員の中に此の数字を振翳す者がある様に見受けられました

三、満洲国補助貨必要額　三千五百万元

四、中央銀行保有準備金流失見積高（最初の一箇年間分）

四千六百万元

四千六百万元の根拠

イ、奉天三発行機関昭和六年度事変前九箇月間兌換高は一千六百万元に上る。若し事変無かりしものとして一箇年間の兌換高を按分比例にて計算すれば二千百万元となる

ロ、昭和六年十月現在吉林永衡官銀号手持回収官帖高四十五億吊を当時の市価三百六十吊を以て鈔票に換算すれば一千三百万円となる

ハ、冬期特産物出廻盛期に黒龍江省に於て増発されたる江帖及江大洋は春夏閑散期に入り輸入代金決済の為陸続哈爾浜に向け送金されて収縮す。回収は江省官銀号濱江分号の保有する哈大洋にて行はれ哈大洋は第二次的に天津上海向送金により収縮す。哈大洋収縮率を六行号合計発行限度六千万元の二割五分即ち一千五百万元、現大洋換算額一千二百万元と見積る。但し昭和六年度に於ける哈爾浜銀行団匯兌事務所の天津、上海向為替売高は天津大洋、上海大洋にて合計二千五百万元に達し見込高の二倍を示せり

五、中国、交通両行発行哈大洋回収資金融通限度

イ、中国銀行に対する融通限度

中央銀行新紙幣　二百万元（哈大洋二百六十万元）

ロ、交通銀行に対する融通限度

　中央銀行新紙幣　四百五十万元（哈大洋五百六十万元）

註　現在中、交両行が哈爾浜金融保管委員会に提出し居る保証準備額の六割を評価せるものなり。即ち両行の提出せる保証準備額は昨年十一月現在に於て中国銀行哈大洋四百四十万元、交通銀行哈大洋九百三十万元なり。之等の保証準備を保管委員会より中央銀行に承継するも一策と思はる

六、辺業銀行株主たる闞朝璽は熱河省公金を流用して十万元の株金を払込みたるものなりと云ふ。調査を為し真否を確めて後貸金との差額八万元を交付するも遅からずと信ず

資料出処　昭和六年十月関東軍参謀部調書「東三省官銀号閉鎖及再開顛末」に拠る

〔南満洲鉄道株式会社経済調査会『昭和十一年四月　立案調査書類第二五編第一巻第一号（続）　満洲通貨金融方策』所収〕

【史料15】

満洲中央銀行創業日誌

昭和七年六月
統治部財務課

内容

第一日	五月九日	
第二日	同　十日	
第三日	同　十一日	
第四日	同　十二日	
第五日	同　十三日	
第六日	同　十四日	第一回
同	同	第二回
第七日	同　十五日	第一回
同	同	第二回

註　本誌は副総裁山成氏著任日なる昭和七年五月九日より同月十五日迄の創業経過中、創立委員と財政部との打合せ事項を主として摘録せるものなり

第一日（五月九日）

時間　午後三時―同五時

場所　満洲中央銀行（旧吉林永衡官銀銭号長春分号）第一会議室

出席者　副総裁　山成喬六

創立委員長　五十嵐保司
創立委員　川上市松
竹内徳三郎
酒井輝馬
日岡惠二
久富治
創立委員長補佐　難波勝二
創立準備員　南郷龍音

副総裁より著任の挨拶を兼ね中央銀行開業方針に関し大要左の如き説明ありたり

一、軍部側より五月中旬頃迄に是非共開店され度いとの要望があったから一日も速かに開店し度い。これが為めには開店の日取りを公表せぬまでも、予め内定しこれを目標として開店の準備を進むることが肝要と思ふ

二、人事は極めてデリケイトであるから全部自分に委して貰ひ度い。創立委員諸君の労に報ゆる意味で最善を尽す心算であるが、重役や幹部の員数には限りがあることだから御期待には副ひ兼ぬる場合も起ることもあらうが、将来は銀行本来の業務以外の営業は切離され人事の遣繰もつくだらうと思ふ。何分国家的事業と考へて気永にやって貰ひ度い

三、開店に際しては先づ（イ）発行、換収、（ロ）国庫金取扱の両業務のみを開始し漸次他の業務に及ぼす方針で進むこと〻する

四、発行、換収を行へば為替業務は必然的に起って来る。又貸出に関しては多少規則を設くる必要があるから当分は差控ふる心算である

五、中央銀行職制草案によると商工部と云ふものがあるが、こんな部門が銀行の中にあるのは少し可笑しい。将来当然分離さるべきものと思ふ

註　国庫金取扱に関しては政府は中央銀行より借入金をなしこれを預金に振替へ、この預金を引出して各種支出に充当するの外なかるべしと創立委員より説明す

第二日（五月十日）

時間　自午後六時至午前零時三十分
場所　中央公館会議室（長春祝町三丁目九番地）
出席者　山成　五十嵐　竹内
久富　南郷　難波
川上　酒井　日岡
松谷　阪谷

一、山成氏の提議により旧貨幣整理法草案及紙幣と銀払外国手形との引換率に関する件教令草案を審議す

（イ）旧貨幣整理法草案第三条は「従来流通シタル旧紙幣ハ本法施行後満二年間（旧満三年間）新貨幣ト同一ノ効力ヲ有ス但シ新貨幣ニ対スル換算率ハ財政部令ヲ以ヲ之ヲ定ム」と修正せり

註　本日酒井委員が旧貨幣整理法草案第三条による哈大洋と新貨幣

との換算奪を一二五元と改正（旧案一三五元）し中央銀行内に於てタイプの上膽写せしめたるに、支那側準備員より市場に筒抜けたるものか十一日の哈大洋建現洋相場は前日の百三十元台より一挙百二十五元に崩落す。公定換算率は其の発表の直前迄厳秘に附することの絶対必要なるを関係者一同痛感す

（ロ）旧貨幣整理法草案第八条の中、交両行哈爾浜大洋票引換資金に関しては結局中、交両行より適当なる担保を提供せしめて低利資金を中央銀行より融通するの外なかるべしとの意見大勢を制す

註　中、交両行は鹽税、関税の如き公金取扱の特権を剥奪された上に紙幣発行権を剥奪されたら今後支店を設置して置くことは無意味であらう。融資しても踏倒して引上げらる、恐があるから担保をとって置いた方が安全である

（ハ）紙幣と銀払外国手形との引換率の中満洲中央銀行に銀塊を提供して紙幣を請求する場合の換算率は公定するの必要なかるべしとの意見強し。レバース・レイトに関する条項の留保に連日奮闘せる一部委員も之が削除に同意せり

二、両草案審議終了後山成氏より軍部側の希望なりとて支那人行員の採用並満洲国内に於ける金票及鈔票の発行問題に関し次の如き報告あり

（イ）軍司令官より中央銀行にも成可く多くの支那人を使って民心を安定せしめられたいとの希望があった

（ロ）旧貨幣整理法により満洲国内に於ける金票及鈔票の発行は断然禁ずるとの軍部側の意見である。但し関東州及附属地に於て発行さる、ものは差支へない

註　1、難波委員「鈔票は哈爾浜に於ては発行されて居ない。現在満洲国内に流通して居る鈔票は附属地、関東州等から自然的に浸潤したものである」

2、酒井委員「哈市に於ける金票の発行は本邦既得権益の一つである」

三、人事問題に闘し阪谷氏より次の如き挨拶あり

（イ）中央銀行の人事は自分と駒井総務長官と山成氏との三名で協議して適宜取極める

（ロ）創立委員長は銀行が出来上る迄は依然創立委員長として創立事務に尽力し有終の美を全うせられたい

四、哈大洋回収に関する中、交両行側の希望を聴取するため哈市中、交両行責任者を長春に招集する日取及手続等を財政部側に一任す

五、阪谷氏より通貨及金融に関する情報を成可く迅速に満鉄側及特務部等と交換したき旨申出ありたり

註　北京財政部印刷局にて印刷せる江省官銀号四釐債券二億元の満洲国流入に関する如き種類の情報は、真先に財政部と中央銀行とに通知せしむる様連絡をとり度し

第三日（五月十一日）

時間　自正午至午後五時迄

場所　中央公館会議室

出席者　山成　　　　五十嵐　　　　竹内
難波　　　　川上　　　　南郷
久富　　　　山口　　　　日岡
酒井　　　　松谷

一、本日の会議に於て議決せられたる事項次の如し
（イ）遼寧四行号聯合発行準備庫の合併手続は東三省官銀号兼辺業銀行顧問に一任し二─三日中に合併の手続をとること
（ロ）闞潮洗の所持する辺業銀行株券は形式上賞与なる名目を以て買収すること
（ハ）五月十五日頃正金及鮮銀の大連支店長に来長を請ひ為替兌換、旧貨幣整理方法等に関し各自の意見を徴すること
（ニ）中央銀行開店に依って廃止さるべき各官銀号及辺銀の顧問、諮議、書記の制度は創立委員長より別に軍に相談すること
註　五月二日満洲国政府公報を以て顧問、諮議の制度は一律に撤廃する旨公表されたるも、銀行関係のみは念のため創立委員長を煩し軍に念を押して置くこと
（ホ）天津、上海の永衡官銀銭号支店は、中央銀行組織弁法第五条の中華民国内敵対者援助となるが如き行為を排除せんとする立法の精神に則り廃止の方針にて進むこと
二、貨幣法草案、満洲中央銀行法草案、満洲中央銀行組織弁法草案、満洲中央銀行定款草案を審議す
三、山成氏より明十二日の会議の席上に於て各自の意見を伺ひ度しとて次掲宿題を提出す
（イ）中央銀行開店と同時に目下閉鎖中の黒龍江官銀号を復活せしめねばならぬか、其の復活に要する資金見積額
（ロ）中央銀行は開店と同時に一億三千万元程度の発行紙幣を有すること丶なる。これに対し中央銀行は上海に幾何の為替兌換資金を準備すべきや、其の見積高

第四日（五月十二日）

一、本日午前十一時半より委員一同会合予定のところ人事問題に関し鮮銀側と創立委員長との間に見解の相違ありしこと判明し紛議を醸し、閉会予定時なる午後三時を経過せるため遂に流会となる
（イ）創立委員長は総行に採用すべき課長及副課長五名宛の人選を正金、鮮銀に依頼し置きたるところ、鮮銀側は創立準備員及副監理員は当然課長級に採用さる丶ものと解し（但し酒井委員の了解）この外に更に五名を人選して鮮銀と公文書を取交はし居る由。色部鮮銀理事と山成副総裁との交渉により山成氏仲に立ち、酒井委員の詮衡せる鮮銀行員全部に夫々適当なる地位を与ふべしと諒解を与へたるため解決を告げたりと
（ロ）酒井委員並に永衡官銀銭号副監理委員山口正に対しては本日副総裁より中央銀行に入行の意志有りや否やを質されたる由
二、川上、久富各委員は本日夫丶帰任す

第五日（五月十三日）

一、財政部松谷氏より中央銀行定款草案を除く其他諸草案に最絡的修正を加へ、草案の二字を削り謄写に付し中央銀行宛送付し来れり。中央銀行に於ては邦文に随ひ華文に修正を加へ五月十六日の閣議に諮る準備を整へたれど、審議不備の点もあり十六日の閣議提出は見合さゞるを得ざるに至れり

二、本日創立委員長室（中央銀行）に於て山成氏は満洲中央銀行法草案第十八条による理事の員数五名以上を四名以上に、監事の員数三名以上を二名以上に修正することに財政部も異議無き旨を委員長に伝へたり。創立委員中理事就任を自負せる向もありたる由なれど、本条項の修正は副総裁に現創立委員中より理事を抜擢するの意志無きことを物語るものと解せらる

第六日（五月十四日）第一回

時間　自午前十時五十分至午後一時

場所　中央銀行第二会議室

出席者　財政部側　阪谷　松谷

中央銀行側　山成　五十嵐

竹内　難波

日岡　酒井

南郷

中国銀行側　卞福孫　中国銀行浜行長

張君度　奉天中国銀行秘書

呉寰慶　長春中国銀行副行長

交通銀行側　呉善培　奉天交通銀行襄理

呉興基　哈爾浜交通銀行経理

沙公展　通訳

一、財政部松谷氏より中、交両行の提出せる書類の内容に関し一応説明ありたり

二、財政部並創立委員側より哈大洋発行権獲得の経緯及内容に関し質議す

三、哈大洋発行権剥奪並紙幣回収方法に関し両行側の希望を徴せるところ、先方は旧省政府、総司令部に対する貸付金を回収して紙幣回収資金に充当し度しと申出でたり

四、中、交両行資産、負債概要

（イ）中国銀行（昭和七年五月中旬現在）

1、哈大洋発行額　四、四七三、〇八〇元二三

2、奉天票未回収額　奉大洋百万元（現洋四万元）

3、四行号聯合準備庫券発行額　現洋票五十万元

4、遼寧現大洋票発行額　現洋票九万一千元

註　遼寧現大洋票は昨年十一月続発を禁止さる

5、北満に於ける中国銀行支店及弁事処は合計九行にして其総統轄店は哈爾浜分行なり

6、中国銀行が地方政府に対して貸付たる金額及一般滞貸付、没収担保合計は哈大洋三百七十万元に達す

7、哈爾浜分行資産勘定に於て損失と見るべき査定額現大洋三百六万元あり、(6)に述べたる対省政府滞貸付中より差当り三百万元の返済を受くることにより発行哈洋は優に回収し得らる

8、哈爾浜分行の有する預金総額は現大洋に換算して約千三百五十万元に達し殆んど哈爾浜に於て吸収せるものなるに拘らず、その支払準備としては哈爾浜に於ては僅に二百六十五万元を保有せるに過ぎず

（ロ）交通銀行（昭和七年五月中旬現在）

1、奉天票既得発行権限度は奉大洋一千万元なれども現在の回収残は二百万元（現大洋四万元）に過ぎず

2、準備庫券発行額　七十三万五千元

3、哈大洋発行額　九百九十七万九千元

4、哈爾浜交通銀行査定負債超過額は九百四十七万四千元にしてこの数字は恰大洋発行額と略等額なるを示す

5、哈大洋は其発行の始め発行額に対しては何等の制限なかりしも民国十年東三省銀行の出現するに及び地方官庁は其発行額を五百五十万元に制限し、更に民国十四年東三省政府は戊通公司を強制的に省有に改め東北航務局を設立せし際同公司の債権者たる交通銀行に哈大洋三百万元の増発を認め、越えて民国十七年交通部が北京交通銀行に供託され居たる戊通公司の保証金を提出せしめたる為め更に二百万元の増発を為さしめたるが、同年哈大洋暴落するや張煥相より百五十万元の回収を命ぜられ、次いで民国十九年大豆価格維持のため五十万元の増発を許容さる

6、哈爾浜交通銀行は戊通公司融資元利五百万元の外に奉天省に対し二百万元、吉林省政府に対し二百三十万元の貸金を有す。借款当時の当事者は交通銀行側は陳戚、奉天側は総司令部、吉林側（民国七―八年頃）吉林財政庁長丁東津なり

7、北満に於ける交銀銀行の支店所在地は長春、哈爾浜、黒河、富錦、吉林、斉斉哈爾の六箇所なり

（ハ）哈爾浜銀行団匯兌事務所

1、匯兌事務所とは哈洋票市価維持の目的を以て公定相場にて支那本部向送金の業務を取扱ふ哈洋票発行六銀行の共同事務所なり

2、民国十七年九月一日の創立に係り設立認可者は東省特別区行政長官張煥相なり

3、メンバーバンクは東三省永衡、黒龍江省各官銀号、辺業、中国、交通各銀行の六行より成る

4、資本は哈洋票獲行限度割合に依り持株次の如し

東三省官銀号	二十株半
辺業銀行	十二株半
交通銀行	九株半
黒龍江省官銀号	八株
永衡官銀銭号	五株
中国銀行	四株半

右に依り表決権、為替損経費負担割合定まるも、資本金としての払込みは事実に於て無し。運転資金としては各銀行手元の緩急に応じ余裕ある銀行は多額の預金を匯兌事務所に為し、逼迫せる銀行は寧ろ借越となれる実情にあり

5、匯兌事務所は哈大洋市価維持の為め過去四箇年間に七百三十五万元、年平均百八十三万元の損失を蒙れり

6、現在匯兌事務所の公定相場による南支向為替売高は一日現大洋十万元を限度とし上海中国銀行にて支払はる
なほ公定相場は上海弗百元に対し哈洋票百二十五元なり
五、本日は単に中、交両行の意見を聴き置く程度に止め交渉は後日に譲ること、して会見を畢れり

第六日（五月十四日）第二回

時間　自午後一時半至午後三時
場所　中央銀行第一会議室
出席者　支那側　闞潮洗（辺業銀行株主）
王再興（通訳）
小倉克巳（闞附添人）
中央銀行側　副総裁　南郷
五十嵐　竹内
難波　日岡
酒井　鈴木

会議目的　辺銀資本取崩しの件に関し闞潮洗の意見を徴す
一、副総裁より中央銀行創立と四行号の合併に関し簡単に説明す
二、辺銀の資産、負債状態に関し南郷準備員説明の衝に当り同行の内容の不良なるを力説せり
三、闞は学良の逆政を述べ当然受く可かりし過去の未領収の配当金をも考慮されたしとの口吻を洩せり
四、副総裁より何れ国務院と協議して最善を尽す考なるを以て当方を信頼して株券と委任状とを奉天在駐の東三省官銀号兼辺業銀行顧問に渡され度しと述べ闞之を承諾す
五、創立委員側の本件に関する意向は予め電話にて駒井総務長官に通じ置く筈なれば闞自身本日中に駒井氏と面会商議するを得策とすべしと述べたるところ闞之を諒とし会見を了る

註　闞の辺業銀行払込株持数は千株、額面価格現大洋十万元なるに対し闞は辺業銀行に二万元の債務を負へり

第七日（五月十五日）第一回

時間　自正午至午後一時
場所　中央公館会議室
出席者　山成　竹内　五十嵐
日岡　酒井　難波
川上　南郷

会議の内容
一、財政部総務司長より創立委員宛提出されたる「満洲中央銀行創立事務に関する命令の件」を審議す
二、川上委員より聯合準備庫合併に関し説明をなせり
（イ）中国銀行は発行準備庫券五十万元に対し三十五万元は現銀にて、保証準備部分十五万元は回収準備庫券にて交付せり
（ロ）交通銀行保証準備発行準備庫券二十二万元の中十一万元を回収準備庫券にて、残額の十一万元は現銀にて交付せり

三、中央銀行総帳余額表各勘定科目につき酒井委員より大体の説明を聴取す

第七日（五月十五日）第二回

時間　自午後二時四十五分至同午後七時二十五分
場所　中央公館会議室
出席者　首藤満鉄理事　山成副総裁　松谷財政部銀行課長　五十嵐委員長　西正金大連支店長　武安鮮銀大連支店長　阪谷財政部総務司長　南郷準備員

山成氏　九八規銀七十一両の割合にて上海に於て為替兌換に応ずると言ふ立案の精神及本制度に対する疑問の点を腹蔵無く発表して頂き度い

首藤氏　本制度は現大洋を標準とし為替本位の建前で立案されたものである

阪谷氏　中央銀行の資本金を三千万元とした理由、且つ中央銀行は株式組織であり乍ら実質に於て国立銀行とも考へ得られる

首藤氏　中央銀行に対しては日本側に於て発言権を持たねばならぬと言ふ建前から、若し正金、鮮銀に於て株式を引受くることが面白くない場合には全部満鉄で引受けてもよいと言ふ肚であった。然し現在では情勢も変って来たし政府引受の外は未発行にして置いた方が一番妥当と思ふ

阪谷氏　軍部では統制経済と言ふ見地から国有にした方がよいと考へたのではないか。即ち株は民間に出す可きものではないと言ふ考へがあったのではないか

西氏　哈大洋と新貨幣との換算率に関しては哈市の発券銀行と商務総会とに相談して意見を徴することが必要と思ふ

武安氏　哈大洋の券面に押す監理官の印は一つでは無く沢山あると言ふことである

首藤氏　各種紙幣の回収期間を短くして期間満了後は無効とすると言ふ布告を出しては如何（山成氏賛成）

阪谷氏　創立委員長は中央銀行の開店直前各地の実状を視察することが肝要である

西氏　新紙幣を流布せしめるには硬貨を見せねばいかぬ。又留も金貨を散布したので住民の信用を得たのだし、鈔票も発行当初は無制限兌換に応じたものである

山成氏　上海無制限兌換は危険ではなからうか、奉天で丈け兌換するか又は一日の兌換高を制限するのも一策である

首藤氏　統治部案に還元したらどうであらうか

山成氏　鈔票の本位に関し西氏の説明をお願ひし度し

西氏　鈔票は大蔵省令により銀を以て引換ふることになって居る。我々は円銀は円形銀塊と呼んで居る。兌換請求を受けた場合には正金は其選択により円形銀塊を以て引換へることもあるし、又上海向為替によって兌換してもよい

山成氏　鈔票に倣ひ哀世凱弗を銀塊として売ってやればよろしい。但し実際はパーパーで制限兌換をするのである

武安氏　其際これは兌換するのではない売るのだと言ふことを

明かにせねばならぬ

山成氏　何れの国でも為替管理を行ひ資本の逃避を防止せんとして居る今日無制限為替兌換に応ずると言ふことは些か時代錯誤と思ふ

首藤氏　非常時に兌換停止をするのは当然である。平時の際に兌換をせねば紙幣価値は当然低落する

西氏　上海向為替の買人にはゼニューインビジネス即ちインボイスを有する場合のみに限り売応じたらよからう

山成氏　上海に於て兌換すると言ふ条項を削り為替兌換に関する教令の発表を見合せたい。正貨準備は成可く手放さぬ方が安全である

阪谷氏　新幣制確立の当初から無制限兌換を標榜することは不可能である。その代り三割以上の準備率の維持をマグナカルタとして紙幣価値の維持を図るも一策である

首藤氏　中央銀行は財政方面から冒されぬことが第一であってこの点に付ては通貨当局が特に関心を払はれんことを希望する

阪谷氏　統治部時代立案した収入見積りは取らぬ狸の皮算用であって、関税収入及阿片専売による収入が確保されぬのはまだしも財政庁の接収さへ出来て居ない。政府は中央銀行から借入金をせすにやって行け相には思はれない

西氏　紙幣が経済界の要求する数量を超えて発出さるれば日本から借りた金二千万円は兌換の形式によって消費される。若し二千万円を失ふまいとすれば紙幣の相場は常然低落する

山成氏　満洲の民衆が入手した紙幣を預金するか又は死蔵して置く慣習があると通貨膨脹は幾分防ぎ得る。従って新銀行は確かな銀行であると宣伝して預金を奨励することも必要と思はれる

五十嵐氏　通貨膨脹を防ぐため彩票とか債券を売出すのも一方法である

首藤氏　政府は中央銀行から借入金をする場合には、資産を中央銀行に渡すなり又は利権や国有財産を売却して自ら政費を調達し、成可く中央銀行に迷惑をかけぬ様にすべきである

なほ辺業銀行は中央銀行に合併されることになって居るが一般商業銀行として残して置いた方が得策と思ふ

次に満鉄経済調査会で立案した満洲勧業銀行設立案を南郷君より山成さんに差上げて貰ひ度い

附記

極力七十一両にて上海向無制限為替兌換を主張せる首藤理事が潔く自説を撤回せるため、一時緊張せる室気も和ぎ次の諸点に於て完全なる意見の一致を見たり

1、貨幣法第十条を削除すること

2、「紙幣ト銀払外国手形トノ引換率ニ関スル件教令」の公布を当分見合せ危険無き確信を得て後公布すること

註　上海向為替の売却はCurrent rateによる建前なれど実際は七十一両にて統制売りを行ひ紙幣価値の維持に力むること

3、黒龍江省官銀号発行紙幣中哈大洋を除く残余の紙幣と新紙幣との換算率は公定せず万一の場合に変更し得る余地を残し置

くこと。但し策一同に発表する換算率は余程の理由無き限り変更せざること

註　1、貨幣法第十条を削除し時価にて上海向為替兌換に応ずる建前なる以上新国家の通貨の本質は曾って財神王永江によって立案されたる奉天票の本質と何等選ぶところなきに至った

2、貨幣法の公布が遷延を重ねたる所以は阪谷氏が貨幣法第十条を削除して教令の公布をも差控へ度き希望を有せるものと解するの外無し。この意味に於て本日の会合は立案者の本尊たる首藤理事に敬意を払ひ其面子をもたて得たる訳なれば頗る有意義と思料さる

〔南満洲鉄道株式会社経済調査会『昭和十一年四月　立案調査書類第二五編第一巻第一号（続）　満洲通貨金融方策』所収〕

【史料16】

特務部聯合研究会の件（極秘）

昭和九年一月十八日

経済調査会

第四部第四班主任　南郷龍音

経済調査会委員長殿

首題の件左記報告す

議題　満洲に於ける有価証券日本国内の流通に関する件

時日　昭和九年一月十六日　自午前九時四十分至同十時半

場所　特務部会議室

出席者

議長　植木委員

第一委員会　竹内委員　小池委員

第二委員会　秋山委員　島田委員　梅津委員

第三委員会　庄田委員　武藤委員

第四委員会　杉本委員

第五委員会　松岡委員

幹事　沼田幹事　中田幹事　久保田幹事　山際幹事

経済調査会　南郷

満洲国　財政部総務司長（星野）　法制局（大場）　財

政部理財司長（田中）実業部総務司長（代理）
総務庁主計処長（松田）
関東庁　田中
大使館　桝谷

議事摘録

植木議長　特務部第五委員会の植木委員議長席につき本案の方針及要領につき説明を為し、本邦資本の満洲流入を促進せしむる為の一助として満洲国の公債、社債及株式等諸有価証券の日本内地に於ける流通を円滑にする建前より満洲国有価証券の本邦内に於ける取扱方に就ては特に本邦有価証券が享受しつゝあると同様の待遇を賦与せらるゝやう、本邦関係諸法規の改正及関係官庁の諒解を求むる必要あること並改正を必要とする諸関係法規は、今回の議会に提出することが不可能な場合には更に一箇年間遅るゝこと、なるから、若し本日の会議で本案が可決せられた上は速かに本邦中央の諒解を求め、是非共今議会に提出する手筈とし度しと述ぶ

小池委員　之等改正を要する法律及関係官庁と協議を必要とする事項中には之が実行の順序及重要性に就て自ら緩急軽重あり、日本銀行条例、貯蓄銀行法、信託業法の改正及取引所令に関する関係官庁との協議の如きは特に軍要なる事項と思料する

南郷委員　経済調査会に於ては昨秋以来本問題の調査に着手し研究の結果、国幣証券の本邦内に於ける流通を円滑にするには為替管理法施行令第六条及第十二条に国幣証券に関する除外例を設くる必要あること、且満洲国有価証券の資金化を円滑にし大量取引を容易ならしめ権威ある公定相場を作成する為、満洲国有価証券の本邦取引所上場問題を解決すること及将来満洲国内に有力な有価証券取引所の設置を必要とせずや等の結論を得たる旨を述ぶ

植木議長　特務部としては為替管理法に就ては何等考慮を払って居なかったが「勅令以下の改正を要するもの」の中に加へて関係官庁に諒解を求むること、したい

松岡委員　取引所令に関しては「勅令以下のものにして関係官庁と協議を要するもの」の中に列挙されて居るが、相場が公定されぬ有価証券に対しては金融機関としても担保貸付を渋るであらうから、満洲国有価証券の本邦取引所上場問題に関しては特に考慮する必要があらう

梅津委員　日満の幣制が根本的に異って居る今日、日本国内に於ける満洲国有価証券の取扱方を本邦有価証券と同様にして貰ひたいと謂ふのは実に勝手な話で、日満幣制の統一と謂ふことが先決問題ではなからうか

星野委員　「改正を要する法律」中日本銀行条例第十六条の公債証書と謂ふ熟語に対する解釈は大蔵省に於ても判然とはして居ない。即ち日本帝国の公債に限るものか又は外国公債をも含むものなりや否やに就ては決定した解釈はないのであって、若し「日本銀行ハ公債証書又ハ満洲国ノ公債証書ヲ買入レ又ハ之ヲ売払フコトヲ得ヘシ」とするに於ては公債証書の意味が帝国公債の意味に限定され広義的解釈が不可能となり、其の他種々

の意味に於て之等法律案の改正は実行上容易ならぬ困難が伴ふ虞がある

其の他満洲国有価証券とは国幣証券に限らず円証券等をも包含するものなりや否や等に就き二、三の質疑応答あり。

結局本邦中央の諒解を得て之等を実行に移すことは極めて困難なるべしとの意見多かりしも、本案の趣旨に対しては何人も異議を称ふる者なく、方針及要領に関する字句に若干の修正を加へて大体原案通決定せり

〔南満洲鉄道株式会社経済調査会『昭和十一年四月　立案調査書類第二五編第一巻第一号（続）　満洲通貨金融方策』所収〕

【史料17】
対満金融審議委員会審議事項に対する提案

昭和八年三月九日
経済調査会第四部

第一章　満洲に対する投資統制に関する事項

第一節　外国資本の対満投下方策

（設問）本邦以外の外国資本の投下を自由に認むべきや、若し或種の制限を加ふべしとせば門戸開放主義との関係上其の実行方法如何

資本の満洲投下は内外を問はず自由たるべきを本則とし之を歓迎するの方策を講ずべし。但例外として

一、国際法上及諸国の慣例上外国人及外国法人が享有することを禁止せる権利に対しては満洲国も原則として国際慣例に従ふ。従って直接斯の如き権利の取得を目的とする投資は存在し得ず。例へば左の如し

土地所有権

通商条約締結に当りては条約国民に対して土地所有権を享有せしむるを可とするも現在に於ては外国人は此の権利なし

鉱業権

外国人は鉱業権を取得することを得ず

沿岸並内水航行権
条約によるか又は満洲国の特許ある場合を除き外国船には航行権を有せしめざる方針なり
領海に於ける漁業権
方針未確定
特殊銀行の株主権
外国人は政府の特許を受けたる場合の外中央銀行共他勧業銀行の如き特殊銀行の株主たることを得ず
但し既存の企業に対する社債応募其他貸金の形に於てする間接投資に就ては次項（ロ）に従ふ
二、国防上必要なる鉄道、港湾、道路、都市及運河等の建設及国防上必要なる資源開発資金に就きては左の如き制限を加ふ。本制限も各国が自衛上当然実施する所なり
（イ）直接投資
即ち外国人自ら事業の経営に当り若は株式を取得することに付ては原則として之を禁止す
（ロ）間接投資
即ち社債応募、其他の貸金の形に於ける投資は原則として之を認む。但し外国資本家をして満洲国の内政に関与せしむるが如きこと無きを期し、担保物件の選択其他借入条件につきては満洲国政府をして在満帝国最高機関と協議の上決定せしむること
三、日満産業連絡上の必要欠くべからざる企業の統制につきては既存の特殊会社他特殊機関に拠り、又は新に特殊会社若くは特殊機関を設置し或は関税等の手心を加へ適当なる保護を講じ以て外資の勢力により妨害せられざる様注意を払ふこと
以上は外国資本輸入に関する原則なるも現在の如き世界経済異常時に於ては外国資本の輸入は国礎を危くせしめらる、虞あり。故に余程有利なる条件によるものに非ずんば之を敬遠し寧ろ自力による資金増加策（例へば国富動員による保証準備拡張の如し）を講ずるの安全なるに如かざるべし

第二節　日本資本の対満投下方策

（設問）本邦人の対満投資は之を自由とすべきや。若し之を国家統制の下に置くべしとせば其の実行方法如何
日本資本の満洲投下は自由とし進んで之を誘導する方策を講ずべし
一、国防資源の開発に関する企業は之を国家統制の下に置くこと
二、日満経済統制上必要なる企業は日満両国に於て夫々自国人民又は法人組合に対し特許を与ふる為特殊法令を制定し特許の条件を以て之を統制し且随時必要なる命令をなし又は注意を与ふること
三、自由企業にありても随時日満経済統制上必要なる方針を指示し又は其の実行を命令すること
四、右の外日満経済統制上より見て主要なる企業を特殊会社又は其の他の特殊機関をして経営せしめ之に依り右統制に対する内外の障害を除去するを主義とすべきこと
五、銀通貨及銀建債権の獲得を目的とする邦人の対満投資に対

しては適常なる管理を行ふこと。例へば左の如し
（イ）鈔票、現大洋、鎭平銀の如き銀通貨の買入れ保管を目的とする邦人の対満送金は取締ること
（ロ）上海両、天津両及鈔票建預け金の獲得を目的とする邦人の対満送金は取締ること
（ハ）満洲特産物を買付け南支向無為替輸出を行ふことを目的とする邦人の対満送金は取締ること
日本と諸外国とは対満投資上機会均等主義に立脚せざるべからざるも、日満両国は特殊の開係にあり日本資本をして外国資本に優先投資の機会を与ふる為の実際方法を例示すれば左の如し
一、委任経営
満洲国の国有鉄道を満鉄に委任経営せしめ将来に於ける対満鉄道投資は私設鉄道を除き総て満鉄の管理下に置き満鉄をして外債を募集せしめ新線を建設せしむるが如き方法
二、特許
満洲中央銀行法は第六条に於て「満洲中央銀行ノ株券ハ総テ記名式トシ特ニ政府ノ許可ヲ受ケタル者ノ外株主タルヲ得ス」と規定せり
立法の精神は日満両国以外の国人の中央銀行株主たるを阻止せんとするにあり。中央銀行以外にも特許主義により我国人に特権を附与せんとするもの多し
三、入札により手心を加ふる方法
満洲中央銀行券の印刷に関しては日仏独等の諸会社より印刷希望の申出ありたるが、当時中央銀行の創立事務に関与せる者は機会均等の建前より形式的には入札を行ひ裏面に於て本邦印刷局を指定して印刷せしむるを妥当とする旨申答せり

第三節　特殊対満投資機関設置方策

（設問）特殊対満投資機関設立の要ありや。要ありとせば其の種類、資本の醸出方法、貨幣の種類、満洲国より賦与せらるべき特権、事業の監督方法等如何
一、日本の大小資本を動員し一大投資会社を設立し満洲開発の資本的中枢たらしめ、一面大資本の独占を抑へ他面国民大衆に投資の機会を与ふることは最も必要なりと思料す
二、満洲投資会社設立要領左の如し
一、右投資会社は日本の特殊会社とす
二、資本の醸出方法は株式公募による
三、貨幣の種類は日本通貨とす
四、本会社は満洲に関係ある既存の企業並前節の方針により日満両国に於て新に興るべき対満企業の一切に関し投資するを目的とす
五、満洲国政府は本会社に対し割増金附債券の発行又は満洲国政府持株に対する配当免除の如き特典を附与す
六、会社の設立は特別の法令による特殊会社とし重役の任免其の他重要事項につき政府の監督に従はしむ

第二章　対満金融機関に関する事項

第一節　本邦、満洲国並日満合弁金融機関の分野

（設問）満洲に於ける金融機関として本邦金融機関、満洲国金融機関、合弁金融機関の分野如何

満洲に於ける各系統金融機関現在の分野は日本系は鮮銀、正金、満洲銀行の各銀行並東拓を主なるものとし、是等は満鉄附属地並哈爾浜、間島等に於て日本人並日満貿易の金融に当り、満洲系は満洲中央銀行以外は殆ど見るべきものなく同銀行の取引先は略々満洲人に限らるゝ、現状なれども殆ど個人に対する貸出は僅少なり。又日満合弁の金融機関としては独り正隆銀行あるも実質は全然日本人経営と異ならず

右は現在の状態なるも将来の分野としては日本系としては鮮銀は法貨たる日本金票を発行し日本国庫事務を司る外日満貿易金融並特産物金融機関として、又正金は満洲の外国為替取扱及特産物金融機関として、東拓は各種産業開発の不動産金融機関として夫々其の成立の基礎たる法律に依り与へられたる本来の使命に従ひて力を尽すべく、又満洲銀行、正隆銀行其の他の普通銀行は主として満洲国内の一般商業金融機関として活動すべし

満洲中央銀行は紙幣発行銀行として且専ら満洲国の金融中枢機関としての使命を達する様内容を整備し紙幣の信用を高め且満洲国側金融の統制に当るべし。此の外満洲国内に於ける銀行類似の雑多なる機関も漸次整頓せしめ中央銀行は之が統制に任ずべし

第二節　不動産金融機関其の他の特殊金融機関に関する事項

（設問）不動産金融機関其の他の特殊金融機関設立の要ありや。要ありとすれば其の組織及機能如何

治安維持漸く完成し文化の発達比較的良好なる奉天省及吉林、黒龍江省の一部に対しては春耕資金、農耕改良資金並工業資金の融通を主とし兼ねて一般金融に応ずる為将来殖産銀行類似の機関を設立し、中央銀行の統制下に置き以て一般産業の発達を図るの必要ありと認むるも、差当りは春耕資金に就ては地方の農務会に対し中央銀行より融通の方法を取り従来の地方行政官庁よりの融資は之を廃止し、工業金融に就きては前記特殊機関設立迄満洲中央銀行、東拓満鉄其の他の機関に於て便宜取扱ふこと、為すべし

右の外地方金融組合に就きては目下奉天省瀋陽県及復県に於て試験的に開設したるも事情に適するや否や未だ不明なり。寧ろ歴史と基礎とを有する地方農務会、商務会を啓発指導し農村経済は村自身を本位として計画措置せしめ漸次金融組合の機能をも村落に於て実行せしむるに於ては民情に適し一層剴切なるべしと思料し目下研究中なり

第三章　満洲国の金融制度及政策指導に関する事項

第一節　満洲国中央銀行と本邦金融機関との聯絡方法

満洲に於ける日満金融機関の聯絡は新京に全満銀行協会を設け支部を国内重要都市に置き之れに日満両国の金融機関を加入せしめ以て金利協定其他業務の聯絡協調を計らしむるを可とす

（目下計画中なり）

満洲中央銀行と日本に於ける金融機関との聯絡に就ては満洲中央銀行が自ら日本に支店を設け進出を画するは中央銀行としての本旨に非す、寧ろ満洲に於て既に根拠を有する日本側金融機関を通じて聯絡するを以て至当なりとす

第二節　中央銀行の附属事業廃止後に於ける特産金融に就て

中央銀行の基礎を確実にする為には該銀行開業後一年以内に附属事業を廃止する法規を厳守せしむるが如く指導するを要す

将来特産金融に付ては可成中央銀行は直接之れに当らず他の金融機関を通じ融資を為すこと、し又特産以外の附属事業も速に之を整理し、採算不引合のものは断然之を捨て又事業として成立の見込あるものは民間資本に委ねて分離する等附属事業より生ずる危険を避け中央銀行は中枢金融機関としての機能を発揮するに努む可きものとす

廃止後に於ける附属事業の経営形態及特産金融機関を如何にすべきかは目下研究中に属するも、若し早急に特産金融の必要ありとせば日本側銀行の満洲内地自由進出を公認し

（イ）各行の保有する資金を供給せしむる方法

（ロ）中央銀行より再割引の方法に於て国幣により融資せしむる方法

等を講する要ありと思料せらる

第三節　本邦通貨の通用力に関する問題

満洲に於ける本邦通貨は正金銀行発行の鈔票及朝鮮銀行券の二者なり。鈔票は銀本位にして其の機能国幣に異ならず故に国幣確立の今日に於ては其の存在の必要なきのみならず徒らに投機取引を醸成し且つ国幣の流通を阻害するものなれば、速に適当なる方法を講じ満洲中央銀行をして引受回収せしむ可し

日本銀行券、朝鮮銀行券及日本補助貨は関東州満鉄附属地内及哈爾浜、間島等に於て流通し其他の地方に於ては一部邦人間に通用す

朝鮮銀行券に対しては満洲国の金本位制実施を俟ち関東州及満鉄附属地内に於ける強制通用力を剥奪し、満洲国内に於ける新規発行を禁じ満洲国幣を以て之に代らしむる様処置すべきものとす

尤も此の場合に於て満洲中央銀行の信用鞏固を加へ日満金融聯絡上毫も支障なきを確認したる上之を断行するの要あるは論を俟たず

参考　朝鮮が韓国時代に在ては

一、第一銀行券（後韓国銀行券）は無制限に流通す

二、韓国の硬貨は凡て日本硬貨（本位貨及補助貨共）と同一品質、形態及量目となし日本硬貨は当然通用を認めたり

三、日本銀行券は第一銀行券（後韓国銀行券）の正貨準備となし得る関係上実際上其の通用を認められたり

要之、日韓両国の通貨は韓国に於ては渾然一体として通用せり

第四節　国幣の準備制度及相場維持に関する問題

（一）国幣の準備制度は現行の侭にて可なるも漸次金準備の増加を計る可し

（二）国幣の価格の維持に就きては中央銀行は創立以来全力を傾注し其の効果大に見るべきものあり

中央銀行が準備率を高め以て紙幣価値を維持せんとするは適当なる処置なるも、其の為準備の内容をなす日本金円を売却し銀買に出動するが如きは投機的に流る、怖れあると共に日本の貨幣相場に不利を与ふるを以て充分なる注意を要す

（三）国幣の価格を維持し其の流通を計る為め支那貨幣の輸入並之が流通は厳重取締ることを要す

第五節　金準備の充実に関する問題

中央銀行の正貨準備は創立当時即昨年七月に於て準備金八千万円中金準備三千九百四十万円（四十九％）あり、其後同年十二月末には金準備は四十八％に減ぜしも右は主として日米為替の下落により金円の評価を変更せし為とす。日本に於て募集せる建国公債手取金が準備金に繰入れらるれば金準備は約六千六百万円となり（準備総額も一億円以上となる）金は準備金総額の七十％弱となるべし

金準備は主として我金円にして今後共之を銀準備に変更せしめざる方針なるを以て中央銀行正貨準備の本質は我金円に近きものとなるべし。従て他に特別なる事情の発生せざる限り発行紙幣は自然我国の金円と殆ど其の価格を同じくするの傾向を生ずべし

加ふるに今後満洲に流入する開発資金は全部金勘定にして又採金事業の勃興により金準備は増加する一方なれば、近き将来に於て銀本位を変じて金円本位となし得るものと考へらる

第六節　補助貨問題

補助貨の必要なるは言を俟たず。其発行に就ては貨幣法に於て既に規定しあるも先づ本位紙幣の印刷に著手し、補助貨鋳造は第二次に研究されし為図案決定迄に意外の時日を費し発行遷延せしを以て臨機其不足を補ふべく、昭和七年十二月より旧東三省官銀号発行の十銭券を新に奉天分行にて印刷発行せり

貨幣法に依る補助貨は奉天造幣廠に於て本年三月鋳造に著手し得る様目下準備を急ぎつゝあり

将来補助貨は其形態、品質を我国と全然同一になすべきものとす

第七節　日満貨幣単位統一の得失及実行方法

新国家の貨幣制度に関しては前関東軍統治部に於て慎重審議の結果昭和七年二月五日を以て之を決定し新国家の幣制は之を金本位とすること。但し当時新政権の基礎未だ確立せす、且両国の貨幣相場の差異甚しく雑種紙幣の価格変動の趨勢不明なりし為、過渡的の弁法として銀紙幣を以て一応従来の雑種紙幣を統一すること、し此方針を以て満洲国をして中央銀行の設立及幣制を定めしめ今日に至れり。即ち新国家の幣制は金本位制に改

むるの原則を確立せるも円本位を採用して日満両国の貨幣単位を統一するの方針は未だ確立され居らず

然れ共日満経済を一単位とし之が統制を為さんとするには貨幣単位の統一を緊要なりとす

日満両国の経済的連繋は我対満施設の進展に伴ひ益々緊切となりつゝあり。参考の為め其趨勢を概説すれば

(一) 移民に就て見るに従来支那移民の来住夥しかりしも新国家は支那移民に到し厳重なる移住制限を為すことゝなれり。一方朝鮮人移民に対しては充分に移住の便宜及保護を与へ又帝国政府は内地人移民の奨励に遺漏なきを期し居れるを以て、移民関係より見るも従来支那と親密なりし関係は転じて本邦との関係となりつゝあり

(二) 貿易関係より見るも満洲の対日及対支貿易を比較するに日本を一〇〇とし支那貿易は昭和四年六〇、五年六八、六年七八なりしが、昭和七年には約四〇に転落し日本の貿易の伸張著しきものあり。日本人の発展に伴ひ日本品の売行旺盛なる事は確に一因なるべしと雖も、其の主なる原因は客年秋期より関税関係に於ても支那は外国となり対支輸出は満洲の輸出税及支那の輸入税を課せられ又支那よりの輸入品は満洲の輸入税を課せらるゝに至りし結果、貿易上非常なる不利に陥りたる為めなりとす

今後関税改正により排日的並不公正なる税率除去せらるゝに至らば我対満洲貿易は更に顕著なる発達を遂ぐ可し

(三) 従来投資関係に就て見るも最大なる投資国は日本にして支那の企業的投資は見る可きもの甚だ少し。況んや事変後は支那資本は殆ど其跡を絶ち之に反して我資本は滔々として流入し此趨勢は日一日と増進しつゝあり

前記の如く日満経済上の聯絡は想像以上に発展すべき傾向顕著なるにより、此際両国貨幣本位を統一し経済上の関係を十分緊密にし、且日本資本の流入を容易にすることは対満政策上重要なる事なりとす

若し現状の侭放置するに於ては金銀比価の変動は対満投資を躊躇せしめ或は投資者に不測の損害を被らしめ遂に我対満諸経営は此一穴より崩壊するに至るべし

現在企業者は日満合弁により新会社の設立に際し資本を日満何れの貨幣となすべきやに就き常に取捨選択に迷ひ彼我幣制の相違を長嘆するの実情なり

而して日満貨幣単位統一の実行方法として採るべき手段は概略左の如し

第一期

(イ) 過爐銀、抹銀、鎮平銀、現大洋及小洋銀制度の廃止

(ロ) 鈔票の廃止及鮮銀券に対する適当なる措置

(ハ) 円勘定による国幣発行準備の充実(満洲国対外決済資金は日本に存置するを建前とし円勘定準備金は日銀乃至有力銀行に預け入るゝ方針を採ること)

第二期

(イ) 国幣による幣制の整理及日本の通貨制度確立(金本位復帰の如し)を俟ち満洲日本向為替相場を或範囲内に維持安定せし

む
（ロ）円建物価に対する国幣建物価の比率は満洲日本向為替相場安定点に基準を置き物価為替相互間の均衡を得しむること
右案定点を基準とする新紙幣を発行して旧紙幣を回収す
（ハ）新紙幣の対外価値は日本向為替の売却及日銀券との引換によって之を維持す

参考

昭和五年東北政権は東三省金融整理委員会を設け臧式毅氏を委員長として満洲要人を委員とし、数箇月に亘り内外の智識を集め調査報告書を完成し、同年十二月中旬発表せし所によれば
（一）満洲には現銀通用の習慣なきこと
（二）金為替本位を可とし銀本位を非とすることに報告せり
之に依て之を見れば旧政権時代に於ても満洲を金本位と為すの必要を認めたり

〔南満洲鉄道株式会社経済調査会『昭和十一年四月　立案調査書類第二五編第一巻第一号（続）　満洲通貨金融方策』所収〕

【史料18】

「日満幣制統一の実現に関する要項案《ママ》」に対する鈴木顧問の説明要領並批判

昭和八年四月
第四部金融班

昭和八年四月八日新京関東軍特務部会議室に於ける会談内容

内容
A、特務部聯合研究会出席者氏名
B、会議の推移
C、「日満幣制統一の実現に関する要項案《ママ》」に関する鈴木顧問の説明要領

A、特務部聯合研究会出席者氏名

特務部側　鈴木顧問、竹内委員、是安委員、東福幹事、大島委員、糟谷委員、岸委員、島田中佐、西山、玉水
経済調査会　田所、中島、南郷
満洲国側　星野司長、竹内司長、松島司長外一名

B、会議の推移

東福主計並是安委員は鈴木顧問提出の原案を支持し日満幣制統

一の急務なるを説明する所ありたれど吾人をして首肯せしむるに足らず。本問題は議論し尽されて疑問の余地なき所なりとか、或は現今建設気分濃厚にして制度の変更を断行するに環境の条件好適にして空前且緊切なる機なりとか、何れも抽象的言辞を連ぬるに過ぎざりき。之に対し満洲国側星野、竹内両司長並経済調査会側出席者は時機尚早を称へ、改革案の精神に反対し、特務部案の内容を審議するを肯ぜず、当面の急務は国幣に依る幣制の整理にありて本位の改革に非ざる旨を明かにし、満洲事変以来日本の措置は何れも満人の不満を買ひ批政至らざるなき中に在りて国幣による幣制統一のみは唯一の徳政なりとは満人上下の通念なりとて、満洲国の実情を基として鈴木顧問の説明に反駁を加へたり。斯くて双方の意見対立して一致点を発見するに至らず、研究会の範囲を拡張し人員を増して更に研究することを申合せて散会せり

C、「日満幣制統一の実現に関する要項案《ママ》」に関する鈴木顧問の説明要領

一、日本の資本を満洲に誘引する為に日満両国の通貨を統一すること極めて必要なること

（1）現状に於ては両国貨幣相場の変動絶えず企業家は不測の損害を蒙るを虞れ投資を躊躇する傾向あり（邦人対満投資失敗の実例を引用説明す）

批判

輓近世界各資本国の対外投資は何れも成績不良にして回収不能に陥り資本の固定するもの多く、証券類は不況に伴うて連年続落し金約款に関する規約は破棄されて顧みられず戦債は捧引を主張され、甚しきは債務を踏倒す国家も現はる、に至り投資に対する信用は甚だしく毀損され内外資本の移動は全く影を潜むるに至れり。且現在の如く投資に対する利潤は固より元本の回収すら期待し得ざる不況時に於ては資本家が投資を躊躇するは当然の現象と称すべく、斯かる環境裡に在りて単に満洲国幣制の円貨本位制転換のみに依て日本資本の満洲流入を夢みるが如きは錯誤も亦甚しと謂はざるべからず。資本誘致の原則は事業が採算的にして利潤を挙げ得るものなることを条件とす。資本に国境なしとは此の間の消息を物語るものにして有望確実なる事業に関する限り幣制の異同は敢て問ふところに非ず。四億に上る巨額の日本資本が通貨の障壁を乗越えて上海、青島の紡績事業に投ぜられたるが如きは其の好例なり

（2）日本の資本家は満洲国幣に信を措かず

批判

現在迄のところ或は然らむも今後国幣の基礎を鞏固にし紙幣価値の健全なる事実を宣伝することに依り信用を確認せしむること敢て困難に非ず。

（3）国幣は満洲国内に於てすら流通円滑を欠ぐ

例一　安東税関最近一箇月の収入通貨の内訳を見るに国幣収入は極めて僅少にして大部分は金票及鎮平銀を以て収入されつゝあり。即ち同月収入は国幣に換算して六十五万五千円にして、内訳を示せば金票収入国幣換算額四十九万九千円、鎮平銀十四万五千円、小洋九百七円、

現大洋十二円、国幣二百七十七圓の割合を示せり
例二　熱河に於ては鮮銀券は国幣以上に歓迎されつゝあり

批判

（イ）安東は特別の地域なる上に同地関税徴収の本位貨は鎮平銀なるを以て国幣収入尠きは当然なり。尚金票収入多きは主として日本人が輸出入貿易に関与し居れるに職由す

（ロ）熱河の民衆は現大洋の搬入を強く熱望しつゝありて紙幣の流通を歓迎し居るものとは認め難し。且金票と国幣とを同価として支払はるゝものとすれば之が収受者たる熱河民衆が国幣よりも購買力の大なる金票を歓迎するは当然と言ふべく、之を以て彼等が金票に信任を払ひつゝありと言ふを得ざるべし

二、満洲通貨の歴史に鑑み円系紙幣を満洲国の通貨とするも何等支障を生ぜざること

（1）満洲従来の通貨は不換紙幣にして現銀通用の慣習無し。即ち奉天省現大洋票を除く残余の紙幣は銀と関聯を有せざるに拘らず通用され来れり

批判

（イ）関東州内在住の支那人は現銀本位にて商取引を為し生活を営みつゝあり

（ロ）満洲固有通貨の多くは不換紙幣なりしも鉄道の運賃建値其の他各種商取引、俸給労銀等は現大洋建に依るもの多かりき
哈大洋の如きも事変直前迄一定の公定相場に依り為替兌換に応じ其の額一箇年現大洋四千万元を超えたることあり

三、満洲国成立当初より金本位にて統一する方針なること

（1）昭和七年二月五日本庄前軍司令官は金本位を採用するの方針を確立されたり

批判

常時満洲の事情に通ぜる者は斉く銀本位を採用するの外無きことに意見一致せるも、幣制金融諮問委員会に参加せる内地の学者の主張なる金本位を将来採用することには異議なかりしを以て斯る表現となりたる迄に過ぎず。

抑昭和七年二月五日軍にて採決されたる貨幣及制度方針案に「A、満洲新国家の幣制は一大英断を以て金本位制に改むるの原則を確立す」なる文言を冒頭に掲げし所以は、時の統治部次長たりし現満鉄商事部長武部氏が金本位論者の面子をたてる為遠き将来は金本位に転換するとの意味を叙述するが賢明なりと提議せる為、当時統治部事務を委嘱され居りたる現満鉄経済調査会調査員南郷、安盛の両人が旨を含んで起案の衝に当りたるものなり。若し鈴木顧問が同方針案を金科玉条と看做しこれより日満幣制統一に関する諸定理を割出して即行を主張さるゝに於ては、同方針案「B、但し金本位制の即行は現状に鑑み困難且危険なるを以て確乎たる新政権機能の運用を見且財政の基礎安定するに及び実施す」なる文言とは明かに両立せず

（2）金本位を即行せざりしは遺憾なり

批判

現実の政策としては銀に依る外無かりき

四、現在は本案実行の時期なり

（1）満洲の全図平静に帰せる今日は最適の時期なり

批判
民心今尚動揺して安定せざるが故に経済上の大変革を行ふべき時期に非ず
（2）中央銀行成立後一箇月余にして国幣の価値は金票の価値に接近し其の差漸次僅少となれるは日満幣制統一に絶好の機会を与へ居るものと云ふべし
批判
両通貨価値の接近は主として円価の下落に依り招来されたるものにして国幣価値が変動して円価値に接近せるものに非ず
且両通貨がパーに接近せるは全く偶然の現象にして単に換算に便利となりたりと云ふ小問題に過ぎず
（3）資金輸入に付極めて火急に迫られ居ること。即ち日本は何時経済対鎖を行はるゝやも測られず戦時必需品たる石油、アルミニューム其の他資源の開発は国家生存の必要上焦眉の急に迫られ為替管理法廃止を俟って両国幣制を統一する如き悠長なることを考ふる余裕無し
批判
斯る国防上の重大問題に関しては内地資本家の協力を必要とするは勿論なれども焦眉の急を要する資源の開発に対しては寧ろ国家の援助に俟つを至当とすべし。且前述の通国幣と日本の円とを結び付けさへすれば内地資本家が続々満洲に投資するや否や疑問なり
五、現行幣制に於ては満洲国は支那の従属関係に在ること
（1）満洲国は純銀の量目二三・九一瓦を以て価値の単位となし居れるが這は支那銀貨の銀純分を表示するものにして国幣は支那銀貨の兌換券の如き観あり
批判
現大洋の含有純銀量を価格の単位に選びたるも之を代表する紙幣即ち国幣の対外価値は銀塊を標準として安定せしむる建前をとり、現大洋は外国貨幣乃至円形銀塊と看做しつゝある次第なり
日本政府が日米為替の安定に力を注ぎ米弗を標準として通貨政策を確立したりとするも日本は幣制に於て米国の従属関係にありとは云ふを得ざるべし
六、将来を考慮に入るゝも国幣価値は円価値に比べて遙に不安なり
（1）満洲国幣は国際的には無価値なり。日本が円にて満洲国を援助しつゝあるが故に国幣は其の価値を維持し居るものなり
（イ）銀にて兌換すれば債値を維持するを得べし
（ロ）中央銀行の保有する金準備部分に対しては既にカバァーをとり銀にて兌換に応じ得る様手配済なり
（ハ）日本の現状は財政の基礎確立せす円価維持策として為替管理を行はざるべからざる状態なり。且国際政局不安なるを以て円価は安定せりとは云ふを得す
（ニ）満洲国は成立漸く緒につきたるのみにて既成の日本と比肩して論ずべきに非ず。国幣の国際的通貨たる機能を有せざるは当然のことなり
七、銀準備は令後満洲にては之が充実を期待し得ざること。従

て此の意味に於ても銀本位を維持し行くは不可能なり
（1）満洲には産金あるも産銀無し
批判
支那にも産銀無けれど銀本位の維持には支障なし。又金にても潤沢なる準備を保有し居れば兌換には支障無かるべし
（2）今後国幣の増発は全然円準備に俟つの外無し
批判
金準備部分に対しては常にカヴァーをとり置けば国幣価値は維持し得べし
〔南満洲鉄道株式会社経済調査会『昭和十一年四月　立案調査書類第二五編第一巻第一号（続）　満洲通貨金融方策』所収〕

【史料19】

日満幣制統一問題に就て

昭和八年八月二十二日
第四部金融班

一

昭和八年八月十五日満洲中央銀行副総裁山成氏と遼東ホテルに於て会見し日満幣制統一問題に関し左記の如き説明を得たり

記

日満幣制統一問題に関し関東軍岩畔参謀は小磯参謀長に対し日本より通貨金融関係の専問家を招聘し本問題に関する意見を聴取しては如何と提議せるところ小磯参謀長も之に同意を与へたるが特務部に対しては秘密にし置く様特に注意せる由なり。斯くて軍より日銀の新木氏、大蔵省の青木氏を招聘する段取りとなりたるものなるが右両氏に随行し来れる成瀬、伊東の両君も若年なれど頭脳俊敏にして期待に背かざる人々なり
阪谷希一氏は上京して高橋大蔵大臣を訪問し約二時間に亘り本問題の真相を説明して諒解を求め中央銀行よりは鷲尾理事内地に赴き各方面と折衝し、青木、新木の両氏に対して渡満の上は満鉄経済調査会南郷君に面会し本問題の経過に付聴取さる丶が便利ならんと提言せり
日満幣制統一に関しては大蔵省は次官の態度不明なりしも、確報に拠れば特務部案に絶対反対にして斯くて大蔵省は全員一致して特務部案に反対を称へつ丶あり。大蔵省としては日本一国

の通貨統制に大童となり他を顧みる余裕無き今日満洲の通貨統制迄引受くることは不可能なりと云ふが真相なりと云ふ

結城興銀総裁に渡満を請ふは適当なる理由無き上に同氏の本問題に対する態度も亦不明なりしが恰も大連に於て開催さる、日満実業家懇談会に出席する名目の下に同氏の渡満を見るに至れり。同氏は小磯参謀長の竹馬の友にして少年時代の同窓生なりと云ふ。同氏も亦特務部案の即行には不賛成なる旨を過日満日新聞を通じて発表せり

本案が斯く内地の人々に不評なるは特務部鈴木顧問の人格の然らしむるところの如し。立案者が公平無私なる人ならば問題は今少し具体化して審議位は行はる、筈なれど鈴木氏の立案せるものならばとて相手にせざる手合多しと云ふ。満洲国首脳者並中央銀行首脳者は結束して反対し若し本案の即行を見るが如き場合は連袂辞職することに申合せ居れり。過般中央銀行附属事業分離案に就き特務部に於て聯合研究会開催されたる際には特務部の主張に一歩を譲りたりしも右は日満幣制統一問題との関係上多少の駈引もあり小問題については譲歩する意味も含まれ居たれども、今回は如何なることありとも絶対に譲らず飽迄争ふ決心なり。云、

二

八月十三日―十五日の両回に亘り新京中央銀行五十嵐理事より小職に長距離電話あり、山成副総裁は十五日朝ハト号にて出発赴連せるを以て同氏に面会して連絡をとられ度しとのことなりしが、本件に関する直接の責任者は中島主査なる旨を述べ適当なる処置をとられ度き旨申答し置きたり

青木、新木両氏の一行はハルビン丸にて八月十六日午前八時大連埠頭に到著せり。一行を埠頭に出迎へたるところ阪谷希一氏も同船にて帰任の途上にあり小職に対し青木氏に面会してはとの注意をなせり。一行は上陸後陸軍関東倉庫に落著きしを以て直ちに成瀬氏に電話を以て会見を申込み、午後一時半に満鉄社員倶楽部に会合する予定のところ中央銀行発行課長竹本氏の斡旋により午前中に会見することに変更し、午前十一時より十二時迄関東軍倉庫の二階にて一行と会見し、主として中島主査より六月二十九日の特務部聯合委員会の経過及特務部の組織に付説明せり。青木氏は本問題が余りに軽く取扱はれ居ることに一驚し問題の性質上慎重の上にも慎重を要する旨を述べ、又新木氏は本件を即行せる場合満洲財界の蒙むる影響の程度、満鉄運賃建値問題並投資問題等に関し若干の質問をなせるが、当方の研究不十分にて満足なる説明を与へ得ざりしを以て御希望ならば鉄道部の担当者又は竹中理事等に紹介する労をとる旨中島主査より答弁し会見を畢れり。常日の会合者氏名を示せば次の如し

大蔵省　青木一男　伊東武郎
日本銀行　新木栄吉　成瀬関次郎
調査会　中島宗一　南郷龍音

〔南満洲鉄道株式会社経済調査会『昭和十一年四月　立案調査書類第二五編第一巻第一号（続）　満洲通貨金融方策』所収〕

【史料20】

鎮平銀整理要綱に関する特務部聯合研究会の件

昭和九年四月二十三日　　経済調査会第四部　南郷龍音

経済調査会委員長殿

首題の件左記報告す

時日　昭和九年四月十八日　自午後一時半至同三時半

場所　特務部会議室

出席者　特務部　菱沼委員、小池委員、山際幹事、東福幹事

経済調査会　南郷調査員

満洲国　財政部山中事務官、都甲理財科員

関東庁　石原次郎、吉松博

添附書（一）鎮平銀整理要綱

（二）鎮平銀買上価格算定の基礎

議事摘録

鎮平銀整理要綱は財政部に於て起案されたる関係上、財政部都甲理財科員先づ案の内容を説明し更に山中事務官より都甲理財科長代理の説明を補足し、兎に角鎮平銀制度廃止の月日を決定し之が整理に著手するに非ざれば其の都度繰延ばさるゝのみにて、本制度整理の実を収め難きこと並鎮平銀の廃止と密接なる利害関係を有する安東取引所取引人の本問題に対して懐ける偽らざる最後の希望は、鈔票が廃止さるゝ迄は鎮平銀の流通を認められ度しと謂ふにある旨を述ぶ都甲理財科長代理の説明並出席者相互間の質疑応答に関する要旨は次の如し

（一）抑々従来満洲に流通せる鋳貨及紙幣は大同元年六月二十七日に公布されたる教令第三十八号旧貨幣整理弁法第一条により本弁法に依るの外大同元年七月一日より一切其の流通を禁止されたるを以て、鎮平銀も亦当然同日以降其の流通を禁止されたるものと見做すの外なきを以て本案に於ては流通禁止に代へて鎮平銀建の取引を禁止せること、せるものなり。期日を十月一日とせる所以は鎮平銀建にて取引せらるゝ柞蚕が例年十月より出廻り初むる為にして本年九月三十日迄は一般に鎮平銀建取引を認むること、し、十月一日より一切の鎮平銀建取引を廃して国幣建に改め度し

国幣対鎮平銀の引換率を国幣一〇〇円に付鎮平銀七〇・二両とせるは両者の純分より算定せるものにて現在の市中相場は七〇・三両乃至七〇・四両見当を示せり。中央銀行に於ては本換算率を以て鎮平銀を強制的に買上げむとするものには非す、即ち鎮平銀を中央銀行に持参して自主的に国幣との引換を求むる者及本換算率による買上に異議を挿まざる者に限り鎮平銀現物を買上げむとするものなり。且本換算率は鎮平銀勘定による債権債務の国幣勘定による切換乃至決済に付ては何等の強制力を有せざるも本換算率は一定の目安を当事者に与ふることは明かなり。中央銀行の鎮平銀買上期間は本年十月一日より十二月三

十一日に至る満三箇月とす。本年二月末現在に於ける鎮平銀の在高並中央銀行保管高及買入高並日本側銀行の預金貸出等を示せば

(1) 安東鎮平銀現物総在高　四、三四七、九六六両
　内訳　中央銀行保管高（引取高）　一、八七五、三一七
　　其の他市中在高　二、四七二、六四九
(2) 中央銀行鎮平銀買入高　三、四八五、四三六
　内　中央銀行引取高　一、八七五、三一七
(3) 日本側銀行鎮平銀現物保管高　一、九〇〇、〇〇〇
(4) 安東日本側銀行鎮平銀勘定預金高　三、五〇〇、〇〇〇
(5) 同　貸出高　七〇〇、〇〇〇
(6) 銀爐の鎮平銀鋳造高
　昭和八年十月　一四七、七六四
　　十一月　一九五、一九九
　　十二月　一〇七、四三一
　　一月　一五四、七一七
　　二月　一六八、〇〇〇

安東に於ける銀爐の現在数は十五―六軒にして鎮平銀割高の為最近にては小洋銀を鋳潰して鎮平銀を鋳造しつゝあり。次に安東商弁公估局は安東総商会の経営に係り本公估局の諸費用は総商会の支弁するところにして同局の従事員現在数は鎮平銀の鑑定をなす専門家二―三名に過ぎざるを以て、本年四月三十日公估局を閉鎖するものとせば之と同時に前述鑑定専門家を中央銀行に引取ひ救済する方針なり。尚鎮平銀建取引の猶予期間は五月一日より九月三十日に至る五箇月間とす

(二) 本整理弁法の効力は満洲国側即ち安東商埠地一圏に及ぶのみにて満鉄附属地には及ばず。従て安東満鉄附属地に於ける鎮平銀建取引は何等掣肘を受けざる道理なれども、商埠地内に於ける諸取引の建値が国幣建に変更さるゝに伴ふて、安東取引所に於ける鎮平銀対金票取引も漸次衰退して根絶するに至るは必然の勢に属するを以て、同取引所に於ける国幣対金票取引の振興策に就き関東庁側に於て適当なる対策を考究せられ度き旨満洲国側より申出づるところあり、安東にては鎮平銀の取引に生活の基礎を置ける者の数は其の家族を合して約二千名と称せられ、之が救済を考慮せずして漫然と整理を断行せむか、相当の失業者を出すべく、社会政策上より見るも面白からざる結果を誘致すべしとの説も出て兎も角取急ぎ満洲国側に於て案を錬り直し、近日中に再度会合すること並国幣対鎮平銀の換算率は本日出席せる者の間に於て厳守し外部に漏洩せしめざることを申合せて散会せり

備考

四月二十日午前十一時新京駐在阿部幹事の旨を受けたる井上事務員より鎮平銀整理問題に関し電話にて「鎮平銀整理に関する十八日の会議後各方面の策動甚しきに鑑み同日特務部にて討議せる財政部の原案其の侭を本二十日発表することに決定せるに付異存あらば特務部迄申出でられたし。尚安東取引所に対する救済方法は満洲国側に於て考慮することに了解成立せる由」との意味を通知し来れり

因に財政部は昭和九年四月二十日午後五時を以て別項の整理要綱を公

表せり

鎮平銀整理要綱

一、康徳元年十月一日以降鎮平銀建の取引を禁止す

二、鎮平銀の現物（公估局の公認あるもの）は国幣一〇〇円に付七〇・二両を以て康徳元年十二月三十一日迄満洲中央銀行に於て之を買上ぐ

三、安東商弁公估局は康徳元年四月三十日限り閉鎖を命ず

鎮平銀買上価格算定の基礎

買上価格を国幣一〇〇円に付鎮平銀七〇・二両とす。其の基礎左の如し

一、純分比価（中央銀行並満鉄調査物による）

鎮平銀　一両量目　五六一・八五T・グレーン

品位　九三五・三七四位（紋銀の品位）

一両純分　五二五・五四グレーン三四・〇五四グラム

国幣　一円純分　二三・九一グラム

二三・九一÷三四・〇五四＝〇・七〇二一二

国幣一〇〇円＝七〇・二一二両

〔南満洲鉄道株式会社経済調査会『昭和十一年四月　立案調査書類第二五編第一巻第一号（続）　満洲通貨金融方策』所収〕

【史料21】

関東州内に於ける国幣取扱に関する件

昭和八年四月十一日　　経済調査会　第四部主査

経済調査会委員長殿

関東州内に於ける国幣取扱禁示の通達に関する件

首題の件左記報告す

記

過般関東庁は満洲中央銀行大連支行に対し満洲国幣を取扱ふ可からざる旨通達せる由なるが、これに関し去る四月八日関東軍特務部鈴木顧問より次の如き説明を得たり

特務部に於ては右次策を聞知するや直ちに関東庁理財関係者を招致し関東州に於ては外国通貨の流通を許さゞる関係法規存するや否やを訊ねたるところ左様なる法規存せずとのことなりしを以て、若し国幣の関東州内流通を禁ずるに於ては鮮銀券の満洲国内流通を禁止さる、やも図られざる可しとて右禁止の緩和を慫慂せるところ先方も当方の意を諒として帰任せり、云々

昭和八年五月二十日　　経済調査会　第四部主査

経済調査会委員長殿

関東州に於ける国幣流通禁止に関する件

本月二十三日当部南郷主任が国務院阪谷希一氏に面会したる際首題の件に関する真相を訊したるところ左記の如き説明を得たる由なるを以て御参考迄に報告す

記

本件は満洲中央銀行が予め財政部の諒解を求めずして、無断にて関東州内に於て国幣の流通を承認され度き旨関東庁に申入れたるに端を発するものにて寧ろ中央銀行の手落ちとも称す可き性質のものなり。一方中央銀行監督の立場にある財政部が斯る重要なる問題を周知せざりしことが公となるに於ては監督不行届きの批難を甘受せざる可らず、財政部としても関東庁に対して自己の立場を強硬に主張し得ざる関係にあり。関東庁が州内に於ける国幣の流通に制限を加へたる動機は、国幣が州内に流通することにより恰も日本が州内に於て有する行政権を侵害さるゝかの如き観念に捉はれ居るに職由するもの丶如し。余が嘗つて関東庁に奉職し居たる頃にも小洋銭の州内流通を阻止す可しとの提言に接せること一再に止まらざりしが、州内支那人の民度に適せる単位価値を有する小洋銭を廃して金票に代ふるが如き急激なる改革は之を避け、先づ鈔票を以て之に代へんとする案を樹てたることありしも、正金銀行が小額低幣の発行を喜ばざる関係等より改革の実を挙ぐるを得ざりき。然るに満洲国に於ては既に補助貨の発行を見たることなれば、国幣の州内進出が公認さるゝに至らば、或は小洋銭の勢力を州内より駆逐する機運を促進するに非ずやとも思料せらる。尚本邦資本家の対満投資を誘導するため将来満洲国内に設立さるゝ諸会社の資本金を本邦通貨とす可しとの議論あり。日満通信会社の如く条約により特別法を設けて其の資本を円とするものは已むを得ざるも、然らざる諸会社の資本に円を認むることゝせば、機会均等の建前より観て英貨、米弗、フラン等を資本とする会社の設立をも認容せざるを得ざる可し。但し本邦資本家が対満投資を日本に引上ぐる場合銀額面の証券を本邦に於て処分するの困難なるに反し本邦通貨による証券例へば株式等の資金化は差程困難を件はざる可きは推察し得らるゝところなり。斯る関係より将来満洲に設立さるゝ会社の資本を円建とする建前をとることありとするも、受払通貨は資本建通貨の種類の如何を問はず、すべて国幣によらしむ可きを妥当と信ず、云々

昭和八年十月二日

経済調査会第四部　南郷

経済調査会委員長殿

関東州内に於ける国幣流通禁止に関する真相

本仐三　四月の候関東庁が満洲中央銀行大連支行に対し満洲国幣を取扱ふ可からざる旨通達せる経緯に関しては既報の如くな

るが、当時第四部としては関東軍特務部鈴木顧問及満洲国首脳者にこれが真相を訊したるも、何れの説明も不充分にして吾人をして首肯せしむるに足るものなかりき。且つ関東庁に対しては不取敢国幣の州内流通を禁止するに至りたる理由及今後の方針等に関し照会を発したるも、今に至るも尚回答に接せざる有様なるが過般大蔵省外国為替管理部長青木一男氏が渡満せる際に本件の経緯を質問せるところ左記の如き率直なる説明を得たるを以て御参考迄に報告す

記

日本に於ては銀行を開設するに際しては銀行法により主務大臣の免許を必要とする次第なるが、これと同様に関東州内に於て銀行業務を営まんとする者は関東長官の免許を受くるを必要とす。過般中央銀行が大連に於ける旧官銀号の支号を合併して支店に改組し営業を開始するに当っても、関東長官の免許を申請したる次第にして、これに対し関東庁は中央銀行大連支行の国庫取扱事務（主として関税取扱事務）のみを免許し、預金貸出事務は免許せざりしものにして、従って関東庁としては積極的に国幣の流通を禁止せるものに非ず。国幣による預金貸出事務を免許せざりし結果として中央銀行大連支行は国幣の発行回収を行ひ得ざるに至りしものなれば、消極的に国幣の州内流通を禁止せるものと解するを至当とす。余個人の意見としては将来は国幣の州内流通は勿論之を認容す可きものと考ふるも、これと併行して鈔票の問題を解決すること必要なり。即国幣の勢力普及するにつれて鈔票は次第に其の存在の理由を失ふこと、なるが故に早晩国幣を以て代位さる可きものと思料す、云々

昭和九年三月二十三日　　経済調査会第四部　南郷

経済調査会委員長殿

関東州内に於ける国幣の流通問題

満洲国財政部総務司長星野直樹及関東軍特務部小池筧の両氏は去る二月上京せる際国幣の州内通用力解決方に就き懇談を重ねたる由にて、小池氏の説明に拠れば対満金融審議委員会は一昨年五月設置以来何等目星しき活動を為さゞりしが、本年二月両氏の上京を機会に特に本問題に就き幹事会を開き協議の結果商民の必要とする限度に於て州内にても国幣を取扱はしむるを可とする申合を為したりと謂ふ。同日の出席者は大蔵次官を始め津島理財局長、青木外国為替管理部長の外、星野、小池の両氏もオブザーヴァーとして席に連なりたる由にて、当初は州内に於ては単に国幣による小口の為替の受払並中銀大連支行の預金貸出業務の免許等に就き論議されたるも範囲を商民の必要とする限度迄拡大し、之に依て正金銀行の蒙むることあるべき損害に対しては満洲国政府に於て考慮を払ふこと、なれるが此の点に就ては星野氏は正金大連支店長西氏と同船にて帰満の機会を利用し意見を交換せる模様なり。尚対満金融審議委員会幹事会に於ける申合せ事項は大体に於て大蔵省の最後的決定事項と考

へて差支へなかるべしと謂ふ

〔南満洲鉄道株式会社経済調査会『昭和十一年四月　立案調査書類第二五編第一巻第一号（続）　満洲通貨金融方策』所収〕

東北の通貨

南郷龍音

東北の通貨（一）

第一章　あらまし

中国の東北は文明発祥の地である。紀元七〇〇年におこった渤海は鴨緑江上流の臨江に都をえらび、高麗は鴨緑江西岸の輯安に都をさだめた。遼・金・清は東北からおこって王朝を開いた。東北が貨幣時代に入ったのは遼以後のことである。重熙二十二年閏七月長春州に銭帛司をおき太祖（九〇七～九二六）、父薩勒地が始めて銭幣を鋳造したのが東北における造幣の起源である。遼の通貨は主として銅銭であって、これに鉄銭が併用された。金の時代には紙幣が発行されて、ついで宝銀（馬蹄銀）が鋳造された。清が山海関をこえて中国本土に入るに及び、東北を興竜の地とし、皇陵を修築し、寺廟の祭祀に意を用い、毎年巨額の銀両を支出したため、宝銀の流通が北東にひろまるに至った。一八五八年天津条約により営口が開港してからは営口は東北の商業の中心地となり、東北の各地、華北、華南の各省から、貿易決済用のための宝銀が営口に集中し、宝銀の鋳造業者であった銀炉によって過炉銀とよばれる信用貨幣制度が創造され、信用の供与がおこなわれるようになった。

一九〇〇年代に入るに及んで東北の通貨はロシア、日本、中国三民族の勢力の消長の影響を受けて興亡の歴史を繰返した。ポーツマス条約によりロシアは長春以北に退き、一九一七年のロシア革命と共にルーブルは東北の流通市場から姿を没し、わづかに東支鉄道の計算単位として金ルーブル建が採択されたが、実際の収支は、東北の固有通貨であった現大洋（大銀貨）や哈大洋票で時価に換算しておこなわれた。

一九〇〇年代のはじめから現在までの東北の通貨流通過程を三期に区分し、一九〇四年の日露戦争以後、満洲事変が勃発した一九三一年までの二十八年間を第一期、一九三二年七月満洲中央銀行が創立されてから一九四五年八月終戦を迎えるまでの

- 固有通貨
  - 銅本位系列
    - 硬貨：制銭（吊）、銅元（分）
    - 軟貨：銅元票（分）、私帖（吊）
  - 銀本位系列
    - 硬貨：大銀元（元）、小銀元（角）、馬蹄銀（両）
    - 軟貨：大洋票（元）、小洋票（元と角）、私帖（元）、過炉銀（両）
- 外来通貨
  - 銀本位系列
    - 硬貨：日本円銀（円）、メキシコ銀元（ドル）
    - 軟貨：鈔票（円）、軍用手票（円）
  - 金本位系列
    - 軟貨：朝鮮銀行券（円）、ロシア・ルーブル紙幣（ルーブル）

十三年間を第二期、終戦から現在までの戦後を第三期とするならば、第一期はわが国の鈔票、金票中心時代、第二期は満洲国国幣時代、戦後は中共人民銀行券時代とよぶことができるであろう。

東北は中国の東北地方、すなわち満洲のことであり、東三省ともよばれた。東三省は奉天省、吉林省、黒竜江省の三省から構成され、奉天省の西方に所在する熱河省は行政管轄を異にし、東辺特別地区の一部であった。第一期の東北地方政権の首脳者は張作霖、張学良の父子であり、また第二期はわが国がロシアから長春大連間の鉄路をうけついで、南満洲鉄道株式会社を設立して東北の産業開発に専念した時代である。当時の東三省の通貨を在来の固有通貨と外来通貨にわかち、更に本位系列別にしめすと次の通りである［上掲］。

固有通貨に属する制銭は銅銭ともよばれた。分析結果によるとその構成割合は、銅四六％から六〇％まで、錫五四％から四五％までとなっており多種多様である。制銭一、〇〇〇個をもって一吊とし、計算は吊を単位として行なわれるのが原則であったが、東北各地では貨幣取引の習慣が一様ではなく、制銭と吊との関係も一定したものではなかった。奉天省では通常制銭の一六〇個をもって一吊とし、これを東銭と称したが、吉林省と黒竜江省では中銭と称し、制銭五〇〇個をもって一吊とよぶ慣習であった。一八八八年に吉林将軍希元は吉林省に宝吉銭局を設けて制銭を試鋳した。制銭の形態は円くて中央には矩形の孔があいており、開元通宝、永楽通宝などの中国鋳造制銭がわが国に輸入されて流通したこともある。

東北の官帖の起源は一八九四年（光緒二〇年）にさかのぼる。当時私帖が濫発されていたので、その弊害を除き且つ通貨の缺乏を補うために官府から官帖を発行することとなり、奉天に華豊官銀号、吉林に永衡官帖局、チチハルに広信公司が相ついで設けられ、それぞれ官帖を発行した。その後一九〇五年に奉天官銀号が設立されて華豊官銀号は業務を停止し、奉天官帖を回収した結果、東北の官帖は吉林官帖と黒竜江省官帖だけとなった。吉林官帖は初め銀元系列の紙幣として発行され、銀元一元につき官帖二吊二〇〇文の公定相場が設定されたが、流通が円滑でなかったために、一九〇〇年に制銭系列の官帖を発行し官帖一吊につき制銭五〇〇文の公定相場が設定された。その後制銭との兌換は停止されて、その購買力は連年低落の一途を辿った。江省官帖は吉林官帖にならって発行されたものであり、吉林官帖とほぼ同様の経過をたどった。

私帖は個人商店、銭舗、会社などから発行された公認されない紙幣類似券のことである。撫順炭砿が華人労務者に支給した給食券は飯票とよばれたが、中国人間に転々として流通し、支払の手段となり、あるいは交換、購買の手段となった。このような場合には飯票も私帖の一種とみなされた。

銅元は一九〇〇年に広東ではじめて鋳造されたが、翌年には上諭をもって各省に銅元の鋳造を命じ制銭の不足を緩和することとした。東北では一九〇三年頃奉天、吉林両省が相ついで鋳造廠を設立して銅元の鋳造をはじめた。流通初期には大銀元(現大洋)一元につき九〇枚で交換された。第一次大戦の最中に銅の相場が暴騰し中国各省や東北から巨額の制銭や銅元が流出したため、一九一五年には銅元千枚以上、制銭一万枚以上の携行輸送には官庁の運送許可証が必要となり、銅元と制銭の運送は制限されることとなった。一九一九年、一九二〇年頃から多量の銅元が鋳造されて銅元を対価とする銀元の相場は続騰し、一九二二年には現大洋一元につき、一六〇枚、一九二八年の冬には五八〇枚となった。

銅元票は一九〇八年に黒竜江官銀号によって発行されたのが最初であり、一九一九年には奉天の公済平市銭号が銅元票を発行した。奉天、吉林はいち早く造幣廠を設立して銅元の鋳造を始めたが黒竜江省には造幣廠が設立されず、銅元の供給は他省に仰がなければならなかったが、交通不便のため補助貨は極度に不足し、その対策として銅元票を発行することになり、江省官帖一吊につき銅元票三〇枚券の公定相場を設定して官帖との交換を実行した。その後公定相場による交換は中止され、一九一九年黒竜江官銀号と広信公司が合併したときの発行額は二〇億枚にのぼり、間もなくその発行は停止された。公済平市銀号発行の銅元票は発行当初は銅元票一〇〇枚券は銅元一〇〇枚又は小洋票一元と交換された。その後奉天票の増発にともなって、銅元票と小洋票の公定相場による交換だけが実行され、銅元との交換は不可能となり、奉天票の主体である匯兌券の補助貨として流通した。

銀本位系列に属する銀両は預金通貨又は馬蹄銀(宝銀)の形態で流通した。東北の銀両には瀋平銀、吉平銀、江平銀、営平銀、鎮平銀などがあった。このうちで貿易決済上重要な役割を果したものは安東の鎮平銀と営口の過炉銀である。貨幣の呼称は一定の純金量あるいは純銀量を単位として与えられ、重さの単位呼称とは区別されるのが普通である。純金一グラムをもって貨幣の単位とし、これをフランとよぶと云うのはその一例であり、貨幣単位をフランスグラム、スイスグラム、ベルギーグラムなどとは呼ばない。往時の中国では重さの単位である両は十銭をもって一両としたが、その規格は一定せず、各地でことなっていた。三三グラムの一両もあれば、三〇グラムの一両もあるというわけで、その重さは一定しなかった。各地の秤ではかった一定品位の銀一両の重さが、それぞれの地方の通貨の単位銀両とされた。また各地の炉房の鋳造する宝銀は公估局で鑑定され、重量と品位が証明されて流通する。例えば重量については瀋平銀一両は五五五・四二グレイン、営平銀は五五六・五三グレイン、品位はそれぞれ千分の九九五と九九二であった。

安東で鋳造された宝銀一個の重量は五三・四両のものが普通であり、鎮平銀一両の純銀量目は三一グラムに該当するという記録が残されているので、これから推計すると安東の宝銀一個には一キロ六五〇グラムの純銀が含まれていたこととなる。

銀両の制度は中国本土では一九三三年四月六日の国民政府の布告で廃止され、銀元制度に改められ、銀両でおこなわれていた契約は、上海では銀元一元につき規銀〇・七一五両の比率で銀元で決済することに定められた。その他の各地方の固有通貨による契約は一九三三年四月五日の上海向為替相場を基準としてまず上海両に換算し、更に〇・七一五両を一元として、すべて銀元で決済しなければならないこととした。その頃国民政府の威令は東北にはおよばなかったが、満洲国政府も廃両の方針を決定し、一九三四年十月一日以後は一切の鎮平銀建取引を禁止し、当時安東市場に流通した宝銀を満洲国国幣一〇〇円につき鎮平銀七〇・二両の割合で満洲中央銀行に命じて回収せしめた。一九三四年十月末までに満洲中央銀行によって買上げられた現物は三、五〇〇、〇〇〇両に達した。営口の過炉銀制度は時代と共に変化して過炉銀建債権、債務は一年四回の決済期(卯期)に市場流通通貨である宝銀、現大洋などで決済することが原則となったが、決済期になっても指定通貨で決済をおこなわず、利息をつけて翌期に繰越し得ることが認められて、戦後のドル建オープン勘定に類似した制度へと移行した。ドル建オープン勘定は政府間の支払協定であって、取引の都度決済をおこなわず、協定国が互に債権、債務を記帳し、且つ貸借残高の決済については一定のスウィング(swing＝信用供与限度)が設けられて、このスウィングをこえたときに、その超過額を米ドルで決済する方式である。

満洲国政府は一九三三年十一月三日付で過炉銀の発行及び流通を禁止する旨を声明し、国幣一円につき四両の割合で既存の過炉銀建取引は、国幣に換算して決済することに改められて、過炉銀はその七十年の歴史をとじた。

第一期にあらたに登場した金票と鈔票の相関関係については第二章から第四章でとりあげ、第二期の満洲国国幣については第八章と第九章で解説することとしよう。

第二章　鈔票と金票

戦前の上海を今日のロンドンに、上海テールをポンド・スターリングに、中国の全土をスターリング地域にたとえるならば、往時の東北はスターリング地域の一構成分子であり、これから述べようとする鈔票や、奉天票は、今日のルピー貨やオーストラリア・ポンドなどにたとえることができるであろう。今日の印度のルピー貨は、一ルピーにつき一シリング六ペンスの割合で、オーストラリア・ポンドは一〇〇英ポンドにつき一二五ポンドの割合で、ポンド・スターリングにリンクされている。往時の鈔票や奉天票は固定比率によらず、時価で上海テールにむすばれていた。

まず鈔票の起源についてのべ、鈔票、金票の関係に言及し、大連日本向送金制限問題にふれることとしよう。

清朝末期の一八九九年に横浜正金銀行は営口に支店を設置した。当時営口には露清合弁の道勝銀行の店舗があり勢力を占めていたために、営業はふるわなかった。一九〇四年日露戦争の勃発と共に横浜正金銀行は店舗をとじたが、日本軍の大連占領と同時に大連に店舗を設けた。日露戦争に際し、わが国は銀本位系列の軍用手票を発行して戦費をまかない、戦争直後の流通高は一億五千万円に達した。ついでこの鈔票を整理するために日本政府は一九〇六年に横浜正金銀行に強制通用力を有する鈔票の発行権を賦与した。一九〇七年には南満洲鉄道株式会社と関東都督府の収入基準が金建に改められて、在留日本人間にも金券が授受されることになったので、一九一三年以後横浜正金銀行は必要に応じて金券を発行し得る特権を与えられた。一九一七年に金券発行権が朝鮮銀行に移管されてからは、鈔票は強制通用力を失ったが、中国人間に愛好され、信用されて、特産物取引と為替取引にその独特の機能を発揮して引続き通用授受された。

鈔票は、もとわが国の旧一円銀貨を兌換準備として発行された兌換券であった。一円銀貨は一八九七年三月二十六日に貨幣法がしかれて、日本の金貨本位制度が確立された結果、一八九八年四月一日後は通用禁止となり、一九〇一年からは名称を円銀と改め、清国派遣軍用と台湾銀行券兌換用に充てられることになった。

円銀の重量は四一六トロイ・グレイン（grains troy）品位〇・九〇〇で、合有純銀量は三七四・四グレインである。上海九八規銀一両の重量は五六五・六九七グレイン、品位は〇・九一六六七、単位純銀量は五一八・五五五グレインであるから、円銀と上海両との銀平価は一〇〇円につき七二・二〇〇六両となる。正金銀行は早くから鈔票と円銀との兌換を中止し、時価で上海向為替（匯申）を売却し、上海で九八規銀を引渡す方法をとった。次の英文は鈔票の為替機能を表現したアメリカ商務省報告の一節である。アンダーラインをつけてあるところを除くと大体において正しい。

Silver Yen Note is made to represent a coin that does not exist, can only be cashed in other currencies and if they are presented for payment at any of the offices of Yokohama Specei Bank in Manchuria, in great quantity, a telegraphic transfer in Taels or Dollars on Shanghai or other port, is generally offered the rate of conversion being, of course, settled by the Bank.

兌換の慣習だけでみると鈔票は本質において奉天票と異るところがない。奉天票は当時の奉天省の省立銀行であった東三省官銀号から発行され、匯兌券と銅元票とから構成され、匯兌券が奉天票の主体であり、銅元票は補助貨の役割を果した。中国銀行と交通銀行の奉天支店も小額ではあったが、奉天票の発行権を有していた。銅元票は次の英文に示されている奉天小洋票として通用し発行初期には銅貨を準備として発行されたが、最終段階では匯兌券一〇〇元につき奉天小洋票一二〇元に公定された。東三省官銀号から発行された匯兌券には本券と引換えに、為替手形により上海両の相当額を店舗で支払うことを約束すると記載され、また交通銀行発行の遼寧省通用券には、本券は奉天において同地の時価により上海両送金為替に引換え得る旨が記載されていた。

（1） This note will be accepted in the Three Eastern Provinces at the exchange rate $100=$120 Mukden Small Coin Notes and the bank promises to pay, at its offices, the equivalent of Shanghai Taels by draft.（東三省官銀号匯兌券）

（2） This note is exchangeable as remittance for Shanghai Taels at the local current rate at Mukden.（交通銀行券）

次に朝鮮銀行券の沿革についてのべよう。一九〇九年に朝鮮銀行は安東に支店を設けて東北への進出の足場を築いた。一九一一年には奉天、安東間の鉄路が開通して、朝鮮銀行券は安奉線一帯に流通するようになった。ついで奉天、大連、営口、長春、哈爾浜に支店が設置されて朝鮮銀行券の流通範囲は拡大されたが、日本政府は、関東州、満鉄附属地に流通するわが国の通貨を金券で統一し、朝鮮銀行をその中枢機関とする方針を決定し、一九一七年勅令により、朝鮮銀行発行の金券にたいし、強制通用力を賦与した。その結果横浜正金銀行が取扱っていた国庫金取扱事務は朝鮮銀行に移管され、横浜正金銀行の金券発行権は停止されて、朝鮮銀行券は、関東州、満鉄附属地で、公私一切の取引に無制限に流通することとなり、鈔票は強制通用力を失った。

朝鮮銀行法は第二十二条において、朝鮮銀行は銀行券発行高にたいし、同額の金貨地金銀又は日本銀行券兌換券をおき、その支払準備に充つべし、但し銀地金は支払準備総額の四分の一を超過することを得ず、前項の支払準備によるの外、朝鮮銀行は特に五千万円を限り、国債証券その他確実なる証券又は商業手形を保証として銀行券を発行することを得、と規定し、準備については特に支払準備と云う表示を用い、銀行券と金貨との兌換については言及するところがない。この規定であきらかなように、朝鮮銀行券の発行準備は正貨準備と保証準備とに分れており、正貨準備の大部分は日本銀行兌換券で占められていた。一九三〇年一月十一日に、日本が金の輸出禁止を解除したときに、朝鮮銀行京城本店に、あつまった正貨兌換請求者は二二〇名に達したと言われる。当時東三省の中国人の間では朝鮮銀行券は金票又は老頭児票と云う名称でよばれた。大連に流通していた邦貨は、金票と鈔票の二種類であり、このうち強制通用力を有していた邦貨は朝鮮銀行券であり、鈔票ではなかったと云う点は銘記しなければならない。

第三章　大連の銭鈔取引と特産物取引

大連の貨幣取引の中心は金票すなわち朝鮮銀行券を対価とする鈔票の売買であった。大連銭鈔先物取引の起源は遠く第一次大戦直前のことである。すなわち一九一四年二月に、中国側商社と正隆銀行の代表者などが協議して大連銭業公所を設け、関東都督府の認可を受けて貨幣の現物取引と先物取引を開始したが、一九一九年二月には重要物産市場と銭鈔市場の二市場を有する官営の大連取引所が発足し銭鈔市場では引続き貨幣の現物取引と先物取引とがおこなわれた。現物取引の対象となる貨幣は、鈔票であり、金票と小洋銭を対価として売買された。鈔票を対価とする俄帖（ルーブル紙幣）の現物取引も行われたが、ロシアに革命がおこったため、一九二四年に六十四万五千ルーブルの取引がおこなわれたのを最後としてこの取引はみられなくなった。

先物取引の目的物件もまた鈔票と俄帖であり、鈔票は金票を対価とし、俄帖は鈔票を対価として売買するものとし、取引単位は鈔票五千円、俄帖五千ルーブルの規定であったが、鈔票先物一口の取引金額は実際の取引では一万円以上となるのが普通であった。俄帖の先物取引は一九二〇年六月以来おこなわれていない。

次に戦前の東三省の特産物は大豆、高梁などの農産物と、その製品である豆粕、豆油などであった。一九〇八年大連に満洲重要物産取引人集会所が設けられて、鈔票建で特産物の売買がおこなわれた。一九一三年には官営の大連重要物産取引所が設立され、一九一七年には重要物産の外に銭鈔取引が追加され、一九一九年二月には大連取引所として発足した。大連取引所の特産物取引は、規定上は金票、鈔票両建となっていたが、実際は鈔票建による取引だけがおこなわれたので、特に金勘定で決算する大連の日本側特産物取扱商社にとっては、鈔票（銀資金）調達の問題は最大の関心事であった。当時鈔票を調達するために、とられた方法は次の四つの方法であった。第一は大連取引所で金票を対価として鈔票を買入れる方法、第二は横浜正金銀行大連支店との間に鈔票を対価とする円為替の売予約を締結する方法、すなわち特産商にとっては円売、鈔票買予約、正金銀行にとっては円買鈔票売予約となる。第三に特産物を担保として正金銀行大連支店から鈔票を借入れる方法、第四は上海市場に銀資金を設定し、匯申すなわち大連上海向内国為替を売って鈔票を入手する方法であった。

第一の大連取引所で金票を対価として鈔票の現物又は先物を買入れる方法は、大連の銭鈔市場がせまかったために、一時に五十万円以上の鈔票を入手することは極めて困難であった。また特産物取引は、三カ月先物まで売買されるのにたいし、銭鈔取引は、通常半カ月先物が取引されていたので、三カ月先物の特産物を買ったときには、その決済資金である鈔票を手当するには、スワップ取引を利用し鈔票の半カ月先物を買って平均十五日毎につぎつぎに乗換えるか、又は受渡日に金票を支払って鈔票を引取り、これを銀勘定の当座預金口座に預け入れる方法がとられた。

第二に特産商が正金銀行大連支店との間に、鈔票を対価とする円為替の売予約を締結したときには、正金銀行は当該特産商にたいし、その売予約が実行されるまでの期間について鈔票を貸与した。これは輸出前貸による銀資金の貸出であって、当該特産商は正金銀行から融通された鈔票で特産物を買取り、日本向輸出手形を振出し、これに船積書類をそえて、正金銀行に売却し、代り金として入手する鈔票で、さきの輸出前借金を返済する方法である。この方法は主として大連から日本にむけて積出される特産物の輸出取引に適用された。

鈔票を対価とする円為替の売予約が特産商にとって有利であった点をあげると、正金銀行大連支店が二ケ《ママ》月から六カ月先までの先物為替の取極めに応じたことと、予約期間内は特産商のオプションで随時売予約を実行し得た二点であったが、この場合にも、五十万円以上の大口の為替約定になると為替相場は特産商に不利に正金銀行に有利に取極められ勝ちであった。

第三に特産商は、その手持ちの特産物を担保に差入れて正金銀行大連支店から鈔票の融資を受けることができた。正金銀行は担保をとって鈔票を貸付ける場合には、担保物件を特産物に限定したわけである。たとえば特産商が正金銀行に金勘定の定期預金をして、この定期預金証書に譲渡証文をそえて担保に差入れても、正金銀行は鈔票の貸出には応じなかった。

第四に上海市場で円為替を売り（円売上海両買）、又は上海の金融機関から上海両を借入れて、上海に銀資金を設定し、これにたいし大連で匯申を売り（上海両売・鈔票買）、鈔票を調達する取引がおこなわれた。その頃大連の特産物はすべて鈔票で売買されたから、第一、第二、第三の方法で鈔票を調達することが困難なときには第四の方法がとられるのが常であった。

既に述べたとおり、円銀一〇〇円にたいする上海九八規銀の銀平価は七二・二〇〇六両であった。従って匯申相場は銀平価を中心として銀の輸送点の範囲内で騰落するのが原則であるが、発券銀行である正金銀行は鈔票と円銀との兌換を早くから停止し、時価により上海両を売却する方法をとった。

鈔票の所持者は鈔票を対価として発券銀行から上海向為替を買入れ、為替兌換の方法で上海両に引換えることができた。このような鈔票所有者の匯申の買進みに売応ずる正金銀行としては、大連で鈔票を受入れて、上海で上海両を払渡さなければならないから、匯申にたいする需要が増大すると、同行が上海に保有する銀資金は減少せざるを得ない。匯申相場は極めて不安定なものではあったが、大連で大口の鈔票を調達することは困難であったので、大連の特産商は匯申を売って鈔票を買入れる場合が多かった。上海が鈔票供給の一大根源池であるといわれたのは、以上のような理由によるものであって、匯申の売物が市場にあらわれて、正金銀行が買入れる場合には、正金銀行は大連で鈔票を渡して、上海で上海両を受取ることとなり、鈔票増発高に相当する銀資金が上海支店に蓄積される。

匯申にたいする需要が旺盛なときには、匯申相場は低落し、反対に匯申の売物があらわれると、匯申相場は上昇する（鈔票高、上海両安）。一九一八年十一月には匯申相場はわずか一カ月間に高値七二・一両から六一・五両に急落し、高低の差が一〇・六両に達したこともあり、また一九三〇年八月には七六・七七五両まで上昇したが、一年を通じて五％内外の騰落をしめすのが常態となっていた。

匯申相場は大連上海間の中国内国為替にたいして与えられた呼称であり、大連上海間の内国貿易を決済するために発生した為替取引であった。上海大連間の貿易は上海両で取極められることが原則であり、その結果鈔票を対価とする上海両の売買は大連で行なわれた。当時匯申の売買は在大連の為替銀行や銭荘相互間でおこなわれたが、他方大連銭鈔取引所の一隅で、中国側取引人によって売買された。大連銭鈔取引所で売買されていた匯申は直物取引であり、従って相対売買であった。

このように匯申の取引が直物取引となっていた理由は、上海と大連との間に発生する銀価の値鞘を利用して行われる投機取引が二日または三日間と云うような短期間内に結了しなければならないような仕組になっていたためであった。従って大連で匯申の先物を売買する場合には、銀行又は銭荘と取引する方法が残されていたが、この場合にも匯申の予約は一週間とか二週間とかの短期のものに限られ、銀行はそれ以上の先物の予約には応じなかった。

一九二九年の内国貿易についてみると、大連から上海への移出は二千六百万海関両、反対に上海から大連への移出は三千六百万海関両に達した。大連からの移出品は大豆、豆粕などが主要なものであり、大連から上海に向けて積出される豆粕は、年間七十万枚を越えた。大連側の油房は、製造した豆粕、豆油を華南に売却したときには匯申市場で、上海両を売り鈔票を買入れるから、匯申市場の売手となる場合が多かった。上海市場の大連商人もまた匯申市場では多くの場合売手であった。

大連市場が上海市場から仕入れる物資の主要なものは東三省の奥地の需要も含めて、綿糸布、麦粉などであり、また省立銀行は当局の指示を受けて上海方面から軍需品を買付けることが多かった。これら物資の移入代金は上海両で決済しなければならなかったから、所謂官銀号筋、奥地筋、地場輸入商は、匯申の買手（上海両買、鈔票売）となるのが常であった。なお海関両と地方通貨との換算率については、一〇〇海関両につき上海九八規銀は一一一・四〇両、鈔票は一五六・八〇円に公定されていたが、一九三〇年に国民政府は海関輸入税を金単位で徴収することに改めた。この新金単位は、六〇・一八六六グラムの純金を有する名目単位であって、〇・四〇米ドルに等しいものと定められた。

第四章　移動性短期円資金の発生

本章では上海市場で大連向円為替の売物が発生すると二日間

をまたずして大連に金勘定資金が集積されること、集積された金勘定資金は安全地帯を求めて日本へ移動した経過を述べることとする。大連に集積された金勘定余剰資金は大連の朝鮮銀行支店を通じ、または郵便振替貯金を利用して日本へ送金され、あるいは直接日本銀行券に引換えられて日本へ現送された。これにたいし朝鮮銀行は送金手数料を引上げ、又は一口の送金額を制限し、大口の送金を認めないこととして、極力大連から日本へ仕向けられる送金を阻止することに奔走したので、当時は大連日本向送金制限問題とも称された。次にそのオペレーションの内容についてのべることとする。

戦前上海市場の円為替相場は大連市場の上海両を対価とする金票裁定相場にくらべて、割高となるのが常態であった。その頃大連は中国屈指の輸出港であったのにたいし、上海は中国最大の輸入港であり、また上海で操業していたわが国の紡績工場の利潤その他の対日送金が巨額に上り、円にたいする需要が旺盛であったため、上海市場の円為替相場は強調をしめし勝ちであり、従って大連市場の銭鈔取引と匯申取引とから裁定される上海両建金票相場にくらべて割高となるのは当然であった。通常この現象は、上海は銀安であり、大連は銀高であると云う用語で表現された。当時の大連日本間、大連上海間、上海日本間の貿易の概要を述べると次の通りである。

第一に大連港の輸出入総貿易額についてみると、一九二〇年は二億四千万海関両、一九二五年は三億四百万海関両、一九二八年は四億三千万海関両、一九二九年は五億八百万海関両と増大の一途を辿っている。この期間は毎年輸出超過をしめし、一九二八年と二九年の出超額はそれぞれ九千万海関両に達した。また大連の対日貿易についてみると、一九二五年から一九二九年までの五カ年間の対日輸出額は、一カ年平均一億海関両、日本からの輸入額は六千四百万海関両、差引年額三千六百万海関両の出超となっている。一九二九年の日米為替相場は平均一〇〇円につき四六ドル、上海日本向為替相場は一〇〇円につき八〇上海両、また一〇〇海関両は一一一・四〇上海両と等価と定められていたから大連の対日出超額は米ドルに換算すると一カ年平均二千三百万ドルとなる。

第二に大連と上海間の貿易についてみると、前に述べた五カ年間の一カ年当り国内貿易額は、大連から上海へ仕向けられた移出額二千三百万海関両、上海からの移入額は三千二百万海関両、差引平均九百万海関両の入超である。貿易関係からみると大連は上海に対して支払超過となっていたわけである。

第三に上海と日本との貿易額を前記の五カ年間についてみると、上海の対日本輸出額は一カ年当り四千四百万海関両、日本からの輸入額は一億海関両、差引五千六百万海関両の入超を示している。

右のとおり当時大連は日本にたいし、輸出超過であり、日本は上海にたいし輸出超過をしめし、上海は大連にたいして移出超過となっていた。従って入超尻を決済するための資金は、大連から上海へ、上海から日本へ、日本から大連へと移動するのが、国際資金移動の原則であるにもかかわらず、銀で表示される円相場は大連では割安となり、上海は割高となるのが常態であったため、原則とは反対に、資金は上海から大連へ、大連から日本へ向けて移動することが多かった。

戦前上海市場には大連商人とよばれる為替投機業者の一団があって、為替市場や標金市場で、はなばなしく活動した。パリ大学教授アフタリオンが為替心理説を公にしたのはこの頃のことである。大連商人という名称は、これらの投機業者が主として上海市場で上海両を対価とする大連向円為替の売買を専業としたことから生れた。大連商人は大連筋、奉天筋、安東筋、営口筋、天津筋などから構成され、関係商店は東北、華北、上海に支店網、通信網を整備して相互間に連絡をとりながら貨幣や為替の売買を行った。

既にのべた通り大連市場の金票対上海両の裁定相場は割安であり、上海市場の円為替相場は割高であるのが常態であったので、大連商人はまず割高な上海市場で円為替を売り、大連の匯申市場で、上海両を売って鈔票を買い、他方銭鈔市場で鈔票を売り金票を買って割安な金票を入手し、上海市場でおこなった円為替の売予約を実行し、その間の利鞘を収得することができた。

上海市場の円為替の仕向地は日本向と大連向とに二大別された。その場合日本向円為替については、日本で日銀券又はその小切手で決済されるのにたいし、大連向円為替は大連で朝鮮銀行券（金票）または金勘定小切手で決済された。

上海市場では為替の売買は、通常買手側から予約を実行する慣習となっていたけれども、大連向円為替については、売の場合も買の場合も顧客側に実行のオプションがあるものとされていた。したがって上海市場で大連向円為替を売った大連商人は、まず為替取引の相手方である為替銀行の大連支店に、金票を引渡さなければならなかった。上海の為替銀行は当該銀行の大連支店から金票の払込みを受けたと云う通知を受理した上で、大連商人に上海両を支払う慣習であった。

大連向円為替を売った大連商人は為替銀行の大連支店に金票を払込む手段として、まず大連の匯申市場で上海両を売って鈔票を買い入れ、更にこの鈔票を銭鈔市場で売って金票を取得し、この金票を為替銀行の大連支店に払込むと、大連支店は上海為替銀行にあてて、金票を受入れた旨を電告する。上海の為替銀行は、電告を受取ってから上海両を大連商人に払渡すから、大連商人はこの上海両を匯申の買手に渡して取引を結了することとなる。

大連商人は匯申を売った当日鈔票を匯申の買手から受取り、上海両はその翌日上海で匯申の買手に引渡す慣習となっていたから、この取引は二日間で決済されるのが普通であった。

他方大連商人が上海市場で為替銀行から大連向円為替を買ったときには、金票売、上海両買に相当する匯申買、銭鈔買の操作を大連市場で行うことが必要であった。大連取引所内でおこなわれる匯申は直物取引だけに限られていたから、大連商人は匯申を買った当日鈔票を借り入れて、これを匯申の売方に引渡さなければならない。鈔票を引渡すと匯申の売手は翌日上海で上海両を渡すから、これを上海の為替銀行へ払込んで大連向円為替の買予約を実行する。上海の為替銀行は上海両を受領した上で、大連支店にたいし金票を大連商人に支払うよう電告する。匯申買入の当日から起算して翌々日に大連商人は大連支店から金票を受取り、この金票で鈔票を買入れ、銀勘定借入金を返済して、全部の取引を結了するのに合計三日間を見込まねばならず、この間二日間分の金利を負担しなければならなかった。大連商人が上海市場で大連向円為替を買進む場合は、大連銀安、上海銀高の機会を選ばなければならなかったが、そのような事態の発生することは極めて稀れであり、その上前記の二日間の金利負担は上海大連向円為替に対する買進みを著しく困難にしたのであった。

大連商人が円為替の売買について、日本向を取引せず、専ら大連向を取扱った主要原因はその活動の主力を大連上海間の為替取引に集中していたためであった。例えば上海市場で日本向を売り、他方大連市場で匯申を売り、更に金票を対価として鈔票を売ったとしよう。この場合には大連商人は、相手方為替銀行の日本の店舗に円を支払って日本向円為替の売予約を実行するために、大連市場で鈔票を売って入手した金票を、日本へ送金しなければならない。他方日本向円為替を買入れたときには、日本で円資金を受取ることとなるから、これを大連へ送金して鈔票を買入れ、銀勘定借入金を返済しなければならない。このように上海日本向円為替の取引は、大連商人にとり大連日本間の送金料、電報代、金利などの費用が、かさむために、大連商人によって敬遠された。

以上は主として大連商人の立場からみた上海大連間の裁定取引の実態であって、大連日本向送金制限問題は、大連商人の相手方である為替銀行の上海大連向円為替の買持ち、すなわち金票の overbought position を場所的に調整するために行われた大連日本向送金を、朝鮮銀行が発券銀行の立場からチェックしようとしたために生じた問題である。

大連商人は上海市場で専ら大連向円為替の売手であったが、相手方の上海の為替銀行は大連向円為替を買入れることによって大連で金票を入手する。戦前大連には正金銀行、朝鮮銀行、香上銀行を始め、三井、三菱、台湾の各銀行の上海支店から派遣された出張員が駐在し、為替取引を行っていた。これらの為替銀行はその受入れた金票で、大連から日本やヨーロッパ方面に仕向けられる特産物の輸出手形を買付けたり、あるいは大連で貸付金に充当し、処分し得なかった遊資は朝鮮銀行を経由して日本へ送金する方法をとった。この場合朝鮮銀行は大連で朝鮮銀行券を受入れて、日本に保有する資金で決済しなければならない。大連からの日本宛送金が増加するにつれて、主として日本銀行券で構成されている朝鮮銀行の発行準備は次第に減少する。朝鮮銀行はその銀行券発行額を一定水準に保つために、内地市場でコールの取手となったこともあるが、借入により発行準備を補充しない限り銀行券発行高は縮少せざるを得なかった。一九二三年九月の関東大震災は、上海市場の大連商人に絶好の大連向売材料を提供し、大連日本向送金は激増し、朝鮮銀行の支払準備に脅威を与えるに至ったので、朝鮮銀行は、同業者の申込みによる大連日本向送金については、一〇〇円につき七〇銭と云う高率の送金手数料を徴収して対抗的措置をとった。

第1表　満洲主要通貨相場表（金票100円につき）

年次＼通貨別	奉天票	吉林官帖	江省官帖	過炉銀	哈大洋票	小銀元	鈔票	鎮平銀
単位	元	吊	吊	両	元	元	円	両
1912年	120	550	610	117		120	102	72
1914	139	1,480	1,650	113		136	114	79
1918	97	1,450	2,420	72		77	66	46
1919	93	2,510	3,800	104		64	55	41
1921	139	9,240	6,590	96	95	111	95	72
1925	168	13,600	16,060	109	82	94	76	53
1926	359	16,500	25,170	210	106	117	96	67
1927	957	18,060	31,260	304	129	128	105	75
1928	2,510	18,000	35,510	250	136	121	100	71
1929	5,683	20,740	43,760	250	154	132	109	78
1930	10,057	34,342	85,990	347	200	189	160	116
1931	13,483	77,618	305,020	476	273	247	199	153

大連日本向送金手数料が高率となってからは、上海の為替銀行は、大連商人から大連向円為替を買取るときには、日本向円為替にくらべて多少安く買入れることとした。上海の為替銀行からみると、大連向円為替は、日本向円為替よりも上海両を対価として、幾分安く買い取り得ることとなったから、上海日本向売為替にとって、絶好のカバー（Cover）となった。すなわち為替銀行は、上海市場の綿糸布商や、紡績会社などの円の需要にたいし円為替の供給者となるわけであるが、その結果日本向円為替は売持ちとなるから、大連商人から大連向円為替を買取ることによって、円の持高を調整したのであった。なお円為替の下落がやまなかった時期には、朝鮮銀行が徴収した割高な送金手数料も、大連日本向送金を阻止することができなかったばかりでなく、他方郵便振替貯金による送金が増加したので、郵便振替貯金を利用しておこなわれる大連日本向振替送金も、一日一口一万円以内に制限された。この外上海大連向円為替を買取った為替銀行の間では、大連に累積される金票の残高を調整するために、金票を飛行機で京城に運び、朝鮮銀行本店で日本銀行券と交換して、日本へ現送する方法がおこなわれたこともある。

以上は上海市場に発生した投機為替の影響を受けて、巨額の短期円資金が大連から日本へ移動した経過のあらましであるが、参考までに大連の裁定相場が上海の円為替相場よりも割高になった事例を示すこととする。

一九三〇年六月三日の大連銭鈔市場の現物相場は、鈔票一〇〇円につき金票五三・二〇円、匯申相場は鈔票一〇〇円につき七二・五五五上海両であったから、裁定相場は金票一〇〇円につき一三六上海両となる。当目の上海市場の円為替相場は、邦貨一〇〇円につき一三四両であり、大連の裁定相場にくらべて二両方安値となっている。当日は、まれにみられる上海銀高、大連銀安と云う異常な現象があらわれた一日であり、通常おこなわれるオペレーションとは逆に、上海市場で大連向円為替を買い、他方大連市場で銭鈔買、匯申買と云う投機為替がおこなわれ得る条件が成立した一日であったと云いうるであろう。

第五章　過炉銀

一八五八年に天津条約により営口が開港してからは、営口は東北の商業の中心地となった。営口を通じて東北に搬入される輸入物資の代金を決済するために東北各地の宝銀は営口に集中し、また営口を通じて南方へ輸出された商品の代金として南方各省の宝銀が営口に流入した。営口に集中したこれらの宝銀は形状重量品位が異るのは固より他地の宝銀が流入したときには、必ずこれを同地の銀炉で改鋳して使用するのが当時の慣習であった。営口の銀炉は外部から流入した宝銀の改鋳に忙殺され、業務量は改鋳能力を上廻ったことは想像にかたくない。他方改鋳を申込んだ顧客の側でも改鋳済宝銀を受取って使用するよりも、銀炉が改鋳の申込みを受けて宝銀を受託した場合に預り証として発行する一種の手形を通貨と同様に授受する方がかえって便利なことを発見した。ついで銀炉は宝銀を受託したときには、帳簿上に口座を設けて記帳し、寄託者相互間の受払は、これを銀炉に通知すれば帳簿上の口座間の振替によって整理されるようになった。その後銀炉は取引先にたいし当座貸越しや信用貸付けを行うに至ったが、授信業務の増大につれて支払準備率は低下するに至った。その結果銀炉は寄託者から宝銀払戻しの請求を受けたときには、猶予を求めるか、又は幾らか割引をして払戻すこととなり、茲に預金通貨である過炉銀と、現物の宝銀との間に相場が建つようになった。一九一二年に銀炉公社が設立され振替制度は三聯支票とよばれる小切手を使用することとなり、一九一四年からは決算に小洋銀の兌換券であった東三省官銀号発行の小洋票を使用する協定が成立した。

次に一九二〇年に当時銀炉の一つであった厚発合が破産したときに、中国側から発表された過炉銀の原理についての解説を示してみよう。

過炉銀は信用を基礎とする一種の計算貨幣（Book currency＝信用貨幣＝籌碼）であって、一定の時期以外に於ては現金と兌換せず、銀炉を以って其の受払機関とする。平常綿糸布、大豆、豆粕等の売買、各種貨幣の両替、上海為替取引のために市場に流通し、些も渋滞を見ない。只旧暦三月、六月、九月、十二月の朔日を以て卯期（決済期）とし、この時には規定された奉天票の価格と照して（その後、現大洋に変更）現金と兌換する。過炉銀は、営口の商人の習慣となって深く脳裡に印象されて居るから、卯期が到来しても現金と兌換せず、その時市場に存在する籌碼——俗に碼子と云う、すなわち過炉銀のこと——の流通額に応じて利息——この利息を卯色と云う——を附し、籌碼はその儘依然として通用するのである。銀炉は発行の特権を有し碼子の流通額を自由に伸縮する事が出来る。しかし結局碼子の流通額は市場の状況に依って変化する。例えば商業が殷盛な場合には碼子は必ず増大し、市場が不景気な場合には碼子は自然減少する。又銀炉は信用を基礎とするものであるから、信用が厚いと発行額は必ず多く勢力も自ら大であるが、信用が薄いとこれに反する。従って過炉銀の相場は、市況の如何に依り支配され、一度市場が不穏の状態におちいると、相場は乱高下して人を驚駭させる事がある。銀炉取引先——預金者——に対し預入方を懇請するものではなく、預金者が自ら進んで預け入れるものであるから、午前中に預け入れても、夕方には引出され、又は貸越す場合もある。其の間に権利義務交換の条件が存在するのである。巨額の預金をしている銀炉は、常に大金を以て其の取引先を協済するから、商人は銀炉を以て保障として居る。銀炉が永久に存在し得る精神は確かに茲に存在する。多額の預り金を有している銀炉が営業に機宜を失するか又は意外の損失を受けることがあれば、市場もまた影響を免れることを得ないこととなり、取引先は直接間接の打撃を受ける。一九〇七年（光緒三十三年）には東盛和が六百余万両の負債を残して倒産し、一九一九年（民国八年）には西義順が八百余万両の負債を負うて倒産した。右は銀炉が蹉跌した著しい例である。要するに過炉銀なるものは其の利害相半ばし運用のよろしきを得るを要するものである（以上中国側発表原理）。

一九二九年には炉銀管理暫行章程と云う臨時規定が発表されて銀炉の開設には、資本金及び準備金として過炉銀五十万両以上を必要とする外、同業者以外の者で十万両以上の資産を有している二商店の保証を必要とすることになった。また毎年度決済期の過炉銀対現大洋の公定相場は、おそくとも、前年十二月決済期前に発表しなければならない規定に改められた。例えば一九三〇年度の卯価すなわち決済相場は一九二九年十二月一日までに発表しなければならない。一九三〇年度の卯価は、過炉銀一錠＝五三両五匁に付き、三月一日現大洋二五元、六月一日二六元、九月一日同じく二六元、十二月一日二七元五角と云う公定相場が発表された。

営口の為替取引を代表するものは上海会水であった。匯水は会水とも言われ、一地方の通貨で他地方の通貨を買付ける場合の打歩のことである。たとえば上海匯水一千九百両といえば、上海両壱千両につき過炉銀の打歩一千九百両のことであり、この場合には営口で過炉銀二九〇〇両を支払って、上海で上海両壱千両を入手することができる。上海向為替取引は銀銭経紀とよばれる仲買人を通じて成立する相対売買であったが、時には官憲が過炉銀相場を維持するために経紀を除外し、商務総会で売買当事者に直接売買させることもおこなわれた。電信によるものを電匯、手形によるものを票匯とよんだが、為替取引の大部分は電匯取引となっていた。電匯は売買当事者間に定条と云う為替約定書を交換し、受渡は上海両の買手（過炉銀の売手）

が上海で上海両を受取ったと云う通知を入手した上で上海両の売手（過炉銀の買手）に過炉銀を支払う慣習であった。票匯は普通の送金為替であり、為替手形（匯券）を使用する送金為替と同様に、過炉銀を渡して匯券を受取るもので、極めて小口の取引の決済に利用された。上海匯水の取引高は、営口、上海間の貿易額や銀価の変動に左右されたが、一日の取引高は上海両で四～五万両から三～四十万両に達した。上海両を買入れることを、交上海銀子と呼び、売ることを収上海銀子と呼んだ。営口から華中、華南に特産物を移出する商社は過炉銀を対価として上海両を売り、反対に上海方面から綿糸布、麦粉、雑貨を仕入れる営口の移入商は、上海匯水を買入れて、移入代金を決済した。一九三二年七月満洲中央銀行が設立されて、その発行銀行券である国幣で東三省の通貨が統一されるまでは、過炉銀は事実上の営口の本位通貨であった。

第六章　鎮平銀

戦前の安東の本位貨は鎮平銀とよばれ、主要商取引は鎮平銀建でおこなわれ、馬蹄銀で決済されたが、一九一八年に東辺実業銀行が設立されて小切手を発行してからは、預金通貨の形態でも授受された。安東の主要物産である柞蚕絲、木材、大豆、豆粕は専ら鎮平銀建で取引され決済されたが、小豆、粟などの雑穀の取引、中国人の労銀、穀物問屋の保管料などは小洋銭建で行われる慣習であった。安東に流通していた小洋銭は老小洋と呼ばれた宣統、光緒元宝で、一角二角の小銀貨から構成され、東三省で鋳造されたものが大部分であった。広東省造の二角小銀貨も流通していたが大口の受渡の際は割引された。鎮平一両の重量は五六一・八五グレイン、鎮平銀の品位は〇・九三五三七四とされていたから、その一両の純銀量は五二五・五四グレインに等しい。上海両の純銀量は五一八・五五五グレインであったから、鎮平銀一〇〇〇両にたいする上海両の銀平価は一〇一三・四七両となる。宝銀の流通高は一九一二年には千七百万両、一九三〇年代には五百万両といわれている。

安東の貨幣取引は主として、日本側の株式会社安東取引所と中国側経営の銀市とで行われた。安東取引所では、金票を対価とする鎮平銀の半カ月先物が取引された。呼値は鎮平銀一〇〇〇両にたいする金票の価格でしめされ、取引単位は鎮平銀一〇〇〇両であった。一九二九年十二月から一九三〇年五月までの六カ月間の取引高は四四一、二九〇、〇〇〇両、受渡高は三、六七七、〇〇〇両に達した。

中国側貨幣取引所は安東銀市とよばれ、総商会によって経営された。ここでは鎮平銀を対価として金票、奉天票、上海両、現大洋、小洋銭の現物取引がおこなわれた。

戦前の安東は日本、中国、朝鮮三民族の勢力の合流地点であり鎮平銀相場の特色はこのような特殊な環境から生れた。市内には中国各地と連絡のある多数の銭舗が軒をならべ、大連、上海、烟台、奉天方面との貨幣の裁定取引を専業とした。また日本、朝鮮向の大豆、豆粕の輸出を取扱った邦商が金票を対価として買入れる鎮平銀も相当の額にのぼった。

安東の特産物の一つは柞蚕絲である。由来華北、東北方面の柞蚕絲の取引の中心地は山東の烟台であったが、安東の山繭の産出高が増加するに及び、安東の山繭は、始め烟台に運ばれ同地で製絲されていたものが、後には烟台人自から安東に移住して原産地で製絲事業を経営することとなり、烟台人は次第に安東の財界に確固とした地盤を築くこととなった。安東でつくられた柞蚕絲の大部分が日本に仕向けられるようになってからは、安東の柞蚕絲の相場は岐阜や福井の絹紬相場に左右されたこともある。次に安東の特産物である木材の一部は鎮平銀を対価として邦商に買取られて、朝鮮方面に仕向けられ、一部は中国商社に買付けられて、奉天や天津方面に仕向けられた。特に天津地方は古くから安東材にたいする一大需要先として知られ、天津の木材商は、天津で上海向為替手形を買入れ、これを安東銀市で売却して、鎮平銀を調達し、木材買付資金に充てる慣習であった。

貿易関係からみると、安東は必需品の大部分を上海に依存し、上海からの移入は同地への移出を遥かに上廻った。従って当時安東では上海両の需要は極めて旺盛であり、通常一日の取引高は、すくない時で八万両から九万両、多い時には四十万両から五十万両に上ったことがある。相場は鎮平銀を対価として上海両一〇〇〇両につき建てられた。安東の中国人は上海向為替のことを上海票、申票、鎮平匯水などとよんだ。

安東の中国人間に授受されていた鎮平銀と、小洋銀もまた満洲中央銀行の設立によってその流通を禁止されたが、その詳細は第八章でのべることとする。

第七章　その他の銀行券

一九三二年七月満洲中央銀行が設立されるまでは、東三省には三つの省立銀行と張学良一族が経営していた辺業銀行とがあって、銀行券を発行していた。また中国の国立銀行であった中国銀行と交通銀行とは、小額ではあったが、奉天省では奉天票の発行権を、ハルビンでは哈大洋票の発行権を賦与されていた。

奉天省の省立銀行は東三省官銀号とよばれた。当時の奉天省の主要通貨は奉天票と現大洋票であった。奉天票は匯兌券と銅元票とから構成され、匯兌券は東三省官銀号、奉天中国銀行、奉天交通銀行から発行され、また銅元票は東三省官銀号組織下の奉天公済平市銭号から発行された。匯兌券は一九一七年以来繰返えされた小洋票に対する銀との兌換を回避するために考案し、発行されたもので、一二大洋票ともよばれた。

匯兌券と銅元票とは、別名をそれぞれ奉天大洋票、奉天小洋票とよび、省当局は奉天大洋票一元を奉天小洋票の一元二角に公定通用せしめた。また一九二九年六月に奉天省当局が奉天小洋票六〇元を現大洋一元に公定してからは、奉天省の主要通貨は実質的に現大洋票によって代表されることになった。奉天省で発行された現大洋票は東三省官銀号現大洋票、辺業銀行現大洋票、遼寧四行号聯合発行準備庫券の三種類であった。東三省官銀号、辺業銀行、奉天中国銀行、奉天交通銀行の四行は遼寧四行号聯合発行準備庫を組織して、準備庫券を発行した。遼寧は奉天の別名であり、現在は瀋陽とよばれている。

吉林省の省立銀行は、吉林永衡官銀銭号とよばれた。吉林省の主要通貨は吉林官帖であって、発行の初期にその二吊二百文を小銀元一元に公定したことがある。しかしその流通が円滑でなかったため制銭本位の官帖を発行して官帖一吊につき制銭五〇〇文の公定相場を設定した。吉林永衡官銀銭号から発行された銀行券には、吉林官帖、吉大洋票、吉小洋票、哈大洋票がある。吉大洋票は当時吉林省に充満していたルーブル紙幣を駆逐し、現大洋の不足をおぎない軍費をまかなうために一九一七年に発行された。以来、吉林省税の建値、吉海鉄道の運賃建値、吉林省の公務員、軍人の給与の単位として利用され、永衡大洋票、吉大洋などの別名でよばれた。一九三一年現在の発行額は、吉林官帖が一〇三億吊をしめしたのにたいし、吉大洋票は九百六十八万元であった。吉大洋票は日常の支払の手段となり交換の手段ともなったが、市価で換算して吉林官帖や哈爾浜大洋票が授受される場合が多かった。

黒竜江省の省立銀行は黒竜江省官銀号とよばれ、江省大洋票、哈大洋票、江省官帖、四釐債券の四種類の銀行券を発行した。江省官帖が黒竜江省の主要通貨の地位を保持したのは一九一〇年代までであり、一九二〇年代には江省大洋票と哈大洋票が黒竜江省の代表的な通貨となった。江省大洋票はルーブルの価値暴落に対処し官帖の流通を調整する目的で一九二一年に発行された。江省官銀号の銀行券発行高は一九三一年現在で江省大洋票千六百六十八万元、哈大洋票、七百九十五万元、江省官帖八十一億七千六百万吊、四釐債券三千四百六十万元であった。四釐債券は江省幣制整理の目的で一九二四年に江省官銀号の前身の黒竜江省広信公司によって発行された。本債券の利率は年利四%、毎年旧暦四月、十月を利払期と定め債券一元につき江銭一二〇吊の公定相場を設定し江省全省に流通せしめた。

ハルピンを中心として流通した哈大洋票は三つの省立銀行、辺業銀行、中国銀行、交通銀行から発行され、特産物取引や、上海向為替取引に重要な役割を演じた。一九一九年に中国交通両行は哈大洋票を発行したところ、まず海関が収受し、ついで東支鉄道も収納するに至った。この頃ハルピンを東省特別区とよび、東省特別区行政長官は発行銀行券の券面に監理官印を捺印する方法で発行額を制限したので哈大洋票の市価はよく維持され、吉黒官帖の勢力を圧倒して東支鉄道沿線一帯に流通した。哈大洋票の総発行高は一九二七年現在で四千万元、一九二九年現在で五千四百万元、満洲中央銀行が承継した哈大洋票は原幣額で三千九百万元であった。

第八章　満洲中央銀行の設立

東北に流通していた各種の通貨が満洲国幣で統一され、やがて日本円にたいし等価で結合される動機をつくったものは、一九三一年九月に発生した満洲事変であった。東三省の省立銀行であった東三省官銀号、永衡官銀銭号、黒竜江省官銀号と辺業銀行とは極めて短期間ではあったが一時関東軍の管理下におかれた。辺業銀行の資本総額は五、二五〇、〇〇〇元（単位銀元）であり、そのうち五〇、〇〇〇、〇〇〇万元は張学良の持株で占められていたので、省立銀行なみに接収の対象となったわけである。三つの省立銀行と辺業銀行は四行号と云う固有名詞でよばれた。満洲中央銀行は四行号を吸収合併し、その資産負債をひきついで新設された。その創立事務は四行号の旧職員と日本側の正金、鮮銀、台銀、満鉄の協力の下に急速にすすめられた。新設される中央銀行の準備金を増強するために一九三二年五月に、満洲国と朝鮮銀行との間に三千万円の日本円による借款が成立した。この三千万円は予め朝鮮銀行が三井、三菱から借入れて満洲国政府に貸付けたものであり、ついで満洲国の中央銀行にたいする貸付金に切換えられて、満洲中央銀行の準備金に繰入れられた。

満洲中央銀行の資本総額は国幣三千万円と定められ、その内の1/4が払込まれ二二、五〇〇、〇〇〇円の未払込資本金を借方に計上して一九三二年七月一日に業務を開始した。満洲中央銀行が四行号から承継した銀行券は国幣に換算して一四二、二三四、八八一円にすぎなかった。国幣による旧通貨の回収は一九三三年八月末日をもって打切られたが、その回収率は九七・二%をしめし、回収国幣換算額は一三八、二一四、一二〇円に達した。

これより先、遼寧四行号聯合発行準備庫は一九三二年五月十五日に東三省官銀号に合併された。中国、交通両銀行はその領有発行した準備庫券の七割を現銀で官銀号に支払い、保証準備部分の三割は東三省官銀号現大洋票、辺業銀行現大洋票、現洋を官銀号に納付し、それぞれ発行銀行券の整理を完了した。準備庫解散当時の準備庫券発行高は、東三省官銀号領用券四、〇〇〇、〇〇〇元、交通銀行領用券七三五、〇〇〇元、中国銀行領用券五〇〇、〇〇〇元、合計五、二三五、〇〇〇元であった。辺業銀行は準備庫に加盟していたが実際には準備庫券を領用しなかった。領用とは共同体である準備庫から銀行券を受取り発行すると云う意味である。

旧通貨の整理に際し、通貨当局は、四行号発行の銀行券だけを満洲中央銀行にひきつぐ方針をとり、中国、交通両銀行発行の哈大洋票は別扱いとし、一九三二年六月二十七日付で両銀行にたいし「中国銀行及び交通銀行は、その現在既に発行した哈大洋票の額を限度として、これを通用することができる。但し本瓣法施行後五年以内に政府の命ずるところによりこれを回収しなければならない」と通告した。中国銀行は四、五〇〇、〇〇〇万元、交通銀行は九、五〇〇、〇〇〇万元の限度内で有監理官印哈大洋票の発行を許されていたが無監理官印のものも相当発行されていた。回収がはかどらないので、実際は満洲中央銀行が市中から回収して、これを両行に対する長期貸付金として処理した。

満洲中央銀行成立直前の四行号別銀行券発行額を国幣に換算してしめすと、合計一億四千二百万元のうち、東三省官銀号は

第２表　満洲中央銀行旧紙幣承継額（1937.7.1現在）

銀行別	紙幣名称	原　幣　額	換算率 国幣１円 につき	国幣額
Ⅰ.東三省官銀号	現大洋票	36,308,522.89円	1円	36,308,522.89円
	哈大洋票	14,567,990.82	1.25	11,654,392.66
	匯　兌　券	949,673,135.50	50	18,993,462.71
	銅　元　票	68,770,968.55	60	1,146,182.61
	準備庫券			
	小計	(48%)		68,102,560.87
Ⅱ.辺業銀行	現大洋票	7,348,757.90円	1円	7,348,757.90円
	哈大洋票	11,682,003.30	1.25	9,473,602.64
	小計	(12%)		16,822,360.58
Ⅲ.永衡官銀銭号	吉林官帖	10,310,251,331.97吊	500吊	20,620,502.66円
	吉大洋票	9,005,488.74円	1.30円	6,973,452.87
	吉小洋票	11,849,286.00円	50円	236,985.72
	哈大洋票	4,828,170.79円	1.25円	3,862,536.63
	小計	(22%)		31,693,477.88
Ⅳ.黒竜江省官銀号	哈大洋票	7,954,204.20円	1.25円	6,363,363.36円
	江省官帖	8,176,574,895.00吊	1,680吊	4,867,008.86
	江省大洋票	16,680,485.70円	1.40円	11,914,618.34
	江省四釐債券	34,600,873.00円	14円	2,471,490.95
	小計	(18%)		25,616,481.51
総額		(100%)		142,234,880.84

六八、一〇二、五六〇円で総発行額の四八％を占め、辺業銀行は一六、八二二、三六〇円で総発行額の一二％、永衡官銀銭号は三一、六九三、四七七円で二二％、黒竜江省官銀号は二五、六一六、四八一円で一八％の割合となっている。また承継額を幣種別に分類すると現大洋票の発行高が最も多く哈大洋票、吉林官帖、匯兌券がこれについで多い。原幣額発行額では吉林官帖の百三億吊を最高とし、江省官帖の八十一億七千万吊がこれに次いで多い。主要幣種別発行額を国幣に換算し概数で表示すると、現大洋票四、三六〇、〇〇〇円、哈大洋票三一、三五〇、〇〇〇円、吉林官帖二〇、六〇〇、〇〇〇円、匯兌券一八、九九三、〇〇〇円、江省大洋票一一、九一四、〇〇〇円、吉大洋票六、九七三、〇〇〇円、江省官帖四、八六七、〇〇〇円などである。

他方旧通貨の回収に適用された国幣対各種通貨の換算率についてみると、国幣一円につき現大洋票一円、哈大洋票一・二五円、吉大洋票一・三〇円、江省大洋票一・四〇円、匯兌券五〇円、銅元票六〇円、吉林官帖五〇〇吊、江省官帖一六八〇吊であった。

満洲国でおこなわれた通貨改革は平価切下げと同時に純銀二三・一グラムの量目を有する国幣と云う新単位の採用をともなったから、匯兌券については1/50、吉林官帖については1/500、江省官帖については1/1680のデノミネーションがおこなわれたと云うべきであろう。

平価切下げと結びついたデノミネーションは第一次大戦後ドイツとオーストリアで相ついで行われたが、一九五八年十二月二十八日、フランスが非居住者経常勘定の自由交換性を回復するに際して採った措置もまたその一例である。このときフランスはフランを一七・五五％方切下げて対米平価を従来の一ドル＝四二〇フランから四九三・七〇六フランに改めた。これとともに新貨幣単位制定についての臨時政府令を発表し、フランの$\frac{1}{100}$のデノミネーションがあきらかにされた。すなわち従来の一〇〇フランを新単位一重フランに接続させ、新フラン金純分は一八〇ミリグラムと定められ、その対米平価は四・九三七〇六フランとし、一九五九年七月から実施することとした。東北ではこのような平価切下げに結びついたデノミネーションが今を去る二十七年前に行われ、旧貨幣単位で表示されている一切の金額は一律に新単位国幣円で表示されることになった。

満洲国幣一円の銀純分は二三・一グラムと定められたが、満洲中央銀行が発足してから二カ年間は、銀との兌換をおこなわず、現大洋、金票、鈔票などを買却して銀にたいし安定せしめる方針がとられた。通貨当局は国幣をもって東北の幣制を統一し、通貨価値の安定をはかるため四行号の発行した旧通貨の回収整理をいそぐと共に、民間通貨であった過炉銀、鎮平銀、小洋銀についても整理をすすめた。熱河興業銀行の発行銀行券については一九三三年二月十五日から三月二十日までの一カ月間を限って匯兌券五〇元を国幣一円の割合で回収した。匯兌券の発行高は原幣額で一〇、八〇三、九七一元であり、回収実績は原幣額で七、八二七、二五一元、国幣に換算して一五六、五四五元に達した。

満洲中央銀行が設立された頃、営口には過炉銀の発行機関である永茂号、世昌徳号、公益銀号、永恵興号の四軒の銀炉があって、営業していた。このうち、永恵興号は一九三四年一月閉店し、銀炉間の貸借は四千万両、銀炉以外との貸借は九千万両を示した。通貨当局は、過炉銀の発行流通を禁止する方針を決定し、一九三四年一月二十九日現在における永茂号、世昌徳号、公益銀号の三銀炉の過炉銀建債権債務を資本国幣一、〇〇〇、〇〇〇万円で新設された営口商業銀行に引継ぐことを命じ、また既存の過炉銀建取引については、国幣一円につき過炉銀四両の割合で、国幣建に変更しなければならないこととした。一九三四年十一月現在の銀炉の名称、開設年度、資本金額をしめせば次の通りである。

営口の銀炉（一九三四年十一月現在）

名称	資本金	積立金	開業年度
永茂号	二〇〇、〇〇〇両	一八五、〇〇〇両	光緒三〇年（一九〇四）
世昌徳号	一〇五、〇〇〇	五一五、〇〇〇	光緒一七年（一八九一）
公益銀号	五〇〇、〇〇〇	一八〇、〇〇〇	民国　七年（一九一八）
永恵興号	二〇〇、〇〇〇	二〇八、〇〇〇	光緒二二年（一八九六）

安東の鎮平銀については、政府は一九三四年四月二十三日付

財政部布告をもって馬蹄銀の品位鑑定にあたっていた公估局の閉鎖を命じ、同年九月三十日限り鎮平銀建取引を禁止し、満洲中央銀行にたいし、一九三四年十二月末までに国幣一〇〇円につき鎮平銀七〇・二両の公定相場で鎮平銀を買取るよう命令した。

小洋銀についても流通禁止の措置がとられた。東北で小洋銀流通の慣習が残っていた地域は安東、東辺道、関東州であった。主として中国人労務者の賃金の支払や落花生など特殊な農産物の売買にあたり決済通貨として授受された。このうち安東の小洋銀については一九三四年十二月に流通禁止についての安東省布告が公布され、一九三五年二月末日を期限として、民国以前鋳造のものは小洋銀一〇〇元につき国幣九〇円、民国年間鋳造のものは七三円の割合で満洲中央銀行に命じて買取らせた。関東州内に流通していた小洋銀については、一九三六年十二月二十日付の日本勅令で一九三七年四月一日をもってその流用を禁止し、小洋銀一〇〇元＝鮮銀券七八円の公定相場で金融組合と銀行で買上げ回収した。

第九章　国幣・円・等価維持政策

東北の通貨は短時日の間に手際よく統一整備された。国幣はその発行に際し兌換についての規定を設けず、銀に結合した管理通貨として発足し、満洲中央銀行が業務を始めてから二カ年間は国内においては銀紙間に開きは生じなかった。一九三六年七月以後アメリカの採った銀価引上げ政策の影響をうけて、銀高による国幣価値の上昇は農産物価の下落をまねき、銀と物価間の均衡に破綻が生じた。これを国幣対金票相場についてみると中央銀行が発足した一九三二年七月には国幣一〇〇円につき金票七三円を示していたものが、一九三五年三月には一一〇円に上昇した。東北の産業を不況からまもるためには国幣価値の安定こそ望ましいものであり、その騰貴は決してよろこぶべきものではなかった。かくて一九三五年四月頃から国幣と銀との関連は切りはなされて、物価の安定を目標とする純然たる管理通貨制度へ移行した。すなわち一九三二年七月から一九三四年夏期までは銀にリンクした管理通貨時代であり、一九三四年の夏から一九三五年三月までは銀価の上昇に対応して、銀漸次離脱統制時代であり、一九三五年四月から同年八月までは、物価安定目標統制の時代であって、この期間に国幣は金票にたいしパーを示現した。

日満両国政府は合議の上、一九三五年十一月四日にそれぞれ満洲国財政部声明と日本政府の声明を発表し、国幣を日本通貨にたいし等価でリンクする方針をあきらかにした。日本政府はその声明のなかで、関東州はこの方針による幣制統一の範囲には含まれないこと、朝鮮銀行の満洲国における営業には必要な統制を加え、満洲中央銀行との間に適当な業務上の協定を行わしめること、在満本邦官民は事情の許す限り、国幣を使用すること、殊に軍、満鉄は能う限り国幣をもって支払をなすよう強調した。その結果一九三五年十二月六日に、満洲中央銀行と朝鮮銀行の間に次のような業務協定が成立した。
一、満洲中央銀行は朝鮮銀行のもとめにより朝鮮銀行券と、満洲国国幣と、または満洲国国幣と朝鮮銀行券との等価引換をなすものとす。
一、満洲中央銀行は朝鮮銀行が cover を必要とする場合には、そのもとめにより朝鮮銀行券の満洲国国幣等価売予約に応ずるものとす。
前項の予約の対価は朝鮮銀行券とす。
一、満洲中央銀行の金円資金は原則として朝鮮銀行に預入れるものとす。
一、朝鮮銀行はその国幣余裕資金をもって満洲中央銀行より満洲国国幣公債の買入につとむるものとす。満洲中央銀行が朝鮮銀行にたいし満洲国国幣公債を売却する場合は買戻条件を付するものとす。
一、満洲中央銀行がその金円資金を満洲より日本へ、又は日本より満洲へ回金する場合は朝鮮銀行を経由するものとす。但し日本において募集したる満洲国国債代り金を満洲へ回金する場合はこの限りにあらず。
一、満洲中央銀行の普通業務上の国幣預金利率については朝鮮銀行と協調をなすものとす。
一、本協定は昭和十年十二月二十三日より実施し、その期間は一カ年間とす。
右の協定によると満洲国国幣は、朝鮮銀行券にたいし等価で結合されたものであり、日本銀行券にたいしては間接的にリンクされたものといわなければならない。なお日満為替相場は一九三五年九月のはじめから、事実上パーを示現したから、この協定の発表によって、国幣は名実ともに等価で金票に結合されたこととなった。

他方わが国の大蔵省は一九三五年十二月一日付で朝鮮銀行券撤収についての大蔵省令を発表し、同年十二月二十三日より実施され、朝鮮銀行券は関東州を除く全東北から撤収することとなった。

第十章　おわり

満洲事変勃発後、日中の関係は年を逐うて次第に悪化し、一九三七年には支那事変が起り、一九四一年の暮には大東亜戦争へ突入した。東北在住の邦人官民は一九三七年に始まり一九四一年におわる満洲産業開発五カ年計画を樹立して目標の達成につとめた。一九三七年には満洲重工業開発株式会社が設立されて鉄、石炭、軽金属、自動車、飛行機、工作機械などの増産計画を遂行した。建設用資材、機械類の輸入は増大する反面、麦粉、綿糸布などの消費物資の輸入は抑制されて東北の物価は上昇し、インフレーションの昂進する中を建設増産は強行された。

一九四五年八月七日にはソ連が参戦し、同月十五日には終戦を迎えた。翌九月ソ連軍が東北に進駐し、その撤退後には中共軍が進駐し、翌一九四六年には国民政府軍が進駐した。ソ連は東北進駐と共に軍票を発行したが、撤退に際してはこれを回収した。終戦後一カ年間、国幣は依然として東北の主要通貨として流通したが、主食は逐月上昇してやまなかった。

第3表　中共の国民所得・歳入・貿易（単位100万米ドル）

区分／年次	国民所得	歳入純収	輸出入貿易合計			
			金額	対共産圏	対自由諸国	計
1952	27,015	7,456	2,756	78%	22%	100%
1953	31,646	9,240	3,444	75	25	100
1954	34,385	11,140	3,603	82	18	100
1955	36,210	11,551	4,681	82	18	100
1956	40,075	12,205	4,613	75	25	100
1957	42,440	13,037	4,300	72	28	100

第4表　日本の国民所得・歳出予算・貿易（単位100万米ドル）

区分／年次	国民所得	歳入純収	輸出入貿易合計	
			総額	中日貿易額
1952	13,775	2,590	3,007	15
1953	15,686	2,853	3,257	34
1954	16,623	2,777	3,496	61
1955	18,189	2,815	4,481	109
1956	20,364	3,026	5,229	151
1957	22,921	3,290	7,135	

第5表　1956年の世界各国1人あたり国民所得

国　別	国民所得	人　口	1人あたり国民所得
単　位	米ドル 1,000,000	1,000人	1米ドル
インド	23,971	387,350	62
中共	40,075	621,225	66
日本	20,364	90,000	226
イタリア	18,406	48,279	380
ソ連	105,050	248,800	426
西ドイツ	35,214	50,786	693
イギリス	46,108	51,430	894
フランス	40,657	43,648	930
スイス	5,652	5,039	1,120
カナダ	24,010	16,081	1,500
アメリカ	343,600	168,174	2,040
（スターリング地域）	(96,000)	(645,000)	(150)
（ヨーロッパ共同市場）	(109,211)	(165,059)	(660)

註　人口は国際連合世界統計年鑑によった。

中共軍は一九四八年末までに華北、東北の要所を攻略し、一九四九年一月二十四日北京を陥れた。東北においては東北銀行（註1）の発行する東北幣をもって幣制の統一が行われていたが、一九五一年四月一日から五月末日までに人民幣により回収整理された。人民幣は中国人民銀行から発行されている軟貨である。同行は一九四九年一月十五日石家荘に設けられたが、現在の本店の所在地は北京である。南漢宸人民銀行総裁の発表によれば中華人民共和国は金、銀本位制を採用することなく、銀行券は五穀、布、棉花その他の生活必需物資によって保証されている。一九四九年十二月二十三日に設定された換算率は一ルーブル＝四三〇〇人民元であった。ソ連国立銀行は現在毎月四十種類におよぶルーブルの対外相場を発表しているが、中共の人民券は、その換算率表からは除外されている。一九五六年の中共の国民所得は九四四億元、同年の貿易額は輸出五五億六八百万元、輸入五二億九千七百万元、合計一〇八億六千五百万元と発表されている。これとは別に米ドルで表示された同年度の国民所得は四〇〇億七千五百万ドル、輸出入合計額は四六億千三百万ドルとなっているから、これらの数字を基準として米ドル対人民元の換算率を推定すると一米ドル＝二・三五人民元となる。

註

（1）「戦時の在華日本側貨幣」（宮下忠雄）によったが、満洲国幣を東北幣と改称したのか、また満洲中央銀行を東北銀行に改組したのか、その接続関係は不明である。

（2）筆者は一九四六年九月まで長春に在住した。終戦直後、長春の米価は白米一升（一キロ五〇〇グラム）につき八円から十円を上下したが、一年後の一九四六年九月には一六〇円となった。その他の物価も急激に上昇したけれども、国幣は支障なく流通した。

東北の通貨（二）

まえがき

東北の通貨については、産業経済研究第一六号において、日露戦争後、鈔票と金票が導入された経過と、満洲事変の勃発の結果、満洲中央銀行が設立されて、国幣によって幣制が統一された経緯のあらましを解説したが、満洲中央銀行と中国側発券銀行であった四行号との合併の経過、鈔票の整理の顛末などについては言及することがなかった。本稿はこのような脱漏した部分を補填する意図のもとに、私が満鉄本社調査課に在職していた時に蒐集した資料と、「満洲中央銀行十年史」の記録とを参照して、とりまとめたものである。

第一章　満洲事変と省立銀行

昭和六年九月には、わが国民にとり銘記しなければならない二つの重大事件が発生した。その一つはイギリスの金本位停止であり、その二は満洲事変の発生である。昭和六年九月十八日に、イギリスは物価の下落を食い止め、失業の発生を阻止し、国際収支の改善を図るために、金本位制度を停止したが、それは国際金本位制度崩潰の先駆をなすものであった。わが国は昭和五年一月に金解禁を実施したばかりであったが、ドル買いと、それに続く金の流出を防ぐため、翌六年の十二月には、イギリスにならって、金本位を停止しなければならなかった。

イギリスが金本位制度を停止した翌日の九月十九日には満洲事変が発生した。奉天の柳条溝において満鉄の鉄路が中国軍隊により爆破され、それが動機となって関東軍は北大営の攻撃を開始し、ここに満洲事変が勃発した。

これより先、中国側がとった抗争的な「満鉄包囲政策」はやがて日支間の鉄路輸送貨物の争奪戦へと展開した。

当時満鉄は鉄道運賃の建値として金建を採用していたが、たまたま銀価が下落したため、貨物輸送は銀建を採用する中国側鉄路に有利に、満鉄に不利となった。北満の特産物の大宗であった大豆、高粱、粟などは、東支鉄道によって長春に運ばれ、吉長鉄道（長春・吉林間）、奉吉鉄道（吉林・奉天間）の中間側鉄道を経由し、奉天、北京間を結ぶ京奉鉄道に積み換えられ葫蘆島、秦皇島、塘沽、天津などに仕向けられるものが激増した。その結果大連集荷政策をとっていた満鉄の鉄道収入は減収の一途をたどり、満鉄社員の給与はある期間、昇給停止を余儀なくされた程であった。日支間の関係は、経済的にも、感情的にも対立し、尖鋭化している最中に満洲事変は発生した。

事変発生と同時に関東軍は、時をうつさず、省立銀行である東三省官銀号と辺業銀行の実力保護及び監視を行い、その財産や帳簿が敵対者の手に渡ることを防止した。

一方関東軍は事変の発生により、動揺した人心を安定し、経済活動の復活を図るために利敵行為を行わない旨をちかわせて、まず中国、交通両銀行の再開を許可した。ついで周到な用意をととのえて、十月十五日に東三省官銀号と辺業銀行の営業開始を許可した。

第1表　事変直後の銀紙間値鞘
（現大洋100元につき現大洋票）

月　日	相場（レート）
昭和6年10月15日	112.50元
16	113.00
17	112.00
18	112.00
19	112.00
20	111.00
21	109.00
22	107.00
23	106.20
24	107.00
25	108.00
26	107.40
27	106.30
28	105.50
29	104.70
30	104.00

東三省官銀号と辺業銀行の二行は昭和六年九月十九日から翌月の十月十四日まで、二十六日間営業を停止したわけである。事変発生のため現大洋（大銀貨）と、その兌換券である現大洋票との間の等価関係は破れて、一時は現大洋百元につき現大洋票百二十七元のレートで両替えが行われた。すなわち銀紙間の開きは最高二十七元まで上昇したわけであるが、中国側発券銀行は開店と同時に兌換所を設け、一人一日三十元の制限兌換を実施する外、天津向及び上海向為替の売出しを開始したため銀紙開の値鞘は次第に縮少し、第一表の通り十月末には四元となった。なお中国側は、現大洋票の価値を現大洋に対し等価に維持するために、毎年巨額の兌換を実施した。昭和六年一月から

第2-1表　東三省官銀号発行銀行券（昭和6.9.18現在）

銀行券名称	原幣額	換算率現大洋1元につき	現大洋換算発行額
奉大洋票	1,034,866,460.50	50元	20,697,000元
奉小洋票	955,690.34	60元	16,000
現大洋票	25,876,421.95	1元	25,877,000
四行準備庫現大洋票	5,000,000.00	1元	5,000,000
哈大洋票	13,556,927.22	1.25元	10,845,000
合計			62,435,000元

第2-2表　東三省官銀号保有支払準備額（昭和6.9.18現在）

支払準備区分	現大洋換算額
① 同業者にたいする預ケ金	21,710,000元
② 金地金	539,000
③ 遼寧四行号準備庫券準備現大洋	3,500,000
④ 手許現金（鈔票、金票、米ドル、現大洋）	2,856,000
合計	28,605,000
⑤（控除）辺業銀行からの預り金	1,497,000
（差引）純計	27,108,000

註　準備率＝27,108,000元÷62,435,000元＝43%

九月までの九カ月間に中国側発券銀行が実施した「現大洋票を受け入れて、現大洋を交付する方法による現洋兌換額」を発券銀行別にしめすと、遼寧四行号連合準備庫四、五七一、九二〇元、辺業銀行四、七五四、五一五元、東三省官銀号七、〇九七、一〇七元、合計一六、四二三、五四二元の巨額に達している。昭和六年十月から同年末までの三カ月間に行われた兌換額は、制限兌換の主旨により、きりつめられて、準備庫一一七、一九五元、辺業銀行一五一、一二三元となっている。

吉林の省立銀行である永衡官銀銭号にたいしても同様の措置がとられ、日本人監理官が任命された。黒竜江省官銀号の本店はチチハルにおかれていたが、馬占山が日本軍にそむき、その本店を海倫に移し、同号の保有する現銀を海倫に移管したため、管理することができなかった。昭和六年十一月二十日第二師団がチチハルに入城し、黒竜江省官銀号をおさえ、同号監理官として鮮銀から二名が選ばれて派遣され、ここにはじめて東北全域にわたり、発券銀行の完全な管理が行われうることとなった。

日本軍は事変発生後時を移さず奉天、吉林両省の二つの省立銀行を把握し、その財産や帳簿が敵対者に渡ることを阻止したが、これを第三者の立場から観測するならば、中国側発券銀行は事変の発生を全然予期しなかったとの結論が導き出される。中国側金融機関が事変の発生を予測していたならば、彼等は、在満日本側金融機関に預けていた預金を逸早く引き出し、またその保有する金銀準備を天津、北京などの安全地帯へ移管し去っていたであろう。

第2-3表　東三省官銀号同業者預ケ金（昭和6.9.18現在）

預ケ先銀行名	貨幣名称	預金残高（原幣額）	換算率現大洋1元につき	現大洋換算額
横浜正金銀行	鈔票	6,967,737.74	1.00円	6,967,000元
花旗銀行	金円	1,000,000.00	0.50円	2,000,000
花旗銀行	米ドル	1,500,000.00	0.25ドル	6,000,000
朝鮮銀行	金円	3,334,339.77	0.50円	6,669,000
小口預金	金円	36,806.20	0.50円	74,000
合計				21,710,000

ところが事実は全く反対であった。事変が発生した前日の昭和六年九月十八日と九月三十日現在の記録によると、東三省官銀号と辺業銀行は、鮮銀、正金、ナショナル・シティ・バンクの在満支店に多額の預け金を有し、またその金庫には数百万元に達する金地金、現大洋、金票、鈔票などの正貨準備が保管されていた。

まず東三省官銀号についてみると、昭和六年九月十八日現在の銀行券発行額は第二―一表のしめす通り現大洋に換算して六千二百万元であって、これにたいする支払準備は第二―二表の通り二千七百万元であり、したがって準備率は四三％という高率に達している。支払準備の内容をしめすと金塊保有高五十四万元、準備庫券に対する銀準備として現大洋三百五十万元、手許現金のうち準備とみなされるもの二百八十五万元、同業者に対する預け金二千百七十万元、合計二千八百六十万元であるが、辺業銀行からの預り金百五十万元を控除して差引支払準備純計は二千七百十万元となっている。同業者に対する預け金については第二―三表の通り横浜正金銀行に対し鈔票勘定で約七百万円、ナショナル・シティ・バンクに対し、米ドル勘定で百五十万ドル、金円勘定で百万円、朝鮮銀行に対し金円勘定で三百三十万円の預金残高を有している。東三省官銀号は正金、鮮銀の二行に対し、現大洋に換算して千三百万元をこえる巨額の預け金を保育したわけであって、若し時局の急変を予想していたならば、これらの預金は事変発生前に引出され、また金銀塊は事前に隠匿されたことであろう。

第二―四表は、事変発生前日の東三省官銀号の貸借対照表である。事変の発生により敵対者の預金は封鎖され、預金のうち支払停止となったものは官庁預金三千万元、その他預金四千五百万元、合計七千五百万元に達した。借方に兌換という勘定科目があるが、兌換勘定は貨幣売買尻損益を表示する勘定科目であり、それが借方に計上された場合は損失をしめすものであり、反対に貸方にあらわれた時に貨幣売買益を表示するものである。この兌換勘定は東三省官銀号の貸借対照表については借方に計上され、第四―二表の吉林永衡官銀銭号のバランシートにおいては貸方に計上されている。一般に邦貨を対価とする外国通貨の売買は外国通貨勘定で処理される。外国貨幣を買入れたときには借方へ、また売渡した場合には貸方へ、それぞれその時のレートで換算のうえ記入する。売買損益は、売買の都度計算することも可能であるが、手数を省略するために期末に所有外国

第2-4表　東三省銀行本店貸借対照表（昭和6.9.18現在）（現大洋建単位1,000元）

借方 科目	金額	貸方 科目	金額
1 営業用土地、建物、備品	1,704	1 払込資本金	283
2 付属事業出資金	3,946	2 諸積立金	4,475
3 付属事業貸出金	21,049	3 各種銀行券発行高	62,435
4 本支店へ貸	39,765	4 公署預金	30,998
5 公署貸出	33,452	5 当座預金	32,310
6 定期貸付（信用）	1,630	6 特別当座預金	32,310
7 〃 〃（担保付）	1,543	7 定期預金	2,705
8 当座貸越（信用）	11,195	8 同業者預金	13,755
9 農商投資（担保付）	835	9 預金手形	46
10 滞り貸付	2,229	10 借入金	4,000
11 没収担保	452	11 仮受金	4,149
12 仮払金	4,167	12 未払為替	22
13 兌換（貨幣買売尻）	5,785	13 公金取立額	165
14 預ケ金（銀行）	18,390	14 旧興業銀行債券利息	1
15 金地金	539	15 前期利益金	1,836
16 有価証券	7,033	16 当期利益金	120
17 手許現金	4,198		
18 四行準備庫券 銀準備	3,500		
19 兌換券製造費	418		
合計	161,830	合計	161,830

第3-1表　辺業銀行発行銀行券（昭和6.9.30現在）

銀行券名称	原幣額	換算率現大洋1元につき	現大洋換算発行額
現大洋票	7,935,575.90	1.00	7,935,575.90
哈大洋票	9,139,787.50	1.25	7,311,830.00
合計			15,247,405.90

第3-2表　辺業銀行保有支払準備額（昭和6.9.30現在）

支払準備区分	現大洋換算額
① 同業者預ケ金	5,228,000元
② 金地金	627,000
③ 現大洋票、哈大洋票発行銀準備	4,258,000
④ 手許現金（金票、鈔票、現大洋）	1,077,000
合計	11,190,000

註　準備率　11,190,000元÷15,247,000元＝73%

第3-3表　辺業銀行同業者預ケ金（昭和6.9.30現在）

預ケ先銀行名	貨幣名称	預金残高（原幣額）	換算率現大洋1元につき	現大洋換算額
東三省官銀号	金円	747,673.86	0.5	1,495,300元
〃　〃	鈔票	1,605.56	1.0	1,600
正金銀行	金円	27,380.60	0.5	54,700
〃　〃	鈔票	1,273,832.08	1.0	1,273,800
朝鮮銀行	金円	1,069,249.97	0.5	2,138,500
花旗銀行	金円	131,863.66	0.5	263,700
合計				5,227,600

第3-4表　辺業銀行本店貸借対照表（昭和6.9.30）（現大洋建単位1,000元）

借方 科目	金額	貸方 科目	金額
1　営業用土地、建物、備品	264	1　払込資本金	5,250
2　付属事業出資金	571	2　諸積立金	1,365
3　特産事務所貸出	1,714	3　未払配当金	35
4　本支店へ貸	22,303	4　各種銀行券発行高	15,247
5　定期貸付（信用）	3,283	5　定期預金	3,403
6　〃　〃（担保付）	1,851	6　当座預金	18,796
7　当座貸越（信用）	3,538	7　特別当座預金	1,554
8　仮払金	1,815	8　仮受金	1,550
9　滞り貸付	1,776	9　同業者預金	994
10　没収担保	141	10　期限付債務	140
11　期限付債券	389	11　未払為替	82
12　兌換（貨幣売買損）	250	12　前期利益金	1,795
13　預ケ金（銀行）	4,597		
14　金地金	627		
15　有価証券	802		
16　手許現金	1,412		
17　現大洋票、哈大洋票銀準備	4,258		
18　損失金	87		
19　兌換券製造費	533		
合計	50,211	合計	50,211

通貨を棚卸して、これを時価で邦貨に換算して、当該期間の売買損益を一括して算出することが多い。売買損益は外国通貨売買損益勘定で処理されるのが普通である。

次に辺業銀行についてみると昭和六年九月三十日現在の銀行券発行額は一千五百二十五万元、保有支払準備は一千百十九万元、その準備率は七三％であった。支払準備の内容は金地金六二七、〇〇〇元、現大洋四、二五八、〇〇〇元、同業者預け金五、二二八、〇〇〇元、手許現金一、〇七七、〇〇〇元となっている。辺業銀行の支払準備の五三％は、金銀塊及び金票、鈔票などの現物で構成され、残りの四七％は同業者預け金となっている。同業者預け金のうち外国銀行に対する預け金の内容をしめすと、正金銀行に金円勘定で二七、三六〇円、鈔票勘定で一、二七三、八三二円、朝鮮銀行に対し金円勘定で一、〇六九、二五〇円、花旗銀行（ナショナル・シティ・バンク）に対し同じく金円勘定で一三二、八六三円の残高を有している。第三―四表は辺業銀行本店の九月末現在の貸借対照表である。資本金五百二十五万元、預り金二千五百万元に対し貸出しは僅かに一千四十元であって、預金の九割は敵対者預金とみなされ、支払を停止された。横浜正金銀行の行員であり、東三省官銀号監理官であった田中徳義氏から聴取したところによると、東三省官銀号と辺業銀行とは堅実に運営されていたとのことであった。

関東軍の北大営攻撃と呼応し第二師団は寛城子を攻略し、ついで吉林へ入城し、吉林永衡官銀銭号を掌握した。第二師団は六年十一月チチハル方面へ出動したが、官銀銭号はその直前に条件付きで営業の再会を許可された。

官銀銭号は吉林官帖の相場を維持するために営業再開と同時に活動を開始し、三十億九千万吊の吉林官帖を発行し六四八、三三〇石＝四、七〇〇車（一車は一三七石強）の大豆を買付けたところ、官帖相場は予期に反して崩落し、官銀銭号の営業再開当時における官帖を対価とする鈔票相場は、鈔票一円につき吉林官帖四〇〇吊をしめしていたものが、年末には四四〇吊へ上昇した。満洲中央銀行が引きついだ省立銀行発行券の回収に適用された国幣対吉林官帖の換算率は国幣一円につき五〇〇吊であった。鈔票と国幣を等価と仮定するならば、昭和六年末から翌七年六月末までの間に官帖は四四〇吊から五〇〇吊へ変動したものといわなければならない。なお事変発生当時の吉林省主席は張作相であったが、張作相が永衡官銀銭号に預けていた預金は鈔票換算額四、九九三、〇〇〇円の巨額をしめしており、この預金は敵対者預金として処理することとなり、封鎖預金に指定された。また事変発生当時、官銀銭号長春分号（分号とは総支店のこと）の金庫には吉林官帖三十五億吊、鈔票三百万円が保管されていたが、営業再開にともなって吉林総号へ移管され、このうち官帖の大部分は大豆買付資金として使用された。

永衡官銀銭号の銀行券発行額は四―一表の通りの経過をたどって、満洲中央銀行へ引き継がれている。第四―二表は永衡官銀銭号の貸借対照表である。昭和六年十月二十日現在の同号の貸出総額は鈔票に換算して、九、四八〇、〇〇〇円、預金総額は一六、八三〇、〇〇〇円であり差引七、三五〇、〇〇〇円の預金超過となっている。預金には張作相一派の封鎖された預金約五百万円が含まれていることは既にのべた通りである。

貸方に掲記されている兌換勘定は東三省官銀号の場合とことなり、借方科目の旧帖整理勘定と密接な関連を有している。旧帖整理勘定とは過去に行われた財政庁への貸出しのうち、焦げ付いた勘定である。財政庁への実際の貸出は官帖で行われたが帳簿には兌換勘定を通じて吉大洋建貸金として記帳された。その後官帖の市価は連年崩落の一途をたどったので、吉大洋建貸金を官帖に換算すると莫大な評価益が生ずることとなった。このようにして、旧帳整理勘定として、兌換勘定は貸方に表示されることとなり、当期純損益計算から区分して表示されている。

第4-1表　永衡官銀銭号発行銀行券

年　次	吉林官帖 1,000吊	吉林大洋票 1,000元	吉林小洋票 1,000元	哈大洋票 1,000元
1927	6,249,653	6,522	16,776	
1928	7,135,948	8,146	15,714	
1929	8,366,678	8,727	14,332	
1930	8,443,479	5,985	13,239	
1931	9,680,852	8,238	12,157	5,532
中銀継承額	10,310,251	9,065	11,849	4.828
継承時換算率 (国幣1円につき)	500吊	1.30円	50円	1.25円

第4-2表　吉林永衡官銀銭号貸借対照表（昭和6.10.20-12.31）（鈔票建単位円）

借方			貸方		
勘定科目	昭6.10.20	昭6.12.31	勘定科目	昭6.10.20	昭6.12.31
1 官庁貸上金	9,366,500	7,725,879	1 資本金	93,722	85,203
2 分設資金	14,260,000	14,100,909	2 積立金	4,767,300	4,765,533
3 雑貸金	3,237,100	3,225,967	3 発行銀行券	37,147,500	34,927,726
4 一時貸金	3,317,925	3,339,278	4 銀行手形	248,508	204,258
5 同業者へ貸	819,000	1,089,103	5 官庁預金	8,150,887	11,427,298
6 定期信用及び担保貸	3,622,200	2,669,836	6 定期預金	0	770,867
			7 当座預金	6,754,960	360,957
7 当座貸	278,980	309,590	8 雑預金	3,025,000	3,027,190
8 分号及び支号へ貸	29,575,965	19,615,101	9 一時預金	4,593,340	6,608,202
			10 金庫	3,183,600	682,581
9 粮桟部資金	197,075	7,455,666	11 同業者預金	207,430	148,532
10 土地、家屋、林産	4,958,500	4,922,103	12 未払利息	45,300	26,945
			13 分号預り金	1,222,350	4,258,737
11 旧帳整理勘定	16,064,145	16,593,134	14 支号預り金	597,276	383,092
12 未収利息	88,770	152,428	15 兌換（貨幣売買益）	20,983,137	19,628,961
13 現金残高	5,371,493	8,251,087			
16 損益（利益）	126,091	2,113,168			
合計	91,158,300	89,432,695	合計	91,157,753	89,450,081

註①　長春正金銀行山口正氏の試算による。
②　貸借の誤差は鈔票対吉林官帖、吉大洋、哈大洋間の換算率により生じたものであろう。
③　換算率（鈔票1円につき吉林官帖）昭6.10.20　400吊
昭6.12.31　440吊

（注　山口正氏の報告参照）

第二章　満洲中央銀行の創立と幣制

第一節　銀本位管理通貨制度の採用

昭和七年三月、国務院総務長官は満洲中央銀行創立委員長及び創立委員を任命し、三月十五日に、長春城内の被服廠で満洲中央銀行創立準備会議が開催された。これより先、関東軍に統治部が設けられて、新東北の幣制統一及び中央銀行設立方針につき研究がすすめられた。昭和七年一月四日に統治部次長武部治右衛門氏、財務課長五十嵐保司氏は、満鉄本社調査課の安盛松之助、南郷竜音の両氏に対し、立案を委嘱したので、両氏は一月十四日までに、その方針要綱草案及び説明書を作成した（満洲中央銀行十年史六六頁による）。本案の審議については軍参謀長の名をもって内地から多数の学者を招き、また現地の銀行会杜の代表的実業家を参加させて同年一月十五日から二十日まで奉天において諮問会議が開かれた。この諮問会議の意見を尊重参酌して同年二月に貨幣及び金融制度方針要綱が定められた。貨幣法、中央銀行法、旧貨幣整理弁法などの草案は、このとき安盛氏によって起草されたものである。貨幣法要綱は（二）において純銀の量目二三・九一グラムをもって価格の単価とし、これを円と称すると定めているが、純銀の量目二三・九一グラムは、メキシコドル、袁世凱ドル、大竜元、ホソコンドルなどの各種大銀元中に合有されている純銀量の平均値であって、安盛氏が苦心して計算したものであった。安盛氏は神戸高商出身の英才であったが第二次大戦終了直後現地で長逝した。

純銀の量目二三・九一グラムをもって、満洲通貨の新単位と定めたことは前記の通りであるが、この新単位は、第二節にしめされている「満洲新貨幣制度についての意見書」の意図した為替兌換制度を前提として計算されたものであり、貨幣法草案には為替兌換についての一条が設けられていた。また前記意見書の第一部「第一、兌換制度」の構想によると「兌換券の大口兌換は対外為替によりこれを行うものとし、為替兌換に応ずべき場所は奉天、吉林、ハルピンの三カ所に設置する兌換所とする」計画であった。

一方新中央銀行の創立事務は順調に推移し、同行副総裁として、もと台湾銀行の理事であった山成喬六氏が選ばれたが、同氏は昭和七年五月七日長春に来着した。同年五月十五日に長春において財政部阪谷希一氏の司会により、為替兌換制度を採用するかどうかについての最終会議が開かれた。参加者は山成喬六氏、満鉄理事首藤正寿氏、正金大連支店長西一雄氏、鮮銀大連支店長武安福男氏と阪谷希一氏の五名であった。

意見交換の結果世界の主要国の多くが兌換制度を停止し、あるいは停止しようとしている実情にてらし、貨幣法草案に挿入されていた上海向為替兌換についての一項を削除し、銀行当局の判断により銀行券価値を維持することが妥当であるとの結論に到達した。

注　私はこの会議に出席することを許された。為替兌換の実施を力説したのは首藤満鉄理事であり、山成喬六氏は、為替兌換を避けて、時価により金票、鈔票、現大洋などを売却して銀行券価値の維持を図るべきことを主張した。今は両氏共に故人である。

第二節　満洲の新貨幣制度についての意見書

前節でのべたとおり、貨幣法草案から兌換についての条項を削除することに意見が一致し、これから発足する満洲の新貨幣制度は、銀本位の管理通貨としてスタートすることが決定した。その結果本節にしめされている「満洲新貨幣制度についての意見書」の主張する兌換制度は、実現の運びに至らなかったが、この意見書の第七「付属説明書」以下には、事変発生前及び発生当時の中国側の金融統計資料が豊富に掲記されている。またこれらの統計資料は満洲中央銀行十年史にも収録されていない貴重なものが多い。この意見書は、東三省官銀号、辺業銀行首席監理官であった首藤満鉄理事が自ら起案し、満鉄調査課の関係者と、正金銀行員であった難波勝二氏などの協力を得て加筆修正のうえ、関東軍司令官本庄繁氏宛提出されたものである。文語調であり、多少読みにくいけれども、その天賦の創意は常人の及ばざるところであり、実際家としての自信と気迫が、あふれるばかり意見書にあらわれている。

この意見書は三部から構成される。第一部は貨幣制度であり、本位制度、兌換制度、準備制度から成りたっている。第二部は貨幣制度に関する説明書である。本位を銀におく理由、銀塊本位制とする理由、兌換を主として上海向為替により行う理由、準備制度に関する説明、その他参考事項が第二部の内容である。第三部は付属説明書であり、東三省官銀号と辺業銀行の金融統計が掲げられている。次にその全容をしめそう。

第一部　貨幣制度

第一　本位制度

満洲の貨幣は銀を本とし銀塊本位制を採用す。その要点を示せば次の如し。

一、重量庫平〇・七二両、品位九〇〇、含有純銀〇・六四八両の純分重量を有する名目貨幣（単位を円と称す）を基礎とし（中央銀行において）兌換券を発行せしむ。

注、右銀一円は民国三年の国幣条例により鋳造せる中華民国国幣と同位の純分を有するものとす。これを英衡にて示せば純銀三七三・一三二三六トロイグレインである。

二、兌換券の種類は一円、五円、十円、五十円、百円の五種とす。このほか当分一角（一円の十分の一）及び二角（一円の十分の二）五角（一円の十分の五）の小額兌換券を発行す。なお一分（一円の百分の一）銅貨（十進銅元と通称す）その他の所要補助貨を鋳造す。

三、兌換券は満洲内においてその額に制限なく法貨として通用す。補助通貨はその額面の百倍迄法貨として通用す。

第二　兌換制度

四、兌換は奉天の兌換所において現大洋をもってこれを行う（但し実際は小口兌換に限る）。

注、国幣条例により鋳造せる一円国幣及び同種銀貨即ち袁世凱弗

(三四六乃至三一四グレイン)孫逸仙弗(不詳)大竜元(庫平〇・六五四両)墨銀(平均三七四グレイン)北洋銀(不詳)香港弗(三七四・四グレイン)日本旧円銀(三七四・四グレイン)等を総称して現大洋、大洋銭又は大銀元と称す。市場においてはこれ等はほとんど等価をもって取扱われる。

五、兌換券の大口兌換は対外為替によりこれを行う。為替に応ずべき場所は奉天、吉林、哈爾浜の三個所に設置する兌換所とす。

六、前項に掲げたる為替兌換は普通各地兌換所において受入れる兌換券百円に対し上海において九八規銀七二両の割合をもって支払うものとす。

注、満洲銀一円の純銀分は三七三・一三一三六トロイグレイン、上海九八規銀一両の含有純銀分は五一八・五五五トロイグレインなるをもって満洲円と上海両との法定平価は百円につき七一・九五六両となるも満洲銀一円を便宜代表すべき前記の如き各種現大洋の純分が標準純分量に超過または不足するものあるに鑑み便宜為替兌換比率を七二両として計算す。

七、現大洋を持参して兌換券を請求する者に対しては奉天の兌換所において無手数料にて無制限引換に応ず。

八、銀塊、銀錠(馬蹄銀)を上海の兌換所に持参して奉天にて兌換券の交付を請求する者に対しては輸送費・鑑定料・鋳造費等の諸経費を加え兌換券百円に付九八規銀七四両の割合にて無制限引換に応ず。

九、満洲における銀塊、銀錠、現大洋の輸出入は自由とす。

第三　準備制度

一〇、兌換券発行高の五割を下らざる現大洋、銀塊、銀錠、鈔票、地金、金貨、金票を引換準備として保有すること。

一一、引換準備金の一部分は他国銀行に対する九八規銀、鈔票預金及び金預金をもってすることを得。

一二、前二項に掲げたる引換準備額を控除せる残余の発行高に対しては公債証書、その他確実なる証券又は商業手形を以て保証準備とす。

第二部　貨幣制度に関する説明書

第一　本位を銀に置く理由

満洲の貨幣制度を何によって定むべきやについては、その「実際に即し実行容易にして直ちに財界を安定せしめ得べきもの」を選ばざるべからず。世界の金偏在の現状に照らし満洲を純然たる金貨制度に改めむとするが如きは今日問題とならず。又日本の通貨を満洲に延長拡張せむとする如き急激なる変化は他日諸般の政治経済状態が安固なる状態に進みて後初めて考慮せらるべきものにして、事変後非常なる財界混乱の状態の下に更に一層の大変化を与ゆることは政治的にも面白からず、又非常なる困難を伴うものにして殆んど実行不可能のことに属す。満洲今後の開発施設には他より物資の輸入を必要とし、これに関しては又外資の輸入もあるべく、国際貸借については一概に論断することを許さざるべきも、旧軍閥が非常なる軍費その他の搾取を敢えてしたるにかかわらず、幣制が紊乱せる裡にも、なおかつ不換紙幣が通用力を失わざりしは、満洲の偉大なる農鉱産物の輸出に負うところ大なるをもって、将来軍費の節約と地方民衆の福利を増進すべき行政施設と相俟って兌換基礎を確立すれば、現在保有銀準備金約四千五百万元の上更に莫大なる数量を加うることを要せざるべし。くわゆるに屈伸自在なる上海の銀市場に準備を備え所謂銀為替本位と現大洋兌換併用の銀塊本位制を布がば、最も合理的に兌換基礎を確立し得べければなり。若しそれ金本位制を無理に行わむとせば銀価の低落せる今日更に莫大なる銀準備を売却して金に換えざるべからず。而も満洲の比較的狭少なる経済単位において金の無制限兌換は果して可能なるべきや、隣邦上海の強大なる金銀交換市場のある限りその比価の変動により一朝にして満洲の金準備を脅かさるべきは想像に難からず。したがって金輸出禁止の悲境に陥るべきは明瞭なり。又実際金準備を設けず内地通貨の拡張としその準備を内地に置くと仮定せむか、この場合金準備の脅威は満洲としては除かれ得べきも、それだけ日本銀行の負担に転嫁せらるべきことは勿論なるをもって、金輸出禁止中の今日においては内地通貨の拡張は不適当なり。又満洲の通貨が日本通貨の動揺により常に直接動かさるることは新国家として面白からず。世界的金の偏在せる現状において銀も又一般商品と共にその相場騰落するが故に銀貨国における物価は割合に平調を保ち自然の調節が行わる。したがって銀貨国において正貨輸出禁止の必要も起らず、平価切下問題も生ぜず、国内物価に非常なる変動を与えず、生活の安定を期し得ることは、満洲が自足経済にて輸入商品に係る物価昂騰の影響を蒙ること少なき理由と共に、寧ろ仕合せとするところなり。満洲一般民衆の旧慣を一時に破ることを避け、民情に適合し、而も最も経済的に且つ合理的に幣制を確立するには銀塊本位制をおいて他に求むべからず。

第二　銀塊本位制とする理由

前章の理由により本位を銀に置くとして、何故銀貨本位とせず、又は銀為替本位とせずこれを併用する銀塊本位とするかを説明せん。元来支那民族は地銀価値に重きを置き、現銀の純分量に対する需給関係による実際相場をもととする貨幣観念を有す。さればその本位は必ずしも現大洋をもってするを要せず、要は銀の純分量による本位制を確立せば可なり。しかるに現大洋を本位とするにはこれが多額の鋳造を必要とすべく、しかも銀貨の鋳造費用たるや金貨鋳造に比し地金価値の低きだけ割高たるを免かれず。されば前述の如く必ずしも本位を現大洋に置き満洲にこれを普通的に流通せしむる必要なく、単に対外決済に地銀価値あるものをもって本位となすをもって足れりとせば、多額の現大洋準備を必要とする銀貨本位は不要の労費を重ぬるものと謂わねばならぬ。但し代表的貨幣なき不便を補い、又満洲農業開発の先駆をなす山東方面苦力の持帰る現銀の供給を要するをもって小口兌換をなすべく、そのため少額の現大洋を調達するを要すべし。これは輸入によるほか一部鋳造をもって現大洋兌換を行う所以とする。

第三　兌換を主として上海向為替により行う理由

一、支那全土の金融中心市場にしてその対外貿易金融の最後の決済場たる上海の地において為替兌換を行うこと、すなわち銀為替本位を樹立することは満洲の対支貿易殊に満洲土産物の需要多き南支方面向輸出金融に至大の便益あり。

二、第三国たる世界各金本位国間の為替決済市場として優越の地位に立つ上海に準備を保有することは、内地その他何れの金本位国にこれを保有するよりも金融上便なり。

三、上海の銀市場は屈伸自在にして、在銀高の増減により準備調達に決して支障を来すことなし。従って兌換準備銀を割合に節約することを得べし。

四、満洲開発には何れの国の資金流入も妨げざるが、特に支那本土の自由なる投資を招くこと必要なるが、そのためには上海に為替兌換の本拠を置くこと最も効果的なり。

五、現大洋及び規銀は支那本土の貨幣と称するを得べく、何時にてもこれが調達及び処分は自由なり、従って上海に為替準備を置くことは幣制の根本的改革の場合も、その目的を達するに頗る好都合なり。

六、外国たる上海に準備を有することの不安を感ずるものあるべきも、たとえ支那の銀輸出禁止に遭うも為替兌換によるをもって何等の不都合を来さず。

第四　準備制度に関する説明

一、満洲における通貨の季節的膨張並びに収縮は特産物の出廻期たる冬期と、夏期端境期とによって特に顕著である。最近二カ年間の統計によれば冬期における奉天省通貨の流通高は夏期閑散期に比し二割方膨張する。かかる満洲の特殊的経済事情に適応せしむるため、又最近世界各国の準備制度の趨勢に鑑み、比例準備制度を採用して通貨の調節を図らんとするものである。

二、全満において所要の兌換券額は実情に照し概略銀一億円乃至一億五千万円なり。仮りに冬期における新中央銀行の紙幣発行高を一億円とし、夏期閑散期に発行高が二割方収縮して八千万円に落込むものとし、通貨のこの季節的収縮が悉く兌換により行わるるものとすれば兌換準備率は冬期の六割（一億円に対する正貨準備六千万円）から夏期には五割（八千万円に対する正貨準備四千万円）に低落する。

三、比例準備制度の下に運用されている諸外国発行の経験によれば、兌換準備金は紙幣総発行額の四割以上を保有するをもって安全とするが如きも、遼寧四行号聯合発行準備庫の如きは七割の現金準備金を推《ママ》持しつつありたる事実を参酌し、兌換券に対する民衆の信用を繋ぐため、兌換準備を五割に推《ママ》持することが必要と思われる。

四、他国銀行に対する金銀預金を準備中に加えんとするは、最近における世界各国の準備制度における準備の意義拡張の趨勢に鑑み又銀塊本位制及び為替兌換の実際に適合したる方法と思料する。

第五　その他参考事項

一、市場に銀貨を流通せしめないことは幣制改革の場合に、これを回収し処分するの手数を省き、集中せる準備を直ちに適当なる時期に処分し得るの便がある。紙幣の回収取換等の手数は何れの場合にても免れないが、貨幣制度の根本をなす準備金の調達を市場流通の銀貨の処分に俟たなければならぬとすればその不便は甚だしい。

二、満洲支那において支那人が銀塊銀貨死蔵の風習あり、特に不換紙幣の流通はこの風を助長せしめたと観るものあれども、恐らくはこれは皮相の観察なるべく、彼等は資金を死蔵せんよりも、これを一種の信託式方法により、或いは自己資本として極力利殖せんとする習慣あることは、各種の営業組織及びその日常に照し明かなることと思料す。

三、支那人が銀貨、銀塊を重んじ紙幣を厭うという観察を下す者があるが、これは充分徹底した観察でない。彼等は銀貨、銀塊そのものすなわち固体を尊重するよりも、これが有する銀純分価値を重要視する訳である。従って完全にこの地銀純分価値を代表するならば紙幣と雖もこれを厭うものではない。信用ある鈔票、場合により金票、高値の場合における現大洋票の如きはその実例であり、奉天票と雖も公定相場において可なり自由な流通をなすが如きも一面右の事情を証するものと謂うことができる。

四、国内に二様の本位貨を認むることは不可能なるが故に満洲の本位貨は依然銀本位とす。但し朝鮮銀行金券は従来通り関東州並びに附属地における法貨として通用せしめ、自然の帰趨を観察し時期を見て金銀何れかに統一するを適当なりと信ず。

五、東三省官銀号と辺業銀行についての措置、目下両行共本店の統制下にある支店はその数少なく又その統制下にあるものと雖も正規に諸種の報告表を送附し来らざるが故に事変後開店の際における資産負債の現状を知ること困難なり。よって去る十月十五日開店前(九月十九日より十月十四日迄閉店せるにつき諸勘定残高に変化なし)の資産負債の状況につき添附書類をもって別途に説明せり。

以上の数字を以て推せば東三省官銀号及び遼寧辺業銀行は共に世上に噂せらるるが如き不良銀行にあらず。最もその資産殊に貸出金の内容を検討することなく軽々に判断を下すは早計たるを免れずと雖も、時局安定の後、官銀号はこれを政府の公金取扱銀行として健全に発展せしめ、機を見て官銀号及び辺業の両行を合併するか或いは辺業銀行の発行権を官銀号に譲渡せしめ、中国、交通両行の省内紙幣発行を禁ずるにおいては、始めて遼寧省において統一せられたる中央銀行を得べし。若しそれ今後遼寧省政府の実力進展と共に吉林省下の永衡官銀銭号及び黒竜江省下の黒竜江省官銀号を併合することを得ば、完全に東北三省における支那側金融の覇権を掌握し得べく、満洲における通貨統制のために只管望ましきところなり。

第三部　附属説明書

九月十八日現在東三省官銀号及び遼寧辺業銀行資産負債勘定内容左の如し。

第一　東三省官銀号

1　官庁預金三千百万元に対し官庁貸出三千三百万元を超え、相殺すれば二百万元以上の損失をなるも、当座預金その他の預金中にも公金に属するもの相当額を占むるが故に、若し官庁に対する貸借を無勘定とすれば差引利益勘定となるものなり。

2　紙幣発行高六千三百万元に対し預ケ金千八百万元、現金約八百万元の支払準備と概見し得べきも詳細は添附統計表に譲る。

3　預金中支払停止をなせるもの官庁預金の外に約四千五百万元あり。

4　貸出中欠損に属するもの、その他詳細は目下調査中なるも、何分債務者中に逃亡せる者もあり容易に判明し難し。

5　現金、預ケ金、銀行券の内訳は添附統計表による。

第二　遼寧辺業銀行

1　預金二千五百万元に対し貸出僅かに一千元なり。而もこの預金の九割迄目下支払を停止せり。

2　紙幣発行高千五百万元に対し預ケ金四百万元、現金（準備金を含めて）約七百万元あり。詳細は附属統計表による。

3　貸出の内容並びに欠損調は今後の調査に俟つの外なきも、本行は相当整然たる銀行の形態を備えたり。

4　現金、預ケ金、銀行券等の内訳は添附統計表による。

第三　附属統計表

付表1-1　東三省官銀号本店貸借対照表（昭和6年9月18日）（現大洋建単位1,000元）

金額	資産	負債	金額
1,704	営業用土地、建物、什器	払込資本金	283
3,946	付属事業出資金	諸積立金	4,475
21,049	付属事業貸出金		
39,765	本支店へ貸	各種紙幣発行高	62,435
33,452	官庁貸越	官庁預金	30,998
1,630	定期貸（信用）	当座預金	32,310
1,543	〃　〃（担保付）	特別当座預金	13,755
11,195	当座貸越（信用）	定期預金	2,705
835	農商投資（担保付）	同業者預金	4,520
2,229	滞り賃	預金手形	46
452	没収担保	仮入金	4,000
4,167	仮払金	仮受金	4,159
5,785	兌換（貨幣売買尻）	未払為替	22
18,390	預ケ金（銀行）	公金取立額	165
539	金地金		
7,033	有価証券	旧興業銀行債券利息	1
4,198	手許現金	前期利益金	1,836
3,500	四行準備庫券準備現銀（coin）	利益金	120
418	兌換券製造費		
161,830			161,830

付表1-2　東三省官銀号現金勘定内訳表（昭和6年9月18日）

種　　類	原　　幣	奉大洋に換算額	換　算　率
留紙幣	28,950,200.84	28,950.20	1,000(無価値)
現小洋	10,641.58	443,399.17	0.024
竜元	7,783	38,915	0.2
東銭	7,282.23	970.96	7.5
交通銀行現大洋期票	86	4,300	0.02(無価値)
現銀	414.84	29,361.43	0.014
△米弗	○ 1,958	279,714.28	0.007
△鈔票	196,291.97	9,814,598.50	0.02
十進銅元	33,900,000枚	16,950,000	2
哈大洋票（自行発行）	238,444.05	9,557,761.20	0.025
△金票(鮮銀券)	× 433,732.48	28,915,498.68	0.015
△現大洋(coin)	960,103.96	48,005,198	0.02
現洋本券（自行発行）	605,000	30,250,000	0.02
現大洋票（準備庫及び辺業銀行）	1,101,261.45	55,063,072.50	0.02
津本券（天津自行発行）	7,000	350,000	0.02
津大洋票（天津多行発行）	14,908.99	745,449.50	0.02(無価値)
奉小洋（票）（自行発行）	75,746.05	63,121.71	1.2
奉大洋（票）（自行発行）	9,387,894	9,387,894	1
合計（奉大洋）		209,908,475.12	
現大洋に換算		4,198,169.50	

註　×　金票現在の相場を現大洋100金票45とすれば、奉大洋換算48,192,500元となり記帳額より著しく増加す。

○　米弗の記帳額も時価によれば奉大洋換算435,000元見当となり、記帳額より著しく増加す。

要するに銀の下落により金の持において相当利益あり（金票、米弗合わせて約現大洋390,000元の利益）。

△　印発行準備と目し得べきもの……142,823,531.45

現大洋に換算…………2,856,470.62

付表1-3　東三省官銀号預ケ金内訳表（昭和6年9月18日）（各貨幣の儘）

種　類	金　額	相　場	奉大洋に換算額
中国銀行（哈大洋）	28,532.85	0.25	1,141,314
辺業銀行（現大洋）	421,747.08	0.2	21,087,354
△横浜正金銀行（鈔票）	S 6,967,737.74	〃	348,386,887
黒竜江官銀号（現大洋）	150,000	〃	7,500,000
△ National City Bank（金円）	G 1,000,000	0.15	66,666,666.67
△ 〃 〃（米ドル）	G 1,500,000	0.07	214,285,714.28
三畬桟（奉小洋）	1,363,342.12	1.2	1,136,118.43
吉林永官銀銭号（現大洋）	552,825	0.2	27,641,250
△朝鮮銀行（金円）	G 3,334,339.77	0.15	222,289,518
その他小口			
奉小洋	6.21	1.2	5.17
現大洋	134,040.36	0.2	6,702,018
金円	G 36,802.20	0.15	2,453,746.66
奉大洋	200,000	1	200,000
合計（奉大洋）			919,490,392.21
現大洋に換算			18,389,807.84
△印発行準備と目し得べきもの	（時価にて現大洋換算）		
鈔票	6,967,737.74		
金円（@50）	8,742,291.94		
米ドル（@30）	6,000,000		
	21,710,029.68		

註　記帳価格と時価とを対比して如何に金の買持において巨利を博せるかを知るべし。残高表上の兌換（貨幣売買尻）は金の処分によりて凡そ Cover し得べし。

付表1-4　東三省官銀号発行紙幣内訳表（昭和6年9月18日）

種　類	原幣金額
奉大洋票	1,034,866,460.50
奉小洋票	955,690.34
現大洋票	25,876,421.95
四行準備庫現大洋票	5,000,000.00
哈大洋票	13,556,927.22
現大洋に換算計	62,435,221.10

付表1-5　東三省官銀号銀行券支払準備金（昭和6年9月18日）

（現大洋に換算、単位1,000元）

区　分	金　額
手許現金中充当分	2,856
預ケ金中〃　(時価)	21,710
四行準備庫券準備現大洋　(Coin)	3,500
金地金	539
合計	28,605
辺業銀行より預かり分　(控除)	1,497
差引総計	27,108

註1　準備率、現大洋（準備券を含む）に対し　27,108÷30,876=88% 弱

註2　準備率、全部の紙幣に対し　27,108÷62,435=43% 強

註3　換算率（現大洋1元につき）

奉小洋票	奉大洋票	現大洋銭票	哈大洋票
60元	50元	1元	1.25元

註4　自行発行券を手許現金として所有せるにつき真の発行流通額は記帳発行額よりも少なし、故に真の準備率は一層高率となるべし、最も預金準備と見るべき現金預ケ金等をも悉く含めたる計算とす。

付表1-6　東三省官銀号借入金内訳表（昭和6年9月18日）（現大洋に換算）

借入先	金　額	
中国銀行（現大洋）	1,000,000	
交通銀行（〃）	1,000,000	
永衡官銀銭号（吉帖）	2,000,000	（吉帖　400,000,000）
合計	4,000,000	

付表1-7　各種紙幣月末発行残高表（手許現金として自ら保有した分を含む）東三省銀号

各月末	奉大洋票（匯兌券）	奉小洋票（奉天洋に換算）	哈大洋票	準備庫現大洋票	現大洋票	合計*（現大洋換算）
昭和						
4年 1	1,299,417,776.50	848,867.29	27,514,841.62			48,017,206.16
2	1,385,534,258.00	848,074.47	26,686,966.62			49,077,219.93
3	2,269,931,574.00	844,362.87	25,402,591.62			65,737,592.02
4	1,865,527,122.50	842,569.88	24,368,691.62			56,822,347.13
5	1,678,324,168.00	839,958.04	23,769,442.42	60,000.00		53,198,836.47
6	1,568,208,202.50	833,572.70	22,907,067.42	2,000,000.00		51,706,489.43
7	1,442,797,211.00	832,941.20	21,095,517.42	2,900,000.00		48,649,016.97
8	1,298,330,837.50	831,238.20	20,664,043.42	5,600,000.00		46,114,476.24
9	1,268,347,862.50	829,082.04	17,945,793.42	5,000,000.00		44,740,173.62
10	1,217,435,789.00	828,021.38	18,371,293.42	5,000,000.00		44,062,310.75
11	1,347,778,208.50	824,904.54	26,439,907.77	5,500,000.00		53,623,988.47
12	1,529,799,189.00	823,385.54	23,841,269.27	7,900,000.00		57,585,466.90
昭和						
5年 1	1,577,832,117.50	822,137.61	22,195,673.02	9,300,000.00		58,629,623.51
2	1,447,372,310.00	819,593.61	21,009,963.02	9,300,000.00		55,071,808.48
3	1,384,694,456.00	817,682.79	19,920,192.52	9,300,000.00		52,946,396.78
4	1,252,933,186.00	816,991.29	17,824,030.00	9,300,000.00		48,634,227.54
5	1,223,414,596.50	815,860.29	16,003,352.02	9,300,000.00		46,587,290.74
6	1,123,950,506.00	815,261.29	16,011,652.02	9,300,000.00		44,604,636.95
7	1,102,383,551.00	814,197.79	14,381,562.17	9,800,000.00	30,000.00	43,399,204.70
8	1,091,009,517.50	812,266.29	13,992,587.17	11,600,000.00	40,000.00	44,670,505.40
9	1,133,815,310.00	810,531.62	13,702,602.17	13,000,000.00	90,000.00	46,744,598.56
10	1,099,930,358.00	809,576.79	13,985,752.17	13,000,000.00	5,430,000.00	51,633,400.42
11	1,137,353,182.00	805,160.79	14,264,027.17	13,000,000.00	11,210,000.00	58,384,388.58
12	1,178,140,207.00	803,892.79	15,420,362.07	13,000,000.00	21,227,000.00	70,142,171.64
昭和						
6年 1	1,271,518,584.50	802,308.96	15,977,762.07	12,000,000.00	25,075,000.00	75,303,627.51
2	1,557,718,170.50	801,817.96	16,524,237.07	12,000,000.00	29,475,000.00	85,864,789.41
3	1,657,040,872.50	801,392.96	16,239,137.07	12,000,000.00	30,670,000.00	88,818,194.95
4	1,636,887,690.00	800,884.96	14,607,137.07	10,000,000.00	28,223,905.75	82,663,386.89
5	1,620,375,010.50	800,408.96	14,207,062.07	7,027,062.07	27,052,721.95	77,697,879.98
6	1,556,616,010.50	798,944.96	14,360,827.22	6,000,000.00	29,552,721.95	78,189,682.82
7	1,353,469,510.50	798,284.28	13,414,252.22	5,000,000.00	29,552,631.95	72,369,389.61
8	1,078,327,710.50	797,343.62	13,771,602.22	5,000,000.00	27,422,631.95	65,022,414.80
9	1,034,866,460.50	796,408.62	13,556,927.22	5,000,000.00	25,876,421.95	62,435,221.10

*｛奉大洋 50 / 哈大洋 1.25 / 四行現大洋 1｝＝現大洋 1

付表2-1　辺業銀行本店貸借対照表

（昭和6年9月30日）　　　　（現大洋建、単位1,000元）

金額	資産	負債	金額
264	営業用土地、建物、什器	払込資本金	5,250
571	付属事業出資金	諸積立金	1.365
1,714	特産事務所貸出	未払配当金	35
22,303	本支店へ貸	各種紙幣発行高	15,247
3,283	定期貸（信用）	定期預金	3,403
1,543	〃（担保付）	当座預金	18,796
3,538	当座貸越（信用）	特別当座預金	1,554
1,815	仮払金	仮受金	1,550
1,776	滞り賃	同業預金	994
141	没収担保	期限付債務	140
389	期限付債権		
		未払為替	82
250	兌換（貨幣売買損）		
4,597	預ケ金（銀行）	前期利益金	1,795
627	金地金		
802	有価証券		
1,412	手許現金		
4,258	現大洋哈大洋準備現銀		
87	損失金		
533	兌換券製造費		
50,211	合計	合計	50,211

付表2-2　辺業銀行現金勘定内訳表（昭和6年9月30日）

種類	原幣	現大洋に換算	換算率
△現大洋(Coin)		575,170.65	
△天津他行券	20,500	20,500	1
自行大洋券	190,544.30	190,544.30	
△他行大洋券	30,000	30,000	
奉小洋	125,954.55	2,099.24	60
他行哈大洋券	129,113.93	92,224.23	14
自行哈大洋券	70,180	50,128.57	14
△金票	16,905.06	28,175.10	6
△鈔票	422,768.50	422,768.50	1
直隷省鈔	9,274.93	9.27	1,000
		1,411,619.86	

△印　発行準備と目し得べきもの　1,076,614.25

付表2-3　辺業銀行預ケ金内訳表（昭和6年9月30日）

預ケ先	原幣		現大洋換算額	換算率
	幣名	金額		
東三省官銀号	哈大洋	4,728.81	3,377.72	14
△〃〃	金票	747,763.86	1,246,123.10	6
△〃〃	鈔票	1,605.56	1,605.56	1
〃〃	奉小洋	24,100.30	401.67	60
公済平市銭号	〃	481,741.88	8,029.03	60
△正金銀行	金票	27,380.60	45,634.33	6
△〃〃	鈔票	1,273,832.08	1,273,832.08	1
△朝鮮銀行	金票	1,069,249.97	1,782,083.28	6
△花旗銀行	〃	131,863.66	219,772.77	6
中国銀行息戸	現大洋		807.57	
中国国貨銀行	〃		131.45	
中国実業銀行	現大洋		5,056	
遼寧河北省銀行	〃		10,018	
			4,596,872.56	

△印　発行準備と目し得べきもの（時価にて現大洋に換算）
金票（@50）　3,952,336.18
鈔票　1,275,437.64
合　計　5,227,773.82
金買持の利益（約658,000元）

付表2-4　辺業銀行発行券内訳表（昭和6年9月30日）

種類	原幣	現大洋に換算	換算率
			現大洋1元につき
現大洋票	7,935,575.90	7,935,575.90	1元
哈大洋票	10,236,562.00	7,311,830.00	1.25元
合計		15,247,405.90	

付表2-5　辺業銀行準備内訳表（昭和6年9月30日、単位1,000元）

種類	金額
手許現金中充当分	1,077
預ケ金中充当分	5,228
準備金として保有分	4,258
金地金	627
合計	11,190

原大洋票のみに対する準備率　11,190÷7,935=141% 強
発行券全部に対する準備率　11,190÷15,247=73% 強

付表2-6　辺業銀行毎月末発行現大洋・哈大洋券内訳表
（自昭和4年1月～至昭和6年9月）

年 月 日	幣　種	金　　額	幣　種	金　　額	合　　計
4　1.31	現大洋	1,239,736.10	哈大洋	15,103,697	16,343,433.10
2.28	〃	1,280,336.10	〃	13,982,857	15,263,193.10
3.31	〃	1,278,190.90	〃	13,001,937	14,280,127.90
4.30	〃	1,043,190.90	〃	13,201,837	14,245,027.90
5.31	〃	940,833.90	〃	12,741,837	13,682,670.90
6.29	〃	1,500,833.90	〃	12,741,837	14,242,670.90
7.31	〃	2,659,834.90	〃	14,941,837	17,601,671.90
8.31	〃	4,394,834.90	〃	12,541,837	16,936,671.90
9.30	〃	6,873,222.90	〃	12,541,837	19,415,059.90
10.31	〃	8,825,222.90	〃	13,027,428	21,852,650.90
11.30	〃	10,626,890.20	〃	12,857,428	23,484,318.20
12.20	〃	12,001,290.20	〃	14,617,428	26,618,718.20
5　1.29	〃	12,658,602.30	〃	11,671,689	24,330,291.30
2.28	〃	12,425,780.90	〃	10,630,417	23,056,197.90
3.31	〃	12,274,372.90	〃	10,127,067	22,401,439.90
4.30	〃	10,835,723.90	〃	9,905,037	20,740,760.90
5.30	〃	11,768,973.90	〃	9,606,567	21,375,540.90
6.30	〃	13,306,884.90	〃	9,596,567	22,903,451.90
7.31	〃	13,374,096.90	〃	9,396,567	22,770,663.90
8.30	〃	13,874,183.90	〃	9,339,432	23,213,615.90
9.30	〃	14,520,753.90	〃	9,341,764	23,862,517.90
10.31	〃	14,352,322.90	〃	9,220,765	23,573,087.90
11.29	〃	16,053,353.90	〃	9,207,074	25,260,427.90
12.23	〃	19,032,733.90	〃	9,158,074	28,190,807.90
6　1.31	〃	18,921,097.90	〃	9,188,074	28,109,807.90
2.28	〃	18,638,063.90	〃	9,239,756	27,877,819.90
3.31	〃	15,844,422.90	〃	9,147,293	24,991,715.90
4.30	〃	12,633,492.90	〃	9,064,210	21,697,702.90
5.30	〃	10,818,650.90	〃	9,768,410	20,587,060.90
6.29	〃	9,482,790.90	〃	10,338,810	19,821,600.90
7.31	〃	8,229,262.90	〃	10,338,810	18,568,072.90
8.31	〃	7,933,940.90	〃	10,240,810	18,174,750.90
9.18	〃	8,005,775.90	〃	10,236,562	18,242,337.90

註　合計は原幣額のままパーで加算されている。

第三節　準備庫の解散と四行号の合併

満洲事変発生後四カ月を経過した昭和七年一月に関東軍統治部は幣制の統一、中央銀行の設立についての立案に着手し二月には成案を得て、三月十五日に創立委員長の外に九名の創立委員が任命され、第一回創立準備会議が開催された。ついで創立事務所を吉林永衡官銀銭号長春分号におくこと、創立委員の補助として創立準備員を設けること、中央銀行の創立に先きだち四行号連合発行準備号を東三省官銀号に吸収合併することなどが決定した。準備庫は、東三省官銀号、辺業銀行、奉天中国銀行、奉天交通銀行の四行号が加盟銀行となって、一九二九年に発足したが、資本金はなく、経費は加盟銀行の兌換券発行高に応じて負担する定めであった。

準備庫は省政府の許可を得て現大洋兌換券を発行したが、加盟銀行が準備庫から兌換券を受取り使用するときには七割の現銀と三割の保証準備を準備庫に引き渡すことを必要とした。中国、交通両行は国民政府所管の国立銀行であったため、新たに設立される中央銀行に合併することから除外された。したがってこの二行の参加している準備庫は新中央銀行の創立前に解散することが必要であった。準備庫の解散については遼寧四行号連合発行準備庫整理弁法が四月二十一日制定され、準備庫の発行した兌換券のうち、中国、交通両銀行の受領発行したものは、それぞれの銀行から、その領用金額に応じて東三省官銀号に現銀または東三省官銀号、辺業銀行の兌換券を支払うことを要請された。かくて準備庫は五月十四日に解散された。解散当時の準備庫券の発行額は、東三省官銀号領用分四百万元、交通銀行領用分七十三万五千元、中国銀行領用分五十万元、合計五百二十三万五千元であった。中国銀行は領用準備庫券五十万元に対し、その七割に当る三十五万元は現銀を、三割の保証準備部分十五万元については現大洋票を東三省官銀号に交付した。また交通銀行は領用準備庫券七十三万五千元に対し、七割に当たる五十一万四千五百元は現銀を、三割に当る二十二万五千元は現大洋と現大洋票を東三省官銀号に交付した。その結果東三省官銀号は準備庫券の全額について兌換義務を負担することとなり、中国、交通両行の領用準備庫券に対する兌換義務は終了した。辺業銀行は準備庫の加盟銀行となっていたが、実際上準備庫券を受領発行していなかった。

三月二十八日には財政部総長名で十六名の日本人側創立準備員と三つの省立銀行と辺業銀行別に合計二十二名の中国側準備員が任命されて、創立委員を補佐し、創立事務の進捗を図ることとなった。

五月六日に満洲国政府と朝鮮銀行との間に二千万円の借款が成立した。その後満洲中央銀行はこの二千万円を政府から借受けて発行準備に繰入れた。こえて六月十一日には貨幣法、満洲中央銀行法、同組織弁法が公布された。翌十四日には創立委員として五名が追加任命され、同日創立委員総会が開かれ、定款を決定調印し、創立総会は終了した。

六月十五日に満洲国政府は中央銀行の正副総裁、理事、監事を任命し、同日創立委員長は新任総裁に対し一切の創立関係書

第5-1表　旧四行号合併貸借対照表（昭和7.7.1）

借方 勘定科目	借方 金額	貸方 勘定科目	貸方 金額
① 未収資本金	22,500,000.00	① 資本金	30,000,000.00
② 公署欠款	73,476,735.19	② 発行紙幣	141,562,857.22
③ 定期放款	37,853,889.51	③ 公署存款	94,964,597.17
④ 活存透支	19,222,437.85	④ 定期存款	7,024,106.23
⑤ 附業放款	49,085,061.16	⑤ 活期存款	39,927,582.52
⑥ 他項放款	74,561,887.29	⑥ 雑項存款	5,931,384.57
⑦ 存放同業	45,732,946.29	⑦ 借入款	15,509,747.44
⑧ 未決算項目	20,723,824.94	⑧ 匯款	735,364.63
⑨ 兌換	1,100,933.91	⑨ 未決算項目	80,066,501.62
⑩ 保証支付抵件	3,525,809.57	⑩ 保証支付	3,525,809.57
⑾ 有価証券	16,459,318.95		
⑫ 生金銀	4,139,559.01		
⑬ 財産項目	20,161,138.76		
⑭ 現金	30,704,408.54		
合計	419,247,950.97	合計	419,247,950.97

註　満洲中央銀行組織弁法第11条による　B/S。

類を引きつぎ、ここに満洲中央銀行は成立した。同月二十八日には新旧通貨の交換率が財政部から発表され、新通貨国幣一円に対する旧銀行券十五種のレートがあきらかにされた。

昭和七年七月一日満洲中央銀行は本店を長春におき営業を開始したが、満洲中央銀行組織弁法要綱第五条によると、「東三省官銀号、辺業銀行、吉林永衡官銀銭号及び黒龍江省官銀号（以下旧行号と称す）は満洲中央銀行の開業と同時にこれを合併したるものとすること」と定められている。

また第十一条によると「旧行号は満洲中央銀行開業の前日営業締切をもって公定率により換算したる新貨幣単位の貸借対照表を作成し、満洲中央銀行に送付すべきこと、満洲中央銀行はこれにより、合併対貸借対照表を作成し、政府の許可を得てこれを公告すべきこと」を定めている。

満洲中央銀行は六月十五日に成立し、旧行号は七月一日附で合併されたものと定められているから、形式的には旧行号は、中央銀行へ吸収合併されたとも称し得るけれども、七月一日附で合併貸借対照表を作成し、政府の許可を得て発表すべきことに定められているところからみると、実質的には新設合併により、中央銀行は成立したとみるのが妥当であろう。組織弁法第十一条に基き作成された昭和七年七月一日現在の合併貸借対照表は第五―一表の通りである。貸方資本金は三〇、〇〇〇、〇〇〇円、発行紙幣一四一、五六二、八五七円に対し借方未収資本金二二、五〇〇、〇〇〇円、公署貸付七三、四七六、七三五円となっている。したがって七、五〇〇、〇〇〇円の政府資本

第5-2表　満洲中央銀行貸借対照表

資産の部（貸方） 勘定科目	昭和 7.7.1	昭和 7.12.31	昭和12.12.31	昭和16.12.31
1 現金預託金	80,576,914	74,935,678	200,272,792	185,446,895
2 有価証券	16,459,319	11,909,990	194,134,858	1,222,231,121
3 割引手形			9,833,832	410,164,818
4 貸出金	233,513,710	123,927,584	202,735,572	347,430,437
5 為替	92,857			22,062
6 他店貸		12,929,741	20,245,096	6,802,079
7 支払承諾見返	3,525,810	3,756,378	50,000	
8 仮払金	42,418,203	40,833,832	5,567,265	13,494,293
9 動産不動産	20,161,138	20,221,943	20,718,772	18,698,858
10 未払込資本	22,500,000	22,500,000	15,000,000	15,000,000
合計	419,247,951	311,015,146	668,558,187	2,219,290,553

負債資本の部（貸方） 勘定科目	昭和 7.7.1	昭和 7.12.31	昭和12.12.31	昭和16.12.31
1 預金	147,847,670	50,291,020	265,580,011	674,863,867
2 借用金	6,745,013	21,212,632	14,000,000	104,000,000
3 為替	735,365	1,335,561	9,005,051	24,807,364
4 他店借	8,764,734	53,761	823,042	13,361,327
5 支払承諾	3,525,810	3,756,378	50,000	
6 仮受金	80,066,502	52,137,590	37,006,878	57,780,431
7 紙幣	141,562,857	151,865,396	307,489,990	1,261,531,746
8 退職手当準備金				2,922,259
9 決算補整				3,292,798
10 資本	30,000,000	30,362,808	34,603,215	76,730,761
合計	419,247,951	311,015,146	668,558,187	2,219,290,553

註　昭和7.7.1現在の貸借対照表は旧四行号合併 B/S である。但し新設合併により満洲中央銀行が成立したとみるならば開始 B/S である。

の払込みが行われたわけである。

中央銀行は開業と同時に一旦旧行号の資産負債を包括承継するが、その内容を査定して欠損があるときは政府から補償を受ける規定になっている。組織弁法第十条によると「各旧行号より承継したる資産負債を精査し、欠損あるときは政府これを補償すること、右の資産の評価その他による欠損の査定は、満洲中央銀行の役員と政府任命委員とをもって組織する査定委員会がこれを行うこと」となっている。

その後昭和八年二月二十日に満洲中央銀行継承資産審定委員会官制が公布され、精査の結果欠損額は三千三百万円と査定され、同年四月二十六日の満洲中央銀行継承虧損補償公債条例により三千三百万円の補償公債が満洲中央銀行に交付された。その結果満洲中央銀行の資産内容は極めて堅実なものとなった。

満洲中央銀行の資本金については、満洲中央銀行法要綱第四条において三千万円とし、三十万株に分つことが定められている。満洲国政府は資本金の $\frac{1}{2}$ に当る

第6表　満洲中央銀行払込資本金諸積立金（単位円）

年　次	払込資本金(A)	諸積立金累計(B)	B/A × 100%
昭和7年末	7,500,000		
〃 8 〃	15,000,000	285,000	1.90%
〃 9 〃	15,000,000	777,000	5.18
〃 10 〃	15,000,000	1,380,000	9.20
〃 11 〃	15,000,000	2,080,000	13.87
〃 12 〃	15,000,000	2,880,000	19.20
〃 13 〃	15,000,000	3,780,000	25.20
〃 14 〃	15,000,000	8,000,000	53.33
〃 15 〃	15,000,000	16,000,000	106.87
〃 16 〃	15,000,000	28,000,000	186.67

第7表　満洲中央銀行旧紙幣継承額

紙幣名称	原幣		換算率国幣1円につき	国幣換算額(円)
	単位	継承額		
(1) 東三省官銀号兌換券（天津券を除く）	円	36,308,522.89	1.00円	36,308,522.89
(2) 辺業銀行兌換券（〃）	円	7,348,757.90	1.00円	7,348,757.90
(3) 東三省官銀号匯兌換券	円	949,673,135.50	50.00円	18,993,462.71
(4) 公済平市銭号銅元票	円	68,770,968.55	60.00円	1,146,182.81
(5) 東三省官銀号哈爾浜大洋票	円	14,567,990.82	1.25円	11,654,392.66
(6) 永衡官銀銭号哈爾浜大洋票	円	4,828,107.79	1.25円	3,862,536.63
(7) 黒竜江省官銀号哈爾浜大洋票	円	7,954,204.20	1.25円	6,363,363.36
(8) 辺業銀行哈爾浜大洋票	円	11,842,003.30	1.25円	9,473,602.64
(9) 永衡官銀銭号官帖	吊	10,310,251,331.97	500吊	20,620,502.66
(10) 永衡官銀銭号小洋票	円	11,849,286.06	50.00円	236,985.72
(11) 永衡官銀銭号大洋票	円	9,065,488.74	1.30円	6,973,452.87
(12) 黒竜江省官銀号官帖	吊	8,176,574,895.00	1,680吊	4,867,008.87
(13) 黒竜江省官銀号四釐債券	円	34,600,673.00	14.00円	2,471,476.64
(14) 黒竜江省官銀号大洋票	円	16,680,485.70	1.40円	11,914,632.64
合計				142,234,881.00

第8表　満洲中央銀行貨幣発行高及び準備高（単位1,000円）

年末現在	貨幣発行高			紙幣発行準備額		
	紙幣	鋳貨	合計	発行準備	準備率	保証準備
昭和(7.7.1)	(142,234)					
昭和7年	151,865		151,865	77,849	51.3	74,016
8 〃	129,223	2,169	131,392	67,567	52.3	61,656
9 〃	168,332	15,772	184,104	74,818	44.4	93,514
10 〃	178,655	20,284	198,939	92,230	51.6	86,425
11 〃	254,243	20,448	274,691	177,181	69.7	77,062
12 〃	307,489	22,420	329,909	208,096	67.7	99,393
13 〃	425,737	27,159	452,896	216,309	50.8	209,428
14 〃	623,621	33,724	657,345	323,987	51.9	299,634
15 〃	947,050	44,179	991,229	368,488	38.9	578,562
16 〃	1,261,531	55,498	1,317,029	441,505	35.0	820,026

第9表　東北の卸売物価指数

年次	長春(新京)	奉天	大連	天津	東京
昭和8年	100.0	100.0	100.0	100.0	100.0
9	92.6	95.1	102.2	91.3	99.0
10	103.4	104.9	106.9	94.8	103.0
11	106.1	108.9	108.4	109.9	109.6
12	125.1	126.8	124.8	129.2	132.7
13	149.6	146.1	151.4	167.2	140.0
14	181.3	183.5	192.2	248.6	154.6
15	224.2	226.3	247.7	439.6	173.4
16	248.2	250.6	250.7	495.9	184.0

千五百万円を引受け、政府引受額の1/2に当る七百五十万円の払込みを受けて開業したわけであるが、翌昭和八年七月一日に更に残額の七百五十万円の払込みを受けた結果、払込資本金は千五百万円となった。諸積立金は第六表の通り昭和八年末には二十八万五千円にすぎなかったが、昭和十六年末には積立金の累積額は二千八百万円となり、資産内容は堅実となった。

銀行券発行額についてみると第七表及び第八表のとおり満洲中央銀行が営業を開始した昭和七年七月一日現在の承継額は一億四千万円にすぎなかったが、同年末には一億五千万円となり、九年後の昭和十六年には十二億六千万円に増大した。

他方長春（新京）卸売物価指数についてみると第九表の通り昭和八年を一〇〇として昭和十三年には一五〇、昭和十六年には二四八へと上昇した。この期間における東京の卸売物価指数についてみると、昭和十三年には一四〇、十六年には一八四をしめしている。

第三章　鈔票発行禁止とその回収

第一節　鈔票の発行高の規制と特産物取引

鈔票は横浜正金銀行により発行された銀系通貨

第10表　鈔票の発行高とその相場

年次	鈔票発行高	鈔票相場（鈔票100円につき金票）	年次	鈔票発行高	鈔票相場（鈔票100円につき金票）
1907年	4,903千円	100.20円	1921年	1,037千円	104.80円
1908	3,999	85.30	1922	1,231	112.00
1909	2,856	83.40	1923	1,484	105.90
1910	3,604	87.00	1924	4,296	126.30
1911	7,198	86.80	1925	3.088	132.30
1912	3,439	97.90	1926	3,305	104.55
1913	4,049	96.90	1927	5,460	95.10
1914	2,984	87.70	1928	9,863	99.50
1915	3,535	81.80	1929	5,971	91.90
1916	6,885	100.20	1930	5,218	62.00
1917	3,074	125.50	1931	14,372	46.85
1918	2,366	150.50	1932	5,617	91.70
1919	2,938	181.70	1933	3,037	108.60
1920	1,761	167.70			

であって、その起源は日露戦争のときにさかのぼる。日本政府は日露戦争のために発行された軍用手票を整理するために横浜正金銀行に強制通用力を有する鈔票の発行権を与えた。日露戦争終結当時の軍用手票発行高は一億五千万円に達したが、満洲事変当時においてなお三十二万円の軍用手票未回収残高が存在した。大正二年には正金銀行は勅令によって金票をも発行したが、大正六年（一九一七年）に関東州内の金券発行権が朝鮮銀行に移管されてからは鈔票は関東州内では強制通用力をうしなった。これより先き満鉄はその運賃収入の建値を金建に改め、更に大正八年には運賃収入は原則として金票によることとし、銀通貨の受け入れを停止した。

右の通り鈔票は関東州内では強制通用力を失ったけれども、銀通貨使用の慣習を有している中国人側に愛好され、その後も依然として特産物取引の決済に利用され、あるいは大連・上海間の内国為替決済通貨として重視され、また中国側の省立銀行は発行銀行券の正貨準備として、鈔票勘定による預ケ金残高を正金銀行に保有した。大正十年（一九二一年）には大連取引所における重要物産取引について銀建取引を禁じ、これを金建に改めたことがある。当時満鉄は中国側の商慣習を重視し、銀建を認めることが妥当であるとの見解をとっていたが、大正十二年（一九二三年）には金銀両建取引が許可された。しかしその後の大連取引所の特産物取引は専ら鈔票建により売買され、全票建取引はおこなわれなかった。

鈔票の発行高は第一〇表にしめされているとおり、平年においては三百万円から四百万円の水準に維持されている。大正十年にはその発行高は一、〇三七、〇〇〇円という記録的収縮をしめしたが、満洲事変が発生した昭和六年には一四、三七二、〇〇〇円に膨脹した。

　第一〇表であきらかなように、発行銀行である正金銀行は鈔票の発行高を一定の水準以内におさえ、増大を避けた形跡がある。厳格な意味の鈔票の流通高は銀行券発行高に預金通貨の数量を加算して把握することが妥当であろう。預金通貨としての鈔票の蓄積量については、正確な統計資料を持ち合せていないが、旧行号が事変発生当時、正金銀行に保有していた預け金残高は第一一表の通り八二四万円であり、また抄票現物手持高は三六〇万円に達している。この外、内外銀行及び特産物を取引していた商社が正金銀行に有していた預け金残高も相当の数量に達していたであろうから正金銀行としては、上海に保有する現銀準備を顧慮しながら、鈔票発行高を規制したものであろう。

第11表　旧四行号鈔票保有高

昭和6年9月（10月）現在

銀行名称	正金銀行への預ケ金	鈔票現物手持高
東三省官銀号	6,967,737円	196,291円
辺業銀行	1,272,832	422,768
永衡官銀銭号	—	3,000,000
合計	8,240,569	3,618,059

　ブレトン・ウッズ協定は、国際通貨基金についての第七条において稀少通貨（scarce currency）について規定している。時代、場所、機構はことなるけれども、一九二〇年代から一九三〇年代の初期においては、鈔票は東北における稀少通貨の一つであったと言わなければならない。

　当時大連において特産物の取引に従事していた業者が、鈔票の入手、すなわち銀資金の調達にどれほどなやまされたか、次にその内情をあきらかにした大連三井物産の調査資料の概要を紹介しよう。この資料は、大連三井物産から満鉄調査課へ提供されたものであり、文中筆者とあるのは大連三井物産の支店長クラスの責任者であろう。この資料は『鈔票の本質』についての説明と、『銀融の困難な事情とその対策』の二部から構成されている。文中銀貨の調達のことを「銀融」とよんでいる。金融と区別するために銀融とよんだものであろう。

第一部　鈔票の本質

　現在正金銀行は、鈔票の発行を極端に制限しているために、鈔票建で売買される大連市場の特産物を取引する場合、銀貨の調達が意の如くならず、特産商としては多大の苦痛を感じている。これが解決策については後でのべることとし、まず鈔票の現状についてのべよう。

　現在の鈔票は、銀自体の価値の変動以外に鈔票だけの特異の価値の変動がある。しかもその特異の変動の幅がなかなか大きいので貨幣の基本的職能の一つである価値の不変（steadiness）という条件をかいている。これは是非とも匡正しなければならない。

　本元鈔票は円銀の兌換券として発行されたものである。円銀の重要は四一六トロイ・グレイン、品位は〇・九〇〇であり、その純銀量は三七四・四グレインとなる。上海両（テール）の一テールの重要は五六五・六九七グレイン、品位は〇・九一六六七、単位純銀量は五一八・五五五グレインである。したがって円銀百円は上海テールの七二・二〇〇六テールに相当する。

ところが上海テール建鈔票相場は昭和二年（一九二二年）一月末には七〇テールを下廻り六九・九〇テールに低落した。そうかと思うと一九二七年の夏には七四・二五テールまで上昇した。その値鞘は実に四・三五テールに達する。七二・二〇〇六テールをベースとすれば六%強になるが、このような変動はまだよい方であり、大正七年（一九一八年）には高値七一・六〇テール、安値六一・三〇テールを示現し変動率は一四%に達した。このようなわけで五%以上の騰落は毎年の例といってよい。たとえ世界市場の大勢に順応しないまでも、上海市場の動きにしたがって、大連の鈔票対金票が動くのはやむを得ないところであるが、鈔票自体について特異の動きがあり、それが年間五%をこえることは面白からぬ現象であるといわなければならない。

それならば正金銀行はどのような理由で、ほとんど極端と見られるまでに鈔票流通高を制限するのであろうか。これには上海における銀準備の保有量とか、その運用とかについて内輪の事情があるだろうが、要するに正金銀行は主として銀行自体の為替のオペレーション（鈔票対金票）のために鈔票を発行しているのであって、鈔票の発行によって適当の通貨を供給するという発券銀行本来の目的などは全く眼中にないとみて誤りはない。このような非常識な正金銀行のあり方について、乙竹前大連支店長に対し筆者はしばしば詰問したが正金銀行の幹部は乙竹前支店長から再三改正意見を出しても顧みなかったとのことである。忌憚なくいえば現在正金銀行の鈔票発行の目的は、これによって自らの「ポケット」をふくらます以外には、何の目的も理想もないものとみられるのである。

第二部　銀融の困難な事情とその対策

邦人特産商が有する資金は金資本であって銀資本ではない。銀貨をもたない邦人特産商が銀貨を入手するために通常とる手段は、まず大連の銭鈔取引所で鈔票の現物または先物を買うことである。ところが多くの場合市場が、いかにも小さくて現物はもとより、先物でも一時五〇〇、〇〇〇円以上の鈔票を調達しようとすると、相場を非常にあげでもしない限りなかなか買えない。特にわれわれのように鈔票建特産物の先物（大連重要物産取引所は三カ月先物まで取引がたつ）を買い、これに対する銀資を入手するために鈔票を買入れようとする場合、現在のように精々一カ月、多くの場合半カ月先物しか出来ない大連銭鈔取引所の取引は全く不便であり、損である。本来大連銭鈔取引所は三カ月までの先物取引の立会いが行われることになっているのに実際問題としては、前記のとおり三カ月はおろか、精々一カ月、多くの場合には半カ月以上の先物取引しかできない。したがって三カ月先の銀資が必要である場合には、やむを得ず半カ月先の鈔票を買っておき、期限が到来したときに銀を引き取って銀行に預けておくか、または取引所で先物に乗換えてゆくか、何れかにする外に途はない。ところが銀行へ預金すると日歩銀四厘の利子がつく。しかるに銀の先物を引き取るには金円を支払らわなければならない。先物を引き取るための金資金には利子を支払らわなければならない。仮りに日歩金二銭とすれば金円と鈔票とを等価として差引日歩一銭六厘の損となる。一カ月半とすれば百円につき七十二銭の損である。また次の先物へ乗換えるとすれば、普通鈔票一〇、〇〇〇円につき金円一五円の仲買手数料（鈔票一万円につき金円二円の信託会社手数料を含む）を負担しなければならない。要するに現在の銭鈔取引所では多額の銀資を入手しようとしても無理である。そこで鈔票の発券銀行である正金銀行へゆく。あるいはその他の市中銀行はどうかと言うかも知れないが、これはとても御話しにならない。金円は大体において融通がきくが、鈔票と来ては、全然話しにならない。なんと言ってもやはり正金銀行へ行く外に途はない。正金銀行から鈔票を入手するには二つの方法がある。

㈠は正金銀行と為替の約定をすることである。すなわち金円をもって鈔票を買取る。

㈡は特産物を担保にして銀資金を借り入れることである。

この二つが出来ない場合にはやむを得ず

㈢上海に、テール資金（Tael Fund）をつくり、（上海で銀両を借りるか、あるいは日本向の電信為替を売って）これに対し大連で上海向為替の直物を売ることである。通常これを匯申（ホイシン）という。すなわち上海テールを売って鈔票を入手するのである。

この外に鈔票を入手する方法はない。まず㈠からのべる。

正金銀行と鈔票買、金円売の為替約定をするについて、われわれにとり一番便利の点は銭鈔取引所のように僅かに十五日以上の先物が出来ぬというような窮屈のものでなく、或は二カ月或は六カ月先のものに対しても出来ることで、しかもそれがある一定短期間に Take up しなければならぬものでなくて、それより相当の期間を与えられ、その間何日でもわれわれの勝手に Take up 出来ることである。ところが正金銀行でも五〇〇、〇〇〇円以上の為替約定はなかなかやらぬ。やっても金額は小刻みにしてレートを、正金銀行に有利に、われわれに不利にする。大体において相場は正金銀行は割高である。それでもなお大口の約定はなかなかせぬので甚だ困る。やむなく銭鈔と Combin してやらねばならぬ。

一体倫敦向為替のごときに在りては各銀行共に金円の資金をわざわざ保持し居るがゆえに、各銀行間の競争は非常に激烈であって、貿易商としては此方なら取極め易く、且つレートも非常に勉強させることが出来る。現にロンドン向荷為替（Banks Buying）の商売においては正金銀行は到底香港上海銀行の敵ではない。香上の方が正金に比し円安ポンド高買をする、即ちポンドを高く買取ってくれる。まるで段が違う様である。ところが鈔票の為替になると正金銀行が銀票発行権を有するに反し、他銀行はかかる武器なき悲しさに如何とも競争の仕様がない。そして鈔票でなければ大連の特産物を買付けることが出来ぬ。われわれとして大口の金額になると正金銀行に拝む様にして鈔票の払下を願わねばならぬ様な次第である。そこで正金も合理的なレートで銀円を払下げてもくれず、銭鈔取引所でも手に入らぬ場合、われわれは如何にするか。まず前述㈡の方法の銀行から銀を借るか又は㈢の上海でテール資金を作ってこれに対し大連で匯申の直物を売り鈔票を得るより外に途なしである。まず(二)より述べよう。

正金銀行は鈔票を貸してくれるかというと、貸しはするがそれにはExport a/cという鈔票のExchange Contractを有する者に対し契約をTake upする迄貸すか或は特産物を担保に持って行けば貸してくれる。

Export a/cで借りるということはExchange Contractをしたから、これを引当に初めて貸してくれるのでExchange Contractなしには貸さぬ。この外には前記の通り特産物を担保に提供したとき貸してくれる。この外には正金銀行より銀円を得る方法はない。如何に確実な担保を提供しても貸さぬ。われわれが正金に金円の定期預金をなし此の証書にransfer Deed(譲り渡し証)を附して担保に入れても貸してくれぬ。たとえ金の棒を持って行って担保にしますからといっても断じて銀円は貸してくれぬ。一体何故にかくまで貸出をチビルのであるか。正金銀行としては鈔票を発行するについては、これに対する銀準備を要する。そして銀準備なきが故に鈔票を発行せぬ貸出もせぬ、というかも知れぬが、それなら正金銀行の発行している銀円の後には銀準備が発行額だけ、又は妥当な程度まであるものと解して差支なかるべきに、実際は如何であろうか。前に述べたように鈔票一〇〇円は七二・二〇テールでパリティに在るべきものが或時には六一テール迄下った。すなわち鈔票の価値が同じ銀のテールで計算して一五%以上も暴落したということは一体何を物語るのであるか。正金銀行にして妥当の銀準備をもっているなら、そこまで暴落する前に上海向「ホイシン」に売り向って、鈔票の価値を維持することにしたらいかなるものか。やらなかったのではなくて、出来なかったのではないか。結局貸出をチビル理由は他に求むる必要があるだろうと思う。いずれにしてもわれわれが銀を必要とするのは、単に特産物を買ってこの特産物を当地で銀で先物にして売った場合には、それだけの鈔票を売って置かねばならぬ。正金銀行が合理的なレートで銀の先物をわれわれから買ってくれればよいが、さもない場合には銭鈔で売らねばならぬ。それには期近の鈔票が入用となりこれを何処からか持って来なければならぬ。矢張り落着く処は正金銀行だが、正金銀行は前にいった様に絶対に貸してくれぬ。特産物の商売をする上において特産物を担保として銀円を貸してくれただけでは駄目である。それは(三)の上海でテール資金を作り之に対し大連で匯申の直物を売り鈔票を得る方法は如何というに、上海でテール資金を造ることは日本向けT.T.を売るか、或はそのような運用をやって為替をくぐるのが嫌なら、銀行からテールを借りたらよいが、ただ一番いやなのは大連と上海間の「ホイシン」すなわち鈔票対上海テールの相場が動くことである。両方とも同じく銀であるが、上海テールがCommon to allすなわち誰にでも門戸開放なるに反し、鈔票の方は大連の正金銀行が首玉を握っていて、他の者は如何ともすることが出来ない。せんじつめれば「ホイシン」相場は正金銀行の出様一つで如何にもなる。ただしこれには正金銀行が鈔票を濫発し、これに対し上海にテール準備なき時に発生するホイシン相場の下向を阻止することだけは如何な《ママ》正金銀行でも何ともの出来ぬという条件をつける必要がある。これには実に閉口する。要するに大連市場において大口の銀円を手に入れることが困難なる為、大連上海間の「**ホイシン**」が常に動揺極りなきにかかわらず、その間を操作して、上海市場から鈔票を得ている訳で、大連においてわれわれが手に入れる鈔票なる物の相当に大きな部分が実に上海筋の売に因るものなること、すなわち上海が鈔票供給の大なる根源地なることはよく銘記し置く必要がある。それでこれをして更に今以上に容易なる物たらしむる為には大連上海間の「**ホイシン**」のレートを或程度迄動揺のすくなきものたらしむる必要があると思う。結局鈔票の供給を潤沢ならしめ且つ鈔票自体の価値の変動を出来るだけ小さいものにする為に採るべき策としては大体次の二つにつきると思う。

(A)上海正金銀行に上海テール七二・二〇を差出した場合には大連において鈔票一〇〇を即座にくれる様に紙幣発行規則を変えること、すなわち**ホイシン**のレートの変動に対し一つの Checking Point を作ること。

(B)日本政府は今三千万円に相当する銀塊を持っている故、その全部又は一部を正金銀行にある条件の下に貸し出し、これに依り満洲における銀貸出の範囲を拡張すること、今のように特産物担保に限るというようなことにせず総ての商品其の他確実な担保なら何にでも貸せる様にすること。

(B)については別に説明を必要とせぬと思うが(A)の方は説明を要すると思う故大体を左に述べる。

正金銀行の銀円は要求払の約束手形であるが実際は大連で兌換を要求しても兌換はしてくれぬ。其の時の相場によって上海においてテールを渡してくれる事になっている。この兌換法則だけから行くと奉天票と異るところなしである。すなわち奉天票もまた満洲においては現銀と兌換せず、その時のレートにより上海において上海テールを渡すことになっている。なおこの点については嘗て米国商務省報告中に左の如く言っている。

Silver yen note is made to represent a coin that does not exist, can only be cashed in other currencies and if they are presented for payment at any of the offices of the Y. S. B. in Manchuria, in any great quantity a telegraphic transfer in Taels *or Dollars* on Shanghai *or other Port* is generally offered at the rate of conversion being of course settled by the Bank

大体このとおりである。但しイタリックの処は事実と違う。要するに兌換は銀票の発行地たる満洲においてせず上海においてする。そして銀円対上海テールの兌換率は其の時々の相場によるのである。この兌換を大連においてせず上海でやるのはよいとして、そのレートをその時の相場によるということが根本に不可なりと思う。何故一定の率にせぬか。既に銀円の銀量と純分が一定せられたものなる以上、その時の相場によるとは随分変な話で、貨幣として必要条件の一たる価値の基準たる要素を失っている訳で、この点は是非共一定の率に依ることにするよう変えねばならぬと思う。然るにこの点は敢えて要求はせぬとして、唯一つわれわれが要求するところは、上海においてわ

第12表　匯申相場）

（鈔票100円につき上海テール

年次	最高	最低	平均
	テール	テール	テール
1924	72.58	69.31	70.75
1925	71.88	70.10	71.28
1926	72.05	71.10	71.43
1927	74.14	70.56	72.32
1928	72.64	71.20	71.96
1929	72.51	71.81	72.17
1930	75.41	71.85	73.03
1931	74.44	71.60	72.60

註　匯申平価は円銀100円＝72.2006両である。

れわれが上海テールを提供した場合にはパリティの七二・二〇テールによって大連において銀票を渡して貰いたいことである。大連市場においても銀円が割高であるとか、または思う様に得られぬ場合には、われわれは上海において、日本向T/Tを売り、これによって得た上海テールを上海の正金銀行に提供して、大連において銀票を得る。かくして満洲というものが銀の市場においては田舎に隔離せられた一の地方市場たらずして大市場なる上海と結合せらるることとなり、しかも前述の方法により自由に銀円か得らるることになれば、完全なるリンクたるが故に大連は上海を利用し、上海は大連を利用する。かくして大連は東洋における第二の銀大市場たるに至るであろう。要するに満洲における特産物取引上より見、又銀円の流通発展上に横たわる各種障害打破の要諦は大連の銀市場の地方市場たる現状を打破して、これを上海市場にリンクさせる。しかもそのリンクは出来るだけ安全のものにさせる。そのリンクが完全に近ければ近いだけ理想の岸に近くなるということに在ると思う。

そして何故に正金銀行が前述の提案を受理しなければならぬかといえば、要するに左の理由で理論的には明々白々だと思う。

「われわれは日本銀行へ兌換券を持って行って「金」に兌換を要求してもこれを兌換してくれないが、併し逆に、金塊を提供した場合、それに対し兌換券をくれぬ場合ありや。正金銀行が満洲に流通する銀円の兌換を上海においてしている。しからばその上海において銀塊をわれわれが正金銀行に提供したる場合、これに対し大連においても銀円をくれぬという訳はどこにあるか」

大連三井物産の資料は以上でおわっている。この報告書で指摘している鈔票自体の特異の変動を具体的に表示するものは、間の**ホイシン**相場である。一九二四年から一九三一年までの八カ年間の**ホイシン**相場の推移をしめすと第一二表のとおりである。前掲英文の邦訳を次に示そう。

鈔票は実在しない鋳貨を代表させられており、その他の通貨への現金交換だけが可能である。また満洲内の横浜正金銀行の各店舗に支払のためいかに大量に呈示された場合にも、上海又は他の貿易港宛のテール或はドル表示電信送金為替が、正金銀行設定の引換相場で提供されるのが普通である。

第二節　鈔票の整理

鈔票の発行高は満洲事変の発生した昭和六年には千四百万円をこえたが、その後減少の一途を辿り翌七年には五百六十万円となり昭和八年（一九三三年）には三百万円へと縮少した。

鈔票がこのような推移をたどっているときに中国本土では国民政府の手によって、一九三三年に廃両改元が断行され、テールを廃止して銀元をもって幣制が統一された。このときに鈔票とテールとの関係はおわりを告げたが、一九三八年には中国本土の法貨である法幣は一シリング二ペンス半の割合で英ポンドにリンクされた。一方東北においては一九三五年（昭和十年）に国幣・金票の等価が実現し、昭和十年十一月満洲国財政部声明と日本政府の声明が発表され、国幣を日本通貨に対し等価で結合する方針があきらかにされた。昭和十一年には大連における銭鈔取引は激減し衰退の一途をたどり、また鈔票の預金通貨としての使命も、鈔票が銀通貨としての特色を失い本質的には銀と遊離していたために終を告げた。かくて鈔票の存在する理由は名実共に失なわれたので、昭和十一年九月二十二日付勅令第三三五号をもって横浜正金銀行は関東州、満鉄附属地及び満洲国の行政権の下にある地域においては同年十月一日以後銀行券の発行を禁止されることになった。同時にこれらの地域で発行された鈔票については正金銀行は各店舗において朝鮮銀行券又は貨幣法による貨幣により等価で引換えることを命ぜられた。また鈔票建による貸借は等価をもって金円勘定で決済し得ることとされた。鈔票の発行禁止についての勅令をしめすと次の通りである。

関東州などにおける横浜正金銀行券発行禁止に関する件

（昭和十一年九月二十二日勅令第三百三十五号）

第一条　横浜正金銀行は関東州、南満洲鉄道附属地及び満洲国の行政権の下に在る地域においては銀行券を発行することを得ず。

第二条　関東州、南満洲鉄道附属地及び満洲国の行政権の下に在る地域において発行したる横浜正金銀行券は前記の地域に在る横浜正金銀行の各店舗においては百円につき百円の割合により朝鮮銀行券又は貨幣法による貨幣に引換ゆべし。

第三条　横浜正金銀行の関東州、南満洲鉄道附属地及び満洲国の行政権の下に在る地域において発行したる銀行券をもって支払わるべき債務は前条の割合により朝鮮銀行券又は貨幣法の貨幣をもって弁済することを得。

附　則

本命は昭和十一年十一月一日より施行す。

この勅令の施行によって鈔票の新規発行は禁止され、等価をもって金円で回収されることとなり、かくて鈔票は関東州を含む東北全土から姿を没することとなった。

注　匯申は hui shen と発音する。匯は為替のことであり、申は上海の別名である。鈔票を対価として大連でおこなわれた上海テールの為替取引のことである。

第3部——思い出・著作目録・略歴

父の思い出

南郷みどり

はじめに

父の思い出を記す前に、父の遺稿集の出版にあたり一方ならぬご尽力をして下さいました早稲田大学教授小林英夫氏、国文学研究史料館助手加藤聖文氏にこの紙面を借りて心からの謝辞を呈します。

遺稿集の出版を勧めて下さったのは小林教授であり、加藤聖文氏にはご多忙中を日誌の解読と起稿校正にお骨折り頂きました。

また出版にあたり協力頂いた、社会評論社の新孝一氏に対しても謝辞を申し上げます。

父が他界して数年たってから、母が、父は生前自分の論文を出版したいと語っていたと話してくれました。私も気には留めておりましたが父の遺稿を調査する時間的余裕もなく歳月が過ぎました。

この度父の遺稿を出版するに当たり、改めて父の著作を点検しました。その中から本書には「東北の通貨」を掲載することに致しました。これは『産業経済研究』第一六号（一九五九年五月、久留米大学産業経済研究所発行）に初めて発表したものです。その後加筆し『東北の通貨』『東北の通貨（二）』（一九六一年）として小冊子で大学より出版しております。

『東北の通貨（二）』の第一章には満洲事変前、満鉄の鉄道収入が減収し社員の給与が昇給停止された期間があった挿話、中国側発券銀行が満州事変発生を全然予期していなかったとの推測の記述があります。第二章には貨幣法の草案を起草された安盛松之助氏の挿話、為替兌換の実施を力説された首藤満鉄理事の起案になる「満洲新貨幣制度についての意見書」とその「付属説明書」の転載と挿話があります。大竹慎一「旧植民地通貨金融工作聴き書」（語り手—吉田金雄）と併読されると研究のお役にたつかもしれません。吉田金雄氏は『満州通貨金融方策』を編纂された方であります。

『満州中央銀行史』が一九八八年に刊行される際に執筆者の一人武田英克氏から母に資料貸与方の要請があり、本論文と日誌その他をお貸ししました。『満州中央銀行史』には論文からの引用があるかもしれません。

父の日誌の発刊については父の意に叶うのかわかりません。またお貸しした分の未返却分があり、従って一九三四年一〇月〜一九三五年三月と一九三五年九月〜一九三六年八月は欠如しております。

私の母方曾祖母は西南の役の時、村を通過する官軍が彼女の頭を撫でてくれた話をしてくれました。祖母は日清戦争から帰還した従軍看護婦の行進や、日露戦争戦勝祝いの提灯行列の話をしてくれました。彼女達はつい先日の事のように情景を語るのに、聞き手の私には遥か昔の話に思えました。私にとって昭和初期はつい昨日のように思えます。

歴史は日々風化して行くものです。一世紀も経つと日本人による満洲経営も人々の記憶から消え去ってゆくでしょう。後世の人々が二〇世紀の満鉄社員の暮らしを知りたい時に、父の日誌がその役にたつかも知れません。

唐詩選と父

父龍音は唐詩選が好きで唐詩選の中の有名な詩はたいていい諳んじていた。

中でもよく口にしていたのが劉庭芝の『代悲白頭翁』（白頭を悲しむ翁に代わって）であった。人生のうつろい易さを嘆く詩である。

父はこの詩をよく中国語で「洛陽城東桃李花……」と詠った。

洛陽城東桃李花　洛陽城東　桃李の花
飛来飛去落誰家　飛来たり飛去って誰が家にか落つ
洛陽女児惜顔色　洛陽の女児　顔色を惜しみ
行逢落花長嘆息　行ゆく落花に逢って長く嘆息す
今年花落顔色改　今年　花落ちて顔色改まり
明年花開復誰在　明年　花開いて復た誰か在る
已見松柏摧為薪　已に見る　松柏の摧けて薪と為るを
更聞桑田変成海　更に聞く　桑田の変じて海と成るを
古人無復洛城東　古人　洛城の東に復る無く
今人還対落花風　今人　還た落花の風に対す
年年歳歳花相似　年年歳歳　花相似たり
歳歳年年人不同　歳歳年年　人同じからず
寄言全盛紅顔子　言を寄す　全盛の紅顔の子
應憐半死白頭翁　應に憐れむべし　半死の白頭翁

私は一九八〇年代に七年間北京に駐在していたので洛陽には三度訪れた。洛陽は唐代から牡丹の名所である。今も四月になると牡丹園で華麗な花を鑑賞できる。春には桃李や桐も花が開く。九王朝が洛陽に都をおき、国都であった期間は通算九三〇年になる。詩の背景を実感できるのである。

父は夜空を眺めると「月出於東山之上、徘徊於斗牛之間。白露横江、水光接天。」とよく宋代の詩人蘇軾の傑作「赤壁賦」

も口ずさんだ。

父はこれらの詩や賦を好んだが、だからといって虚無的な人ではなかった。

クールで論理的、客観的な判断をする人であったし、温厚な努力家でもあったと思う。父から怒鳴られた記憶はない。

私は四人兄弟であるが、父が子供に仕事を依頼するときはいつも私が指名された。私が拗ねて、他の兄弟に頼んでと言うと、「お前は兄弟の中で一番能力があるから頼むのだ。能力のある者はやらなくてはいけない。もしお前が厭ならお父さんがする。」と叱責された。でも声を荒らげる人ではなかった。

父が私に教えた言葉は「誠実であれ」「人に尽くせる期間は短い。出来るときに人に尽くしなさい」であった。私はこれを人生の指針にしている。

父は一〇歳の時に母チカを亡くして寂しかったせいか、家庭を大切にする人であった。

父の趣味

父の趣味は囲碁と数学である。

彼は独身時代に尺八を習っていた。南郷笙咲の名で上田流の免許を持っていた。遺品の中に尺八がある。私の子供の頃は「越後獅子」や「六段」などを時折吹いていたが、戦後は全然吹かなかった。

囲碁は日本棋院から素人二段を貰っているほど好きで一生楽しんでいた。

数学は独学で楽しんでいたが特に統計学を勉強していた。日誌の記述によると、各種の通貨統計をとっているし、公債政策と低金利政策の相関係数を求めている。大竹愼一「旧植民地通貨金融工作聴き書」には父が「同文書院時代から銀相場の季節変動を調査していた」と吉田金雄氏が述べておられる。

父は若い時、会社を辞職して大学に再入学し物理か数学を専攻したいと考えていた時期があったと母が語った事がある。

父の書棚にはケインズの経済学書などと並んで微積分、統計学、幾何学の参考書に『カジョリ初等数学史』や野尻抱影の天文学書数冊などが並んでいた。父は自然科学が好きであった。

私の星座の知識は、すべて父から教えられたものである。当時の大連では星がよく観察できた。夏の夜空を飾る赤いさそり座のアンタレス、鷲座の牽牛、琴座の織女など確認しやすい星座の名は全部父に教えてもらった。星座の名称はギリシャ神話からの引用が多い。それで父が語ってくれる物語もギリシャ神話が多かった。空高く飛びすぎて、翼の蝋が太陽の熱で溶けて海に墜ちたイカロス、クレタ島のラビリンスに閉じ込められた人身牛頭のミノタウロスなどである。

一緒に入浴する時に風呂の湯が溢れると、私はアルキメデスの原理の話を何回もねだったものである。アルキメデスが浴場で浮力を思いついた時、「解った、解った」と叫びながら裸で町中を歩いた話である。

父は私が五歳の頃に、円周率を教えてくれた。別に英才教育をしたわけではない。イソップの寓話を語ってくれるのと同じ延長線上だった。大きさの違う湯呑みや茶筒を並べて、紐でその周囲を測ってみせ、その紐の長さで直径を測ってみせたのである。そうして、円の大小に関わらず円周が直径の三倍より少し大きいことを実験してみせてくれた。そうして円周率が三・一四一六と教えてくれた。芝生町（現大連市擁警街）に住んでいた六歳の時に、父はまた同じ実験をしてくれた。三・一四一六は暗記させられたが、小数点の意味を理解していたわけではない。

私は後年大学で数学を専攻しコンピュータのソフトウェアの技術者になってしまった。戦後、我が家は奨学金も家計に入れるような困窮した生活だった。それで学費が少なくてすむ数学を専攻したのだ。でも少しは父の影響があったのかもしれない。

父は体質的に酒が飲めなかった。彼の兄弟は皆下戸で酒を嗜まない。

昭和初期

私が物心ついた頃の大連の街は帝政ロシア時代の建造物が多かった。街を囲む山々には狼や山犬が住んでいると聞かされていた。山の方から遠吠えが聞こえてくると恐ろしかった。町外れの原野は住宅の建設を予定して一応側溝のある街路で区画整理されていたが、まだこじんまりした港町であった。初夏五月半ばから六月にかけては、街路樹のアカシアが咲いて甘い香りが街中を包んだ。

私が誕生した一九二九年に一家は大連二中近くの水仙町（現記念街）に住んでいた。

この年の九月に父の継母キノは男子三人を残し他界した。キノは死の床で父に二番目の弟睦男を託したという。当時中学一年生であった睦男は父に引き取られ大連二中に転校した。中学三年の時に水泳部で泳ぎ過ぎ、過労から脚気になり心臓に不調をきたした。それで静養のため、温暖な郷里に帰された。父は睦男が長崎高商を卒業するまで学資を援助していた。

父は金銭にはとても淡白であった。私には「金銭に欲を出すと判断を誤る。金銭に欲を出すな」と教えていた。それで、父が当時の日誌に食事代金などを細かく記してあるのは意外であった。几帳面さの表れであろうか。

私が二歳半の一九三一年九月に満洲事変が発生している。この頃父は出張が多かったようである。関東軍が回収した中国側銀行の資産調査であった。母は、父の不在中に万一治安が悪化した場合を懸念して、すぐ近所に住んでいた後藤英男氏宅まで、毎日、私を使いに行かせ道順を覚えさせていたそうである。日誌中にも記述してある後藤氏と父は同窓で、夫婦共々親友であった。後藤氏は満洲事変後満鉄を辞し官吏になられた。

彼は終戦前に安東（現丹東）市長に就任されたが、現地で銃殺されたそうである。平島敏夫氏の『楽土から奈落へ』に記述がある。遺骨は戻っていない。国から後藤氏死亡の通知があってから郷里で葬儀が行われた。父は葬儀委員長を務めた。後藤氏夫人芳子さんは平島氏の従兄妹である。芳子さんの兄嫁は母の妹みづのである。私と後藤家の子女とは今も親

右から龍音、みどり、初音、抱かれているのは耕造。（1934年4月22日、土田写真店にて）

交がある。

満洲事変の翌一九三二年一月に東北の幣制統一と満洲中央銀行設立方針の立案が満鉄調査部の安森松之助氏と龍音に委嘱された。新貨幣制度に関する詳細は『東北の通貨（二）』に記述してある。生前父は「銀本位制の採用には関東軍がなかなか同意しなくてね」と私の弟耕造に語った事があったという。

一九三二年にリットン調査団が満洲を調査した折には、父も直接リットン卿に説明したと聞いているが、内容については知らない。

弟が病弱で入院することが多かったので四、五歳の頃私は父と過ごすことが多かった。一九三四年当時は丘の麓にある文化台（現青雲街）に住んでいた。すぐ近所に甘粕四郎氏（甘粕大尉の弟）の家があった。朝起床すると父は私を伴って丘を登り散歩をするのが習慣であった。丘の上には中国人の学校（多分光風公学堂）があった。時を告げる鐘が鳴るのを聞きながら校庭を眺めて通ったのを思い出す。大連には公学堂と呼ぶ中国人学校が一〇校近くあった。満鉄は中国人の子供の基礎教育にも熱心であった。

中央公園（現労働者公園）から老虎灘街道（現解放路）を

南に老虎灘に行く途中には苺園があった。桃源台から西の海岸傅家庄に行くのに狭軌の鉄路上を乗合馬車が走っていた。途中には林檎園があって、休日にはピクニックに行った。

一九三四年四月二二日の日誌に于右任（右有仁は記述ミス）の字を鑑賞する記述があり四月二八日には榮原氏に書の取次ぎを依頼する記事がある。この時の依頼者達は父を除いて皆絹地に揮毫してもらったそうである。父だけは和紙に揮毫してもらった。後になって絹地にすればよかったと思ったそうであるが、虫に食われやすい絹でなくて幸いであった。我が家にはその于右任の書が今も残っている。

白砂の海岸星ヶ浦（現星海公園）の西に大小の黒い岩が横たわる黒石礁がある。星がたくさん落下して黒い岩になったと伝説のある海岸である。その西には松林が続き薬師如来を本尊とする凌水寺があった。ここには現在、大連理工大学がある。私は一九三四年四月八日の日誌に記してある凌水寺ピクニックが楽しかったのを記憶している。この時中島氏の令息明さんも同行しており、松林の中で皆がすきやき鍋を囲んでいる写真は今も手元にある。

リゾート地でもあった大連は、現在では建造物が増え、山も崩されて緑も少なくなり、かつての面影はない。

母の言によると満鉄は夏時間を採用していた時期があり、社員は三時に退社していた。

夏になると時折、早く帰宅した父と共に一家は星ヶ浦の霞半島に行き夕食をとった。茣蓙と握り飯をもって、まだ太陽が高いうちに出かけ、日が落ちるまで海浜にいた。帰る時にはいつも明るい月が出ていた。

父親の職住が接近していて、一家が揃って夕食がとれるのは幸福この上ない。

思えば盧溝橋事件が発生するまでは、日本人は家族と会話をする時間がたっぷりあった。良い時代であった。

私が小学校に入学する一九三六年頃には満鉄社宅が次々と建設されて、街は広がっていった。

一家は芝生町の新しい社宅に移りすんだ。近くの芙蓉町（現連合路）には吉田金雄氏が住んでいられた。吉田氏が父君丹精の懸崖の菊鉢を持参され、父が喜んで玄関に飾ったのを覚えている。終戦時、吉田氏は北京に単身赴任していられ、留守宅は新京（現長春）にあった。当時新京にいた私の両親は吉田家の留守宅を心配して、安否を尋ねにうかがっている。

現在、吉田家の墓所と父の墓所は同じ鎌倉霊園にある。吉田氏は生前、毎年父の命日には墓参にいらして下さり、墓前で読経をあげて下さった。その後はいつも小町通りの大繁で吉田氏、母と私は食事を共にした。その折に旧植民地通貨金融工作について大竹慎一氏と吉田氏の座談会があった事を語られた。「自分がもっとも不遇な時にした仕事が、たった一つ後世に残るものになりました。人生とは判からないものですね」と『満州通貨金融方策』の編纂について言及された。後日大竹慎一著『旧植民地通貨金融工作聴き書』（語り手：吉田金雄）のリポートを送付して下さった。

父は一九三七年二月から一二月まで「欧米に於ける通貨金融制度と金銀塊取引事情調査研究」のため欧米諸国に出張している。満鉄理事阪谷希一氏の推薦ときいている。

父が洋行している間、一家は郷里鹿児島に居を移した。父が帰国してから、また大連に移住した。その時の社宅は南山麓にあった。南山麓の坂道を北に下ると私が生まれた大連医院（現鉄路医院）があり、春になると生垣は黄色の迎春花で彩られた。一九八〇年代の春に大連を訪れたとき医院の庭にはなつかしい迎春花が咲いていた。南山麓は『アカシアの大連』の清岡卓行氏も住んでいた所である。

一九三八年に父は新京の満州重工業に赴任した。

一九三九年の七月二八日の夜、大連の留守宅に戻った父は弟と私を伴ってヤマトホテル（現大連賓館）の屋上に連れて行った。火星が地球に最接近したので観察させるためであった。当時ホテルでは夏になると屋上に納涼のためのサマーガーデンを開いていた。アイスクリームを食べたあと親子は双眼鏡で夜空を眺めた。

その後一家は間もなく当時の首都新京に移り、父は多忙になり、星空を眺めて親子で語ったのは戦前ではこれが最後であったように思う。

一九六六年七月二五日に両親と私は阿蘇内牧温泉に行った。夜空は満天の星で、銀河に白鳥が輝いていた。親子で久々に星を眺めた。父が「月明星稀烏鵲南飛」と詠じた。久しぶりの「赤壁賦」であった。父は六五歳、私は三七歳になっていた。

満洲産業開発五ヵ年計画

一九三六年に満洲産業開発五カ年計画の具体案作成が満鉄経済調査会に委嘱された。有名な湯崗子温泉の会議に父は出席している。

父が湯崗子温泉に出張したのを今も記憶しているのは、白い箱に並んだ温泉玉子を土産にもって帰ったからである。殻の先端を匙で割って、食塩を振って、食べ方を教えてくれた。父は湯崗子から二回温泉玉子の箱を持ち帰ったと記憶している。

星野直樹氏の『見果てぬ夢』に湯崗子会談が掲載されている。それを読むと満洲五カ年計画資金計画試案に関する記述がある。

満洲五カ年計画の資金計画案の立案者は吉田金雄氏であり、吉田氏の『ささやきの半生記』には当時のことが記述してある。星野氏はご自身の五カ年計画の資金計画試案を父に見せたところ「南郷君はこれをみてほとんど狂喜した」と記述されている。私は父が狂喜するさまなど生涯を通じて一度も見た事はない。父は沈思黙考タイプで喜びをすぐに表わす人ではなかった。だからこれは星野氏の記憶違いとしか思えない。父は星野氏の著書を読んで「あれは違う」と弟耕造に言った事があるそうだが、それが何を指しているのか、残念ながら今となっては判らない。

満洲産業開発五ヵ年計画の結末については満洲重工業総裁だった高碕達之助氏の『満洲の終焉』に記述してある。私は若い時に読んでいたが今回改めて読み直した。この文章を記述するにあたり、私は十数冊の関連文献に目を通した。回顧録の中では高碕氏の本は出色だと思った。多くの貴重な数字が引用されて、それが文章の裏づけとなっている。論理的である。

計画というものは実現可能なものでないと意味はない。産業開発五カ年計画を再構築して実現に導いた経営者が高碕氏である。氏は満業の過剰人員をリストラで三分の一に削減しているし、満洲炭鉱理事長の河本大作元大佐も経営者としては不適任と首にしている。

高碕氏は一九五二年発足の電源開発㈱初代総裁であった。日本の従来の土木建築工法を根本的に変えて佐久間ダムを完成させた企業家である。私は二〇世紀を代表する日本の企業家の一人だと思っている。

日本人による産業開発五カ年計画の成果は敗戦で終焉した。だが戦後現地に留用された日本人技術者は現場で中国人の技術者、労働者を育成した。それはその後の中国で基礎産業の発展に大きな貢献をしている。その例をあげてみよう。

中国の第二次五カ年計画は一九五八年に始まった。一九五八年の大躍進運動の時代に東北地方（旧満洲）の技術者や労働者は中国僻地に移住させられたと聞いたことがある。彼らが中国の重工業建設に果たした役割は大きかった。

一九八二年夏、私は新疆ウイグル自治区のウルムチに観光に行った。バザールの入口で友人を待っている時に「日本の方ですか？」と六〇歳位の中国人女性に声をかけられた。きれいな日本語だった。彼女は技術者の夫と共に東北の長春から当地に大勢の仲間と移住させられたと語った。「新京（長春）では日本人の家で女中をしていました。奥さんが日本に帰るときに、茶箪笥をくれました。ここに来るときにも持って来ました。今も家にあります。」と懐かしそうに話した。「私達がここに来た時は、この辺は砂漠でなにも無かったのですよ。テントで暮らしながら建設をしました。私の家はあのアパートです」と近くのビルを指差した。

ある年の国慶節に休暇を利用して内蒙古に旅をした。李白が「今日漢宮人　明朝胡地妾」と詠んだ王昭君の墓のあるフホホトを観光し、更に奥地の包頭にも行った。フホホトのガイドは蒙古人で日本語はしゃべれず中国語で案内してくれた。包頭の駅では初老の男性ガイドが私を待っていた。達者な日本語をしゃべった。彼は東北の鞍山の製鉄所で働いていたと語った。鞍山から大勢の技術者と共に包頭に連れてこられ、鉄鋼コンビナート建設に従事させられたそうである。包頭市西部の大草原で建設が開始されたのは一九五七年であった。

王翰の詩「葡萄美酒夜光杯」で有名な夜光杯の産地酒泉から三〇キロの地に嘉峪関がある。嘉峪関は万里の長城最西端の関である。井上靖の「敦煌」の映画にも出てくる。酒泉を訪れた折に、このシルクロード沿いの嘉峪関市には三万人の技術者労働者が東北から移住させられたと聞いた事がある。ここには西北最大の鉄鋼コンビナートがある。

甘粛省は石炭、鉄鋼を産出している。南西に走る祁連山脈は豊富な地下資源を埋蔵している。でも残念なことに社会主義計画経済では質より量が重要視されてしまった。周恩来首相の招待で一九六〇年秋に中国各地視察した『高碕訪中団』の報告書などにも、これが指摘されている。この頃、日本の生産現場ではQC（quality control）やOR（operations research）が検討され始めている。

一九五九年以降、中国は自然災害、ソ連の援助打切り、文化大革命と一九七八年までは政治も経済も混乱が続いた。実態は知らないがそれでも第三次五カ年計画、第四次五カ年計画……と実施されていった。

私は一九八一年から一九八八年まで北京に駐在した。私が着任当初に驚いたのは、どこの職場でも勤務時間内というのに従業員が働かないで遊んでいる事であった。新聞や雑誌を読んでいる者、ピンポンをしている者等々、働いているのは三、四人の責任者だけであった。文革の後遺症で、批判を恐れて誰も責任をもって働こうとしなかったのである。それに文革期の一〇年間は中国の教育事業は壊滅状態にあった。

私は社会主義計画経済という言葉をはじめて知った。社会主義計画経済は需要予測も品質管理も在庫管理も必要がないのである。生産現場では国家計画委員会が割当てる生産目標を達成さえすればよかった。賃金は平等、倉庫は粗悪品の山、生産割当てを達成すれば休業というのが実態であった。

だがこれを笑うことは出来ない。『満洲の終焉』を読むと、経営者が軍人であった当初の満洲飛行機では計画すらなく、原価計算も定かでない乱脈経営だったようであるから。

敗戦の年

敗戦の日から日本に引揚げるまでの事は思い出したくない。心に残る古い傷の瘡蓋を剥がすようで、心が疼く。

一九四二年には母と私、兄弟は郷里の鹿児島市に住んでいた。日本の戦局は年を追う毎に悪化していた。一九四三年初頭から父は北京に単身赴任し北支那製鉄に勤務していた。この時期、満洲重工業にいた奥村慎次氏、酒家彦太郎氏、中山國男氏が一緒だった。日本製鉄の委託で北京西郊の石景山に製鉄所を建設していた。

父は北京では王府井の北にある中国美術館の裏手、馬市大街の西に住んでいた。

戦後、私は北京滞在中にこの旧居を弟の岳父西川幸則氏の案内で母と訪れてみた。中庭を囲む四合房は残っていて公安関係の事務所になっていたが、庭に入れてくれ家屋を見せてくれた。

父と同僚は近くの王府井の翠華楼でよく食事したらしい。翠華楼は今も老舗として美味しい料理を提供している。桃花飯（おこげに熱いあんをかけたもの。日本では春雷一声といっている）や過橋麺（麺に生の魚介や鶏笹身をのせて熱いスープをかけるもの）がおすすめである。父は王府麺が好物であったようだ。

一九四五年の正月に北京から休暇で帰郷した父は「日本は負ける」と言った。この時家族は鹿児島市近郊の母の実家に疎開していた。

四月一日米軍は沖縄本島上陸を開始した。四月八日に鹿児島市は初めて米空軍に爆撃された。それから間もなく母は私たち兄弟を連れて鹿児島を発った。母は負けて死ぬのなら父と一緒にと決心して北京へと旅立ったのである。敵の潜水艦が出没する東支那海を関釜連絡船で渡り大連に行った。そこで北京からの父の迎えを待った。久々の大連は埃っぽく、色あせて活気のない街になっていて悲しかった。

父が大連にやってきて「北京は八路軍が出没して危険だから、満洲に転勤させてもらうようにする。満洲は関東軍が守備していて北京より安全だから」と話した。

この時、父の発案で一家は久しぶりに星ヶ浦に行った。父は星ヶ浦を今生の見納めに訪れたのだろうと思う。休日でなかったので、海岸は人気がなかった。霞半島のベンチで父が北京から持参して来た紅焼鶏と焼餅を食べた。食料難の日本ではお目にかかれなかったご馳走で美味しかったが、皆は口数も少なかった。両親は前途の不安で胸が一杯であったろう。一家で星ヶ浦を散策したのはこれが最後であった。戦後私は母を伴い、この海岸を二度訪れた。白い砂浜はなくなり渚は荒れ果てていた。

家族は大連で父の兄の家に一か月以上滞在して、父の転勤と共に新京に行った。

父は埠新炭鉱新京事務所長という肩書きで赴任した。急の事で新京では社宅の都合がつかず、取りあえず花園町の狭い満炭社宅に入居した。家が小さかったので敗戦後も立退きを命ぜられる事も無く引揚げるまでここに住んでいられた。

一九四五年八月九日未明首都の空に空襲警報のサイレンが鳴った。防空壕に入ると爆音が響いた。いよいよ満洲も戦火に包まれるのかと思った。

朝になるとソ連が国境を越えて進撃してきたと放送があった。空襲したのはソ連軍だと知り不安だった。

その朝、父は会社へ、私は動員先の中部防衛司令部に出かけた。防衛司令部の地下室には、首都とその周辺都市の徳恵、前郭旗等の敵機監視所との連絡施設があった。学生はここで働いていた。昨日まで静かだった電話のブースは通報電話のベルで騒然となっていた。その夜から動員学生にも夜勤が命ぜられた。一〇日は夜勤明けで帰宅した。同級生が顔を揃えたのは、この日が最後になった。

一〇日の夜から新京の軍人軍属の家族は疎開を命ぜられていた。一一日朝防衛司令部に出勤すると、既に疎開した学生もいてクラスメートは半数になっていた。引率の教師から帰宅して家族と行動を共にするように言われ、解散した。皆泣きながら「さよなら」をいった。悲しかった。私はこの時一六歳であった。

一一日の疎開列車は軍関係者と満鉄家族のために使用された。

隣家は応召軍人の妻と乳飲み子二人の留守家族であった。会社の命を受けた父は、母と共に彼らの旅の荷物を作るのを手伝い、新京駅まで付添い、疎開列車に乗車するのを見届けてから帰宅した。これら朝鮮国境に疎開した人々は後日大変苦労したそうである。

父は一二日に会社で通達を受けるとすぐに帰宅した。男子は新京防衛、妻子は各人の判断で処置するようにということだったと家族に告げた。

両親はまず新京駅に疎開の状況を見に行った。戻って来ると父は私に「とても列車に乗車できる状態ではない。お前と耕造（長男）は大きいから今夜出発する最後の列車で逃げなさい。お父さんはお母さんと洋子や二郎（次女、次男）を殺してから会社に行く」と言った。そうして父は「駅の様子を見に行くか」と言った。一家はリュックを背負い駅近くの児玉公園の付近まで出かけた。駅の周辺は人で溢れてとても駅までたどり着けそうもなかった。

父が私に尋ねた。「どうするか?」　私は弟を連れて、知らない土地に逃げて生延びる自信がなかった。「私もお母さんと一緒に死んでいい。でもどうやって殺すの?」と返事した。父は「窓の鉄格子をはずして、鉄の棒で殺す。格子がはずれないなら、金丸君から日本刀を借りる」と答えた。一九四一年当時一家は西朝陽路に住んでいたが隣は満業参与だった金丸陟章氏宅で、金丸氏とは親交があった。

父は心優しいが気は弱かった。とても人殺しなどできる人ではない。私は父から半殺しにされたら困ると思って、「鉄棒では無理だから日本刀を借りて」と答えた。

一家は家に戻らないで満洲炭鉱ビル近くまで歩いて金丸氏宅に行った。そこで聞いたのは「中国からの短波放送が日本はポツダム宣言を受入れて無条件降伏すると放送している。それを待って様子をみてから決断しても良いのではないか」であった。そうして花園町に居ては事態がわからないだろうから、満洲炭鉱や満洲重工業の社宅が多い所に越して来るように説得された。

興仁大路に面した満炭ビルには満業をはじめ、多くの傘下子会社が入っていた。我々が満炭ビルに行ってみると事務室は避難してきた社員の家族で一杯だった。

私の一家は翌日から、満業重役の金卓氏の邸宅に厄介になることになった。中国人の金卓氏は既に夫人と北京に逃避していた。留守宅には金氏の母親、甥の崔さんと数人の使用人がいた。ここは中国の上流階級の家庭だった。崔さんは背が高い青年でグレーの長衫を着ていた。

金卓氏については高碕氏の『満洲の終焉』に記述がある。元皇帝愛新覚羅溥儀の『自伝わが半生』によると金卓氏は奉天軍師団長張宗昌の参謀であったと記してある。

金卓氏邸は三階建ての瀟洒な洋館であった。車寄せのある玄関を入ると、左右にドアがあるホールがあった。その扉を空けると中は数室から構成されていた。私どもに提供された部屋は金卓氏夫妻の居室で浴室を備えた広い三部屋からなっていた。居間に立派なラジオが備え付けてあった。これは、私どもが越して来た日の夜、崔さんが持って行った。父が短波放送受信機だといっていた。

父は万一の場合にと青酸カリをもらいに満鉄病院に同郷の医者を尋ねて行った。だが青酸カリは無くてモルヒネをもらって戻って来た。

大陸の夏は短い。八月になり立秋を過ぎると秋風が吹く。冷たい雨に濡れそぼった庭の赤い鳳仙花を、やるせない思いで眺めながら、日本が降伏する日を待っていた。この秋雨のことは平島敏夫氏も記述していられる。忘れがたい雨なのだ。

八月一五日の正午雑音まじりの聞きにくい日本からの無条件降伏の放送を聞いた。

詔勅の放送途中で父が「あ！日本は残った」と嬉しそうに言った。父は日本国が無くなると思っていたらしい。

金氏の甥は親切だった。蔣介石総統が「日本人に対して紳士的に振舞え」と通達した放送があったから心配するなと言って、私どもを慰めてくれた。

社員に対し一時金が支払われた際に、父はすぐ崔さんを会社に呼んで金氏に代わって受給させたという。それで給与をもらえた金家の使用人達から父は感謝されたと、母が後年になって語ったことがある。

八月二一日にソ連軍が入城して来た。その翌日に一家は金氏宅から帰宅した。我々が去ったあくる日にソ連兵が日本人をかくまっているだろうと金氏宅を捜索に来たそうである。街で父が金氏宅の女中頭と出会った時に彼女が教えてくれたそうである。危機一髪であった。ソ連が進攻してきて、しばらくして、金氏の甥と母堂は北京に行き、その後台湾に行かれたと伝え聞いた。

ソ連軍の駐留期間中は、若い娘達は皆頭を短く刈るか、坊主頭にして外出を控えた。

敗戦から一年間売り食いの生活が続いた。北満の冬は零下三〇度以下になることもある。シューバー（毛皮のコート）は必需品であったが、これらも居留民会のバザーに出して換金した。街を歩く日本人の身なりは皆質素だった。

冬のある日、母が外から戻ってきて「野間さんの奥さんがシューバーを着てりゅうとした身なりで街を歩いていらしたわ」と驚いた口調で話した。満鉄調査部事件で拘束された人々は共産主義政権下では、優遇されていたのである。この時期新京の街には奥地から避難してきた大勢の人々が着の身着のままで暮らしていた。彼等は暖をとる燃料が買えないために、夜白酒を飲み暖まって寝ると翌日は凍え死んでいるという話を何度も聞いた。死体は鉄道の西にあったゴルフ場に埋められたそうである。その遺骨はどうなったのであろうか。開拓地から逃れてきた孤児達はもっと気の毒であった。終戦が八月だったので着るものがなく、新京に着いた時には皆穀物を入れる麻袋にくるまって震えていたそうである。

一家は敗戦の翌年八月末に無蓋列車に貨物のように乗せられて錦州の収用所に旅立った。そこで一か月近く生活したあと、胡蘆島から貨物船に乗せられ船倉で起居しながら一〇月に帰国できた。上陸したのは佐世保近くの南風崎であった。先年、私はベルリン西郊のポツダムにツェツィリエンホーフ宮殿を訪れた。ポツダム会談の会場である。降伏勧告のポツダム宣言が発せられた場所に立ち感無量であった。あの敗戦の夏の日、一家は自決しようと決心した。でもポツダム宣言受諾の情報を知って助かって、今、ポツダムの夏風に吹かれている。幸せな思いだった。

戦後

引揚げ後一家は母の実家に一年近く寄留した。皆で慣れない農業を一年近くやり、母はミシンの内職をした。

一九四七年の農地改革で我が家は不在地主として田畑をすべて失ってしまった。これらの農地はすべて父の給与で購入したもので先祖伝来の土地ではなかった。引揚者で困窮している我が家を見かねて、返還してくれると言ってくれた小作農家の者もあった。だが農地委員会で羽振りをきかせた若い共産党員が同意しなかった。一家は幸いにも母の実家の田畑を借りて農業ができた。

父は一九四九年一〇月に鹿児島県庁統計調査課に採用されたが薄給で暮らしは貧しかった。食費にも事欠く生活で私の奨学金も全額母に渡した。母のミシンの内職は続いた。

父は戦争中ろくに勉強していない弟や私に数学を教えてくれた。

一九五三年に父が久留米大学の教授になってから一家の生活は楽になった。大学では国際金融論を担当していた。県庁統計課時代、父の書棚には米国の統計学の本があった。この頃父は統計や行列式の勉強をしていた。父は当時注目された産業連関表の製作を考えていたようである。

父は一九四九年に広島の中国地方総合調査所から産業連関表作成を打診されていたようである。

一九五七年に中国地方総合調査所長和久田鉄雄氏の依頼で『中国地方産業連関表（第一次試算）』作成の指導をしている。

注：産業連関表（Leontief 表）

産業連関表はハーバード大学の経済学者 Wassily Leontiefが考案したものである。彼は世界最初の産業連関表（投入産出経済分析）を一九三六年八月に発表した。これは地域開発のための経済計画に使う。一九四四年アメリカで第二次世界大戦後の経済予測を実施したとき Leontief の理論だけが適中して以来、各国で産業連関表による分析が行われるようになった。レオンチェフは産業連関論で一九七三年にノーベル経済学賞を受賞している。

ＩＭＦ加盟国は産業連関表の製作を義務づけられている。

産業連関表には行列の計算がある。コンピュータが使用できない時代に、父は行列式の計算をよくやったものだと思う。おまけにこの時代に『産業連関表の取扱方』や『産業連関表の推計方法について』の産業連関表解説まで書いている。

私は一九五八年に当時日本に数台しかないコンピュータＩＢＭ６５０で行列式の計算をした。ゼロに近い数字で除算を繰り返して電算機がループし計算に失敗して顰蹙をかったりした思い出がある。だから不肖の娘は父を敬服するのである。数学を愛した父がもし今も健在であったら、多分コンピュータ時代が生み出したカオス理論にのめりこみ経済データの解析をしていることであろう。

一九六〇年五月に次男の二郎が一九歳で早世した。火葬場の庭のベンチで、目にハンカチをあてて何度も何度も涙をぬぐっていた父の姿が忘れられない。

父は一九七〇年一〇月に鹿児島経済大学教授として在職中に病のため死亡した。享年六九歳であった。


父の死後も母は満鉄時代の上司や同僚と交流があった。

一九七八年週刊朝日に草柳大蔵「実録・満鉄調査部」が掲載されていた頃、母と熊埜御堂氏（父の同僚で戦前満鉄を辞職して弁護士になられた）夫人が中島宗一氏宅を訪問した時に、これが話題になったそうである。週刊朝日から中島氏にも取材の要請があったそうだが「でも断った」とおっしゃったそうである。満鉄社員だった人々から「シンパの連中の証言ばかりで歪曲されてけしからん。ぜひ中島さんも取材に応じて」と勧誘されたようである。母と熊埜御堂夫人が「何故断られたのですか？」と中島氏に尋ねたところ「ちゃんとした物が出版されているから大丈夫」と返答されたそうである。

中島宗一氏は戦後国会図書館に勤務されていた。中島氏が逝去された通夜の席で母は甘粕氏と同席した。その時に甘粕氏が「中島さんのような立派な人格者には二度と会えないでしょう。」と母に申されて惜しまれたそうである。私は子供の頃から中島氏ご夫妻には可愛がっていただいた。立派な方であったのに満鉄事件や尾崎ゾルゲ事件で上司として責任をとり満鉄を辞職された。お気の毒である。


父母が青春を過ごした大連。両親の同僚や友が愛した大連。私や弟の生まれ故郷の大連。

今ははるか遠い街になってしまったが、今後も毎年初夏にはアカシアの甘い香りが大連の街を包んでほしいと願っている。

大連を愛した人々への挽歌「年年歳歳花相似　歳歳年年人不同」で記述を終えたい。

おわりに

私は大学を卒業すると高碕達之助氏が初代総裁を勤めていた電源開発㈱に縁故採用で就職した。そこで元満洲中央銀行参事だった永島勝介氏（『満洲中央銀行史』東洋経済新報社、第2部執筆担当者）から「君のお父さんは有名だったからな」と言われた。それまで父が満洲の金融制度の立案者だったということを私は全く知らなかった。私は金融については専門知識が全くない。それで父の評価もできない。父と共通点があるとすれば立案が得手なことであろうか。

父は彼の母方に似ていると言われていた。この家系は立案が得意といったDNAをもっているように思う。龍音の母方祖母田中キリと初代大警視（現警視総監）川路利良の父親臼井正蔵（川路家の養子となる）とは兄妹である。鹿児島では川路利良は西郷隆盛を裏切った男とすこぶる評判が悪い。

しかし一方、『明治のプランナー大警視川路利良』には近代警察の基礎を築いた男、警察制度の立案者、実施者として評価されている。

『徳川時代警察沿革誌』の凡例によると徳川時代の警察制度はよく機能していたという。各藩は各藩百箇条、武家諸法度等に準じ幕府の法に従って警察組織をたてていたとある。だが明治維新の廃藩置県は治安を危うくした。西郷隆盛が明治六年に官を辞し帰郷した際、多くの同郷の士は西郷を慕って鹿児島に戻り晴耕雨読に従事した。しかし川路は従わなかった。警察にとって日本の治安を守る新警察制度のシステム構築は急務であった。川路利良が帰郷できるわけがない。

私事で恐縮であるが、私の職業はコンピュータのシステムエンジニアである。旧制度を新システムに再構築する仕事をしてきた。立案には先見性と実現可能を求められる。これは数学の解を求めるのと似ている。制度改革立案の仕事はコンピュータのみならず、警察制度改革、金融制度改革も同じだと思う。

川路利良は立案者としては、当時適材適所にいてその手腕を発揮してきたのだと考える。また南郷龍音にとっても金融制度の立案は得手な分野の仕事だったと思う。

龍音の家は多少の田畑を持つ貧乏士族であった。父親孫次郎は大阪で警察官をして退官後恩給と小作の上納で生活していた。孫次郎の長男は早世している。家督を継いだ四男行雄以外の息子達は兄弟助けあい、皆大学、高専まで進学している。


次男の馴馬は五男龍音の中学時代の学費を出した。

三男の武蔵は六男千早を小学五年生から引取り大学卒業まで養育した。

五男の龍音は七男睦男の中学、高商の学費を出した。

六男の千早は八男流石の中学、工業高校の学費を出した。

父が同文書院に進学したのは、県の給費生として学費を支給されたからである。

昭和九年九月二五日の日誌に父の兄武蔵が龍音に弟千早の月謝五〇円の借款を申し込んだ理由は、弟千早が友人の仕事に授業料を流用し滞納したからである。京大から授業料を納入しないと退学させると通告文書がきたそうである。

蛇足であるが、武蔵は一八九五年生れで、縁戚石神重政の養子となった。彼は一九四六年二月に最後の大審院（現最高裁）の判事になった。従姉妹の法子の言によると一九四六年から開廷された極東国際軍事裁判の際、彼の許に関係者が意見を聞きに来たということである。武蔵は一九三〇年にドイツに留学しており、国際法の専門家だったという。

日誌の補足をすると昭和九年四月二二日に記してある于右任（一八七八—一九六四）（右有任は誤記）は国民党の元老で古今の名筆といわれた。一九四九年台湾に渡った。棋士呉清源が台湾に行った時に揮毫してもらい、日本で話題になった。胡耀邦の題字で『于右任詩詞集』、『于右任墨迹選』が湖南人民出版社と湖南美術出版社から出版されている。

また日誌によくでてくる宴会場の登瀛閣は満鉄子会社で高級中華料理店である。

なお日誌が記述された当時、龍音の実家は鹿児島県の東市来村（現在町）にあった。初音の実家は鹿児島県吉田村（現

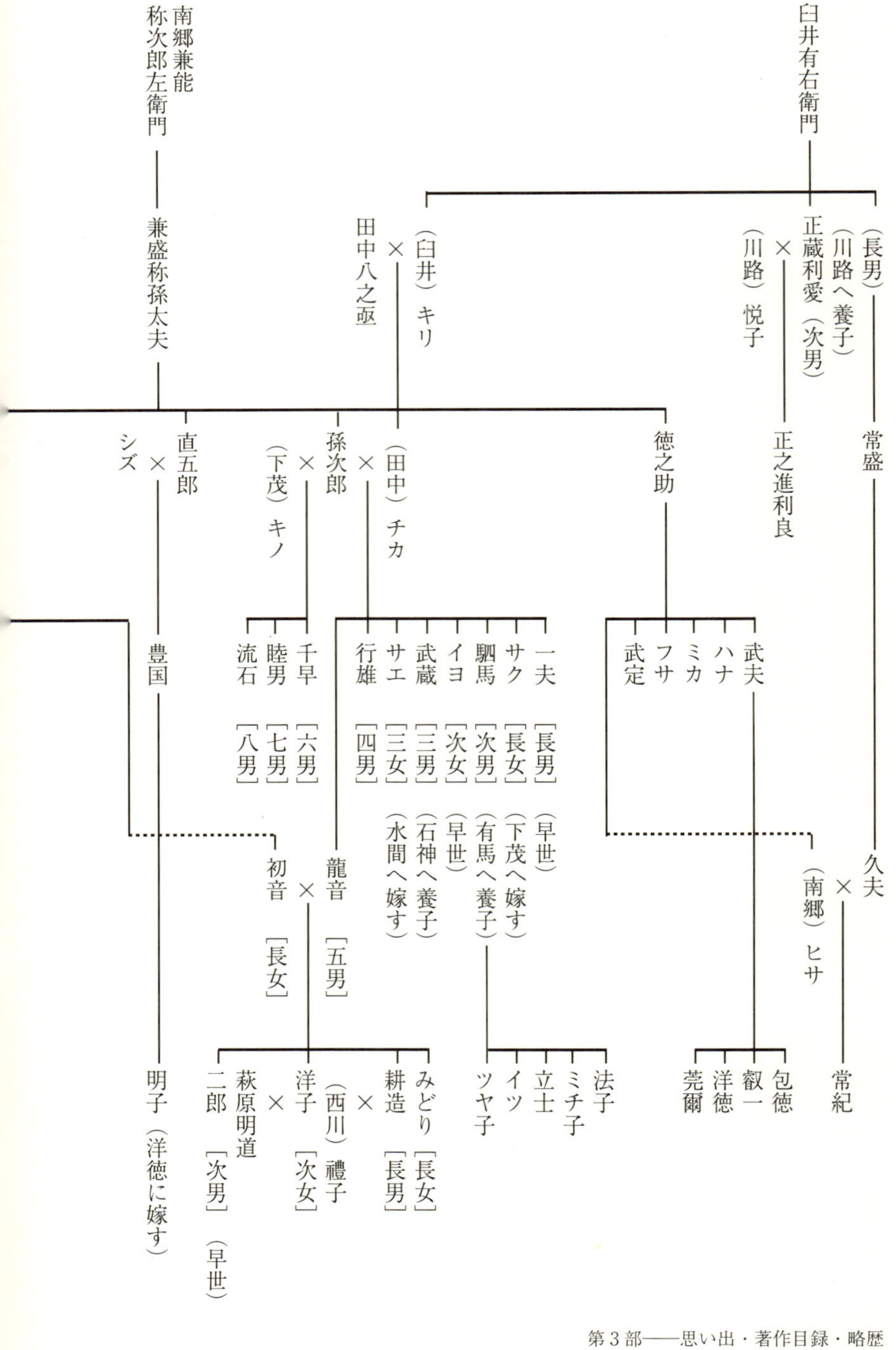
臼井有右衛門
（長男）
常盛
久夫
×
（南郷）ヒサ
常紀
（川路へ養子）
正蔵利愛（次男）
×
（川路）悦子
正之進利良
（臼井）キリ
×
田中八之亟
南郷兼能
称次郎左衛門
兼盛称孫太夫
徳之助
武夫
ハナ
ミカ
フサ
武定
包徳
叡一
洋徳
莞爾
（田中）チカ
×
孫次郎
×
（下茂）キノ
一夫［長男］（早世）
サク［長女］（下茂へ嫁す）
駟馬［次男］（有馬へ養子）
イヨ［次女］（早世）
武蔵［三男］（石神へ養子）
サエ［三女］（水間へ嫁す）
行雄［四男］
龍音［五男］
千早［六男］
睦男［七男］
流石［八男］
初音［長女］
法子
ミチ子
立士
イツ
ツヤ子
みどり［長女］
耕造［長男］
×
（西川）禮子
洋子［次女］
×
萩原明道
二郎［次男］（早世）
直五郎
×
シズ
豊国
明子（洋徳に嫁す）

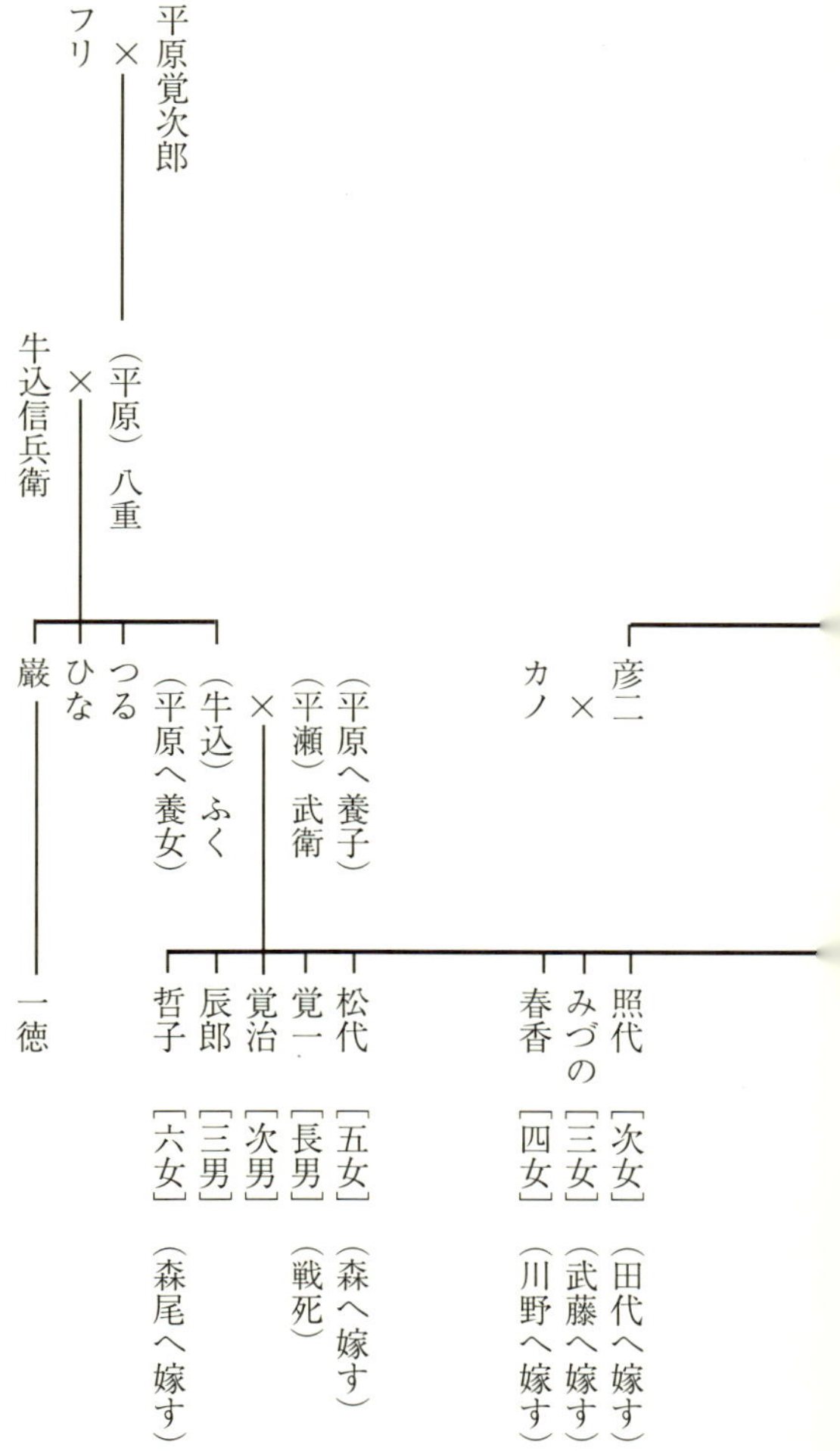

在町）と鹿児島市上荒田町にあった。鹿児島市の家は平原の子女が市内の学校に通学するための家であった。

［参考文献］

『たうんまっぷ大連　付録　大連地名・建物新旧対照表』（河村幸一・辻武治、私家版）
『大連市全図昭和一三年版』謙光社、一九七九年
『関東州全図昭和一一年版』謙光社、一九七九年
『新京市街地図昭和一六年版』謙光社、一九七二年
『花・海・星（復刻版）』喜田滝次郎、謙光社、一九八三年

『カジョリ初等数学史』小倉金之助、井出彌門訳、山海堂発行、一九二八年
『昭和文学全集第30巻　アカシアの大連他』清岡卓行、小学館、一九八八年
『東亜同文書院同窓会名簿』滬友会
『満洲紳士録三版』満蒙資料協会、一九四〇年
井村哲郎編『満鉄調査部──関係者の証言』アジア経済研究所、一九六六年
大竹愼一『日中通貨戦史──旧植民地通貨金融研究』フォレスト出版、二〇〇〇年
同「旧植民地通貨金融工作聴き書」（語り手─吉田金雄）前書所収
高碕達之助『満洲の終焉』実業之日本社（一九五三年）
吉田金雄『ささやきの半生記』（私家版、吉田慎発行、一九八一年）著者は一九三五─三六年に満鉄経調流通経済班金融班所属。当時の記述がある。
松本重治『上海時代』中央公論社（一九七七年）
藤村欣市朗『高橋是清と国際金融』下巻、福武書店（一九九二年）
田浦雅徳・古川隆久・武部健一『武部六蔵日記』芙蓉書房出版（一九九九年）
草柳大蔵『実録・満鉄調査部』朝日新聞社（一九七八年）
広島県企画室編『広島県政に関する実相報告書』あとがき、瀬戸内海文庫（一九四八年）
栃倉正一著『満洲中央銀行十年史』満洲中央銀行（一九四二年）
満洲中央銀行史研究会『満洲中央銀行史　通貨・金融政策の軌跡』東洋経済新報（一九八八年）
愛新覚羅溥儀『わが半生』筑摩書房（一九七七年）
愛新覚羅浩『流転の王妃の昭和史』主婦と生活社（一九八四年）
平島敏夫『楽土から奈落へ』講談社（一九七二年）
星野直樹『見果てぬ夢』ダイヤモンド社（一九六三年）

武藤富男『私と満洲国』文藝春秋社（一九八八年）
肥後精一『明治のプランナー大警視川路利良』南郷出版（一九八四年）
『徳川時代警察沿革誌』内務省警保局（一九二七年）

南郷龍音著作一覧

［戦前の著作］

『満鉄調査資料第10編　中国に於ける軽質銅元問題』（社長室調査課、一九二三年）
『満鉄調査資料第17編　満洲に於ける燐寸工業』（庶務部調査課、一九二三年）
『満鉄調査資料第31編　支那国立銀行に関する研究』（庶務部調査課、レイ・オヴッド・ホール著、一九二五年、中根勇吉と共訳）
『満鉄調査資料第32編　満洲に於ける製粉業　附：南北満洲製粉業代表者会議』（庶務部調査課、一九二四年）
『満鉄調査資料第56編　奉天票と東三省の金融』（庶務部調査課、一九二六年）
『満鉄調査資料第90編　哈爾浜大洋票流通史』（上海事務所研究室、一九二八年）
『満鉄調査資料第101編　大連港附近諸港（営口、天津、芝罘、秦皇島、青島）背後地欧米向商品事情——大連港中継貿易振興策参考資料——』（庶務部調査課、一九二九年、夷石隆寿・斎藤征生と共著）
『満鉄調査資料第142編　大連を中心として観たる銀市場と銀相場の研究』（庶務部調査課、一九三〇年）
『上海満鉄調査資料第4編　上海市場の円為替と満洲の通貨』（上海事務所研究室、一九二七年）
『経調資料第2編　満洲通貨統計　A．紙幣編』（経済調査会、一九三二年）
『経調資料第3　満洲通貨統計　B．貨幣相場編』（経済調査会、一九三二年）
『経調資料第61編　満洲各種紙幣流通額統計表』（経済調査会、一九三五年、是枝熊吉・篠田亮・北尾房一と共著）
『経調資料第98編　満洲国通貨金融制度統一略史』（経済調査会、一九三五年）

『パンフレット第44号　満洲貨幣相場集成　其1　金対小洋銭相場表』（庶務部調査課、一九二八年）
『パンフレット第44号　満洲貨幣相場集成　其2　銀対金相場表』（庶務部調査課、一九二八年）
『パンフレット第44号　満洲貨幣相場集成　其3　各貨幣相場平均対照表』（庶務部調査課、一九二八年）
『パンフレット第60号　哈爾浜に於ける通貨及金融機関』（庶務部調査課、一九二九年）
『パンフレット第63号　北満に於ける特産物担保貸出』（庶務部調査課、一九二九年）
「満鉄社債利回計算に就いて」（『満鉄調査月報』第一一巻第九号、一九三一年九月）
「吉林官帖の研究（1）」（『満鉄調査月報』第一一巻第一一号、一九三一年一一月）
「吉林官帖の研究（2）」（『満鉄調査月報』第一一巻第一二号、一九三一年一二月）
「大連税関徴税通貨換算率計算方法」（『満鉄調査月報』第一三巻第二号、一九三三年二月）
「日米為替裁定相場の吟味」（『満鉄調査月報』第一三巻第二号、一九三三年二月）
「満洲国貨幣単位に関する説明」（『満鉄調査月報』第一三巻第五号、一九三三年五月）
「満洲国税関課税計算単位国幣建採用」（『満鉄調査月報』第一三巻第六号、一九三三年六月）
「青島に於ける銭鈔取引」（『満鉄調査月報』第一四巻第二号、一九三四年二月）
「大連銭鈔取引手数料と為替管理規則との関係並再建制度乗替取引付替制度の現状」（『満鉄調査月報』第一四巻第六号、一九三四年六月）

［戦後の著作］

『九州県民所得解説』（九州経済調査協会、一九五六年）
『中国地方産業連関表（第一次試算）』（中国地方総合調査所、一九五七年、南郷指導による）
『産業連関表解説（産業連関表の取扱方）』（一九五八年）
『産業連関表解説（産業連関表の推計方法について）』（一九五八年）

「商業手形割引最高残高について」（『久留米大学論叢　人文・社会科学』第六巻第一号、一九五五年七月）
「久留米市の市民個人所得とその処分」（『産業経済研究』第二号、一九五五年一〇月）
「ある企業の賃金体系と雇傭量について」（『産業経済研究』第六号、一九五七年一月）
「戦後の外国為替（1）」（『産業経済研究』第一一号、一九五八年一月）
「戦後の外国為替（2）」（『産業経済研究』第一二号、一九五八年四月）
「東北の通貨」（『産業経済研究』第一六号、一九五九年四月）
「ブレトン・ウッズ機構について」（『創立十周年記念論文集』久留米大学商学部、一九六〇年）
「英ポンド」（『産業経済研究』第一八号、一九五九年一〇月）
「わが国の地域所得について」（『産業経済研究』第二巻第一号、一九六一年四月）
「東北の通貨（二）」（『産業経済研究』第二巻三号、一九六一年一〇月）
「資金運用表について」（『産業経済研究』第三巻第一号、一九六二年二月）
「約束手形とその割引率について」（『下関商経論集』第八巻一・二号、一九六五年四月）
「関係会社の実態」（『下関商経論集』第八巻第一・二号、一九六五年六月）
「国際流動性について」（『下関商経論集』第九巻第一号、一九六六年一月）
「世界銀行の資金の源泉とその運用」（『鹿児島経大論集』第九巻第一号、一九六八年六月）

南郷龍音略歴

一九〇一年七月八日　誕生。本籍・鹿児島県。
一九二二年六月　上海東亜同文書院卒業
一九二二年八月　南満州鉄道株式会社入社。社長室調査課勤務。
一九三二年七月　経済調査会第四部金融班主任。
一九三六年一〇月　産業部商工課金融係主任。
一九三七年二月～一二月　欧米諸国に出張（欧米に於ける通貨金融制度と金銀塊取引事情調査研究）
一九三八年一月　産業部調査役参事。
一九三八年二月　業務の都合により、満州重工業開発株式会社入社。
一九四一年一二月　満鉄調査部に復職。
一九四三年二月　北支那製鉄株式会社入社。
一九四五年六月　阜新炭鉱株式会社新京事務所長。
一九四五年八月　終戦により退職。
一九四九年一〇月　鹿児島県庁総務部統計調査課勤務。
一九五〇年七月　国家公務員高級官吏任用試験「予算会計」に合格。
一九五二年四月　中津鋼板株式会社入社（八幡製鉄関連会社）。
一九五二年一二月　大学設置審議会において教授資格判定済（国際金融論）。

一九五四年九月　久留米大学商学部教授（国際金融論）。日本金融学会員。
一九六三年四月　下関市立大学教授。
一九六八年四月　鹿児島経済大学教授。
一九七〇年一〇月　在職中に病のため死去。享年六九歳。

[編者紹介]

小林英夫（こばやし・ひでお）
1943年生まれ。1971年東京都立大学大学院社会科学研究科博士後期課程満期退学。
同大学助手、駒沢大学教授を経て、1996年より早稲田大学大学院アジア太平洋研究科教授。
著書『「大東亜共栄圏」の形成と崩壊』（御茶の水書房、1975年）、『日本軍政下のアジア』（岩波書店、1993年）、『「日本株式会社」を創った男：宮崎正義の生涯』（小学館、1995年）、『近代日本と満鉄』（吉川弘文館、2000年）、『日中戦争と汪兆銘』（同、2003年）

加藤聖文（かとう・きよふみ）
1966年生まれ。2001年早稲田大学大学院文学研究科史学（日本史）専攻博士後期課程単位取得退学。
現在、人間文化研究機構国文学研究資料館助手。
著書『近代日本と満鉄』（共著、吉川弘文館、2000年）、『枢密院の研究』（共著、吉川弘文館、2003年）、『伊沢多喜男関係文書』（共編、芙蓉書房出版）。（共著、吉川弘文館、2000年）

南郷みどり（なんごう・みどり）
南郷龍音氏長女。1929年生まれ。1953年鹿児島大学文理学部数学科卒業。
電源開発株式会社、日本電気株式会社などに勤務。情報処理学会員。1996年から2001年まで、淑徳大学国際コミュニケーション学部非常勤講師。
著書『電子計算機プログラム言語基本BASIC』（共著、日本規格協会）、『情報処理基礎講座COBOL』（マグロウヒル出版）、論文「日中ソフトウエア協力について」『情報研報』Vol.87 No.67 ほか。

満鉄経済調査会と南郷龍音　満洲国通貨金融政策史料

2004年4月20日　初版第１刷発行

編　者――小林英夫・加藤聖文・南郷みどり
装　幀――桑谷速人
発行人――松田健二
発行所――株式会社 社会評論社
東京都文京区本郷2-3-10　tel.03-3814-3861/fax.03-3818-2808
http://www.shahyo.com
印　刷――互恵印刷株式会社＋東光印刷
製　本――東和製本

ISBN4-7845-1439-2　Printed in Japan